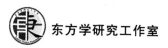 东方学研究工作室

探索"东方学"

曾庆盈　曾　琼　编

 北京大学出版社
PEKING UNIVERSITY PRESS

图书在版编目(CIP)数据

探索"东方学"/曾庆盈,曾琼编.—北京:北京大学出版社,2015.10
ISBN 978-7-301-26283-2

Ⅰ.①探… Ⅱ.①曾…②曾… Ⅲ.①东方学—研究 Ⅳ.①K107.8

中国版本图书馆 CIP 数据核字(2015)第 211240 号

书　　　名	探索"东方学" Tansuo "Dongfangxue"
著作责任者	曾庆盈　曾　琼　编
责 任 编 辑	朱丽娜
标 准 书 号	ISBN 978-7-301-26283-2
出 版 发 行	北京大学出版社
地　　　址	北京市海淀区成府路 205 号　100871
网　　　址	http://www.pup.cn　　新浪微博:@北京大学出版社
电 子 信 箱	zpup@pup.cn
电　　　话	邮购部 62752015　发行部 62750672　编辑部 62759634
印 刷 者	三河市博文印刷有限公司
经 销 者	新华书店 650 毫米×980 毫米　16 开本　24.75 印张　500 千字 2015 年 10 月第 1 版　2015 年 10 月第 1 次印刷
定　　　价	68.00 元

未经许可,不得以任何方式复制或抄袭本书之部分或全部内容。
版权所有,侵权必究
举报电话:010-62752024　电子信箱:fd@pup.pku.edu.cn
图书如有印装质量问题,请与出版部联系,电话:010-62756370

序　言

颜海英

"东方学研究方法论"课题组成立于2012年,旨在整理、提炼和推介以中国学者为主体的东方国家研究群体对于东方文化的认知,以不同于西方学者的视角来揭示东方文化的深层内涵,促进中国与西方在学术层面的互动和理解。2012年4月至2014年10月,课题组基本完成了学科史的回顾与总结、专题研究特色的发掘等工作,并以实证研究方法、诠释学研究方法、比较研究方法和跨文化研究方法四个研究小组进行了深度研讨。在此基础上,2014年5月15—17日课题组第一次国际学术会议举行,邀请国内外东方学研究领域成就突出、独具特色的专家学者,结合他们各自的学术探索和实践,围绕四个议题展开讨论:

1. 东方学研究的方法论范式
2. 文学作品中的东方
3. 东方的历史与遗产
4. 跨学科研究中的东方

本书是此次国际会议提交的论文的汇总,也是课题组成员第一阶段研究成果的展示。此次国际会议的一个重要目标是承前启后,对前一阶段的研究进行整理总结,听取各方学者的意见,在此基础上对下一步的工作进行规划,对研究重点和方向进行适度调整,在逐渐拓宽视野的过程中,不断凝聚东方学者的最新成果和智慧,使之成为国际学术界的一家之言,推动东方学研究的多元化。

"东方学研究方法论"的目标是以东方学者的视角发掘和展现东方文化的传统价值,对东方文化与现代思想的关系进行系统而科学的梳理和研究,在东方与西方、过去和现在之间搭建一个桥梁,既保持现代化的成就,同时也收获古代东方智慧的果实。随着全球范围内现代化进程的加速推进,现代人与传统文化之间的联系被日益切断,失去了精神文化之根和先祖那种天人合一的宏大宇宙观,在全球范围内,各个社会并没有对此偏离进行调整,而是逐渐迷失在现代化及物质主义的泛滥中,不再懂得传统价值观的珍贵之处。东方文化对于生命及其意义有整体而深刻的理解,这是现代科学所不能提供的。现代人不断陷入焦虑、迷茫和困惑中,积累到一定的程度,就会周期性地出现狂热怀旧,对古老观念和思想的迷信和沉迷。在这场弥漫全球的精神危机中,东方学者责无旁贷,要承担起诠释和传承传统文化的大任,通过对东方文学和神话的形象、象征、寓意的深入剖析,对东方历史的全方位解读,用现代理论和话语解说古代东方特别是中国的观念、文化和世界观。这种解说使得东西方的文化交流在更高层次、更宽广的平台上进行,也使得复兴传统文化的美好愿望落到实处,不是简单庸俗地复制古代的礼仪和经典,而是在深刻理解传统的前提下通过改造传统使之合理延续,这项工作,只有东方文化的研究者能够胜任。

"东方学研究方法论"的原则是坚持东方学研究的人文特色,跨越学科界限,融合人文和科学,走出近世以来学科碎片化的泥沼,迎接整合大潮的到来。以本体论的视角,将个人的整体生命和文化体验与其特定专项学术研究相结合,全面、综合、多层次地展开研究,在社会实践层面,才能避免以割裂化的方式来制定短视的政策,使得经济增长与文化发展相和谐。从这个意义上,"东方学研究方法论"是对学术界旷日持久的客观主义与主观主义之争的反思,目的是超越二者的对立。在不同学科的各种方法的无休止争论中,定量研究和定性研究的二元对立一直都是矛盾的根源,尤其是在社会科学和人文学科领域,这是一个根本上的哲学分歧,已经内置于学术研究体系内部,将之分为人文和科学、主观主义和客观主义的两极,它们既争夺着社会的认可也争夺着研究经费。而学科的碎片化、研究领域的专业化也导致割裂化的思维,在信息大爆炸的时代,随着学科分工细化,专家数量越来越多,他们的知识和方法越来越专业,习惯于甚至只会用自己熟悉的方法和理论来理解和诠释一切生活事件,生命攸关的重大社会问题,遇到视野狭窄、专业领域相互脱节的专家,常常爆出诸多的雷人雷语。打破学科壁垒,迈向整合思维,已经是学术界的共识。

此次国际会议就是上述原则的最好实践,四个议题为研究领域和方法截然不同的各类专家提供了一个平台,大家既分享各自的案例研究和理论路径,也探讨普适性的原则如何在各自的领域运作,以不同的角度和方法来探讨同一主题,发现重大概念的相同脉络。

黎跃进的《"东方学"与"中国东方学学术史"研究的构想》一文,继《认识"东方学"》论文集之后进一步从理论上探讨东方学的学科特性和学术价值,该文提出要注意区分作为意识形态的东方学(即东方主义)和作为科学的学科的东方学的观点,对于客观认识东方学,避免和纠正曾经一股脑地将东方学简单地等同于东方主义的偏见,显然具有正面的和积极意义。该文同时设计出中国东方学学术史研究方案,描绘了一幅中国东方学学科体系的蓝图,令人鼓舞,催人发奋。

印度尼赫鲁大学中国与东南亚研究中心的狄伯杰博士,在《中国诗歌的印度语翻译:不可译还是文化上的失衡?》文中,对古代和近现代中印文化交流史中文学互译的不对等现象,作出客观和冷静的分析,指出其原因为欧美中心主义、文化制约、语言难题、市场、双边关系以及中国文学文献来源不足,这其中"欧美中心主义"和"市场"两个因素特别让人寻味,即一个文化(价值)指向,一个经济(消费)选择,是东方主义的遗祸,还是后殖民主义的遭遇,让人费解,令人反思。论者在最后还是乐观地展示出中印文化交流、文学互译的可为前景,让人们有理由期待并走出困惑和焦虑的阴影。

北大外国语学院西亚系访问学者美籍教授阿姆鲁拉博士的《"噢,东就是东,西就是西":跨文化理解的挑战》一文的精彩和精道之处是:通过关于东方和西方的不准确假设的例子,对普遍认可的东方与西方文化遗产及身份认同问题进行批判性剖析,从而揭示某些关于所谓东方、西方及两者互动的误导性解读。阿姆鲁拉从当代诠释学角度、结合后殖民主义思潮、以文化研究方法分析虚构的东方与西方,对"自我"与"他者"概念的想象与构建作出分析,为我们重新审视研究"东方"和"西方"的方法论提供了非常有益的见解。

与埃及学这个形成比较早的东方学分支学科相比,诸如蒙古学、朝鲜—韩国学、满学等相对年轻的东方学分支学科最近十几年的发展已经获得显学的地位。这些通过东北亚国家和地区的民族语言、文献,研究其宗教、历史、政治、社会及其相互关系的学问,已经并正在以交织、互渗、跨际、观照的方式,为梳理这些民族的历史文化遗产,不断进行有益的尝试,提供新的视角和有意义的认识路径。本集刊载了刘广铭的《"燕行录"研究三论:价值、文献、视野及方法》可谓是这个领域的力作。论者通过对"燕行录"研究中的中国北方民族形象的个案,考察这些学科重叠的边缘地带所出现的新的研究视角的演变轨迹,展望这些当代显学在知识全球化时代的科际整合与重构中的发展前景,强调指出这些学科的开放和对话,对于走出僵化的研究范式,追求学术创新,无疑会是有益的尝试,读者可以从文中翔实的史料、细致的分析和独到的论述,看到我国的东方学学者的治学功力。

刘英军发表在本集的文章《中国形象在波斯语古典叙事文学里的演变》,可谓是之前发表的《波斯语叙事诗里的中国形象浅析》的姊妹篇,这是一篇典型的"他者"叙事研究的考察。作者先对中国形象在波斯古典叙事文学中做了归类,接着分析了其成因和演变,继而是在伊朗民众集体记忆中的形象演变,然后得出一个有趣的结论,那就是与东方主义的"他者"形象相迥异,波斯语古典文献中书写的中国形象"被奇异化,甚至是美化了",因为"与上古时期他们在伊朗高原立足过程中经历的同古闪族一些部族的血腥、残酷的斗争相比",伊朗族群与东方各部族的冲突处于次要地位,中国的形象在波斯人的集体记忆里不同于"闪族入侵者形象在波斯语古典叙事文学作品里被丑化、妖魔化",对此,作者认为这是"中立性的"误读",或是"集体想象中的美化"。

戴鑫的论文《托勒密埃及的官方族群划分》从希腊移民特权的角度探讨希腊化问题,综合利用托勒密政府的税收记录和法律文书两方面的材料进行研究,采取了新的分类模式及研究视角,从而摆脱了国外同类研究对统计资料和数据的过度依赖。作者从纸草文献中提到的托勒密相关税收和法律登记法令入手,利用现有的学术成果,结合具体案例对税收人口登记进行再分类,并从家庭(户)和群体(籍)两个层面归纳和总结托勒密政府的人口管理和族群、职业登记模式,进一步探讨在这种以户籍为核心内容的税收和法律管理制度下,特权群体的确立和变迁。文中屡有创新亮点,如"虚拟希腊人身份"的发现,即托勒密统治者把希腊人身份作为特权给予非希腊人,等等。

本书所展现的成果,充分体现了跨学科整合的趋势,充满人文关怀的选题和视角,以及全面、综合、多层次展开研究,超越主观、客观二元对立的崭新尝试,在以下两个方面实现了东方学研究的新特征:

一是对"视域融合"的追求。视域融合只有在与不同的文化、传统、实践和和行动的相互遭遇中方可达成。不同的传统和生活方式或许是不能以同一标准来衡量的,但却可以理性地予以比较。当文化冲突发生时,通过有意地对两种视角和视野导致的不同观点进行循环往复的比较;面对文本,在译者对文本的理解以及作者的本意这两者之间往返转换,一个文本不是作者最初创作,而是与不同时代对话的动态文本的一部分("互文性");面对历史,体会历史是历史学家与过往的对话;面对艺术品,则是诠释者和艺术品的创造者之间进行对话。在目光流转的过程中,理解在加深,共识在扩大。

二是加强理解现实的能力,通过理解,一种蜕变得以产生。在读者与文本互动、读者与读者互动、整体与部分互动、过去、现在与将来的互动、反思与文本互动中,把研究者自身的背景从局限变成优势。"理性被认为是历史的、有条件的理性,它在一个有生命的传统中获得力量(伯恩斯坦)。对异文化传统的研究可以发起对话,帮助我们理解我们自己的生活形式和偏见。"只有通过他者,我们才能真正认识自我。"

本课题的成果将以一种特殊的方式造福社会。东方文化的原型是普世性的,扎根于各种文化之中,跨越文化的藩篱,在这种意义上,原型的存在证明了人类拥有着共同的遗产。对于所有文化和族群的共同基因的探寻,将有助于消除分歧、偏见和误解,将促成人们共建一个和谐的、和平的、全球化的世界,在目前世界格局下,这是最为迫切的需求。

目　录

东方学研究方法论探索

新丝绸之路与新文艺复兴
　　——21世纪及之后的高等教育发展趋势 ……………冯达旋（3）
"噢,东就是东,西就是西"：
　　跨文化理解的挑战 ……………［美］阿姆鲁拉　张悠然译（9）
"东方学"与"中国东方学学术史"研究的构想……………黎跃进（22）
中国东方学研究中的主体性问题……………………………雷武铃（33）
中国诗歌的印度语翻译：
　　不可译还是文化上的失衡？ ………［印度］狄伯杰　张婧译（38）
关于中国古代墓葬美术研究的省思………………………………郑　岩（47）

东方的历史与遗产

神圣时空下的古埃及早期王权……………………………颜海英（57）
扬·阿斯曼关于古埃及文明与"轴心期"理论的研究………王　欢（72）
北魏贵族之生与死…………………………………………曾庆盈（84）
"燕行录"研究三论：价值、文献、视野及方法
　　——以"燕行录"研究中的
　　　中国北方民族形象为个案……………………………刘广铭（101）
试论古代东方学研究的图像志…………………………………陈　明（113）
中国民族乐器的波斯源流
　　——琵琶、箜篌、唢呐入华小考………………………穆宏燕（126）

文学作品中的东方

文学、家庭和女性
　　——以《妾稽》和《孔雀东南飞》的比较为例 ………… 何　晋(139)
国内村上春树文学研究评述 ………………………………… 翁家慧(150)
细解西方对东方的误读
　　——剖析《吉檀迦利》在英美的接受 ………………… 曾　琼(161)
菲律宾古代史诗中的神秘主义信仰研究 …………………… 吴杰伟(174)
中国形象在波斯语古典叙事文学里的演变 ………………… 刘英军(187)
索因卡与西方戏剧的关系 …………………………………… 刘　凌(198)

多维研究中的东方

融合与相斥：南亚印度教文化与伊斯兰文化 ……………… 刘曙雄(209)
伊斯兰：东方对于医学和科学
　　全球化的贡献 ………［美］阿布德尔哈迪·哈拉瓦　马征译(215)
菲律宾阿拉安人二元对立的精神世界 ……………………… 史　阳(236)
北尼日利亚殖民地文学局的流变 …………………………… 孙晓萌(250)
丹德拉黄道表达的古埃及来世观念 ………………………… 田　天(263)

东方的文化建构与身份认同

虚构与建构之间
　　——浅论小说《虚假的事实》…………………………… 张　婧(289)
托勒密埃及的官方族群划分 ………………………………… 戴　鑫(300)
"他者"视域下看"开罗三部曲"阿拉伯文化身份认同 …… 安　宇(316)
戈迪默文学中黑人与白人的身份认同问题
　　——以《朱利的族人》《我儿子的故事》
　　《贝多芬是1/16的黑人》为例 ………………………… 杜冰卉(326)
库切流散写作中的旁观者视角 ……………………………… 刘　骏(337)

附　录 ………………………………………………………… 曾　琼(345)
后　记 ………………………………………………………………(383)

东方学研究方法论探索

新丝绸之路与新文艺复兴
——21世纪及之后的高等教育发展趋势①

冯达旋

【作者简介】 冯达旋,教授,前新竹清华大学资深副校长,现为澳门大学全球事务总监兼校长特别助理。

各位同仁,大家好!

今天非常荣幸有机会来北京大学跟大家谈一谈我这两年来一直在思考的一个问题。众所周知,英国的大文豪狄更斯写了一本名著《双城记》,里面开门见山就说:"这是最好的时代,这是最坏的时代。"我相信21世纪跟他所处的19世纪很相似。但是有一点却是非常不同的,那就是我们现在面临的变迁比19世纪所面临的变迁在速度上要快了好几个数量级。

大家把世界地图拿出来看一看,是否会产生这么一个疑问:这是北美洲,它看起来是一块完整的土地,所以我们很容易把它看成一个洲。南美洲也是一块很完整的土地。非洲也是一块很大并且很完整的土地。澳洲和新西兰,也就是大洋洲,更加是这样。但是亚洲和欧洲的分界线却不明确,是人为的。为什么这么说呢?有一个原因是早期欧亚人口的分布主要是在这块大陆的极西部与极东部,以及南部,而中部人口稀少。我猜想这应该是人们把欧洲和亚洲分成两个洲的一个重要原因吧!但是几千年来,无论是从文化、军事还是经济的角度出发,人类都希望把欧洲和亚洲联系起来。毫无疑问,"丝绸之路"的形成就是人类希望把欧亚联系起来最好的明证!

我想各位应该都注意到了21世纪的一个大型基础建设的发展,那就是建设亚洲高速铁路的普遍化,无论是在韩国、日本(20世纪就已经开始

---

① 本文由冯达旋教授在北京大学"对话·视野·方法:东方学国际研讨会"(2014年5月15—17日)讲话的基础上整理而成。

高铁的建设)或中国台湾,高速铁路的建设已经非常成熟,而中国大陆就更不用说了。同时,在本世纪内,亚洲的中部,比如哈萨克斯坦,也低调地加入了大力发展高铁建设的进程中。随着地域经济与政治上的成熟,我认为下一步很明显的发展就是开拓一条欧亚高铁。这条铁路我觉得可以把它看成是 21 世纪的"新丝绸之路"。毫无疑问,铁路交通与航空交通的一个显著差异,就是铁路可以推动沿途的各种发展。所以欧亚高铁可以带动经济、文化、甚至政治的空前改变。更重要的是人类对于"欧亚"这个概念一定会产生一个新思维,那就是处于欧亚大陆的人会慢慢感觉到他们是处在同一块超级大洲,而非今天具有局限性的亚洲和欧洲。各位,这可是一个千年的思维变迁呀!

大学作为人类思想的摇篮应该如何针对这一思维变迁做准备呢?我在去年有幸参加了一个历史性的会议后对此问题进行了深入的思考,今天在此与诸位分享一下我的初步理解。欧洲有一个由 23 所顶尖大学组成的联盟,叫"欧洲研究型大学联盟"(League of European Research Universities)。亚洲有一个由 17 所顶尖大学组成的联盟,叫"东亚研究型大学联盟"(The Association of East Asian Research Universities)。去年年底在台湾新竹开了一个由新竹清华大学主办的两大联盟的大学校长会议,这是两大洲重要大学的领导首次真正坐下来在连续两天的时间里围绕着大学的重要性及其构成等问题进行讨论,具有历史性的意义。很自然的,会议的主题是探讨 21 世纪欧洲和亚洲的高等教育要如何发展才能对全球人类负起责任,以及 21 世纪之后的大学发展前景等问题。

非常有趣的是这两个大学联盟的会员其实也体现了旧和新的比较。与会的欧洲大学都是在文艺复兴前后创办的,而亚洲的大学就晚了许多。最早的东京大学在 1877 年建校,其他的则都是近代创办的。不知是幸还是不幸,当今亚洲的大学都在竞争排名的冲击力下生存。许多大学的领导都感到莫名的压力,比如台湾某大学校长在他卸任的半小时发言中只提到他在任的排名功绩,"教育"这两个字完全不提。这些个别的亚洲大学除了大力推动排名的提升以外,作为高等学府它们能集体为人类做些什么贡献呢?这正是本世纪亚洲,尤其是东亚和东南亚地区的高等教育在发展过程中需要严肃思考的问题。

更值得我们深思的是当欧洲和亚洲在思维与实际上形成一个超级大洲时,大学能为人类文明做出什么贡献?在这个历史性的会议上,为了回答此问题,与会者就大学在欧洲文艺复兴时期所扮演的角色进行了提问。

欧洲的一些大学校长提到在文艺复兴时期，人类面临的最大挑战就是"无知"。以我的浅见，文艺复兴对人类非常重要的贡献是在欧洲普及了高等教育。

我们可通过了解文艺复兴时期的代表人物来展开我们对高等教育及其未来发展的思考。首先是列奥纳多·达·芬奇，文艺复兴早期的博学者。另外一位是米开朗基罗。米开朗基罗、达·芬奇与他们十五六世纪的同仁已经为人类在美术、工程、医学、科学等领域开辟了崭新的知识层面。

今天我想跟大家分享一下文艺复兴时期四所大学的故事。这四所大学分别是波兰的雅盖隆大学、意大利的比萨大学、法国的亨利大帝皇家学院以及英国的剑桥大学。比萨大学在1581年收了一名医科专业的学生，此人被今天在剑桥大学的伟大科学家史蒂芬·霍金称为自然科学的发起人，他就是伽利略。法国的亨利大帝皇家学院在1604年收了一名10岁的男童，在学校总共念了10年书，专攻数学和物理学，后来被称为几何学之父，他就是笛卡儿。他的一句名言就是"我思故我在"。波兰的雅盖隆大学在1491年收了一位名叫哥白尼的学生。该大学是以天文学和数学为主。作为文艺复兴时期的数学家、天文学家，哥白尼用正确的科学方法证明了当时被普遍接受的地心说是错的，提出了日心学模型并且提倡太阳是宇宙的中心这一观点。最后是英国的剑桥大学在1546年收了一个只有12岁的孩子叫弗朗西斯·培根。培根在剑桥大学就读神学、逻辑学、数学、天文学、希腊文和拉丁文。这些教育奠定了培根后来成为英国的散文大师、法学家、哲学家以及政治学家的基础，更重要的是他也成为了古典经验论的始祖及工业科学的哲学家。他的两句名言"真理是时间的产物，不是权威的产物"以及"合理安排时间就是节约时间"到今天还完全适用。在1661年，剑桥大学又收了一位叫做牛顿的18岁青年。在大学里，牛顿喜欢阅读笛卡儿的现代哲学及伽利略、哥白尼的天文学，而他自己在1665年发明了微积分，1687年出版了《自然哲学的数学原理》，也就是今天我们学的三大运动定律。

我常说，看了牛顿就感到老天爷对我们中国人开了一个很大的玩笑。我们不确定牛顿到底是哪一年生的（有些人说他是在1642年的圣诞节晚上出生的，也有人说是几天后的1643年生的），无论如何，随着他的出生老天爷送给了西方一位科学方法的开山祖师。而一年之后的1644年，老天爷给中国送来了顺治皇帝。顺治代表的是封建政治系统的延续，而到了乾隆年间,清政府就开始实施全面闭关锁国政策。锁国政策在很大程度上阻碍了中国与西方世界的接触。

那么几百年的文艺复兴的精髓是什么?是不是在这个期间诞生了比如我刚才列举的那几个划时代的例子,完成了改变人类思维的突破?毋庸置疑,文艺复兴时期的确有人完成划时代工作,但那并非是精髓。据我看来,其精髓如下:文艺复兴对人类的贡献在于对追求事实和真理的不妥协。这是人类有史以来最空前、最伟大的社会运动:在欧洲大陆普遍设立大学,让千千万万的学子有效地、有系统地推动人类对自然界、对文化更深以及更正确的认识。

大家想一想,牛顿在大学里,有许多同学跟他学习同样的课程。虽然这些同学未在史上留名,但是他们也肯定在自己的岗位上做了属于他们的贡献。对我来说,这就是大学给人类带来的巨大贡献。我们通常不会想到这一点。我们一般只想到牛顿的伟大,但是我们不会想到牛顿念书的时候必定要与他的同学、老师讨论,甚至辩论各种各样的问题。我深信这种教育和思辨方式必定对牛顿日后完成伟大的工作有一定,甚至是决定性的影响。这是大学存在的一个重要原因。文艺复兴时的大学改善了人类的未来。

到了21世纪,西方和东方的大学都有一个神圣的任务,那就是培养为人类服务的好公民。对研究型大学,这个任务就更重了,那就是如何为全人类培养各行各业的领导。亚洲的高等教育在19世纪及20世纪初开始转变。转变的原因有很多。我认为有两个重大历史事件对这个转变有不可否认的推动作用:第一个是日本的明治维新,第二个是1911年的辛亥革命。但是亚洲大学由教学到研究的转变则要等到20世纪的下半叶,甚至到20世纪末期才真正地开始。

要使亚洲的大学由教学型转变成研究型,其所需要的条件也是多维的,需要有经济上和政治上的成熟度。在亚洲,研究型大学这个观念的形成和发展,是在20世纪末及21世纪初期才真正开始的。今天,亚洲的大学的确是起飞了,而亚洲当今的大学生更要挑起为全球克服困难的重担。要能挑此重担,首先就要拥有"内在自信"。

19世纪欧洲的青年人沉浸在伟大的创造时代,当时的他们一定有强大的内在自信。20世纪的美国青年人,也同样满怀浩瀚的内在自信、回应罗伯特·肯尼迪的豪言,"有些人看到一件事情时会问为什么,而我梦想着有一天人们都会说:为什么不呢。"那么在21世纪,亚洲的青年能不能怀有同样强大的内在自信？

几个月前,我在宁波诺丁汉大学做了一个相同的演讲。有一个非常有思想的同学问了我一个问题:"你认为在欧亚超级大洲的思维中,我们亚洲的大学可以贡献什么?"这个问题令我深思。

自20世纪以来,亚洲看到欧洲科技绝对领先的地位,就几乎全心全意在科技上追赶。在某种程度上,我们亚洲的高校多多少少都是以理工领航。但是回顾文艺复兴时期,我们看到理工的发展是以西方文化作为基础的。显然,科学技术我们可以追赶上,但是要在思维上有质的超越还将面临很大的挑战。

我们了解到,文艺复兴时期大学的普遍化最重要的一个成果是克服人类当时的一大挑战,也就是无知。今天人类的大挑战已经不仅仅是无知了。今天的挑战是缺水、缺能、贫穷、无知、疾病、贪污以及人口暴增。要克服这些挑战所需要的工具是超越科技的。今天需要的工具就是要对人的行为有深刻的认识,要能够推行完善的公共政策同时拥有政治勇气。今天人类面对的挑战是文艺复兴时期不可想象的。虽然在进入21世纪的这十几年内人类已经取得了令人鼓舞的成就,但是从深度和广度来看,仍有很大的发展余地。

我认为位于由欧洲和亚洲组成的"超级大洲"的大学可以融合东方和西方千年的文化以解决人类当下面临的挑战,同时创造出比文艺复兴时期更伟大的大师。我刚才所提到的文艺复兴的大师全是以西方文化作为基础发展出他们的工作。今天在"超级大洲"的我们可以把东、西方文化放在一起来发展,培养出新的牛顿、新的伽利略、新的笛卡儿和新的培根。他们会提出跨世纪的新方案来克服人类面临的挑战。正如文艺复兴时,这些伟人可以来自任何一个处于"超级大洲"的大学,成长在这个"超级大洲"的年轻人也会有很丰富而且很强大的内在自信。那就标志着"新文艺复兴"时期人类的创新。

2008年,全球面临经济恐慌。2009年,台湾的成功大学为亚洲发展银行开了一个以"全球经济危机工业重整"为题的大型会议。他们请我做总结,我当时是这么说的:"在整个20世纪中,亚洲在心理上是跟西方紧紧地耦合在一块的。这是完全可以理解的。当西方有超前的经济和学术力量,自然地亚洲会认为它是卓越的标准。但是经过这样的一个周期,当西方赤裸裸地暴露出他们的社会和经济的弱点后,很可能在全球经济体制的现状下,亚洲有机会跟西方脱钩。我绝对不是建议亚洲应该在经济和学术上跟西方脱钩,我说的是心理上的脱钩,使我们摆脱对西方的依赖。假如我们做不到,我们就没有可能拥有强大的内在自信,21世纪也没有可能成为人们所提到的亚洲的世纪。"

我有一个梦,那就是欧亚"超级大洲"的各大学在面临21世纪及之后的全球挑战中,能以欧洲文艺复兴时期的创新思维推动亚洲的新文艺复兴并且改善人类的将来。

谢谢!

"噢,东就是东,西就是西":跨文化理解的挑战

[美] 阿姆鲁拉(Amrollah Hemmat)

张悠然 译

【作者简介】 阿姆鲁拉,教授,北京大学访问学者。
【译者简介】 张悠然,北京大学历史学系2010级本科,2014级硕士在读,世界历史专业,埃及学方向。

一、引言

当代诠释学在理解和解释方面的论著对理解东西方关系有着特殊的作用。伽达默尔(Gadamer)用"视域交汇"阐明了跨文化理解的挑战。与此相似,"自我"和"他者"的概念以及"自反性"的研究厘清了东西方概念想象建构的本质和这种建构在跨文化关系、压力及合作上的影响。本文回顾了这些概念,并提供了东西方分野如何虚构的史实论据。我们将会讨论在当今这个后殖民时代,被构建的东—西观念何以得到广泛认同,以及超越两极对立局面的必要性又是如何获得重视。

二、自我和他者

理解自我是一个尤为困难、充满挑战的任务。这个任务不能与理解"他者"割离开来。当我们跳出自我,才能理解自己:"只有对一个与自身所处截然不同、切实可辨的现实进行体验和对照,才能获得对于自我的可靠认识。"[①]如果一个人仅仅关注自身,其后果无非是陷入自恋;所以,我们必须认真研究"他者"。

[①] M. Disalvo, "The Myth of Narcissus," *Semiotica* 30(1/2), Berlin: Mouton-Walter de Gruyter GmbH & Co. KG, 1980, p.23.

然而，研究和理解"他者"是困难重重的。真的能够在他者语境下完全理解"他者"吗？理解异质文化到底是有可能实现的，还是根本是一个乌托邦的幻想？普伦德加斯特（Prendergast）指出，"就用自己的文化立场通透诠释其他文化所遭遇的障碍而言时，即便与完全不了解时相比，我们也永远无法更靠近理解另一种文化（正是由此可从民族优越感的陷阱中脱离）。"[①]换句话说，人所能做的就是承认在准确解读"他者"上我们总有力所不逮之处。

举例来说，自反性让我们明白，一个人的观点常常是被其建构的主观臆断，而非基于对于"他者"（研究对象）的精确观察而得出的客观描述。由此可知，我们的结论是被我们自身的假设、偏见和歧视所影响而得出的。卡普（Karp）和肯德尔（Kendall）认为优秀的田野工作有其标准，即必须"把人类学视角转向自身，以便理解人的社会现实是社会建构而成而非自然形成"[②]。这需要对人关于真理和客观性最基本的信仰做出挑战。"对照学习"是一个人类学家常用的术语，意为在面对与学者身处的构建现实不同的社会中通过惊讶和震撼的感受来学习。[③] 对照学习可以引发更深层次的自反、学习和成长。我们可以把自己置于"他者"的框架中，尝试去以他者看待世界的方式来看待世界，从而发展和检验我们自己的新印象。当我们设身处地在另一种情境中，我们在一个与日常所习迥异的"框架"或背景环境中的印象可以得到检验。

然而，当人被置于一个特定背景环境中时，他一定会受到其自我形象的强化与确认带来的刺激。人们常常将自己置于其祖先或历史文化名人的框架中，就是为了将他们自己与他们各自文化中的英雄等同，进而巩固他们自己的身份认同，人生观和价值体系。为了指出个人在特定环境下构建这种幻象的基础，费尔南德兹（Fernandez）站在普拉多（Prado）博物馆的一幅画前，并竖立一面镜子。迪亚哥·委拉士开兹（Diego Velásques）1656年著名的画作《宫女》（Las Meninas）被放置在一面镜墙之前。镜子和画像可以激发观者的感情，让他或她意识到自己是这场面的一部分，是这西班牙皇室在菲利浦四世的皇庭中集会场面的一部分。

[①] Michael Cronin, *Translation and Identity*, New York: Routledge, 2006, p. xi.

[②] Ivan Karp and Martha B. Kendall, "Reflexivity in Field Work," in Paul E. Secord edt, *Explaining Human Behaviour: Consciousness, Human Action and Social Structure*, Beverly Hills: Sage Publication, 1982, p. 250.

[③] Ibid., p. 262.

这幅画中本有镜子,其中映出国王和王后并立情景,他们共同观察那些在房中的人。国王和王后本身不在画中出现,观者可以想象他们站在画前观画的情景。博物馆的参观者站在画作和巨大的镜墙之间,可以获得看到他们自己与国王和王后站在一起、共同观察那些房中人的假象感受。这就是费尔南德兹所说的"镜子骗局",这体现了"每个人内心深处对于国王和王后的野心与渴望"。①

费尔南德兹也讲述了西非土著芳人(Fang)的入会仪式。在致幻草药 eboga 的影响下,入会者数小时凝视镜中:"他或她的脸,抑或一个含糊不清的标记,开始变成一个至关重要的他者,即是宗教或治愈仪式中渴望与之沟通的对象。"②费尔南德兹从而指出,要在一种文化中接受启蒙,人们首先要能够在自己身上看到他们文化中的英雄形象。我们应该把自己与我们至关重要的祖先建立等同,从而认同我们自己的文化。正如亚伯拉罕·林肯的形象"将会引发我们(指美利坚民族)对共和国核心价值的共鸣"③。

所以,当我们将自己置于"他者"之中,这个"他者"可能会被我们关于自己的假设有意识地选择,或者被我们看待自我和我们希望实现的看待自我的方式而建构。这可能仅仅是自我印象映射在我们自身上的一个体现。这就不具有自反性的特质。这不是对"他者"的理解,所以不会有助于对"自我"的更好认识。费尔南德兹指出,"通过启发人们发现事物的完美形态,镜子可以反映事物的本质,这种想法对人类学家而言并不陌生。我们也常常在其他文明中寻找自己诡异模糊的倒影并以此来发现人类的本质,尽管可能并不是其完美形态。而更时新的想法也认为这面镜子首先映出了我们,镜子的制造者和使用者。"④

因此对"他者"的理解可能受到自我欺骗的妨害。另一方面,正如前面提到的,当一个人能真正理解他人,他也会更好地理解自我。这种自我认识的成长只可能发生在人意识到自我能够在自欺中发挥的影响时。人需要小心谨慎,不能仅仅观察自己在他者中的反射;否则就会一无所得。

---

① James W. Fernandez, "Reflections on Looking into Mirrors," *Semiotica* 30(1/2), 1980, p. 28.
② Ibid.
③ Ibid., p. 34.
④ Ibid.

三、文明分野中的自我与他者

研究文明分野的波提切(Bottici)和卡兰德(Challand)指出不同诱因在自我和他者概念形成中的作用。他们提出"政治神话"的概念作为对外思考形成的基础,比如对"他者"的文明进行分析就需要这个概念作为前提。他们解释道,神话不仅仅是虚幻想象,而是一种让梦幻成为现实的方法。所以在非理性想象创造的背后,存在一个实际的诱因,一个潜藏不显的纲领,此即"政治神话"的概念。这是一种施加权力的方式,因为这"构建了一种最终可以捍卫政权的现实。"① 目前,"自我"与"他者"政治神话的形成很大程度上是通过媒体和其为消费者所做的演绎进行的。"当今,更甚于前的,实体高压政治的控制已经被诠释的方式很大程度地消解了……一种人民想象的斗争。"②

政治神话的实际动因与"戏台之上唤起感情的旁白"的美学特质进行了混合。神话的这个特点激发了人的深情热爱,赋予生命以意义,明确了活着的目标。通过神话,人可以把生命戏剧中的一个角色与自我等同,让生活中的拼搏奋斗有其价值。

波提切和卡兰德也分辨出政治神话的认知层面,"政治神话可作为一个映像。"人们开始从概念上区分"自我"与"他者",并理性归纳其中的区别。"政治神话提供了带有实际影响的理论,而理论为神话提供科学论述的外衣。"③ 由此,神话不再被视为想象的、错误的和不理性的。此外,这些被构建的概念和理论常常为这个世界提供简单明快的解释。它们把本来复杂的东西解释得简洁直接。它们用充满想象力、简洁、非黑即白的解释来取代对于未知的焦虑。实际上,它们帮助人们逃避现实,提供了一个到达简单化幻想世界、让生活更简单的捷径。

学术界在这种化约论的推广过程中也发挥了作用,他们不时发表一些表面上思虑理智、逻辑清晰、含义深刻的理论和观点。一个重要例证就是哈佛大学教授萨缪尔·亨廷顿(Samuel Huntington)的文明冲突理论。

---

① Chiara Bottici and Benoit Challad, *The Myth of Clash of Civilization*, London and New York: Routledge, 2010, p. 7.

② Ibid.

③ Ibid., p. 6.

尽管亨廷顿的结论被大部分读者赞同,他们同意这是对东方和西方固有的不可避免的冲突的客观准确科学的解释,但当亨廷顿修正冷战范式时,他的论断体现了他的化约论思想:"高度简化但是非常实用的冷战范式……"亨廷顿有其根据,他认为冷战范式为政治领袖提供了一个简单模型用来决策,而他自己的理论尽管不十分严密,但非常实用。

由政治神话的上述三个方面特性——实用主义的、认知的、美学的——可知,政治神话不是一个目标,而是一个过程,"一个承认了政治经历和社会组织的重要性的民间叙事过程。"① 能在世界中追寻意义,正是人类之所以不同于动物的地方。②

根据这个观点,关于"自我"和"他者"的想象是世界中找寻意义的产物。它们是构建生命意义的方式,是唤起追寻生命目的的能量和热情的方式。任何关于"自我"和"他者"的神话中的逻辑和理性都受到这种实用主义纲领的高度影响。

我们也要注意,这种政治纲领并不总是单独界定的。这里存在一种"社会无意识",将人关于自我的想法塑造成与他者完全不同的样子。社会无意识是被共同信仰的,不是认知能力或者理性思考的产物。这是一个由共同想象构建出的身份。如果意识到这一点,人可以批判性检验想象中自我—他者的分野,开阔眼界,敞开襟怀,迎接新的理解与可能性。现在,当我们无法避免地与那些历史上遥远而不可触摸的"他者"贴近之时,我们必须感知社会无意识的存在。实际上,当今社会中,我们在以一种前所未有的方式与陌生的外族人面对面接触。波提切和卡兰德总结道,"在全球化时代中,在我们不得不从他者的角度来思考,并且意识到在这个世界中,我们的西方恰恰是他们的东方,反之亦然,我们必须超越文明思考和西方文明话语体系中的东/西分野。"③

身份认同越发容易受到历史上的变革和协定的影响。举例来说,史无前例的大移民潮和人民运动导致了身份边界的变化。另外,身份形成的标准不再与传统相同。"毕竟,在一个全球化愈演愈烈的世界中,生活方式和城乡差距可能会对身份认同和民族边界更有决定性。身份是处于

---

① Samuel p. Huntington, *The Clash of Civilizations and the Remaking of World Order*, New York: Simon and Schuster, 1996, p. 4.
② Ibid., pp. 3—4.
③ Chiara Bottici and Benoit Challad, *The Myth of Clash of Civilization*, p. 7.

不断改变的状态的,这个状态必须被讨论协商——身份被认为受到政治和社会经济发展影响。"①

四、定义东方和西方

东方和西方只能是相对的名词。人应该首先问的是之于哪里的东,或者是相对哪里的西。中国人眼中的西亚是欧洲人眼中的近东。东西方边界曾经被欧美文学以很多方式在不同时期分别基于殖民主义、意识形态、政治的和文明的但不必要的地缘假设来定义。西方潜滋暗长但偶现轮廓的基本假设是这样的:这是一个历史上、文化上不同于这个世界的其他地方的西方,而世界上的其他地方就被归类为东方。强大的西方通过将这些地方不同程度地西方化来影响和塑造世界的一部分。在亨廷顿的《文明冲突与世界秩序的重建》②一书中,"西方及其他"表格是一个殖民者地图,把20世纪20年代的世界分成两个部分,一部分被西方统治,"其他部分"不被西方统治。在这个地图里,非洲和印度是被涂黑的,色彩与欧洲和北美一样,因为它们是欧洲国家的殖民地。

历史上,东西分界是政治上的、表象的、含糊不清的。这个边界包括罗马帝国的东—西分界、基督教堂的东—西分界、非基督教的穆斯林、印度教徒和佛教徒的东方以及冷战名义下的东方联盟③。如今,澳大利亚、甚至日本有时也会被列入西方的阵营。

如前所述,在表象不稳定的东西分野中的潜在因素可以是社会性的。波提切和卡兰德把我们的注意力引向"发生在不同背景中的社会化进程:学校、媒体、博物馆、展览会、广告、各种各样的对话与社会实践。"④他们主张欧洲中心主义是更为种族主义、殖民主义或帝国主义的,这"使社会表象中的身份认同受到干扰"⑤。因此,他们尝试解构现在的东/西分野,

---

① Kristina Jonsson, *Unity-in-diversity? Regional Identity Building in Southeast Asia*, Sweden:Lund University, 2008, pp. 24 – 25.
② Samuel P. Huntington, *The Clash of Civilizations and the Remaking of World Order*, pp. 22 – 23.
③ Chiara Bottici and Benoit Challad, *The Myth of Clash of Civilization*, p. 18.
④ Ibid., p. 120.
⑤ Ibid.

这正表示他们的态度"并非有意为之的政治道德立场"①。

在考虑西方的社会表象时,波提切和卡兰德注意到,无论通过受教育还是好莱坞制造的印象,人都能够相信"或多或少存在一个线性历史轨迹,从古希腊(纯西方的和民主的)到隐含的罗马帝国和欧美的现代都城"②。在欧洲,学校课本几乎全部把古希腊和罗马帝国视作欧洲和西方文明的摇篮。学生们学习古希腊和拉丁语以有能力阅读希腊和罗马经典,进而追溯他们文明的起源。③ 黑色雅典娜受到了很大程度的忽视。事实上希腊奇迹主要是希腊开放性和广泛吸收的产物,其他文化对希腊的影响被忽略了。④

五、传统东—西分野在假设上的区别

一直以来,关于东方和西方的假设把这其中差别塑造成本质上的、不可动摇的和无法克服的。一个假设认为,西方文明和思想是根植于希腊黄金时代滋生的民主典范的。而世界其他部分根本上是专制独裁和缺乏民主的。这个假定的缺陷已经被波提切和卡兰德指出。奴隶制和妇女地位低下(maleocracy)成为希腊文明非民主的证据。⑤

另一个相关的区别假设体现了东西方对世界理解的根本差别。根据这个观点,西方文明建立在以苏格拉底、柏拉图和亚里士多德为代表的希腊哲学传统、知识和智慧之上,本质上主要是分析的。另一方面,东方思想被假定为缺乏这种历史合理性,且本质上通常基于直觉和本能而思考。这是两种不同的获得知识和对世界的认识的途径,它们是无法相合的。东—西二分法一度因为这种假设被捍卫下来。

"西方文明是与东方文明截然不同的"这个提法的出现是由于西方文明直接继承希腊哲学观点的缘故,是一个特别不健全的观点。因为东方已经在解读、升华并把希腊哲学思想引入西方起了很大作用。穆斯林的

---

① Chiara Bottici and Benoit Challad, *The Myth of Clash of Civilization*, pp. 199—120.
② Ibid., p. 120.
③ Ibid.
④ William Burkert, *Orientalizing Revolution, Greek Culture the Near Eastern Influence on Greek Culture in the Early Archaic Age*, Cambridge, Massachusetts: Harvard University Press, 1992/1995, back page.
⑤ Chiara Bottici and Benoit Challad, *The Myth of Clash of Civilization*, p. 121.

贡献为文艺复兴的发展、启蒙时代的来临和西方独一无二的科学革命铺平了道路。这一点在很大程度上被学界忽略，没有得到充分的研究。

六、穆斯林对西方文明的贡献

在西班牙科尔多瓦(Cordoba)的街道上徘徊时，市中心广场上一个戴着头巾的阿拉伯人像让我十分惊讶。这是阿维洛伊(Ibn-i Rushd / Averroes)，12世纪的穆斯林哲学家，亚里士多德作品的注释者之一。离此不远，我发现另一个戴头巾的男人雕像，这是迈蒙尼德(Maimonides)，12世纪阿拉伯犹太哲学家，这两个人都是知识在西班牙从东到西传播的象征。10世纪时，科尔多瓦城已经有70个图书馆，40多万本藏书。吉本(Gibbon)曾记录过，图书馆目录中有44卷书，穆斯林图书馆中有60万本藏书。相比之下，欧洲基督教图书馆当时仅有400本书。

在基督教国王查士丁尼(Justinian)于公元529年关闭雅典的希腊学园后，七个希腊智者来到了波斯国王库萨和一世(Anooshirvan，阿努席拉旺)(见 Esposito, John L. (1999). *The Oxford History of Islam*, for Gundeshapur Academy)建立的君迪沙普尔学院。另外，其他希腊学者和被囚禁在大学附近的希腊人也为大学的工作做出了贡献。这个大学的研究主要集中在医药和科学的几个领域。学者们将希腊文和其他文献翻译成巴拉维语(Pahlavi language)，这些文献后来又在几个伊斯兰学术中心被翻译成阿拉伯语。学者们在巴格达、大马士革、亚历山大和西班牙，在世界的这个角落，解读、翻译、综合希腊、波斯、印度和远东的知识。

从7世纪到16世纪，大概有800年的光景，在近东和西班牙的知识中心，从希腊和东方获得的知识被翻译、转变、逐渐传播到欧洲。在西班牙的穆斯林政府治下，犹太人、基督徒和穆斯林学者一起在科罗多瓦、托莱多(Toledo)和西班牙的其他城市工作，他们解读希腊经典和其他文学作品，并将其译成阿拉伯语。

在中世纪的大部分时期中阿拉伯语是实际上科学和哲学的语言，很多典籍在不同国家和地区被从巴拉维语、梵语、希腊语和叙利亚语翻成阿拉伯语。埃及的亚历山大成为雅典的竞争者，是文化间交流的一个重要枢纽。科学在历史上第一次被广泛传播①。这部分知识逐渐被翻译成拉丁语,进而被欧洲学者和大学吸收。阿拉伯人这种普及的适合科学和哲学的语言和由此而来的这一时期伊斯兰世界视域的交汇为新的欧洲视角的产生提供了动力和基础,这种新思想引领了文艺复兴和现代社会的到来。因此,希腊智慧直接被欧洲继承进而在西方发展的论断是错误的,希腊思想实际上被传播到东方,经过转化又以新的眼光被欧洲人接受,所以这个过程中受到了阿拉伯人、波斯人、非洲人和其他东方文化的影响。

  穆斯林的贡献无论如何不仅限于翻译和传播知识。穆斯林解读还以很多方式改变了希腊和东方的学问。尽管中世纪的穆斯林学者非常尊敬希腊文明,"他们中最出色的人不是希腊先驱的盲目模仿者:他们把伽林(Galen)和托勒密(Ptolemy)这种专家看做不可靠的人,因为这类人犯了错误并应该受到批评。在天文学中,伊斯兰数学家编译了大量希腊和波斯的观察资料,并对托勒密参数(Ptolemaic parameters)做了精简。他们设计了独特的计算方法,解决了天体几何中的许多问题。他们为行星制作了非托勒密模型,并把这些行星与哥白尼的结论相比较,却没有摒弃托勒密的几何系统"②。

  《斯坦福哲学百科全书》阐述了欧洲人为阿拉伯语哲学和科学文献做拉丁语翻译的过程,并提供了向欧洲传播知识的例证:

    在欧洲,"自11世纪晚期以来,对于翻译先前不可得的文献的兴趣正在蓬勃兴起,这些文献并不都是哲学文献。在第一次十字军东征时(开始于1095年),这种新的兴趣毫无疑问地被西欧在希腊人和伊斯兰世界眼中的暴露激化了。不论出于什么原因,新的翻译很快就开始从这里出现:西西里岛当时是拉丁人、希腊人、犹太人和穆斯林的民族大熔炉。欧几里得(Euclid)和托勒密的著作是在那里被翻译的,其他数学和医学书籍也是这样……在大主教雷蒙(Archbishop Raymond)(d. 1151,尽管翻译院在他去世后依然运作)的指示下,在托莱多建立了(一个)重要的'翻译院'。此外,这些人包括:

    "希斯庞努斯(John of Spain / Johannes Hispanus),将极为重要的穆斯林哲学家阿维森那(Avicenna/Ibn Sina, 980—1037)的《逻

---

① A. I Sabra, "The Scientific Enterprise," in Lewis Bernard edt. *The World of Islam*, London: Thames and Hudson, 1976, p.182.
② Ibid., p.192.

辑》一书从阿拉伯语译成拉丁语。

"冈狄萨尔维（Dominic Gundissalinus）……他翻译阿维森那《物理》的一部分——《形而上学》，以及阿维森那的一些其他作品，还有伊斯兰哲学家法拉比（Al-Farabi, c. 870 — 950）和安萨里（Al-Ghazali, 1050—1111）的文章。冈狄萨尔维与希斯庞努斯共同翻译了所罗门·伊本·盖比鲁勒（Solomon Ibn Gabirol, c. 1022 — c. 1058/c. 1070）的《生命的源泉》一书。伊本·盖比鲁勒是一位伊比利亚犹太作家，这本书用阿拉伯语写成。表达了一个系统的新柏拉图宇宙观点。除了这些翻译，冈狄萨尔维也写过一些原创哲学著作。"

新知识和新观点的传播对欧洲的影响是巨大的。当亚里士多德的很多著作首次被从阿拉伯语翻译过来，可以让欧洲人用拉丁语阅读时，13世纪最著名的欧洲大学——巴黎大学——曾经有过一段艰难时期来适应新接触的亚里士多德的非宗教思想。"在1210年，巴黎宗教会议规定亚里士多德的'自然神学'不能在巴黎大学的艺术学院中讲授……1231年，教皇格里高利九世（Pope Gregory IX）颁布命令，直到1210年禁止的作品通过神学委员会的检验、修改完毕所有的错误才可以重新流通。1245年，教皇英诺森四世（Pope Innocent IV）将1210年和1215年的禁令拓展到图卢兹大学。尽管有这些禁令的存在，但对于亚里士多德的研究和讨论却是无法被停止的。13世纪50年代，人们开始对他们所知道的亚里士多德的一切进行公开讲演。"[①]欧洲通过东方知识启蒙的过程无疑就此开始。

这些史实被西方的青年教育和课本所忽略。下面的广告是1993年3月14日的《纽约时报》[②]上一份希腊雕塑展览的宣传，其内容表明对西方的普遍信仰与西方和"希腊，一切开始的地方"二者关联有直接关系：

"我们都是希腊人"，诗人雪莱这样说，民主、创造、哲学、戏院、历史、科学，和从民主本身中生发的艺术，成就了今天的我们。现代人被5世纪的希腊赋予生命。现在，黄金年代的希腊艺术就在这里，去解读、升华、拥抱、陶醉在……艺术，是进化，是人类，是自由，是一切……我们心怀敬畏，来此缅怀民主的奇迹。所以，没错，我们都是

---

① http://plato.stanford.edu/entries/medieval-philosophy/
② Chiara Bottici and Benoit Challad, *The Myth of Clash of Civilization*, p. 122.

希腊人。

然而,现代西方和古代希腊之间被直接相连,忽略了近东阿拉伯人和波斯人的贡献,这一点值得注意:"现代人被5世纪的希腊赋予生命。"这个广告里的身份构建元素也应该受到关注,西方人把他们的"自我"与"希腊人"这个概念等同,同时又区别于"他者":民主,自由,科学,剧院和创造,这些是让一个西方人在身份上有别于东方人的特点。

中国对欧洲思想的影响需要深入探究,这种影响是通过印度人、波斯人和阿拉伯人这样的媒介产生的。文化的综合发生在中世纪的君迪沙普尔、大马士革、巴格达、亚历山大和安达卢西亚(Andalusia),他们的东方邻居也不能免于这种互渗。史载波斯国王曾邀请中国学者到君迪沙普尔学院来教授医药和宗教:"阿努希尔(Anushiravan)也转向东方,把著名物理学家 Borzouye 派去邀请印度和中国学者来到君迪沙普尔学院。这些访客可以将印度天文、占星、数学和医药,以及中国草药和宗教的文献翻译过来。"①

我们发现,有一大批杰出的中世纪伊斯兰哲学家是波斯人。这些波斯人用阿拉伯语写作,其著作逐渐被翻译成拉丁语介绍给欧洲学者。波斯人以这样的方式对欧洲哲学思想做了很大贡献。我们也发现外国新柏拉图神秘主义和当地古拜火教神秘思想对波斯哲学家的影响。也有一些研究指向中国思想家对古波斯的神秘思想的影响。中国思想这样影响了波斯人和阿拉伯人,进而影响欧洲人。

一个语源学的研究论证了中国神秘语言对印度和波斯神秘语言的影响。其中一个例子就是 Tarsa 这个词在波斯语中意为信徒,"致力于修炼精神性的人"或者"超脱俗世"②。Tarsa,根据伊斯兰教救世主降临说是中国的"道儿子"。这个词也被托钵僧、波斯奥秘派用来称呼上帝并请求上帝的帮助,根据他们的研究,hú 这个词与中国汉字"呼"相同。中国的影响是另一个可以说明把东西方文明从根本上分割为何荒谬的例证。

七、未来:搭建东西方之间的桥梁

爱德华·萨义德的东方学是当今对东西分野中西方特权观点的谬误

---

① http://en.wikipedia.org/wiki/Gundeshapur#cite_note-8
② Chiara Bottici and Benoit Challad,*The Myth of Clash of Civilization*,p.226.

敏锐察觉的一个代表。后殖民主义和文化研究已经批判检验了殖民者和被殖民者之间、有特权的西方和特权重压下的东方之间的霸权关系。如果我们想要片刻体验一下未来主义者的立场,思考后殖民主义的未来是什么?如何对后殖民主义进行限制以让部分或全部割除毒瘤?新殖民主义让我们开始注意"凭借资本主义、商业全球化和文化帝国主义的地缘政治活动对一个国家的影响。"[①]它指出经济、文化和语言权力关系的法律意义上的延续控制了知识的殖民化政治(知识的产生、提供和分配)。因此,新殖民主义关注一种更为微妙潜藏的殖民化。

回顾后殖民主义思想,我们可以展望当今世界的关注点出现变化,即转移注意力到我们—他们关系,零和二元权力博弈,对霸权的警觉性,均质化的滥用,以及全球化不公正的问题上。展望超越后殖民主义阶段的出现是不是过于天真?王宁指出,"面对文化全球化的浪潮,任何文化都会或多或少受到影响,任何文化也都会在影响其他文化的过程中无法避免地被其他文化影响,因此文化互渗是令人大出所望和无可抵挡的。"[②]他提到,在将西方文化价值和美学观点翻译成流畅和本土化的汉语时,一种形式的文化地方化或"非殖民地化"开始广泛出现[③]。

政治学家阿奇(Achille Mbembe)有一个充满希望的、关于当代后殖民主义的思考:"……后殖民主义思想强调人性的塑造,当残忍的和种族歧视的殖民者被扫清时,人性才得以显露。"[④]作为世俗人道主义者,纽约州立大学的保罗·库尔茨(Paul Kurtz)表达了相似的积极观点:

> 我们不得不感激地球上的文化多样性。但是这种多样性不应该成为发展新文化的障碍……有一种新文化在成长。这是一种共享的文化。它吸收东西方和亚非文化的精华,而且是未来地球新文化的一部分。[⑤] 作为地球村的居民,我们共同分享有限的资源、地球生物

---

① http://en.wikipedia.org/wiki/Neocolonialism

② Wang Ning and Sun Yifeng edts., "On Cultural Translation: A Postcolonial Perspective," *Translation, Globalization and Localization, A Chinese Perspective*, Clevedon, UK and Buffalo, NY: Multilingual Matters, 2008, p.85.

③ Ibid.

④ http://www.eurozine.com/articles/2008-01-09-mbembe-en.html/ "What is postcolonial thinking? An interview with Achille Mbembe."

⑤ Paul Kurtz, "Science and the Planetary Ethics," (interview), *Point of Inquiry*, 12 May 2006.

的健康和环境关切,所以我们可能需要持续承担积极的伦理责任来搭建东西方之间的桥梁,并居中调和两种文化的碰撞。

八、小结

在这篇论文中,我们考察了当代诠释学关于理解"他者"作为一种不同于"自我"的身份的观点。我们讨论了理解与自身不同的身份的挑战和这种理解的陷阱。正如前文所言,人可以自行构建"他者",并想象其中区别以满足自己对于有一个与其截然不同的身份、生活中的意义以及让生命有其价值的美学目标的需要。这种构建更常出现在个人和社会层面的无意识行为中。

构建西方形象的例子确有其实,这反过来暗示了对应的东方形象,这种形象虽然在逻辑上不准确,但却满足了心理的、经济的和政治的多重利益。这种利益进而引发了"政治神话"的构建。西方已经通过假设他们的文明基于独一无二的纯粹的希腊思想和统治系统来将自己区别于东方。我们探讨了剥离东方思想文明的纯粹希腊思想是如何传播的。"黑色雅典娜"已经在学术文献中被广泛讨论,这体现了希腊文明的多重起源。伊斯兰和东方文化对希腊思想的变化与修改已经被充分研究,但是西方大众普遍对此一无所知。尽管穆斯林的文明被视作是非西方的文明,与西方文明存在根本性不同,甚至与西方文明存在冲突,但是穆斯林在欧洲启蒙时代的到来上发挥了很大作用。中国对西方文明的直接和间接贡献也需要深入研究。

这些文化间的研究应该解构辩证对立的和文明冲突的神话。学术启蒙与前所未有的流动性、近乎瞬间的交流沟通、核威胁、金融系统的互相依赖以及共同面对环境挑战的影响可以引向一个对东方和西方的全新理解。我们期望,新的身份既不是完全东方的也不是完全西方的,本质上是双方的混合杂糅,这样才会具有新的创造性动力。

"东方学"与"中国东方学学术史"研究的构想

黎跃进

【作者简介】 黎跃进,天津师范大学文学院教授,博导,中国东方文学研究会副会长,天津市比较文学学会副会长。研究方向:东方文学、比较文学。

"东方学"作为一门学科,是研究亚洲和非洲地区的历史、哲学、宗教、经济、文学、艺术、语言及其他物质、精神文化的综合性学科。其研究范围非常广泛,包括研究东方各国各民族的各种文化形态:传统的、现实的;精神的、物质的以及各种文化形态之间的关系,东方社会进程的规律等。东方学实际上是一个学科群。从学科领域看,有东方历史、东方语言、东方文学、东方艺术、东方宗教、东方哲学、东方经济等分支学科;从区域研究看,有中国学(汉学)、敦煌学、西夏学、埃及学、赫梯学、亚述学、突厥学、日本学、伊朗学、阿拉伯学、印度学、朝鲜学、中东学等分支学科。"东方学"产生于近代西方,带上了特有的时代色彩。中国应有中国自身立场的"东方学",中国的"东方学"在20世纪有较大发展,但缺乏学科层面的系统建构,需要学界做出更大努力。

一、产生于西方的"东方学"

东方学产生于近代西方。萌芽于16世纪,确立于19世纪。其源头可以追溯到古代希腊,希罗多德(Herodotus,公元前484—前425)的《历史》中不乏对埃及、巴比伦和古波斯的描述。13世纪马可波罗(Marco Polo,1254—1324)的东方游记把东方描写成仙境福地,激起西方航海家探寻东方的热情。之后随着西方向东方的扩张,一些传教士和商人来到东方,他们编写了关于东方文化习俗的著作。16世纪末的巴黎大学,17世纪的牛津大学开设了近东语言讲座。牛津大学首任阿拉伯语教授爱德华·波考克(1604—1691)著《阿拉伯史纲》(1650)开创了阿拉伯研究的先河。17世纪末,欧洲的东方学家收集了大量东方典籍、文稿,出版了一批根据东方资料编写的系统性著作。如戴倍罗等人编订的《东方文库》(1697)等。18世纪东方语言研究获得发展。东方经典的准确译本出版。中国的《易经》、阿拉伯的《古兰经》、波斯的古经《阿维斯塔》、印度古老的《摩奴法论》等都陆续译出。英国学者威廉·琼斯(Sir William Jones,1746—1794)开始进行东方语言的比较研究。一些西方国家创办了专门的东方语言学校。

19世纪东方学在众多方面获得突破和发展。首先是系列考古发现和东方古代铭文解读成功。格罗特芬德(Grotefed,1775—1853)破译波斯楔形文字,罗林逊(L. C. Raulinson,1810—1895)对亚述巴比伦古文字的解读,商博良(Jean-François Champollion,1790—1832)发现埃及象形文字。多次对埃及、美索不达米亚、波斯、小亚细亚、印度、中国的考古取得成果。其次,东方语言学发展成熟。大型东方语言工具书,自成系统的语法著作出版。如《英华字典》(6卷,马礼逊编 1828)、《梵文字典》(7卷,波特林格等编 1863—1894)、《中俄大辞典》(帕雷底阿斯编 1888)、《梵文文法》(基尔荷恩 1888)、《汉文典》(甲柏连 1881)等。再次,东方历史研究成绩卓著。在汇集资料的基础上编写出东方通史。还有建立东方学研究组织,召开国际性的东方学学术讨论会。1873年东方学家齐集巴黎举行第一届国际东方学会议,以后每隔3—4年举行一次。这些标志东方学的确立。

20世纪东方学有进一步的发展。东方国家的一批学者加入东方学研究行列,以不同于西方学者的民族文化视野研究东方学,以其材料充实的东方学研究成果,异军突起。西方的东方学也更加深入,趋向客观,各名牌大学都设有东方学系或东方学研究机构,出版专门的东方学研究期刊。一些研究领域非常繁荣,敦煌学研究不到一百年,却成为国际显学,汉学、日本学、中东学也因20世纪的政治、经济形势发展而成为显赫之学。一批经典性的东方学论著出版。东方学家的国际性合作研究也取得成功经验。如《伊斯兰百科全书》,汇集了世界阿拉伯研究的成果。

1993年在香港举行第34届东方学国际会议。一千多名来自各国的东方学者与会,就"中国踏进21世纪的门槛"、"珠江三角洲:潜力与机会""亚洲科技史""自由主义与民族主义""敦煌研究""丝绸之路研究""佛教与佛学研究"等专题进行深入探讨。最近的一次是2007年在土耳其首都安卡拉举行的第38届(会议名称改为:"亚洲学北非学国际学术研讨"),会议的中心主题是"和谐家园,和平世界",研讨的领域包括历史、哲学、政治、宗教、语言、文化、科学、教育等方面。大会分成13个专题组,安排大会发言、座谈、小组讨论和圆桌会议,还以多种形式分领域就相关问题进行更深入的探讨。共有来自中国、美国、俄罗斯、乌克兰、哈萨克斯坦、乌兹别克斯坦、吉尔吉斯斯坦、日本、韩国、匈牙利、蒙古和土耳其等69个国家和地区的各国学者2250人出席了大会。

东方学的发展虽有400多年的历史,但其局限也很明显,最突出的有两点:

第一,缺少统摄各分支学科的宏观理论,其理论体系有待进一步完善。作为一门学科,其理论体系需要从本体论、认识论、方法论、实践论四个层面进行全面建构。尤其是就现在东方学所取得的成果和世界东方学大会所涉及的论题,要有一个归纳整理,到底都涉及了哪些分支学科。即"东方学"都包括哪些学科及其研究方向,"东方学"又有哪些自己的学科特征等,必须分清。"东方学"有哪些性质,除地域区分之外,还有没有其他的区分性能将所谓的"西方学"剥离。在多元共生的思维支持下,东西方学者在"东方学"的问题上可以有哪些和而不同的理解,等等。然后才能指涉中国的"东方学",并找出其特有的性质。

第二,西方中心的立场。东方学产生的时期,西方在工业革命后迅猛发展,把东方当作他们扩张的对象和倾销商品的市场。东方国家大都沦为西方的殖民地或半殖民地。这种背景注定了东方学是西方人居高临下看东方的产物,带上西方中心论的立场和色彩。阿拉伯裔的美国学者萨义德(Edward Wadie Said,1935—2003)出版《东方学》(1978)一书,对西方东方学的"西方中心"立场作了清理,认为西方对东方的描述,无论是学术著作还是文艺作品,都存在严重的扭曲,西方人把东方当作异己的"非我",构造出处处不如西方的东方形象。我国也有学者指出:"由于习来已久的对东方的偏见,因而在西方人眼中,东方一方面有着'懒惰''愚昧'的习性,另一方面,东方本身又不无某种令人神往的'神秘'色彩。说到底,'东方主义'在本质上是西方试图制约东方而制造的一种政治教义,它作为西方人对东方的一种根深蒂固的认识体系,始终充当欧美殖民主义的意识形态支柱。"[①]不仅东方学者有这样具有民族情绪的看法,西方具有良知的学者也有同感。美国耶鲁大学高级研究员、著名历史学家、社会学家、世界体系理论的主要创始人沃勒斯坦(Immanuel Wallerstein,1930—)认为西方的东方学是"一种由来自不同文化的人所作的社会构造。现在正是这种构造的有效性受到抨击,抨击在三个方面:(1)这些概念不符合经验事实;(2)它们过于抽象,因此消除了经验世界的多样性;(3)它们是带有欧洲人偏见的产物。"他还说:"东方主义确立了欧洲占支配地位的权利的合法性,它在为欧洲帝国主义在现代世界体系内的作用进行的意识形态辩护中,确实起着一种主要的作用。"[②]

恐怕更为严重的问题是:当东方的学者加盟东方学研究的时候,东方学已经形成一套话语体系,即使来自东方文化系统内的东方学者,也难以摆脱已有话语体系的束缚。

当然,对东方学已有的成果不能一概否定,几百年里几代学者的努力,并非都心怀偏见,有的出于超功利的个人爱好,有的出于对真理的执着,对东方进行客观、公允的研究与评价。但不管怎样,包括东方文学在内的东方学研究,还需要更为切实、深入的工作,尤其是东方学者,更是任重道远。

二、"东方学"的两种型态

东方学在近代西方产生发展的动力是多方面的:有宗教的、殖民的(政治的)、商业的(经济的)因素,也有科学的,执著于真相的追求。西方对东方扩张、殖民统治的文化语境,使得西方的东方学具有"西方中心"的倾向和他者立场。但也不能否认,有些东方学家是出于科学的精神,追求真理而从事东方研究。因而,东方学有意识形态的东方学和科学的东方学两种形态。

(一)意识形态的"东方学"

由于近代以来东、西方之间的殖民与被殖民,"东方学"发展为西方对

[①] 王宁:《东方主义·后殖民主义和文化霸权主义批判》,《北京大学学报》(哲学社会科学版)1995年第2期。

[②] 沃勒斯坦:《进退两难的社会科学》,《读书》1997年第2期。

东方的固定思维模式和话语权力方式,通过对东方进行整体化、类型化、本质化和符码化,形成关于东方的集体观念、话语体系和社会体制。它是一种想象构造和过滤框架,是对东方的"妖魔化",是西方控制和重建东方的一种方式,是一种殖民主义和帝国主义的工具和意识形态。

对于意识形态"东方学",学界早有审视和批评。首先是阿拉伯和穆斯林学者做出比较强烈的反应。阿拉伯学者穆斯塔法·森巴尔在《东方学和东方学家的是与非》一文中说:"西方开始一个个控制伊斯兰世界的国家,它才刚一占领伊斯兰世界的大部分地区,其关于伊斯兰及历史的研究就开始兴旺发展,其目的是向这些被他们殖民的民族解释他们殖民政策的合理性。"①穆斯林学者阿卜杜勒·马利克(Anouar Abdel-Malek)的《危机关头的东方主义》(1963),提巴威(A. L. Tibawi)的《说英语的东方主义者》(1964),阿拉塔斯(Syed Hussin Alatas)的《懒惰的原住民神话》(1968),希沙姆·贾伊特(Hichem Djait)的《欧洲与伊斯兰》(1971)都对意识形态的"东方学"提出尖锐的批评。如阿卜杜勒·马利克认为:东方学的主要目标是考察和"开发它拟占领之地,了解各民族意识,以便更好地保证欧洲对这些地区和这些民族的征服之成功。"②阿拉塔斯在《懒惰的原住民神话》中,对西方的东方学学者认为马来西亚土著"懒惰"的判断做出社会学分析。他们"懒惰"的由来,是因为他们在乡村田野耕作,伺候英国老爷的仆役工作是移民的华人在做,"这类工作处在殖民者的视线之外。他们与欧洲殖民者的联系是有限的",马来人懒惰形象的社会学和意识形态起源是:"他们抵抗,他们倔强地抵抗着,不想成为殖民资本主义的一个主要部分。"③

西方学者也有类似看法。美国学者爱德华·W.萨义德的《东方学》(1978)、《文化与帝国主义》(1993),英国学者齐亚乌丁·萨达尔的《东方主义》(1999)等著作对西方的东方学成果和思想进行了梳理和反思。结合大量事实,对东方学的范围、发展历程、观念结构、当前现状等进行了分析,对其意识形态色彩进行了系统的审视和批判。

必须说明的是:意识形态的东方学,不仅西方有,东方也有,中国

---

① 穆斯塔法·森巴尔:《东方学和东方学家的是与非》,见"中穆网"(http://www.2muslim.com/forum.php? mod=viewthread&tid=41969)
② 齐亚乌丁·萨达尔:《东方主义》,马雪峰、苏敏译,长春:吉林人民出版社,2005年,第95页。
③ 同上书,第100页。

也有。

（二）科学的"东方学"

西方研究东方的不仅是传教士、商人、军人、殖民官员、宣传鼓动家、冒险家,还有一批学者。他们出于对知识、知识的系统性和事实真相的探究,付出毕生精力和心血,了解东方、研究东方,为东方学和东西文化交流做出贡献。如英国的威廉·琼斯、法国的安格迪尔-杜贝隆(Abraham-Hyacinte Anquetil-Duperron,1731—1805)、德国的格罗特芬德、英国的罗林逊、法国的商博良等。

我们以威廉·琼斯和安格迪尔-杜贝隆为例略作说明。琼斯是东方学的奠基人和历史比较语言的创始者,他学习过28种语言,精通梵语、波斯语、阿拉伯语、英语、拉丁语、法语、意大利语、希腊语;组织了第一个东方学研究机构:亚洲学会;最早提出"印欧语系"概念;译介印度、波斯、阿拉伯、中国的文学经典,萌生世界文学观念。琼斯不到50岁,死于印度。他对东方文化的价值有着客观而深刻的认识,他认为"亚洲一直被看作各种科学的乳母,是各种迷人而有用的艺术的发明者,是那些辉煌的历史事件发生的舞台,富有人类天才的创造物和各种自然奇观,在宗教与政府的形式、法律、礼仪、风俗和语言以及人的相貌与肤色方面有无限的多样性。我忍不住要说,这是一个多么重要的尚待发掘的广阔领域啊! 有多少有益的东西可以汲取!"[①]"梵语不管多么古老,它的结构是令人惊叹的,它比希腊语更完美,比拉丁语更丰富,比二者更精练。"[②]琼斯开创了东方学的纯学术传统,促进了东西方的文化交流,他的工作和成就是欧洲历史上反对西方中心主义的重要思想资源。18世纪法国学者安格迪尔-杜贝隆反驳启蒙思想家孟德斯鸠"中国是一个专制的国家",专制主义是亚洲各国的特点的看法,以他在印度7年的生活亲身体验,发现欧洲人对亚洲的宗教、历史、文化抱有许多偏见。他认为专制政体的概念,是欧洲人压迫亚洲的"合理工具"[③]。

耶鲁大学教授、历史系和东亚研究中心主任、美国历史学会主席史景

---

① *The Works of Sir William Jones*, vol. 3, London: John Stockdale & John Walker, 1807, pp. 1−2.

② Ibid., p. 34.

③ 侯旭东:《中国古代专制主义说的知识考古》,《近代史研究》2008年第4期。

迁(本名:乔纳森·斯宾塞 Jonathan D. Spence,1936—   ),一直致力于中国文化和社会的研究,是蜚声国际的汉学家。他多次应邀到北京大学开设系列讲座,主要著作有《改变中国:在中国的西方人 1620—1960》《追寻现代中国》《康熙与曹寅》《王氏之死》《利玛窦的记忆宫殿》《西方人思想中的中国》《毛泽东》等,偏重中国文化转型期的研究,以其注重真实史料分析著称。在 2013 年一次接受记者采访时,他坚定表明:"我整个学术生涯是为了更好地理解中国。"①

国内有学者认为:"当东方大部分学者还沉溺于神话传说的世界或消磨在寻章摘句的传统治学方法中时,西方学者率先以近代科学方法(如系统分析,实证调查,比较研究等)来研究东方的社会、历史、宗教、语言等文化现象。东方各国的通史、文化史、宗教史、文学史等大多首先出自西方学者之手。这些学者大都不怀偏见,或出于个人爱好,或出于学术良知,对东方文化作了较高的评价。另外西方的东方学研究机构也做了一些东方文化典籍的整理、校刊、翻译和出版工作。这些都为东西方文化交流做出了不可磨灭的贡献,也为东方学今后的发展奠定了科学基础。"②这样的评述,是历史事实的概括,也是对科学的东方学的准确评价。

即使是严厉审视东方学的学者,也不会对西方的东方学做全盘否定。阿拉伯学者穆斯塔法·森巴尔在《东方学与东方学家的是与非》中认为有东方学家出于纯学术研究和考证的目的。"他们一旦发现真理就会接受它。他们中有些人全身心的投入他所研究的环境氛围之中,得出了许多与真理和实际情况相吻合的结果。"③萨义德在《东方学》中,对"东方学"界定了三种含义,第一义就是"作为学术研究的一个学科",只是在著作中他重点论述是"作为一种思维方式"和"作为权力话语"的含义。④

"科学的东方学"的评价尺度是什么?当然不是以真实性、客观性为标尺。人文科学、社会科学不同于自然科学,绝对的真实、客观不太可能。研究者先在的文化身份和心智结构形成的"视界",使其研究不可避免地会带上主观色彩。"他者立场"是跨文化研究的必然现象。不能用"主体文化色彩""他者立场"来否定东方学的科学性,简单地斥之为"意识形

---

① 张润芝:《史景迁:我整个学术生涯是为了更好地理解中国》,《时代周报》2013 年 11 月 3 日。
② 侯传文:《"东方文化"正义》,《东方论坛》2013 年第 5 期。
③ 穆斯塔法·森巴尔:《东方学和东方学家的是与非》。
④ 爱德华·W.萨义德:《东方学》,王宇根译,北京:生活·读书·新知三联书店,2007 年,第 3—4 页。

态"。"科学的"或"意识形态的"区分标准,应该是研究目的。服务于帝国主义、殖民主义的政治、经济目的的东方研究,是"意识形态的东方学"。主观上为科学,但未能摆脱时代精神和氛围的束缚;或者是出于追求真理而研究东方,这两方面的研究成果,都属于"科学的东方学"范畴。

例如马克思的东方研究。萨义德在《东方学》开篇引马克思的话:

> 他们无法表述自己;他们必须被别人表述。
> ——卡尔·马克思:《路易·波拿巴的雾月十八日》

这样的引述,给人以马克思的东方研究是一种主观他者想象的感觉。马克思在19世纪50年代研究东方,"从19世纪50年代起,伴随着世界的殖民化进程,东方落后国家的历史和现实的材料大量地涌现出来。出于对落后国家人民命运的关心,马克思以极大的热情研读了这些材料,逐步了解到东方社会的现实状况和历史发展特点。在马克思看来,把握东方社会独有的农村公社、土地公有制和专制国家三位一体的奇妙结合,对解开东方社会之谜并预测其发展方向,具有重要意义。1859年马克思在《政治经济学批判》序言中,正式称它为亚细亚生产方式。"[①]马克思的"亚细亚生产方式"理论是在当时的材料把握和时代氛围中形成的,难免居高临下看待东方的时代痕迹。但马克思的主观愿望不是为服务殖民统治而有意歪曲东方社会。很难想象,一位提倡"全世界无产者联合起来""解放全人类"的思想家,其东方研究是殖民主义意识形态?

作为一个庞大的学科群,东方学内部结构复杂,具有不同倾向完全正常。真实、客观的东方叙述和阐释,是东方学的学科努力目标。我们要反思、纠正"意识形态的东方学"的偏颇,借鉴继承"科学的东方学"的研究成果,更充分、更深入地研究东方,通过对东方文化的研究,实现东、西方的真正对话和交流,这是我们中国东方学的历史使命和文化责任。

东方学形成至今已经一百多年,东方学的内涵和外延在学术界已经有一个大致的学科构架,不同倾向和争议的存在,不足以否定东方学学科的科学性。

[①] 戴世平:《东方社会的思想与历程》,昆明:云南人民出版社,2000年,第2页。

三、《中国"东方学"学术史》研究的构想

中国在与周边的东方民族交往过程中,早就产生了观察、记录和认识东方民族与文化的成果。《大唐西域记》(唐·玄奘)、《经行记》(唐·杜环)、《岛夷志略》(元·汪大渊)、《瀛涯胜览》(明·马欢)、《星槎胜览》(明·费信)、《西洋番国志》(明·巩珍)等书,是研究东方文化的珍贵资料,官修《二十四史》中不乏东方地区的记载。

但世界整体中的"东方"概念,形成于20世纪初期,20年代的"东西文化论争"带来了学术研究中自觉的"东方意识",之后产生一大批研究东方社会和文化的东方学家。但他们的研究成果至今没有上升到"东方学"层面的系统整理和认识,东方学的学术史研究尚未引起学界的足够重视。如《二十世纪中国人文学科学术研究史丛书》近30卷,分历史、文学、哲学三辑,就没有"东方历史研究""东方文学研究""东方哲学研究"三卷。

"季羡林先生对中国东方学的发展历史和现状了如指掌,抓住时机,在90年代初提出了编纂《东方文化集成》的宏伟构想。"①在季先生等前辈学者的感召下,黄宝生、叶渭渠、王邦维、刘曙雄、朱威烈、王向远等学者都认识到中国东方学研究的重要性,纷纷呼吁建构中国东方学的学科体系。著名东方文学学者叶渭渠先生提出季羡林先生主编的《东方文化集成》"是一场在文化方面取得世界领先地位的基础研究"。②

近年来,朱威烈、王向远等学者呼吁建构中国东方学的学科体系,但东方学学术史的编撰几乎还是空白。只有王向远的《东方文学译介与研究史》,在分支学科的东方文学领域做了初步的尝试。

季羡林先生在《东方文化集成》的总序中实事求是地说:"如果是一个诚实的人,他就应该坦率地承认,我们中国人自己也并不全了解中国,并不全了解东方,并不全了解东方文化。实在说,这是一出无声的悲剧。"③即是说中国人对"东方学"的了解很不全面,学术界的情况也基本如此。因此,用中国学者自己的立场,即东方话语,编写观点客观、评论公正、研

---

① 黄宝生:《中国东方学的传承和创新》,《集成十年》,北京:北京图书馆出版社,2006年,第48页。
② 叶渭渠:《世界领先地位的东方学基础研究》,《集成十年》,北京:北京图书馆出版社,2006年,第40页。
③ 季羡林:《卅年河东卅年河西——〈东方文化集成〉丛书〈总序〉》,《岭南文史》1999年第2期。

究科学,心态平等的《中国"东方学"学术史》是当务之急。

构想中的《中国"东方学"学术史》的内容应该包括下列几个方面：

第一,中国学术史上"东方"概念的演变。从原典出发,梳理中国典籍中不同时期"东方"的不同含义,探究"东方"这一概念在中国学界是如何由一个方位概念获得现代含义的。

第二,中国"东方学"的确立。五四前后"东西文化论争",标志着中国学界自觉的东方意识形成,中国东方学也初步确立。探究中国东方学形成的背景、标志和机制。

第三,中国"东方学"的纵向发展。分阶段、以重要事件为核心,论析中国东方学的发展脉络：(1)古代渊源；(2)近代佛学复兴与东方学萌芽；(3)五四前后东西文化论争与东方学的确立；(4)五六十年代亚非联盟与东方学的发展；(5)八九十年代改革开放与东方学的崛起；(6)新世纪东方学的深入。

第四,中国"东方学"分支学科的学术成果研究。梳理考察中国东方学几个成果比较突出的分支领域(东方哲学、东方历史、东方文学、东方宗教、东方美学与艺术)的研究成果；全面系统收集、考订相关史料,在还原历史现场的语境中分析成果的意义与价值。

第五,中国著名东方学家的"东方思想"研究。选择具有代表性的东方学家(梁启超、章太炎、陈垣、季羡林、饶宗颐、林志纯、周一良、黄心川、彭树智等),深入探讨其东方思想,从典型个案的角度,把握中国东方学研究所展示的思维方式、价值观念、想象逻辑及情感特质。

第六,中国"东方学"的学科审视。探讨全球化背景下,中国东方学在学科建制上如何进一步与国际接轨,健全和完善相关机制,如何在教育、教学体制上,改变"英语至上"的局面,充分尊重多元文化的世界格局,为中国东方学的繁荣创造条件。

《中国"东方学"学术史》的研究目标：完成《中国"东方学"学术史研究丛书》六卷：(1)中国"东方学"综论研究卷；(2)东方哲学研究卷；(3)东方历史研究卷；(4)东方宗教研究卷；(5)东方文学研究卷；(6)东方美学与艺术研究卷。

这一课题的意义表现在：意义之一,为加强、完善中国"东方学"的学科建制奠定学术基础。中国东方学虽然成果丰富,但缺乏完善的学科机制。从事东方国别文化研究的学者缺乏整体的东方意识,限制了研究视野。构想以"东方学"概念将各分支学科整合起来,打造与世界东方学接轨的学科平台,使中国的"东方学"与"西方学"、"国学"三足鼎立,形成完整协调,而非厚此薄彼的学科体系。意义之二,检阅、展示中国东方学的成果,与西方的东方学形成鲜明对照。西方的东方学成为意识形态工具,服务其霸权目的。东方应该有东方的东方学,本构想以中国东方学学术成果的研究性整合,向学界展示中国东方学面貌;以学术话语解构西方东方学中代代相传的机制,呼应当今后殖民批判时代的需求,达到与西方东方学平等对话的目的。意义之三,发挥文化软实力功能,促进中国与东方各国新型的国际文化关系。构想以历史唯物主义和辩证唯物主义的观点,实事求是地研究东方学成果,形成与西方东方学霸权话语截然不同的平等相待的话语体系,确立起我国东方学的特色。既在学术影响上使中国的东方学研究与西方的东方学并驾齐驱,也在现实中适应当前中国与东方各国新型的国际关系的需要,促进友好的文化交流。

《中国"东方学"学术史》研究中要注意几个问题问题:1.编写中国东方学学术史尚属首次,首创之事,筚路蓝缕,收集资料的功夫必须下足。全面系统收集资料,整理编写《中国东方学研究文献资料索引》,为研究奠定坚实的资料基础。2.东方学是跨文化的研究学科,其学术史的研究必须具有宏阔的视野。研究者对国学、西学、西方的东方学要有一定的修养,在人类文化整体中对中国东方学的学术意义做出客观准确的定位。3."史"的眼光。注意学术观点的演变,把握演变的关节点,尤其注意东方学家对前辈时贤学术的继承发展。对不同学者的学术考察,辨"异"识"同",发现彼此间的吸收和借鉴。4.把握好学术与思想、学术史与思想史的关系。"东方学"学术史不是东方学研究成果的汇编,也不是琐碎的"流水账",而是在东方文化交流的背景中,揭示成果产生的历史语境,将学术史与中国的东方学学科发展史、人文思想观念史等结合起来,既有学术观念变迁的梳理,又有东方学思想的提炼和概括。5.作为中国的东方学研究者,应在人类、东方、中国的多元文化中,摆脱二元对立的本质主义,既有自我立场的取向,又以人类普遍价值为指向,在历史现场语境中阐释东方学的意义。

相信经过学界各位同仁的不断努力,中国的东方学研究,会有长足的进展,取得丰硕的成果。

中国东方学研究中的主体性问题①

雷武铃

【作者简介】 雷武铃,河北大学文学院教授。研究方向:世界文学与比较文学,特长领域为中外诗歌研究。

王向远教授将我国学术研究划分为国学、西学和东方学。我认为这样把东方学与国学、西学并列,三分天下,很好地揭示了东方学在我国的学术研究中的位置。但一个明显的事实是:自中国现代学术发端以来,中国的东方学研究开始薪火相传,付出了艰苦的努力,也取得让人尊重的成果,但相对于国学与西学的显赫与热闹,几乎处于被忽略之中。这些东方学方面的研究,大多从属西学与国学冲撞、激荡而产生的结果之一部分,或者因为西方的东方学研究之影响而走向东方学,或者因为国学为应对西学而自我扩张而走向西域研究。在自觉性、整体性和深远性上,与国学、西学相称的东方学始终未出现在中国学术界的普遍视野和自觉意识之中。现在,中国学术似乎走到了一个新的门槛上:中国现代学术由两极对抗(中西、古今),要变成三国演义了。我想这也是对应于我们国家文明、文化的发展的历史状况。以前,中国面对着西方优势文化的强大压力,最重要的问题是,在西方文化的强大压力下,如何保存自己的文化传统。学术的核心问题围绕着民族文化的生存与自保。如今我们国家的政治经济国力发展到这个时候,已经具有世界影响了,学术问题所面对的是文化的发展,如何发展在世界上有影响力的文化,为世界文明的新发展做出自己的贡献。这时候不仅仅需要对西方文化的压力作出被动反应了,而是要主动地对全世界文化作出自己的理解。这种研究就其根本是为了满足国家的政治、经济、文化的对外交往的现实需要。有了现实发展的需

---

① 本文是根据在北京大学"对话·视野·方法:'东方学研究方法论'国际会议"上的发言整理而成。

求,学术研究才能获得发展动力。这也就需要建立自己的东方学研究。我相信我们的东方学研究,就像我们国家的经济发展在世界上的地位的提高一样,未来的若干年在世界学术的影响力也会很大的提升。在东方学站在自觉的大发展的门槛之上时,我想探讨一下东方学研究的主体性问题。

我们可以把一项研究分为三个构成因素:一是材料(事实、对象),二是研究方法、手段,三是研究者,研究主体。我们知道,在彻底排除主观影响的纯客观的物质科学的研究领域,比如物理学、数学研究中,研究者,也就是研究主体的身影与声音是不会出现在他的研究成果中,所有的研究者都是隐身的,消失在科学逻辑之后,研究成果就是这种科学逻辑的演算结果。但是,另一种研究,比如人文研究和社会研究,这些叙述性和阐释性学科中,叙述者和阐释者的身影就无处不在了。这些人文学科的研究,与研究主体紧密关联。这种研究主体,研究者,会影响其研究方法和研究事实的选取,进而影响到研究结论。因此,在人文研究中,研究者是第一位的。研究者,主体,在人文研究中,就像上帝隐含在他创造的世界中一样。我们在审查一种人文学科的时候,我们要检查它的材料是否真实,运用的方法是否正确,我们还会审查研究者本人的立场,他的意识形态。以前我们常见的例子是:审查其阶级立场。这种审查是一场激烈的斗争。今天,在跨文化研究领域,这个研究主体(文化身份)问题审查,也成了最激烈的斗争场域。

东方学研究,就是跨文化的研究。萨义德在其《东方学》中所批评的,不是西方东方学研究的纯粹知识领域,材料与方法,而是西方研究者的立场、认识,他们的主观意识对其东方学研究所面对的事实与材料,还有方法的影响,这种立场偏见带来的歪曲,带来的对抗后果。正是基于这点,萨义德说:"有理由认为,每一个欧洲人,不管他会对东方发表什么看法,最终都几乎是一个种族主义者,一个帝国主义者,一个彻头彻尾的民族中心主义者"。这是一种斗争性的批判。

在我们开始自主和自觉的东方学研究之时,吸取西方东方学研究的教训,我们首先要思考的就是作为研究主体的自己。怎样确立我们的研究主体呢?我认为需要注意以下原则:

一、坚持自己的文化身份,国家利益的立场。发出自己的声音,要去影响别人。在跨文化研究中,这个主体不是个人,而是个人所代表的文化。就像在阶级社会中,发言的主体也并非个人,而是所属的阶级。因为这种身份的从属是无法摆脱的,无法超脱。就像前面所引的萨义德的话,他认为每一个欧洲人无论观点如何,都是欧洲人,都是帝国主义者。同时学术,究其根本,服务于一种经济文化发展的利益,没有这种利益,学术也不会得到支持。欧洲的东方学的诞生与发展,是与其社会历史发展的需求相适应的。我们的东方学研究的历史和现状,也是与我们国家、文化的处境与状况紧密相关的。它与国家文化承担的责任相关:一个大国的经济对世界经济有责任。一个历史悠久的大国的文明文化,对世界文明与文化也有责任。

二、在坚持自己文化身份的同时,不能把自己的文化身份绝对化。不能把自己的文化和其他文化绝对分离,绝对对立。要在自己的文化中留下空间,吸收和容纳其他文化的进入。要接受自己文化的变化,改变。就是也要接受别人的影响。不能把自己变成一座堡垒,不接受任何影响。不能是原教旨主义的纯洁,纯粹,纯种。要认识到,中华民族的概念,也是一百多年前发展出来的一个伟大历史观念。中华文明,也是不断变化,不断吸收外来文化的影响。上古文明,和接受了印度佛教印象之后的唐宋文明,很不同。佛教,不仅是给中国带来了佛教本身,也改变了儒家思想。宋代的新儒家,就是在佛教刺激之下,对原来的儒家思想的发展。同样,我们今天的文化,也必然要吸收新的文化。那种保守的文化纯洁主义,试图隔绝外界影响,保持古代传统,是不可能的。因为古代本身,也始终是在变化的。

萨义德批判西方的东方学,就是西方把东西方观念绝对化,本质化。认为西方是这样,而东方是那样。各个文明之间就像不透水的墙。就像堡垒。抱持这样的文明概念,得出的必然结论就是文明的冲突。

三、在坚持自己的特色、特殊性,也要确信人类文明的普遍性。国家文明特色和人类大同的理想要结合。我们的东方学研究,要有人类共同体的观念。我们的东方学研究作为文化的交流就是促进这种共同体感觉的深化。我们强调中国特色,中华文明的独特性,但是决不能到"白马非马"的程度。决不能把自己摆在人类之外。必须是人类文明之一部分。

人类观、人道主义、普世人权观念我认为是人类历史的最伟大的文明成果。我们的历史进展到现在,尽管经历了很多的痛苦、战争,现在我们的世界被称为危机重重之类,但是人类历史最伟大的进展是,我们有了人类的概念,有了人道主义,有了普世人权概念,也就是有了一种跨越国界的人类共同体的概念。这时候,我们最高的政治理想,或者说理想社会,就不能只限于我这个国家,独自伟大的政治文明思想,而是可以容纳,和接受所有人的一种理想。也就是说,如果今日有文明危机,那就不是西方文明危机,或者中国文化危机,而是人类文明的危机。只要有一种出路,那就是所有文明的出路。某个单独文明的危机,或者少数民族生活习惯文化的消亡,并不重要,它融入了一个更大的文明之中,就像小河流入大海。现在,还有文明的冲突,但是人类的共同体概念的出现,就像一个国家内部的少数民族一样,这些冲突只要是在一个共同体感觉之类,就能够和谐处理好,因为觉得对方也和自己是一样的人,一样有权利,应该获得平等的尊严,你就没法去杀人。如果把别的文明排除到共同体之外,把对方妖魔化,那就是战争,就是你死我活,就可以无动于衷地杀死对方。

在古代社会,因为相互交往上的封闭与隔绝,敌国与自己国家,文明和野蛮,有一条明确的界限,是不可穿透的。它体现在空间上的独占:我占了,就没他的。他占了,就没我的。而野蛮人和敌人,是非人,和我们完全不一样的一类生物。没有共同感,因此不是一种共同体。现在国家之间的关系,也是互相渗透的。空间不再是独占。以前的空间是资源。一方独占水草耕地山林矿藏资源,增强自己民族国家生存的空间。但现在,这些资源,对方国家的公司,比如上市公司的石油公司,其他国家也可以去买他的股票,可以投资它的公司的话,那意思就是享受了那个国家的资源的好处。

现在的国家之间关系,基本上是一种公司和公司之间的关系。国家和国家之间,就像公司与公司之间的竞争。相互间有工资福利的区别,有生产和销售的区别,但是更多的是互相联接的共同体社会之中,共同的市场之中。现在,一个国家消灭另一个国家,一个种族灭绝另一个种族,是不可想象和接受的。自己国家的人也不可接受去屠杀另一个种族的人。比如日本人,也会为南京大屠杀而觉得自己是非人类,而拒绝承认。干了坏事不承认,有点无耻,但也说明还是有点自认为是人,一定自觉在人性道德上要站稳。但是在以前,国家、民族为了生存,是你死我活的。把某个敌对部族全杀了,也很正常,并被视为民族英雄。

在如今,任何封闭的理论思想,都是过时的。当人的流动,资本的流动,没有界限时,你自己限定界限,只是会把自己搞死,搞成化石。任何一种要保守边界,在文化守住防线,做文化的原教旨主义,把自己的传统绝对化,都是不可取,也是不可能的。共同体的概念形成,你把别人推出去,其实是把自己推出更大的共同体之外。

当然,世界文明的融合,是一个漫长的艰难过程。但我认为这种共同感越来越强。一个国家的政治理想,必须也考虑到全人类,且被全世界的人们接受时,这种进程就是在进行的,并且是不可阻挡的。我认为那些障碍,最终都会解决。那些极端的排外的纳粹法西斯,一神教原教旨主义,种族歧视,文化歧视,通过封闭与隔绝来自我保护,都会慢慢消失。某些文化形态肯定会消失。生活方式也会彻底改变。观念意识,文化生活,也都会改变,融合。今后的政治理想,应该是包容着一切的,多元共存的民主政治。我们的东方学研究,作为跨文化的研究应该促进这种共同文明的形成。

中国诗歌的印度语翻译:
不可译还是文化上的失衡?

[印度] 狄伯杰(B. R. Deepak)

张　婧　译

【作者简介】　狄伯杰,翻译家,印度尼赫鲁大学中国与东南亚研究中心教授。研究方向:中印关系和中国文学。

【译者简介】　张婧,北京大学外国语学院南亚系博士生。研究方向:南亚伊期兰文化,印度近现代文学。

一、引言

印度和中国是两个历史最为悠久的文明古国,都拥有极为丰富的文学传统。两个国家之间进行从未间断的文明对话已有两千年之久。两国的对话深入各个领域,但大体可以归为两类——物质范畴和精神范畴。分属后者的文学对话是这文明对话中重要的组成部分。中国的历史文献为这些交流活动提供了强有力的证明,众多杰出的研究者如中国方面的季羡林、薛克翘、耿引曾,以及印度方面的学者 H. P. Ray、谭中(Tan Chung)和 Tansen Sen 等都曾提到过这一点。中国和印度的学术研究大多都在试图证明中国的文学图景是如何被印度文学影响的,以及印度文学的内容是如何被吸收进中国文学的。研究结果显示,尽管这种对话是双向的,但中国古代文学受到印度文学的影响更多,一个简单的原因就是佛教在其中起到了催化剂的作用。

上述结论也可通过一个事实来说明,中国古代文学在印度鲜有译本,尽管以四五世纪的鸠摩罗什和 7 世纪的玄奘所代表的印度学术开启了翻译领域的先河。我们要是说这两位高僧负责翻译了现存知识宝库里全部的佛教文学也不为过。中国学者已提出理由来说明这其中的差异是由中国强大的书面传统与印度口头传统(shrutis)的相悖所造成的。书面传统不能说就单单是那个中的原因,因为中国文学有一条庞大的、无与伦比的时间线索,而在整个文明对话的历史中没有一部经典被译成印度的语言并被保存下来,这是多么令人费解!中国的《诗经》①至少有2500年的历史了,甚至唐诗和宋词也存在了1000到1300年,但在印度却没有一首以译文的形式被保存下来,这是个相当有趣的现象。

相反,在中国包括当代,翻译印度文学的不平衡传统仍在继续。比如中国分别于20世纪五六十年代翻译出版了迦梨陀娑的《沙恭达罗》和《云使》,80年代从梵文译成了《罗摩衍那》,2000年翻译出版24卷本罗宾德拉纳特·泰戈尔作品全集,以及2005年由梵文译出了中文全译本《摩诃婆罗多》。②在印度,人们相信最早被译为梵语的中国作品是《道德经》③,而这正是玄奘应迦摩缕波国国王婆什迦罗·伐摩(玄奘称之为"拘摩罗王")的请求翻译的。除部分皇胄贵族外,当时的印度人对于中国一无所知,看到这种情形,玄奘必定十分痛心。他对《道德经》的翻译是一次经过深思熟虑的努力尝试,以此将中国的哲学和文化介绍到印度。但是可惜,他的梵语译文我们今天是看不到了。④遗憾的是,梵文译文既已佚失,但我们今天看到的很多包括印地语在内的《道德经》版本,却也主要译自英译本。中国的小说、戏剧以及其他文学体裁的翻译在印度也是如此。例如,印度国家图书托拉斯(NBT)于2013年出版了关汉卿的戏剧选集,由阿肖克·拉尔(Ashok Lal)翻译。此版译自戴乃迭(Gladys Yang)的英文译本,翻译者也许已经尽可能忠实原文了,但由于语言问题,基本的名字却一直存在拼写错误。关汉卿的Qing被写为Jing,文中很多其他的名字也是如此。不过,近来印度对中国作家及其作品颇为关注,这一点倒是很令人鼓舞。

---

① 《诗经》共收录中国从公元前11世纪到前7世纪的诗歌305首,是中国现存最古老的诗歌总集。

② Zeng Qiong (2012), "Text and Alter Text: Chinese Literature in Indian Translations," in RizioYohannan Raj (ed.) *Quest of a Discipline: Academic Directions for Comparative Literature*, Foundation Books, pp. 182—190.

③ 《道德经》是公元前6世纪为老子所作,它是道教哲学的主要经典。

④ H. P. Ray (1998), "Understanding Xuanzang and the Xuanzang Spirit," in Tan Chung (ed.) *Across the Himalyan Gap: An Indian Quest for Understanding China*, Gyan Publishing House, New Delhi, http://ignca.nic.in/ks_41020.htm (March 16, 2014).

二、中国诗歌在印度的翻译

不管是从内容还是从形式上说,翻译诗歌都一直被视为一项极具挑战性的任务。这里面的困难就在语言的基本表义与诗歌中社会文化、历史和地理的内涵上。这也就是为什么就诗歌翻译而言,"美即不忠"的观点正确无误。但这并不意味着诗歌是不可译的。各种用不同目标语言翻译成的本国或外国诗歌在很早以前就已经出现了。诗歌的美学特质常常被目标语言再现,译本和原本同样富有美感。但很遗憾,在印度我们没找到多少中国古典诗歌的接受者。

在中国语境下谈及诗歌,人们首先想到的就是唐诗和宋词。从历史上看,这些诗歌也确实引起了世界范围的关注并被广泛翻译,尽管大多数都是从第二语言转译的。也许印度最早的中国作品集是现存于国际大学博物馆(Visva-Bharati Museum)出版于20世纪初的英文版《唐诗三百首》。也许在印度将中国诗歌从源头语言译为英文的第一人就是贾瓦哈拉尔·尼赫鲁大学的谭中教授。《中国古典诗歌》(*Classical Chinese Poetry*,东方经典系列丛书 *Classics of the East series*)出版于1991年,由 MP Birla 基金会赞助。著名的当代印度作家维克拉姆·塞特(Vikram Seth)也于1991年出版了一部选集,名为《三位中国诗人》(*Three Chinese Poets*)。在这部选集中塞特翻译了王维的诗歌12首,李白诗歌11首,杜甫诗歌13首,并附上由他自己撰写的长达13页的介绍。[①] 很明显,以上这些诗歌译自英文译本。

间或也有更多唐诗的印地语译文零星问世,翻译者有贾瓦哈拉尔·尼赫鲁大学校友 Trinetra Joshi 等人。而首部译自中文原文的印地语版中国诗歌选全编则是由本文作者完成的。*Cheeni Kavita*:*Gayahrvin Shatavdi Isa Poorv se Gayahrvin Shatavdi tak*(《中国诗歌:公元前11世纪到14世纪》),Prakashan Sansthan 出版,德里2010。从先秦的《诗经》到元代的《西厢记》[②],本书在这段中国诗歌史那浩若繁星的诗歌中选

---

① Zeng Qiong (2012),"Text and Alter Text:Chinese Literature in Indian Translations" in RizioYohannan Raj (ed.) *Quest of a Discipline*:*Academic Directions for Comparative Literature*,Foundation Books,pp. 182—190

② 《西厢记》是中国最著名的戏剧之一,作者是元代的剧作家王实甫。

出88首进行翻译并加以注释,这在同类著作中还属首次。

这本书为读者提供了一种诗歌传统及诗歌类型如楚辞、汉乐府、唐诗、宋词等因时而变的观点,由于附有汉语原文,它对那些懂得中文的读者同样适用。选集也囊括了从《诗经》,伟大的爱国主义诗人屈原,到南北朝民歌再到元杂剧唱词在内的诗歌。印度读者,尤其是绝大多数的印地语读者也许是第一次接触到中国古代辉煌灿烂的诗歌传统及文化。每一段诗歌时期或类型前都有对于那个时代的历史发展、文学体裁和诗人的介绍。2011年本书荣获"中华图书特殊贡献奖",本文作者也成为了第一名在中国获得文学奖项的印度人。郁龙余教授在为"中国社会科学在线"撰写本书评论时写道,作者明智地选择了一种简洁、流畅的现代诗歌语言,他始终考虑到诗歌的可读性及其预设的读者群体。[①] 根据这篇评论所说,格律若不这样处理就会使诗歌显得死板、晦涩。

在对中文作品的翻译中,孟加拉语是唯一能看到大多数译自第二语言和汉语译文的印度语种。孟加拉语生机勃勃的文学和智慧传统以泰戈尔1913年获得诺贝尔奖达到顶点,如此成就毫无疑问就来源于此。直至今日,如果有人说西孟加拉孕育了最早的汉学家估计也不会错;西孟加拉的知识分子一直主导着印度的汉学界,尽管近来汉学研究的范围已扩大至印度的其他地方。

贾瓦哈拉尔·尼赫鲁大学中文系教授P. 墨普德(P. Mukherji)也许已将大部分中国现代诗歌从汉语译为了孟加拉语。他最早的翻译作品是《鲁迅的诗:鲁迅45首诗歌选集》(1991)。在这本集子中,38首诗为古体,7首为现代诗歌或民谣形式。另一个选集1998年出版,名为 *Samkaaleen Cheeni Kavita*(《中国当代诗歌集》),内收27位中国当代诗人的54首诗歌作品以及每位诗人的简介,还有一个关于中国文学大体轮廓的介绍和中国诗歌的着重介绍,内容详备。这个选集以臧克家(1905—2004)的诗歌开始,接着是艾青(1910—1996);女诗人如舒婷(1952—)、张烨(1949—),以及很多出生于1953到1972年之间的女诗人都被囊括在内。被收录的诗歌主要是自省式的,伴随着深深的伤痛印记、失落感,带有寻根、朦胧以及寻求安慰、寻找自我的内在精神,它们被设定于一

---

① Yu Longyu (2012),《印译中国诗歌:古老文化的交融字号》("Chinese Poetry in Indian Translations: Confluence of ancient cultures") Chinese Social Sciences online, http://www.csstoday.net/Item/48373.aspx (March 18, 2014)

种"文化大革命"时期人们无所逃遁的伤痛、失落的背景之下。

2000年3月出版的孟加拉文版《艾青诗歌和寓言集》收录了86首艾青的诗歌——时间跨度从1928年一直到1983年。更为重要的是,这本书还收入了一篇难得一见的墨普德教授在1990年7月对艾青的采访稿。所选诗歌按照艾青生平的不同创作时期加以分类。墨普德教授已经把艾青更多的诗歌从汉语译成了英文,收进了另一部2004年出版的名为《跨文化的印象:艾青、巴勃罗·聂鲁达、尼克拉斯·纪廉诗歌集》(*Cross-Cultural Impressions: Ai Qing, Pablo Neruda and Nicolas Guillen*)的作品集中。这本集子包含了三位国际诗人:艾青(1910—1996),诺贝尔文学奖获得者巴勃罗·聂鲁达(1904—1973)以及著名的非裔古巴诗人尼克拉斯·桂连(1902—1990)所写的回忆录或诗歌,记录了他们在横跨大陆的旅行中所产生的跨文化印象。诗歌对上述东、西方诗人在完全陌生的文化环境里如何看待世界其他地区的迥异社会进行了描绘。艾青对于欧洲、拉丁美洲及非洲的印象;聂鲁达和桂连对中国、越南和印度的印象组成了这本书的语料库。墨普德教授最近的译文作品是2012年出版的孟加拉语《毛泽东诗歌全集和文学赏析》,直接译自中文。这个选集的95首诗歌配有详尽的注释、主题分类、年表以及诗歌的文学赏析。

在 *Bisvin sadi ki Cheeni kavita*(《20世纪中国诗歌》)中,贾瓦哈拉尔·尼赫鲁大学教授D. S. 拉瓦特(D. S. Rawat)将31首诗歌从汉语译成了印地语,译者选取了包括两位女诗人在内的十位中国当代诗人的代表作,尝试借此描绘一幅20世纪的中国诗歌图景。在这些诗歌中,12首来自郭沫若,10首来自蒋茂文,其余的作品分别出自臧克家、艾青、李瑛、邹狄帆、杨牧、舒婷、雷抒雁和北岛之手。按拉瓦特的说法,这些诗歌反映了那个时代的社会政治现实。除了对自然、爱情、生命、死亡以及个体抗争等方面的表现,意识形态上的压迫也在作品中体现得相当明显。译者也曾将其翻译的诗歌发表于2003年第一季度关于中国文学的《文字》特刊和第二季度专门介绍中国诗歌的Saar-Sansar特刊上。

此外,中国诗歌在泰米尔语中也找到了自己的市场。2012年,印度驻中国外交官史达仁(Sridharan Madhusudhanan),将《诗经》中的36首诗歌翻译为了泰米尔语。此译本直接翻译自中文,名为 *Vaari Choodinum Paarppavar Illai: Kavi Thogai-Chinaavin 'Sanga Ilakkiyam'. Arimugamum, Neradi Thamizhakkamum*(《谁适为容:诗经——中国"桑伽姆文学"导论与直译作品集》)。此译本也被认为是将中文译为泰米尔语的首部作品。

史达仁将中国诗歌作品与泰米尔桑伽姆文学比较后,发现二者竟异乎寻常地相似。正是出于对桑伽姆文学的热爱,他对《诗经》和中国古代文学也产生了浓厚的兴趣。他总是很谦虚地说:"我知道这个译本并不完美,""在汉语到泰米尔语的直译领域,我的书就像个单细胞生物。在未来几年内,还会有人拿出更好的翻译作品,人们到时可能会笑话我的这本书。"①另外一个评论家 P. 拉贾拉姆(P. Rajaram)曾于 2004 年到 2006 年就职于中国国际广播电台,他认为"似乎这本书压根儿就不是个翻译作品,读泰米尔版译文时,我觉得我读的就是中文原版。"

在 2013 年 5 月中国总理李克强访印期间,印度外交部与中国的新闻出版广电总局就"互译、出版古典及当代作品的合作"事项签署了谅解备忘录,这无异于给中国文学的印地语翻译和印度文学的中文翻译注射了一支兴奋剂。根据备忘录第 2 条,5 年时间里每个国家都要翻译 25 本书。被交给另外一方用于翻译和出版的图书,其版权问题各国要负起责任。本文作者目前正在领导的是印度方面的中文翻译团队。联合工作组也已组建,双方在 2014 年 2 月 27-28 日中国专家组访印期间交换了待翻图书清单。本项目所翻译的书籍囊括了如《四书》,《三国演义》《水浒传》《西游记》《红楼梦》"四大名著"等经典典籍,也有元杂剧的杰出代表作,还有包括诺贝尔文学奖得主莫言的小说在内的现当代文学作品,除此之外,笔者已经建议,项目还应将一部更全的唐诗、宋词选集纳入进来。

三、没有获得普及的问题所在

尽管中国文化部一直在通过把中国文学作品翻译成如印地语、乌尔都语、孟加拉语、泰米尔语和英语等各种语言并付梓出版的方式促使其走出国门,但印度乃至其他目标语言国总体上却对此反应平平。就中国文学的翻译,尤其是其印地语翻译而言,这几乎是很糟糕的情形。吴承恩的《西游记》《鲁迅短篇小说集》以及其他作品的英文转译本或中文直译本经笔者了解都受到了冷遇,不过诗歌的情况还不得而知。大多数中文作品都被翻译为英文,由外国语言出版社出版。导致这平淡反响的原因可能是什么?笔者尝试着找出了如下几点:

---

① Arunava Das (2012),"China classic gets Tamil voice," China Daily, March 30, 2012 http://www.chinadailyapac.com/article/china-classic-gets-tamil-voice

1. 欧美中心主义

这也许对印度和全球大多数国家来说都是最普遍的现象。欧美中心主义的产生有政治、经济的多方面因素,19、20世纪整个文化和哲学的话语权都是被欧美中心主义所主导的。因此,印度教育系统也是为西方话语所支配的,这个系统本身也就会将法语、西班牙语和德语等课程以最高的水准在小学开设。相反,中国研究在印度还是相对晚近的现象,即使最近逐渐热门起来,但在我们的中国专家中,由于缺少真正的语言人才,因此印度的中国研究还是存在着非常大的劣势。中国有句话叫"后来者居上",意思是后来的人会超过先来的人,不管这个现象对于中国研究在印度和其他国家的发展是否适用,我们都会拭目以待。

2. 文化制约

印度文学和中国文学的传统迥然有别。尽管唐宋时期是韵文的天下,但中国文学有一个以散文和小说为主导的强大的书面文学传统,而印度所拥有的则是一个极为发达的口头传统,主要是以韵文的形式加以表现的。其次,印度文学从古代到中世纪一直为精神上的内容所支配,然而中国文学除道教哲学外,都是被儒家实用主义思想所主导。可能正是由于这个原因,两国即使在文化交流密切的全盛时期,印度的主要作品几乎没有被译为中文,中国文学作品亦然。因此,两国对彼此文学传统的认识是不够的,这种状况直至今日仍在继续。对彼此文学传统的匮乏认识导致了这两个昔日的"文化兄弟"间产生了一种文化失衡现象,不过多亏了诺贝尔文学奖,我们两位文学巨人的作品被分别译成了中文和印度诸语言。但是像茅盾、老舍、巴金以及很多其他的印度作家呢?

3. 语言难题

中国表意系统的起源和发展与中国文化的发展演进密切相关。因此,人们如果要了解中国文化的演进过程,就需要掌握汉语这门语言。现在,让我们先忘记关于外国人说汉语是最难学的语言以及中国本国人不无自豪地承认汉语是世界上最难的语言这回事。汉语不好掌握是有原因的,与世界诸语言中的拼音文字相反,汉语是表意文字而非拼音文字,它在本质上并不表音。它是一种声调语言,有大量的形近字,但其意义和写法不尽相同。此外,大多数的中国古典文学是用文言文写成的。文言文之于现代汉语就像拉丁文之于意大利语(或梵语之于印地语)。在印度,学生学习的是现代汉语(普通话),如果我们想的是让接受现代汉语训练的人来阅读和翻译孔孟之作,那肯定是行不通的。还有,中国诗歌,尤其是汉代以后的中国诗歌,充满了典故和历史信息。由此,若要正确翻译这些诗歌,翻译者需要对中国的文化、历史、文学和传统有更为深入的认识。很明显,诗歌翻译带来的困难要多于散文翻译。

4. 市场

虽然中国在综合国力上实现了巨大的飞跃,但其"软实力"的输出却没能赶上其制造业产品出口的脚步,尽管数以百计的孔子学院在全世界如雨后春笋般迅速发展起来。孔子学院也许发挥了他们的作用,但国外对于中国文化传统的接受还是要由市场来决定。目前在印度只有一些中文专家凭借着绝对的毅力或他们对于这一领域的热爱,才使得中国文学在印度的普及取得了一点成效。由于基金资助机构没有多少项目,因此从事这项工作报酬很低;此外完成一个项目所需要的时间投入是巨大的。即使现在有了几个项目,但出版商也会因为读者有限而让其胎死腹中。

5. 双边关系

两国文学传统均没能在对方国家里生根发芽,这多少要归咎于中印在1947年后的关系状况。彼此之间的不信任和持续存在的安全赤字阻碍了两国间更为牢固的文学交流。由于中印之间的这种关系,在印度也就没有多少学习中文的人。此外,中文以及中国学一直以德里为中心,这不仅是就教学和研究而言的,也同样体现在各种资源和资金方面。由于近来印中有了更多的贸易和经济合作,迫使印度政府在很多大学启动了中国研究方案,这对于中国研究而言确实是一线希望。

6. 中国文学文献来源的不足

印度在中国研究领域没有足够的文献资源来展开实质性的、高级的研究,也没有一个活跃的学界环境来分享研究成果,这是人所共识的。桑地尼克坦有一个很棒的佛教文献来源汇编,但这一珍贵材料却无人问津,因为懂中国文言文的人寥寥无几。掌握文言文不仅对于理解佛教经典,还对理解包括中国二十四史、中国哲学以及古代典籍在内的其他所有中国文学作品都是很有必要的。

尼赫鲁大学的中国语言学科在印度名列前茅,但在对历史、语言、文学等中文原材料的搜集整理方面,它还尚且不能与德里大学相提并论,在收集其他中国相关学科的文献来源方面就更不用说了。由于欧洲中心论的关系,东亚研究相应地受到了不平等的对待。同时,由于图书馆没有中文方面的专业人才,大学的管理部门为了节省开支也不会另外聘请人员来为中文图书编目。最后一点,中印间的互不信任也阻碍了双方进行大学间的学者交流和建立文献数据库等备受期待的互惠互助活动。印度图书馆的计算机化可以称得上是"印度式增长",阻碍、推迟了中印达成的谅解备忘录中关于两国图书馆内容的实施;且孔子学院本应成为备忘录商讨的重点对象之一,但悬而未决的"安全问题"使得其大部分条款被搁置起来。

四、结论

在这平淡的反响之外其实也不乏乐观的迹象。首先,中国和印度两国自20世纪80年代末之后,不管是在政治还是经济层面,其往来的密切程度是前所未有的。从这个意义上说,中国的崛起应被看作是一个积极的现象,促进印中全面的文化交流。中国总理李克强2013年5月访印期间签署的"互译、出版古典及当代作品的合作"谅解备忘录应被看作是这些交流活动的成果,它也代表了一种希望深化两国人民互相了解的强烈愿望。其次,中国的崛起也迫使印度政府加强了印度的中国研究。印度邀请22位中文教师在印度的初中介绍其汉语教学计划就可以说明这一点。

更重要的是,为了组建一支印度的专业语言人才队伍,在2009年《中央大学法案》的支持下,印度政府在没有中央大学的邦(果阿邦除外)新建了16所中央大学。这些大学中像古吉拉特中央大学、马哈拉施特拉邦瓦尔达市的圣·甘地国际印度语大学、锡金邦中央大学、贾坎德邦中央大学、德里的安贝德卡大学、赫姆阿蒂·难达·巴胡古纳葛瓦尔大学都启动了中文学士学位和硕士学位的培养计划,同时开设了区域研究的相关课程;而有些学校在设置成熟的学位培养方案前,就已经开设了证书类课程。对中文的需求使得很多邦立大学也启动了类似的计划。目前这类需求大多还是以商业为导向的,但学术上的兴趣也在呈上升趋势,我们由此可以预见到印中文学的一个美好的未来。

可以看出,印度对中国文学包括诗歌的翻译还有巨大的发展空间。如果市场反应至今萎靡,那么肯定会有迹象表明,市场还在孕育,政府、私企及个人层面都正在培养这种接受能力。我相信在未来的十年内,我们会见证中国研究在印度的蓬勃发展,到时要是有谁发现同一部作品有很多不同的印度语言版本,那也就不足为奇了。

关于中国古代墓葬美术研究的省思

郑 岩

【作者简介】 郑岩,中央美术学院人文学院教授、博导。研究方向:汉唐美术史和美术考古。

在意大利画家提香(Tiziano Vecellio,1490—1576)1514年创作的《神圣的爱和世俗的爱》(Amore celeste e mondano)一画的中部,小爱神丘比特正在搅动一个喷泉,美术史家们对于这个细节提出过不同的解释。潘诺夫斯基(Erwin Panofsky,1892—1968)注意到,喷泉长方形的石槽实际上是一具古典风格的石棺,"原本是盛放尸骸的,现在成了生命之泉,这一事实只能表明作品是在强调菲奇诺所说的 vis generandi(发生力)的观念"①。不管这一解读是否成立,无法否认的是,欧洲古典时代的墓葬、城址、废墟的确在欧洲文艺复兴时期被转化为新知识、新思想的重要源泉。

在中国,古代墓葬以及其中的随葬品也常常是过去与今天的连接点,一些偶然的发现,对于学术研究产生过十分积极的意义。例如,西晋太康二年(281年)从魏安釐王(一说为魏襄王)墓中盗出数十部竹书,便是古代典籍的一次重要发现②;北魏郦道元在《水经注》一书中,曾记载许多古墓祠堂;神秘的古代陵墓也引发了人们的想象力,成为小说的背景③。特别是从北宋以来,金石学家对墓志碑版,以及墓葬、遗址中出土的青铜器、

---

① 欧文·潘诺夫斯基:《图像学研究:文艺复兴时期艺术的人文主题》,戚印平、范景中译,上海:上海三联书店,2011年,第155页。另外一种解释认为,这个情节暗示着维纳斯与阿童尼令人伤感的故事,见 Edgar Wind, *Pagan Mysteries in the Renaissance*, London: W. W. Norton & Company, 1958, pp.124—125.

② 关于中国古代盗墓的研究,见王子今:《中国盗墓史》,北京:中国广播电视出版社,1999年;北京:九洲出版社,2007、2011年。

③ 相关研究见张玉莲:《古小说中的墓葬叙事研究》,北京:人民出版社,2013年。这类文学作品最新的例子是时下流行的《盗墓笔记》《鬼吹灯》等网络小说。

玉器等均进行了深入研究，成果丰硕。至清乾隆五十一年（1786年），学者黄易甚至主持了对于山东嘉祥东汉武氏祠的发掘。但是，总体上看这类工作过于零散，出于对死亡的禁忌，墓葬并未成为传统中国学术研究自觉而明确的对象。金石学家虽对于墟墓中的古物用力甚多，但却不注意墓葬本身的研究①。直至近代田野考古学传入后，这种情况才得以改变，古代墓葬如一眼新泉，为学术注入了清冽的活水。

　　田野考古学在20世纪初传入中国的时候，已从专门针对艺术品或文字材料的"挖宝"阶段，发展到了平等看待各种材质的遗物、系统提取各种信息的时期。1928年到1935年中央研究院历史语言研究所考古组对于殷墟的15次发掘，目的已不局限于寻找甲骨和艺术品。在安阳西北冈武官村发掘的数座商代大墓虽在历史上屡次被盗，但考古工作者还是通过科学的发掘技术，获取了完整的墓地布局、墓葬形制等信息，为研究殷商墓葬制度提供了重要的资料。1958至1959年黄河水库考古工作队对于陕西华阴县横阵遗址仰韶文化集体埋葬坑的发掘也是一个成功的例子，墓地中发现的3座"大坑套小坑"的二次合葬遗迹，成为研究史前丧葬习俗和家族制度的重要依据②。

　　基于系统的考古学材料，传统的器物学研究也发展到一个新阶段，例如郭宝钧1981年出版的《商周铜器群综合研究》一书③，提出了"界标法"，即从铜器的"群"和"组"的角度出发，联系到出铜器的墓葬，确定了商周青铜器分期的六个界标，再从铸造、器形、花纹、铭文四个方面将中国青铜文化划分为六个发展阶段，又着眼于礼乐器群的组合，进一步划分为三个不同的时期。这种方法的前提是，田野考古工作中已经获得了数批墓葬和窖藏出土的成组合的青铜器，这比起依据博物馆和个人收藏的零散器物进行类型研究，结论更加可靠。不仅如此，随着新材料的不断出土，这种认识还可以随时得到修正和深化。

　　更为重要的是，考古学界还对古代墓葬制度本身进行了系统、宏观的观察，如俞伟超《汉代诸侯王与列侯墓葬形制分析——兼论"周制""汉制"

---

① 一个令人啼笑皆非的例子是，宋哲宗朝元祐年间（1086—1094年），赵仲忽进献"周文王鼎"，有人称此乃"墟墓之物"，应治其罪。王黼：《重修宣和博古图》卷二，第五页，泊如斋重修，明万历三十一年（1603年）刊本，哈佛大学汉和图书馆藏。

② 中国社会科学院考古研究所陕西工作队：《陕西华阴横阵遗址发掘报告》，《考古学集刊》第4集，北京：中国社会科学出版社，1984年，第1—39页。

③ 郭宝钧：《商周铜器群综合研究》，北京：文物出版社，1981年。

与"晋制"的三阶段性》①、王仲殊《中国古代墓葬概说》②等都是这方面重要的成果。

中国古代墓葬的考古发掘意义是多方面的,其中美术史是获益巨大的学科之一。在日益丰富的考古材料支持下,中国美术史写作的广度与深入不断增加。在这个过程中,考古学与美术史学两个学科"亲密接触"。概括地说,主导这两个学科之间相互联系的,有两个基本框架,一是对于"美术"这一概念的理解,二是中国的"画学"传统。

起源于欧洲的"美术"(fine arts)一词的演变历史相当复杂③。1568年瓦萨里(Giorgio Vasari,1511—1574)第二版《大艺术家传》的第一部分序言中,将绘画、雕塑和建筑作为一个整体加以叙述,认为它们皆来源于design④。与design一词对应,17世纪的法国出现了beaux-arts(美的艺术)一词,不仅包括绘画、雕塑和建筑,也涵盖音乐、舞蹈、诗歌等艺术形式。至19世纪,这个法文词的地位逐步为英文的fine arts(或第一个字母大写的Art)所取代而影响整个欧美,意义则局限于"高级的"而非实用的视觉艺术。与之相应,通行的线性的西方美术史写作,也建立在这种历史形成的"美术"概念之上。在反对艺术纯粹化、贵族化的道路上,1918年以后德国率先将美术学院与工艺及设计学校融为一体,确立了20世纪美术学院的基本格局⑤。五四前后,美术一词由日本传入中国,并沿用日文的翻译。20世纪初中国新式的美术院校系科划分,也基本上遵循西方和日本的方式。由于较早的中国美术史通史教材同样受到西方和日本的影响,并且将其读者设定为美术院校的学生,这就使得中国美术史的写作框架基本上延续了西方的传统分类。新中国成立后,第一个美术史系建立在中央美术学院,也进一步强化了这一倾向,使得原本在西方作为一门较为独立的人文学科存在的美术史学,更像一种学科史或专门史。

---

① 《中国考古学会第一次年会论文集》,北京:文物出版社,1979年,第332—337页。
② 《考古》1981年第5期,第449—458页。
③ 有关讨论可参考陈振濂:《"美术"语源考——"美术"译语引进史研究》,《美术研究》,2003年第4期,第60—71页,2004年第1期,第14—23页;黄大德:《"美术"研究》,《美术研究》,2004年第2期,第4—11页;邢莉、常宁生:《美术概念的形成——论西方"艺术"概念的发展和演变》,《文艺研究》2006年第4期,第105—115页。
④ 范景中主编:《美术史的形状:从瓦萨里到20世纪20年代》,杭州:中国美术学院出版社,2003年,第22—31页。
⑤ N. 佩夫斯纳(Nikolaus Pevsner):《美术学院的历史》,陈平译,长沙:湖南科学技术出版社,2003年,第203—241页。

依靠传世的作品,显然难以满足近代美术史书写的新结构,而考古学材料正好及时地提供了新的资源。其中,除了地上保存完好的石窟和古建筑,最重要的材料来源于古代墓葬与遗址。墓葬是人类基于信仰和希望而进行的有意识的埋藏,一般说来,比城市、村落等聚落遗址保存得更为完好。墓葬中出土的葬具、随葬品、壁画,包括墓葬建筑本身,在"美术"的框架中被按照绘画、雕塑、工艺美术和建筑加以分类,墓志、墓碑、简帛等则成为书法史研究的对象。例如,从20世纪80年代开始陆续出版的《中国美术全集》便是按照"绘画编""雕塑编""工艺美术编"和"建筑编"进行分类,墓葬中发现的壁画、画像石、俑、青铜器、瓷器、金银器,以及陵园、祠堂和墓室,分别划归到这些门类中。

以西方美术的概念看待中国艺术的历史时,最容易与之对接的是中国固有的"画学"。中国历史悠久的卷轴画便于携带、移动,形态与西方架上绘画类似。中国绘画至迟自六朝时期就已被有意识地收藏、记录、临摹、品评。比起雕塑史、建筑史和工艺美术史的书写而言,中国绘画史写作的基础和资源更为深厚。自9世纪张彦远《历代名画记》一书开始建立起的画史、画论传统,在五四以后逐步转换为近代美术史和美术理论重要的组成部分。但是,由于中国绘画所使用的绢帛纸张质地脆弱,早期绘画难以流传,传世者多是宋代以后的作品,唐代绘画实物已是凤毛麟角,更不必说年代更早的作品。而在这一点上,古代墓葬出土的壁画、帛画和其他形式的绘画,以及石窟中的壁画自然成为重要的补充。例如,"汉画"这一学术界惯用的术语,便意味着在绘画史的视野中观察汉代各类平面性的图像。在以墓葬遗存为主的考古学材料的支持下,中国绘画史的写作在时间范围上甚至延伸到新石器时代。

就美术史的写作而言,用一种由西方引入的关于"美术"的传统分类来看待墓葬材料,固然有可能建立起诸如雕塑史、建筑史等与西方"抗衡"或"平行"的专门史,但也限制了我们对于原始材料的理解。同样,利用墓葬材料建立的绘画通史固然看上去更为完整,但也容易忽略墓葬材料本身的属性。在许多此类著作中,新鲜的考古材料只是根据西方"美术"门类的划分方式或后期绘画的概念,被有选择地加以采用。在这种挑选和使用的过程中,遗物之间内在的联系,遗址和墓葬整体的面貌被不同程度地忽略,实际上与使用博物馆藏品或传世品并无实质的区别。

以上两种倾向类似于考古学所说的"补史""证史"作用。这种说法将考古学设定为历史学的辅助学科,一个未能言明的前提是,在考古学之前已有一个相对完整的"史"的系统,考古材料的作用,在于使之更为完整。与之类似,美术史对于考古材料的使用也有其前提,即一成不变的"美术"概念,以及传承有序的绘画史。这种方式带来的一个问题是,研究者并未立足于中国历史本身来看待美术史,也未从考古材料本身提出新的问题,而是从另外的知识系统进入这些新的材料,从已知的结果回溯到未知的过去。

相对于上述倾向,"墓葬美术"概念是一个重要的变化。巫鸿2007年提出这个概念时,甚至谨慎地设想将其视为中国美术史研究中一个"可能的""亚学科"①。"墓葬美术"一词很容易使人联想到英文中的 funerary art。然而,西方美术史研究虽然不乏对于墓葬美术的研究,却没有自觉地将"墓葬美术"作为一个独立的研究领域来看待,通行的几部美术术语词典中②,并没有收入专门的条目。巫鸿本人在其英文著述中,除了使用 funerary art,更多地使用 tomb art 一词,后者可能更准确地对应其中文的表述。实际上,这个概念源于巫鸿本人对于东汉武梁祠的研究。1989年,他在《武梁祠》一书中总结北宋以来对于这组著名石刻的研究,提出"中层研究"的主张,强调祠堂建筑与画像内在的结构性关联,即画像的原境(context),从中寻找出解读图像意义的程序(pictorial program)③。这一方法在巫鸿后续的多项研究中不断得到丰富和深化,并扩展到石窟乃至卷轴画的研究中。

整体性地解读墓葬材料的方法,与考古学对于墓葬的发掘和记录方式十分一致,而区别于古董收藏和博物馆的分类,这或许与巫鸿早年所接受的文化人类学的训练有关,而其导师张光直本人即是聚落形态(settlement pattern)理论的倡导者。这一理论主张全面地研究遗址内部各种遗迹,以及相邻遗址之间的关系,而不是孤立观察某一个遗迹单位或

---

① 巫鸿:《墓葬:可能的美术史亚学科》,《读书》2007年第1期,第60—67页。

② 如 Peter and Linda Murray, *A Dictionary of Art & Artists*, London: Thames & Hudson, Maryland, 1959; Ralph Mayer, *A Dictionary of Art Terms and Techniques*, New York: Harper Collins Publishers, 1981; Edward Lucie-Smith, *The Thames & Hudson Dictionary of Art Terms*, London: Thames & Hudson, 1984; Nancy Frazier, *The Penguin Concise Dictionary of Art History*, New York: Penguin Books, 2001.

③ Wu Hung, *The Wu Liang Shrine: The Ideology of Early Chinese Pictorial Art*, Stanford: Stanford University Press, 1989. 中文版见柳扬、岑河译:《武梁祠——中国古代画像艺术的思想性》,北京:生活·读书·新知三联书店,2006年。

遗址,要求在发掘中对于古代聚落进行大范围的调查和全面揭露。由于整体地清理、记录和报道遗址与墓葬等遗迹单位,已是中国田野考古的基本操作规范,因此,聚落形态的理论与方法自上世纪80年代由张光直介绍到中国后[1],国内学术界在接受时并不十分困难。今天,这一理论及相关的方法、技术在田野考古实践中得到普遍应用。在我看来,巫鸿所提倡的整体地观察和研究墓葬材料的方法,与田野考古学的基本原则一致,因而也有利于更为全面地理解考古资料。

潘诺夫斯基认同这样一个说法,"从人类历史最古老的时代开始,葬礼美术就比其他艺术形式更为清晰、直接而明确地反映出人类的形而上学信念"[2]。这句话对于中国墓葬美术的历史同样适用,例如,通过马王堆1号墓出土的帛画来讨论汉代的宗教思想,成为近几十年来学者们普遍关心的一个问题,而这样的研究,也使得美术史本身大大突破了旧有的学科定位。巫鸿所强调的"原境",并不只是墓葬图像的一种阅读顺序,在更高的层面上,这一角度还将墓葬看作与特定的人、地域、宗教、时代等元素密切关联的物质元素,例如,从这种方法出发,可以将墓葬理解为丧礼和葬礼的结果,反过来可以由此探索丧葬的礼仪与制度,以及与之相关的政治、风俗和思想背景。这样,由"死"返"生",墓葬便成为研究古代社会的一个通道,在方法上也促进了相关学科的合作与沟通。

上述研究角度的转换,也与艺术在当下意义的变化有着一定的关联。当代的艺术实践已不再局限于高贵、庄重、典雅、精巧的纯美术,传统的形式、媒材、语言的界限被打破。在新的艺术实践的启发下,重新审视古代更富于观念性、功能性的墓葬美术时,可以将一座墓葬视作一件整体性的艺术作品,甚至包括各种相关的仪式,都可以看作一种具有艺术特征的行为。在此前的一篇文章中,我谈到对墓葬的理解:"墓葬可以被理解为安置死者肉身的处所;可以被理解为建筑、绘画、雕塑和工艺美术等艺术形式的集合体;可以被理解为人们在生死这个最大的、最具有普遍意义的哲学命题下,以物质的材料、造型的手法、视觉的语言,结合着相关仪式所构建的诗化的'死后世界'(至少是其一部分)。在后一个层面上,它也可以被整体地理解为一种具有功能性和终极价值的艺术作品,而不只是一个

---

[1] 张光直:《考古学专题六讲》,北京:文物出版社,1986年,第74—93页。
[2] 欧文·潘诺夫斯基:《图像学研究:文艺复兴时期艺术的人文主题》,第186页。

放置死者肉身和'艺术品'(绘画、雕塑、工艺美术作品)的盒子。"①

　　墓葬美术的概念,还有助于我们反思美术史研究中一些基本的方法。例如,与西方古典时代后期的嵌入墓(enfeus)和中世纪哥特式的墙墓(wall tomb)纪念碑式的展现方式不同,中国的墓葬主要以埋藏为特征,即《礼记·檀弓》所谓"葬也者,藏也"。因此,基于"观看"而发展出来的美术史形式风格分析的各种方法,就有必要进行重新的审核,进而探索中国墓葬美术内在的逻辑。我们还可以由此思考"彩陶—壁画—卷轴画"这类单一的故事线索所存在的问题。毫无疑问,这最终也将促使我们从中国历史的角度重新思考对于"美术"的理解。当然,这些工作目前并未深入展开,但我们已经能够初步地意识到其潜在的理论意义。

　　当然,墓葬美术仍旧像是传统"艺术品"概念的升级版。这个概念形式上可以与卷轴画、石窟艺术、青铜器艺术等概念并肩而立,但是长期以来,后者由于研究者的分工以及特殊的训练方式,已经或多或少地成为一个个封闭的领域。墓葬美术概念的提出,如果说基于对于此类封闭性概念的不满,那么,我们就要警惕它成为另外一个封闭的领域。在2013年8月第三届古代墓葬美术国际学术讨论会的总结发言中,巫鸿教授和我本人都提出,有必要进一步反思墓葬美术概念,特别是要警惕它成为一个画地为牢的词语。这个词语的历史使命在于帮助我们打开思路,而不是建立一个"学派",拉一个山头。实际上,从2009年开始的两年一次的"古代墓葬美术国际学术讨论会"也反映了这样的一个特征。在这个规模不大的系列会议上,来自世界各国和地区的学者既没有身份的界限,也没有学科的界限,论题和方法也力求包容性和多元化。

　　这些工作当然还处于一个起步的阶段,许多环节还十分薄弱。例如,在中国考古学资料最为丰富的新石器时代和青铜时代,美术史的研究却积累不多;跨文化的比较研究还没有有效地展开;方法、观念的更新与材料日新月异的增加无法匹配;当这类研究在跨越了美术史原有的界限时,研究者自身的知识结构也需要随时补充完善……诸如此类的问题,远不是一群志趣相投的同好短时期内能解决的,甚至不是一代人和一个学科所能突破的。我这篇短文粗略地介绍一些有关情况,希望得到朋友们对这类研究工作的关心、支持与批评。

---

　　① 郑岩:《逝者的面具——汉唐墓葬艺术研究》,北京:北京大学出版社,2013年,第15页。

东方的历史与遗产

神圣时空下的古埃及早期王权

颜海英

【作者简介】 颜海英,北京大学历史学系教授、博导。研究方向:埃及学。

由于文献资料的缺乏,古埃及早期国家如何起源、早期王权如何形成等问题,长期笼罩在重重迷雾之中。近几十年的考古发现提供了大量珍贵的证据,但这些反映史前遗址情况的考古资料与文献资料包括神话传说之间的关系,有待进一步的解读。本文试图从反映古埃及王权基本理论的奥塞里斯与荷鲁斯神话入手,对三种基本资料——考古、史料、神话进行不同的处理,建构起三者之间的关系,从而在理解古埃及人宇宙观的前提下,对古埃及早期王权有更深入的认识。

一、奥塞里斯神话的历史流变

体现古埃及王权理念核心的是奥塞里斯神话,它的情节由 3 部分组成:奥赛里斯被弟弟塞特谋杀;奥赛里斯的遗腹子荷鲁斯的出生;荷鲁斯和塞特之间的斗争。在赫里奥波利斯的"九神创世神话"中,奥塞利斯和塞特是第四代神,创世神阿图姆首先创造了一男一女两个空气神,其后代是男性天神盖伯和女性地神努特,盖伯和努特又生出奥赛里斯、塞特、伊西斯和耐夫西斯,之后,"他们又生下了地球上众多的后代。"二元也进入了更为复杂的社会关系中。盖伯和努特的 4 个孩子组成了两对:奥赛里斯和伊西斯是非常和谐的一对,他们代表了大地和人类的繁殖力,以及正常的秩序。塞特和耐夫西斯,则是相反的,塞特的到来标志着"冲突的开始",即混乱和无序,而这也是日常生活的部分。塞特并不缺乏男子气,但他却放纵性欲、胡乱通奸,而且是个有侵犯性的同性恋者。他的男子气是起反作用的,导致贫瘠。耐夫西斯常常被描述成一个没有孩子的妇女,甚至是一个"假女人"。如果奥赛里斯代表大地的繁殖力,塞特则是自然界不可预测的破坏性力量的代表,如雷、风暴和雨。

埃及最古老的宗教文献——《金字塔铭文》有多处线索表明,在古王国时期就已经有了关于奥赛里斯被谋杀的神话以及荷鲁斯和塞特之间的争斗的神话。但它在古埃及文献中从未以直接的叙述体形式出现。直到公元前2世纪,希腊作家普鲁塔克的作品中才出现这个神话的叙述体文本。

关于早期文献中没有神话的现象,更为可信的解释是:它们最早是口传的,也许是因为只有那些直接参与官方仪式的人(即国王和极少数后来发展成祭司的高级官员)才能掌握它们。在古埃及文字中,甚至没有专门表示"神话"的词。这一点从 št 这个词的使用就可看出来,它的意思是"秘密的",或者"神秘的",在后期埃及的一份文献中,它特指拉神和奥赛里斯神结合的神话。在这篇文献中有这样的话:"那个揭示它的人将会被处死,因为它是个伟大的秘密,它是拉神,是奥赛里斯神。"此外,št 这个词也用来描述放置在神庙最深处的神像,除了高级祭司之外没有任何人可以看到它。该铭文本身,以及它所提到的 št 一词,显然表明神话是一种神圣的知识,必须保持其神秘性,原则上只有国王和高级祭司才知道。考古发现也证明了这一点:我们现已发现的少数几个官方记载的神话文献确实都是在一般人不能接近的地方找到的,都是藏在神庙或者底比斯帝王谷王陵的最隐秘处。墓葬画也是一样,那些复杂的神话象征画面只有少数人理解,对大多数人而言,它们是神秘莫测的。

按照时间的先后,描述奥塞利斯神话的主要文献有如下几种:

1. 阿蒙摩斯(Amenmose)石碑,即卢浮宫 C 286 圆顶石灰石石碑,1.03米×0.62米,是第 18 王朝的作品,共 28 行。这是关于奥塞利斯神话最完整的表述,虽然该作品没有提到奥西里斯如何被塞特害死,对神话的其他部分都有详细的描写,特别是奥赛里斯如何为儿子荷鲁斯辩护,使得众神将最终将王权判给荷鲁斯。尽管奥赛里斯最终复活,但他不再统治人间,而成为冥世之王。赞美诗的最后赞扬了荷鲁斯仁慈的统治,这种赞美也是针对当时的国王的,因为活着的法老就相当于荷鲁斯。①

  向你欢呼,奥赛里斯,
  永恒循环之主,神之王,
  神圣的繁殖者,
  神庙中的神秘者。

  在列举了奥赛里斯的主要崇拜圣地、赞美了他仁慈的统治之后,铭文接下来说:

  他的姐妹(伊西斯)保护他,
  她击退了他的敌人,
  制止了争吵者(塞特)的行为,
  以她的语言的效力来繁殖,
  她不知疲倦地寻找他(奥赛里斯),
  走遍全国哀悼他,
  她用自己的羽毛来遮荫,
  用自己的翅膀创造了空气,
  当她使得她的兄弟复活时,欣喜万分,
  她使得倦怠者恢复了活力,
  她得到了他的精子并且生下了他的后代(荷鲁斯),
  她在孤独中把孩子养大,
  不知道在哪里安置他,
  当他的胳膊变得强壮,
  她把他带到盖伯之殿,
  九神大喜过望:
  "欢迎,奥赛里斯之子,
  荷鲁斯,心魄强壮者,胜利者,
  伊西斯之子,奥赛里斯的后嗣!"
  (在与塞特的争斗中)人们发现荷鲁斯是正义的,

---

① A. Moret, *Bulletin de l'Institut Français d'Archéologie Orientale* (Bulletin of the French Institute of Eastern Archaeology) 30 (1931), 725—750; Adolf Erman, *The Literature of the Ancient Egyptians*, trans. Aylward M. Blackman, London: Methuen & Co., 1927, pp. 140—145.

>他父亲的位置就交给了他,
>
>最终盖伯下令为他加冕,
>
>他得到了统治上下埃及的权力。

该神话的基本内容都在这个赞美诗中出现了,惟独没有提到奥赛里斯被谋杀之事。伊西斯保护奥赛里斯免得被塞特进一步谋害,她找寻他的尸体,找到后使他复活并怀了他的孩子,她在一个秘密的地方把他养大(在三角洲的沼泽地里)。当荷鲁斯成人后,她把他引见给盖伯为首的九神,盖伯裁定荷鲁斯是王位的继承人,塞特败诉,荷鲁斯成为埃及的统治者。

2. 荷鲁斯与塞特的争斗,写在拉美西斯五世时期的一份纸草上,该纸草发现于底比斯。纸草正面的前15页和第16页的头8行是这个神话的内容。最早由伽丁纳尔(A. Gardiner)整理出版,由卡帕特(J. Capart)翻译。由于该纸草文献也包括了其他的文学作品如情诗等,因此这个故事与它们一样,可能是出于娱乐的目的而创作的。

荷鲁斯与塞特的冲突发生后,以拉—阿图姆为首的神分成了两派,一派支持荷鲁斯,另一派支持塞特。甚至连伊西斯都一直没有与本是自己兄弟的塞特保持距离。每次争辩都是荷鲁斯获胜,但塞特又继续挑战,所以他们的争斗持续了80年之久。

众神法庭第一次开庭时,伊西斯极力为自己的儿子荷鲁斯说话,塞特对付不了伊西斯,因此只要伊西斯是审判员之一,他就拒绝参加法庭辩论。于是九神退到一个与世隔绝的岛上,严令艄公神耐姆提(Nemty)不许让任何看起来像伊西斯的女子渡河过来。于是伊西斯变形为一个年迈的妇人,假装去给在岛上放牧的儿子去送饭。起初耐姆提拒绝渡她,但最终伊西斯用一条金项链收买了他。到了岛上之后,伊西斯变回年轻美丽的样子,塞特看见了她,"对她产生了非常邪恶的欲望",并且大献殷勤。于是伊西斯请他帮助自己对付一个陌生人,这个人打了她的儿子,而且夺走了他从父亲那里继承来的"牧群"("牧群、牲畜"一词常常用来比喻人类,在古埃及语中它的发音与"职位"很像)。塞特愤然表示这种行为是无耻的,伊西斯就把他的话告诉了九神,他们就根据塞特自己的话判他有罪,奥赛里斯的位置应归荷鲁斯。正如卢浮宫石碑上的赞美诗所说的一样,是"她的话语的效力"使得伊西斯挫败了塞特的阴谋。艄公耐姆提受到了严厉的处罚,令他失职的罪魁祸首——金子,则成为他的城市里的禁忌之物。

塞特不接受九神的判决，争斗持续下去。在后来的情节中，暴力冲突占了上风；然而，二者之间的多数冲突都是斗计或者是彼此的恶作剧。最著名的是两个神之间的同性恋故事，《金字塔铭文》提到了这个情节，一份中王国时期巫术文献的残片中也有记述。这两个神的同性恋产生了非常负面的后果：荷鲁斯的眼睛开始溶化滴下，变得越来越小，最后失明；而塞特则丧失了男性的能力。而许多后期埃及特别是希腊罗马时期的文献则是这样描述的：两个神在争斗之中互相伤害对方，荷鲁斯失去了一只眼睛，而塞特则失去了睾丸。九神的秘书、智慧之神图特（他也是月神），在这场争斗中扮演仲裁人的角色；他为荷鲁斯和塞特调解，并且"填上了荷鲁斯的眼睛"（为此，所有奉献给神的贡品，不管是什么样的贡品，都叫做荷鲁斯之眼）。

"荷鲁斯和塞特的争斗"也有关于图特与月亮之间关系的解释。拉—阿图姆命令荷鲁斯和塞特停止争执，塞特邀请荷鲁斯到家中赴宴。入夜，他们都上床就寝之后，塞特将他勃起的阴茎插入荷鲁斯的两腿之间，企图以这种把荷鲁斯当作女人对待的方式来证明自己战胜了他。但是荷鲁斯把自己的手放在两腿之间并抓住了塞特的精子，他把它给母亲看，伊西斯砍掉了荷鲁斯的双手，把它们扔到水中，又为他做了新的手。然后她让荷鲁斯在一个陶罐中手淫，并把荷鲁斯的精子洒到塞特花园的莴苣上。塞特吃了莴苣后怀了荷鲁斯的孩子。后来两个对手到法庭去，塞特说他控制了荷鲁斯，所以有权力继承奥赛里斯的王位。当荷鲁斯否认时，图特召唤塞特的精子出现，它就从水中答应。然后当召唤荷鲁斯的精子时，它从塞特的额头以一个金盘子的形象（月亮）出现。图特迅速地抓住盘子放在自己的头上。因此图特成了月神。

至此，争斗还是没有结束，最后奥赛里斯本人不得不给九神写了一封信，提醒他们只有他才能"创造出大麦和小麦，使得这两个神及其牲畜（指人类）有食物"，他命令诸神把王位给他的儿子荷鲁斯。这时塞特才放弃与荷鲁斯争斗；两个神"握手言和，停止了争执"。塞特成为拉神的助手，常伴其左右，吓退那些拉神的敌人。从此蛮横的、有侵犯性的塞特开始扮演正面的角色。

奥赛里斯的神话和荷鲁斯与塞特之争是许多文献的主题，如一个叫做"真理被谬误遮蔽"的故事，这个故事很像童话，有许多主题与世界各地的民间故事都相似。对立的双方分别是真理（奥赛里斯）和谬误（塞特）。

谬误弄瞎了真理,命令他的随从绑架了真理,把他扔给狮子。真理设法说服随从违背塞特的命令,把自己藏了起来。真理被一位妇人(伊西斯)发现并爱上了他,他们有了一个儿子。儿子长大后知道了父亲是谁,开始为父报仇。他把谬误带到九神的法庭上;真理和他的儿子被判定是正义的,塞特受到惩罚,被弄瞎眼睛。

3. 孟菲斯神论,刻于沙巴卡石碑(Shabaka stone),大英博物馆498号展品,该石碑以黑色花岗岩制成,92×137厘米,是第25王朝国王沙巴卡(约公元前710年)命人抄录的古王国时期的作品,原来的文本写在纸草上,因虫蚀损毁。该铭文的主要内容是普塔创世,但开篇先讲述了天神盖伯对荷鲁斯、塞特之争的裁决过程。

"众神之主盖伯令九神聚集在他面前。他开始审理荷鲁斯和塞特的纷争。他平息了二者的冲突。他让塞特为上埃及之王,在上埃及,直到他出生的地方——苏。盖伯又让荷鲁斯为下埃及之王,在下埃及,直到他父亲被溺毙的地方,即两地的分界。于是荷鲁斯在一处,塞特在另一处。他们在阿恩讲和,那即是两地的分界之处。

盖伯对塞特说:到你出生之地去。塞特在上埃及。盖伯对荷鲁斯说:到你父亲被溺毙之处去,荷鲁斯在下埃及。盖伯对荷鲁斯和塞特说:我已经把你们分开了,上下埃及。

然后盖伯心中感到不对,因为荷鲁斯分得的和塞特的一样多。于是盖伯把他全部的遗产都交给荷鲁斯,因为他是他长子的儿子。

于是荷鲁斯成为上下埃及之王。他统一了上下两片土地,彰显了永恒之主普塔的伟名。红白双冠置于其顶,他就是上下埃及之王荷鲁斯,在"城墙诺姆"(孟菲斯)统一了两地,那是两地的交界之处。

芦苇和纸草被置于普塔之屋的两个门栓上,这意味着荷鲁斯和塞特的和解和团结。他们处处彼此为友,在普塔的殿中合二为一,这里是"两地之秤",上下埃及在这里称量。"

4. 普鲁塔克的《伊西斯与奥塞利斯》。在普鲁塔克的版本中,奥赛里斯是埃及一位仁慈的国王,他教人们如何耕种,为他们立法,教他们如何敬神;他还到国外去,教化其他地区的人。他的弟弟塞特及其同伙阴谋反对他,塞特偷偷地量了奥赛里斯身体的尺寸,然后为他量身制作了一个精美的柜子。塞特在一次宴会上展示这个柜子,所有的神都对它赞美不已,想据为己有,塞特说谁躺在里面最合适这柜子就是谁的。当然奥赛里斯最合适,但他刚一躺进去,塞特及其同伙就关上了盖子、锁上它,然后把它扔进尼罗河,让它顺着河漂向大海。

奥赛里斯的妻子伊西斯听说这个消息后,哀恸不已,她四处寻找,最终在腓尼基的拜布罗斯(Byblos,今 Jubay)找到了它。但是当她带着柜子回到埃及时,塞特设法再次得到了奥赛里斯的身体,并把尸体分割成 14 块,分别扔到埃及的各地。然后伊西斯第二次出去寻找奥赛里斯,把找到的每一块都就地掩埋(因此埃及有许多奥赛里斯的墓)。她惟一没有找到的部分是生殖器,因为塞特把它扔进了尼罗河,被鱼吃掉了。因此伊西斯做了一个假的生殖器放在那个部位。她还在奥赛里斯死后与他交合,有了奥赛里斯的遗腹子,即童年的荷鲁斯。奥赛里斯成为来世之王,荷鲁斯与塞特为争夺王位继承权而斗争,除了正面冲突外,也在众神的法庭上争执,最终荷鲁斯获得了胜利。

普鲁塔克完全是以埃及版本为基础创作的,尽管有些细节与埃及文献中的不一样。例如,埃及文献中说伊西斯找到奥赛里斯的生殖器后把它埋在曼底斯(Mendes)。

通过对这四种神话版本的比照,除了细节和侧重点的差异之外,有两点差异值得我们深入探析:一是埃及诸版本中对奥塞利斯被害过程的有意规避,其次是第 25 王朝的孟菲斯神论对传统神话的大幅改写,把荷鲁斯与塞特所代表的上下埃及做了颠倒,并且讲述了盖伯两次截然不同的裁决,最初裁定荷鲁斯与塞特平方天下,一南一北,但他却随后改变主意,决定由荷鲁斯一统天下。下面将探究这种写法的可能的动机。

二、王权神话中的象征地理学

埃及地理环境的一大特色是狭长的河谷地带和扇状的三角洲地区的鲜明对比,古埃及人称自己的国家为"两片土地",即上埃及(南部河谷地带)和下埃及(北部三角洲),国王被称为"上下埃及之王",通常戴象征上下埃及的两种王冠(白冠象征上埃及,红冠象征下埃及),其五种王衔中有两种是反映上下埃及对称的:

树蜂衔(代表上埃及的树,代表下埃及的蜜蜂)
双夫人衔(代表上埃及的秃鹫女神,代表下埃及的眼镜蛇女神)。

"二元对称"是古埃及人思维方式和表达体系的核心特征。

体现古埃及王权理念核心的奥塞里斯神话,也是古埃及人"二元对称"思维模式的典型表达。在古埃及的传统中,荷鲁斯与塞特也分别代表上下埃及,但其象征意义却不能简单等同于地域上的"二元",其内涵远远超越了地理象征。而这种内涵有着很多佐证。如第 11 王朝国王赛索斯特里斯的王座侧面浮雕,就是荷鲁斯与塞特神话的很好注脚。在画面上,荷鲁斯与塞特面对面站立,荷鲁斯手挽象征下埃及(北方)的纸草,塞特手挽象征上埃及(南方)的芦苇,两种植物绕在表示"统一"的符号上,两位神在合力拉紧。

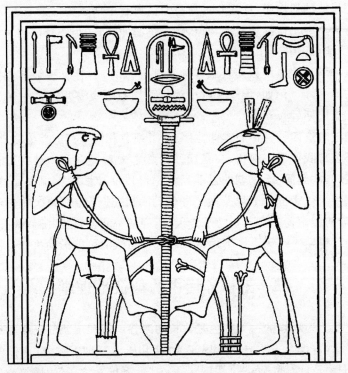

如何理解荷鲁斯与塞特神话与早期国家起源之间的关系? 神话暗示着真实的历史进程吗? 早期的学者倾向于"对号入座",认为第一王朝之前,埃及有南北两个王国,后来北方征服了南方,完成了统一,因此国王被称为上下埃及之王,而王权的象征也有了如此突出的南边二元对称的特征。

但是,发现于南部埃及赫拉康波里斯的纳尔迈调色板,却讲述了一个完全相反的故事。

神圣时空下的古埃及早期王权　　65

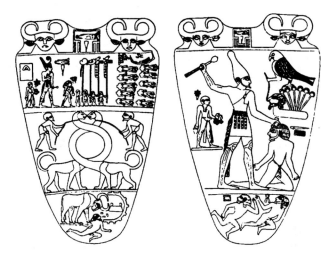

调色板两面的正上方,两个母牛头之间的"王名框"里,都写着纳尔迈的名字,在调色板的正面,纳尔迈头戴象征下埃及的红冠,和六个人走在一排,其中两个随行者只有他一半高,国王右边的那个一手拿着凉鞋,一手拿着小器皿,脖子上挂着胸饰,他后面有一个长方形的框,里面有象形文字。他前方还有玫瑰图饰和一个读作 hm 的符号,它有几种含义,其中之一是"仆人"。右边的官员形象稍微高大些,带着假发,穿着豹皮衣服,脖子上好像挂着书写工具。他头顶上的象形文字为 $\underline{t}t$,是"宰相"一词较早的写法。走在国王和这两个随员前面的,是比例更小的四个举旗人,四个旗杆顶上分别是两个鹰,一个豺狼(可能是 Wepwawet 神),以及一个奇怪的球状物,有的学者认为是 $\check{s}d\check{s}d$ 或者王室胎盘。这就是被称为"荷鲁斯的追随者"的组合。国王一行的前方,是 10 个斩首的尸体,被砍掉的头放在死者的两腿之间。尸体的上方有 4 个图像:一个门,一个首尾都很高的船,一个举着鱼叉的鹰。

在调色板的反面,纳尔迈的形象更加高大,他戴着象征上埃及的白冠,左手抓住络腮胡子的俘虏的头发,右手高高举起权杖,做打击状。俘虏头部的右侧有两个表意符号,很像早期象形文字中的"鱼叉"(w)和"湖"($\check{s}$),这与调色板正面抓着鱼叉的荷鲁斯的图画正好对应。在国王前面,俘虏上面,鹰神荷鲁斯抓着系在俘虏鼻子上的绳子,俘虏的身躯是象形文字的"土地"这一符号,而土地上面长出 6 根纸草,有人认为这象征着"6000 个来自纸草之地的俘虏"。

综合调色板正反两面画面上被纳尔迈征服的人的形象特点,纸草地、鱼叉、湖等，我们可以读出这样的信息：来自南方赫拉康波里斯的纳尔迈征服了北方，他先后戴着红白两种王冠，庆贺统一战争的胜利。

如果我们对这些纪念物进行看图说话式的直接解读，并尝试把读出的信息与历史进程挂钩，我们就陷于深深的混乱和矛盾之中。奥塞利斯神话中，代表北方的荷鲁斯征服了代表南方的塞特，而纳尔迈调色板则讲述了南方征服北方的故事。

下面我们将回到考古发现展示的画面，然后将几种材料的关系进行梳理。

三、神话、考古与历史

在埃及从酋邦到国家的演变过程中，北方相对是滞后的，最早的国家产生于南方。

前王朝时期，在上下埃及分别出现了两个区域性文化群，二者之间没有延续性。分布在下埃及（北部）的遗址主要有梅里姆达（Merimda，在三角洲西部）、法雍（在法雍地区）、马阿迪（Maadi，在开罗南部）、布托（Buto，在三角洲西北部）。其特点是各文化之间没有连续性，较分散。其中马阿迪遗址中有冶铜的遗迹发现；法雍地区的居民还在食物采集阶段；布托是与西亚交流的重要基地，也是延续到最晚的一个遗址。

上埃及的文化群中，各遗址既在时间上有延续性，又呈现出区域扩展的特点，更多地为我们提供早期文明起源的信息。[①] 最早出现的是塔萨（Tasian）和巴达里（Badarian）文化，它们的分布局限于阿什特以南，主要发现是一些规模较小的墓地；涅伽达（Naqada）Ⅰ期（也叫阿姆拉特）的典型遗址是一个小小的村落，从现有发现中还看不出其居民已有贫富分化，但同属这个考古分期的发现分布范围很广，并且与涅伽达Ⅱ期有承继关系。

涅伽达Ⅱ期是前王朝时期的重要转折点，首先，这是最早与其他地区发生联系的文化，也是分布区域最广的一个，从三角洲地区到盖博尔·艾尔·西西拉（Gebel-el-sisila）以北的河谷地带都有同期遗址发现，其中一些人口集中的遗址如赫拉康波里斯（Hieraconpolis）、科普多斯

---

① 这里我们应注意到由于地处沼泽地，北部埃及的遗址保存较少，不说明这个地区比南部落后，文明的起源在上下埃及可能是同步的。

(Coptos)、涅伽达和阿拜多斯(Abydos)等已呈现出社会分化的迹象。这个时期的艺术主题和工具都反映出美索不达米亚的影响。如艺术作品中出现的"牛顶城墙""双狮图""长颈怪兽图",以及建筑中的凹纹城墙,日常生活中使用的圆柱印章等等,都是典型的西亚风格。西亚楔形文字的传播,在某种程度上可能也刺激了古埃及文字的发明。此外,两个地区的农作物和驯养动物也非常相似。那么,当时的文化传播是如何发生的呢?学者们猜测其促动力是西亚的和平移民或者暴力入侵,但至今没有发现确凿的证据。考虑到进入王朝时期后这种交流的突然中断,也许应提出另一种假设,即在这两个地区的中间地段,当时也许活跃着某个游牧民族,它受到西亚文化的影响,并起着传播的媒介作用。游牧民族的居无定所,也许能解释为什么没有发现交流的中介因素的遗迹。其次,涅伽达 II 期也是埃及与努比亚早期文化同步发展、具备相似特征的最后阶段,是二者分流的最早阶段。随着埃及国家的形成、疆域的确定,与努比亚地区在文化上的差别逐渐形成。

在前王朝后期(即涅伽达 III 期),王权出现,区域性文化逐渐趋向统一。这个时期王权的主要标志是王名和王陵的出现。在上埃及、孟菲斯(Memphis)附近和三角洲发现了大量带有王名的纪念物,主要有调色板和权标头两种类型。最著名的是发现于赫拉康波里斯的那尔迈(Narmer)调色板和蝎王权标头,前者表现的是国王那尔迈征服上下埃及、俘获大量战俘的场面;后者表现的是蝎王的远征和主持开渠仪式(或者是神庙奠基仪式)。在这类纪念物上,王名写在象征王宫围墙的王名圈里,国王的庇护神荷鲁斯立在上面;国王通常戴象征上下埃及的两种王冠(白冠象征上埃及,红冠象征下埃及)。

王陵规模的逐渐增大、同期考古遗址分布范围的扩大,反映出前王朝后期文化由区域性向统一性的发展。王陵早在涅伽达 I 期时既已出现,到 II 期时在赫拉康波里斯、涅伽达和阿巴第亚出现的较大规模的王陵反映出区域性统一的特征;而涅伽达 III 期时分布在阿拜多斯、涅伽达和赫拉康波里斯的王陵,规模和形制上已与早王朝的王陵基本一致。从考古遗址分布上看,涅伽达 II 期时,涅伽达文化传播到三角洲地区南部;到涅伽达 III 期时,在整个三角洲地区和河谷地区都有涅伽达文化出现。

总之,在埃及的政治统一之前,同质文化已经形成,而这个文化的中心是涅伽达。在从酋邦到国家过渡的过程中,南部出现了许多政治中心如涅伽达、赫拉康波里斯、阿拜多斯等,而北方大部分地区还滞后在聚落阶段。争霸和统一最先在南方进行,最后阶段是对北方三角洲的收编。

也就是说,神话中的文化记忆和早期纪念物中传递的信息,都无法与考古资料直接进行对应。考古发现证明,早期荷鲁斯崇拜的重要中心是赫拉康波里斯,而塞特的崇拜中心是涅伽达,这两个遗址都在埃及的南部,涅伽达在赫拉康波里斯北面。

前王朝遗址中,最早出现在"王名框"上方,表现两个王国统一的成对神祇并非荷鲁斯与塞特,而是一对荷鲁斯,逐渐才演变为荷鲁斯与塞特面对面。

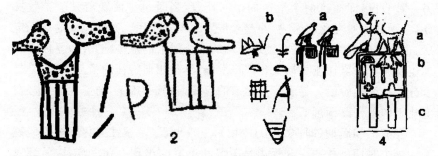

红白王冠的象征也是一样。目前发现的最早的红冠(象征北方),是现身在南部埃及的涅伽达,当然,相对于赫拉康波里斯,它还是北。也就是说,红白王冠最早代表的是南方的北与南。

在埃及完成统一后,国家意识形态形成的过程中,埃及的知识精英把红白王冠象征的"北与南"放大到了更宽泛的地理范围之中,与三角洲和河谷的上下埃及二元对应了起来。

以荷鲁斯代表北方,塞特代表南方,则是统一完成之后形成的最意味深长的国家神话,与地理位置的关系不是直接对应的而是隐喻性对应:统一后的第一个都城是北方的孟菲斯,对意识形态的创造者来说,南方象征着之前那个分裂无序的时代,而孟菲斯标志着大一统的新时代的到来。

将王权神话放在国家意识形态形成的过程中考察,《孟菲斯神论》对奥塞利斯神话的改造,就有了充分的动机。在该版本中,天神盖伯两度裁决,先令荷鲁斯与塞特分别统治上下埃及,最终决定让荷鲁斯独自统治,而且塞特表示了服从。其中一些细节值得注意:当盖伯判决荷鲁斯胜出时,是这样表述的:"将他全部遗产都给他,因为他是他长子的儿子"。这里的全部遗产,指的就是全部埃及,也就是说,在荷鲁斯与塞特纷争之前,这份遗产是完整的。加入南北分治的第一裁决这一情节,以及对遗产曾经完整的暗示,都是《孟菲斯神论》创作时代——第 25 王朝的需求,在古埃及的文化传统中,孟菲斯是正统的象征,既是空间上的也是时间上的,需要证明自身合法性的统治者或者朝代,都会以孟菲斯大做文章。

四、神话、王表与历史

在古埃及人留下的几种王表中,对最早的王的记载,有着很大的差异。

The Palermo stone	石碑	dynasty 5 (史前 25 个王—dyn 5)	2,400 BC
The Cairo stone	石碑	dynasty 5	2,400 BC
The Karnak list	神庙浮雕	dynasty 18 61 个王,Menes-TIII	1,500 BC
The Abydos list	神庙浮雕	dynasty 19 76 个王. Menes-SetyI	1,300 BC
The Saqqara list	墓室浮雕	dynasty 19 57 个王, dyn1-RII	1,300 BC
The Turin canon	纸草	dynasty 19 300 王, Menes-	1,300 BC
Manetho's list	纸草/浮雕	Greek period	200 BC

撰写于第 5 王朝的帕勒莫石碑记载了史前的 25 个国王,而新王国时期的大多数王表以一位叫做"美尼斯"的人为第一王朝的第一王。这一传统为希腊人统治时期的曼尼托继承。而考古学家迄今为止没有发现关于美尼斯的任何纪念物或者其他遗存,也就是说,我们至今仍无法以考古材料证明他的存在。这个名字本身有三种可能的含义:mn:空白处;mn-nfr:Memphis,孟菲斯;mn:创始人。从后两个含义中,我们看到了熟悉的"孟菲斯"信息,新王国时期的王表传统,以对孟菲斯的回归和强调来证明统治者的合法性。

古埃及人并没有故意歪曲历史,但他们选择、记载历史的目的和背后的观念,与今天的有着很大的差异。在他们笔下,历史是一个个我们看来陌生难解的模式,历史事件被仪式化了。那么,操纵这些仪式的"咒语"是什么？怎样解读它们？

古埃及人宇宙观的核心是"循环"与"更生",他们眼中的世界是秩序—混乱—秩序的循环,周而复始、循环往复,古埃及的历史记载和艺术作品向我们展现的是一个神圣的、仪式化的世界,而不是真实历史的写照。在古埃及的文献中,历史就像许多人共同参与的宗教戏剧,历史事件是人们日常生活中宗教活动的强化,人物有固定的角色,事件也像宗教仪式那样有着固定的作用。在这些宗教戏剧中主角是法老和他的敌人。

因此,古埃及人叙述历史的目的是宗教性的。从最早的年鉴开始,大规模的宗教节日和国王的庆祝活动都被当作重大的历史事件记载下来；在神庙壁画、浮雕中,祭祀的场面常常与战争和狩猎的描绘同时出现。在神庙塔门上,法老把敌人踩在脚下,使他们远离神庙圣地；在神庙内的墙壁上,动物祭祀的画面象征着对神的敌对势力的镇压,而国王狩猎的情景则是作为战争场景的附属部分。总之,祭祀和史实、伪造的史实都混淆在一起。在古埃及人眼里,对真实历史事件的描绘和一个泛泛的象征性形象没有什么区别,它们都起到同一种作用,即驱逐一切可能危及圣地的邪恶势力。古埃及人相信,经过神圣的仪式之后,墓室、神庙中的文字和图画就具备了永久性和魔力,能永远地护佑法老及其子民,维护神创的秩序。

奥赛里斯神话的核心是奥赛里斯和塞特两个神的本性及彼此间的关系。在创世神话中,创世神阿图姆最后的创造结果不再是一对男女,而是两兄弟及其各自的伴侣。这两个神的二元性清楚地反映在他们的争斗中,他们的争斗其实就是生命与死亡的争斗。奥赛里斯是生命,是可以与死亡结合的生命,没有死亡就没有新的生命。塞特虽然在争斗中失败了,他自己却是不死的,但他给世界带来了死亡。从死亡中产生的新生命是荷鲁斯,他其实是奥赛里斯的再生。奥赛里斯与荷鲁斯是一个神的两种形式、两个变体而已；荷鲁斯既是活着的"儿子",又是他死去的"父亲"的再生。他作为埃及的统治者的合法性就建立在这个基础之上。他是创世神阿图姆最后的、活着的化身,化身为在位的法老,是神在人间的代表。

奥赛里斯和荷鲁斯的神话反映了王权的神圣性；在位国王的合法性基于这样一个神学观念：他既是活着的"儿子",也是他死去的先辈的再生。新王国时期神庙的浮雕常常表现"神圣国王的诞生"这样一个主题,画面描述创世神来到王宫,与王后结合,生下合法的继承人,因此在位法老其实就是他在人间的化身。当新的国王加冕时,"九神聚集到一起,给予他拉神的登基庆祝和作为国王的荷鲁斯的寿命"(荷伦布墓的加冕铭文),法老的敌对者无法战胜他,因为"他已经在赫里奥波里斯进行了争辩,九神发现他是有罪的"(美尼普塔的以色列石碑)。这个原则在普通人中间也同样适用:生命力从父亲传给儿子意味着父亲的位置应传给儿子,这是其合法性的保证。如人类学家分析的那样,世袭制是通过神话来体现其神圣性的。

扬·阿斯曼关于古埃及文明与"轴心期"理论的研究[①]

王 欢

【作者简介】 王欢,四川大学历史文化学院讲师。研究方向:古代东方文明与埃及学研究。

雅斯贝斯(Karl Jaspers)关于"轴心期"(或称"轴心时代",德语原文为 Achsenzeit,一般英译为 axial period)的理论在哲学、社会学和历史学领域均有重大影响,甚至关于"第二轴心期"的讨论亦已颇为盛行。[②] 雅氏的理论曾为理解现代性的起源提供了一种可能性,在这一理论中,包括古代两河流域和埃及在内的比"轴心文明"更为古老的文明作为轴心文明的对照物,长期作为一种"负面"的背景而存在,被视为因没有实现"突破"而难以摆脱灭绝命运的文化化石。关于前轴心文明与轴心期关系的讨论直至近年才受到亚述学和埃及学领域学者的系统回应。本文简要整理了该领域研究的学术史,尤其是埃及学家扬·阿斯曼(Jan Assmann)在这一领域的贡献,以期为进一步的研究奠定基础。

一、轴心期理论中的古代文明与东方学家的回应

根据雅斯贝斯的提法,"轴心期"是指在公元前 800—前 200 年间,旧大陆的几个主要文明地区发生了"最不平常的事件":在数个世纪内,以一

---

① 本文为四川大学中央高校基本科研业务费项目:青年学者高水平学术团队建设项目"15世纪以来世界历史上重大社会转型研究"(项目编号:skgt201304)和青年教师科研启动基金项目"托勒密埃及的神庙与宗教整合"(项目编号:skq201412)的阶段性成果。

② 如艾森斯塔特(Shmuel N. Eisenstadt):《迈向二十一世纪的轴心》,《二十一世纪评论》(香港),2000 年 2 月第 57 期,第 4—19 页。

系列圣贤、先知的名字及其思想为代表,同时产生了思想与文化的突破;这个时期的最大特点是人类开始拥有觉醒意识,意识到整体、自我存在的意义与限度,轴心期提供了借以探讨其前后全部发展的问题和标准。①实际上,作为一种共时的文化现象,这一时代在更早的时期即已受到西方学术界的关注,如 19 世纪初的法国东方学家阿贝勒—雷穆萨(Jean-Pierre Abel-Rémusat)②以及雅斯贝斯本人业已注意到的 19 世纪中后期的德国学者拉苏(Ernst von Lasaulx)、施特劳斯(Victor von Strauss)③。在雅斯贝斯之前稍早些时间(1943 年),中国学者闻一多也曾提及这一现象:"人类在进化的途程中蹒跚了多少万年,忽然这对近世文明影响最大最深的四个古老民族——中国、印度、以色列、希腊——都在差不多同时猛抬头,迈开了大步。"④但轴心期作为一种解释人类历史的理论,主要在 20 世纪 30—50 年代形成,社会学家阿尔弗雷德·韦伯(Alfred Weber)⑤、哲学家和精神病学家卡尔·雅斯贝斯⑥以及政治哲学家埃里克·沃格林(Erik Voegelin)⑦先后对这一理论的发展和阐释作出贡献。

在轴心期的理论中,两河流域和埃及文明作为实现了突破与转折的轴心文明的对照物,被归于人类社会轴心期之前的"古代文明"发展阶段。关于古埃及文明,雅氏认为,其本身"规模可能十分宏大,但却没有显示出某种觉醒的意识";⑧其神秘的宗教"缺乏哲学启蒙,没有探求拯救,面临极端情景时没有向自由突破";且"风格奇异的艺术成就中总有一种独特的冷漠";⑨在轴心期,埃及文化虽然仍很繁荣,但"缺乏那种改变人类的

---

① 卡尔·雅斯贝斯:《历史的起源与目标》,北京:华夏出版社,1989 年,第 8—15 页。德语原版著作出版于 1949 年。
② J. P. Abel-Remusat, *Memoire sur la vie les opinions de Lao-Tseu*, Paris: Impr. royale, 1823.
③ 雅斯贝斯:《历史的起源与目标》,第 15—16 页。
④ 闻一多:《文学的历史动向》,载《闻一多全集》第一册,甲集:神话与诗,上海:开明书店,1948 年,第 201 页。
⑤ A. Weber, *Kulturgeschichte als Kultursoziologie*, Leiden: Sijthoff, 1935.
⑥ K. Jaspers, *The Origins and Goal of History*, New Haven: Yale University Press, 1953.
⑦ E. Voegelin, *Order and History*, vol. 1, *Israel and Revelation*, Baton Rouge: Louisiana State University Press, 1956.
⑧ 雅斯贝斯:《历史的起源与目标》,第 13 页。
⑨ 同上书,第 20—21 页。

反思的特性;没有在各轴心民族的影响下经历质变;对其生活氛围外发生的突破不再作出反应",最终慢慢地走到了尽头。古代两河和埃及文明尽管辉煌壮丽,但由于没有在轴心期完成突破,所以依旧停留在古代文明的阶段,最终归于消亡,成为文明的化石。在埃及,"仿佛是突破就要开始,接着又什么也没产生"。① 可以看出,雅氏对"古代文明"的论述是概括性的(韦伯与此类似),但沃格林的情况明显不同:他在二战期间为躲避纳粹而移民美国,接触到一批同样从德国和德占区避难美国的亚述学家和埃及学家,这为他增加对两河流域和埃及文明的了解提供了便利。在研读数年这两个文明区域的文献之后,沃格林将在韦伯和雅氏的论断中仅以"尚未实现突破"来描述的古代文明予以更具体的界定,认为从古代文明到以色列和希腊文明的转变是一种从神话的整体(Compactness)形态向历史的(以色列)和哲学的(希腊)分化(Differentiated)形态的转变。② 但他其他的关于两河流域与埃及的观点又回到了韦伯和雅氏的老路上,认为尽管存在一些轴心特征的萌芽,如两河流域和埃及文献均有对生命的反思③(如两河流域的《吉尔伽美什史诗》和埃及的金字塔文、棺文和亡灵书),但这两个文明三千余年的历史本质上一直笼罩在关于宇宙论的神话中,没有完成在以色列和希腊所实现的突破。

此后,轴心期的理论在相当长的时间内没有在西方学术界引起积极回应,直到 20 世纪 70 年代,这一问题重新引起了学术界关注。1972 年,由中国思想史家史华慈(Benjamin I. Schwartz)提议、分别在罗马和威尼斯召开了以雅氏"轴心期"观念探讨公元前一千纪文化状况的研讨会;1983 年,社会学家艾森斯塔特组织有关"轴心期文明的起源与多样性"的研讨会,他于 80 年代末在以色列就相同议题又组织了两次会议,④其中,在 1992 年出版的会议论文集(*Kulturen der Achsenzeit II: Ihre institutionelle und Kulturelle Dynamik*)的第三卷讨论了佛教、伊斯兰教、古埃及与西方文明,但尽管这些学术讨论对"古代文明"均有涉及,甚

---

① 雅斯贝斯:《历史的起源与目标》,第 63 页。
② E. Voegelin, *Order and History*, vol. 1, *Israel and Revelation*. Baton Rouge: Louisiana State University Press, 1956, p. 13.
③ Ibid., pp. 52—110.
④ 余国良:《轴心文明讨论述评》,《二十一世纪评论》2000 年 2 月第 57 期,第 32—33, 41 页。

至有专门的文章,①但基本观点与之前相比并无根本变化。2000年初,中国香港《二十一世纪评论》的2月和4月号连续两期以"轴心文明与二十一世纪"为主题刊载了多篇论文,但其中只在梳理学术史的部分涉及对古代文明的既有观点,并无新的讨论。在2005年出版的《轴心文明与世界历史》论文集中,亚述学家彼得·米查罗斯基(Piotr Michalowski)和埃及学家扬·阿斯曼分别讨论了轴心期与两河流域文明、埃及文明的关系,以大大扩展了的两个区域的原始文献为基础,明确指出"古代文明"中已经出现轴心特征或轴心现象(至少是其前身)。② 若以最负盛名的雅斯贝斯的著作《历史的起源与目标》为起点,在轴心期的理论提出半个多世纪以后,亚述学家和埃及学家终于首次在各自领域中系统地回应了轴心期理论。2008年,德国埃尔福特大学的马克斯·韦伯中心召开了主题为"轴心期及其在随后历史与当下的影响"的研讨会,会议论文集《轴心期及其影响》于2012年出版,其中有埃及学家阿斯曼讨论轴心期与埃及文明的另一篇文章,③它与上一篇文章(注释2)共同构成了阿斯曼关于轴心期理论与古代埃及文明关系的思考,也是迄今为止埃及学界对这一问题最为系统和详细的阐述。

二、阿斯曼关于轴心期与古代埃及文明的讨论

与一般意义上的埃及学家不同,阿斯曼的学术兴趣包括对各相关学科领域理论的研究和移用,这也体现在他关于轴心期与古代埃及文明关

---

① 如关于两河流域有 A. L. Oppenheim, "The Position of the Intellectual in Mesepotamian Society," P. Garelli, " The Changing Facets of Conservative Mesopotamian Thought," *Daedalus*, 104 (2), 1975, pp. 37—56; P. Machinist, "On Self-Consciousness in Mesopotamia;" H. Tadmor, "Monarchy and the Elite in Assyria and Babylonia: The Question of Royal Accountability," in S. N. Eisenstadt edt., *The Origins and Diversity of Axial Age Civilizations*. Albany: State University of New York Press, 1986, pp. 183—224.

② P. Michalowski, "Mesopotamian Vistas on Axial Transformations;" J. Assmann, "Axial 'Breakthroughs' and Semantic 'Relocations' in Ancient Egypt and Israel," in J. P. Arnason, S. N. Eisenstadt et al. edts., *Axial Civilizations and World History*, Leiden; Boston: Brill, 2005. pp. 133—181.

③ J. Assmann, "Cultural Memory and the Myth of the Axial Age," in R. Bellanh and H. Joas edts., *The Axial Age and Its Consequences*, Massachusetts; London: The Belknap Press of Harvard University Press, 2012, pp. 366—407.

系的研究方面。总体来说,阿斯曼并不认同轴心期是一个在公元前一千纪发生人类普遍历史转向的时期。他认为:轴心期理论作为一个由哲学家而非历史学家提出的寻找现代性起源的概念,本身只能是一则科学的神话:神话倾向于建构起源,历史则试图解构它,因为历史学家会不断地在已知结论中进一步探究更早的起源。① 但阿斯曼并未因此直接无视或根本否定这一理论,而是看到了轴心期的概念作为一种分析的工具,在文化比较研究中自有其价值。因此,他从技术的角度总结轴心期的特征,并针对这些特征,分析了古代埃及文明的具体情况并予以回应,他的回应可以大致分为三个方面:第一,从政治崩溃和智识突破的角度讨论古埃及文明的"轴心先声";第二、将埃赫那吞时期的埃及与希腊、以色列对照,从比较的视域讨论"摩西式区分"(Mosaic Distinction);第三、从书写作为一种重构思想的技术的角度讨论古代埃及发生的轴心变化。尤其值得注意的是,作为"文化记忆"理论最重要的阐释者,他试图运用文化记忆的理论重新阐释轴心期。

首先,阿斯曼分析了法老埃及文明所出现的轴心期特征的先声。雅斯贝斯反复强调,轴心期的重要特征是人类精神的"觉醒",但20世纪中叶及以前研究轴心期理论的学者中几无埃及学家,他们使用的古代埃及文献以官方铭文的翻译为主,这一类文献的宣传功能直接决定了其在"精神觉醒"问题研究方面的误导作用。② 作为埃及学家,阿斯曼则将埃及的亡灵审判文献纳入考察范围。从中可以看到,在埃及,不仅早已出现了宗教与政治的分离,同时,政治崩溃和人们面对创伤的沮丧也是促使埃及轴心特征出现的决定因素之一。

具体来说,早在古王国(约公元前2800—前2150年)时期,即有死者经历最终审判的观念,这一审判以人间的法庭为样本,被告只有在受到指控时才受审,指控者可以是人、亡灵或神明,因此,这种可能受到的审判是今生与来世之间模糊地带的诸多危险之一,但并非必经之路。这一时期的人们习惯于留下墓碑,希望通过碑铭自传展示墓主一生的

---

① J. Assmann, "Cultural Memory and the Myth of the Axial Age," in R. Bellahn and H. Joas edts., *The Axial Age and Its Consequences*, Massachusetts; London: The Belknap Press of Harvard University Press, 2012, p.366.

② 这一研究状况甚至影响到20世纪80年代中国学者的判断,如刘家和先生曾据此认为古代埃及的历史记录中缺乏人对自身的精神的反省。参见刘家和:《论古代的人类精神觉醒》,《北京师范大学学报》1989年第5期,第3页。

美德和功绩,得到上级、君主和后代的永久缅怀和纪念,这等于是将个体的不朽交由社会记忆来评判,显示出浓厚的世俗气息。但在古王国末期,王权衰落,王陵被毁,幻象破灭,政治秩序的崩溃导致人们向超越世俗社会氛围的其他方面寻求安全保障,每个亡灵均须经历由神担任指控者的最终审判,这意味着由法老掌握的政治力量向奥西里斯掌握的神性力量所影响的评判环境的转变。从世俗到神圣,这一语义的"迁移"正是一种"超越",政治上的失序造成了这种在某种程度上是"超越"或"超验"的"突破"。①

神圣法庭对亡灵的审判不仅意味着外在的超越发展,而且也是一种内在的超越,从中可以梳理出一部经历了重大转折的"心的历史"。在中王国和新王国早期亡灵审判的场景中,亡者的心脏置于天平的一侧,如称量的结果是心比另一端代表真理和公正的玛阿特(羽毛)重(称量过程中心脏指控亡者生前做了恶),则亡者将无法通过审判走向来世,是为第二次,也是真正的死亡。在这一过程中,亡者会叮嘱他的心脏不要背叛他。从中可以看出,"心"承载了道德责任,是一个内在的自我,它可以根据自己的意志选择与亡者合作亦或是揭露真相,"心"所承担的这种角色从未在古王国时期的自传碑铭上发现。值得注意的是,心的声音不能仅视为个体的观念,而应视为是社会道德责任的要求,其本身也有神圣的特征。在这种意义上,古代埃及关于心的观念接近于意识的自觉。②

以上两个阶段涉及的场景都是在语义上从人间移植到神圣的氛围,但在第三个阶段则出现了埃及学家称之为"个人虔诚"(personal piety)的埃及的轴心特征,这个术语具体是指将个人与神明之间的中介去掉,在二者之间建立直接联系。在埃及文献中,这一状态的常用表达方式有"将某神置于某人的心中","行走在某神明的水中"等,许多此类表达方式可追溯至第一中间期(约公元前 2150—前 2000 年)。特别值得关注的是在阿玛尔那时代出现的宗教变革。阿斯曼认为,埃赫那吞的新宗教不仅意味着用阿吞崇拜取代原有诸神崇拜,而且表明,对于埃赫那吞来说,只有太阳光和时间才具有完整的真实性,除此之外的其他神明皆为"伪",他因此

---

① J. Assmann, "Axial 'Breakthroughs' and Semantic 'Relocations' in Ancient Egypt and Israel," pp. 136—139.
② Ibid., pp. 139—141.

成为历史上第一个在宗教中区分了"真"与"伪"的人,与轴心期理论所宣称的圣经中的一神论的形式相似。但阿斯曼同时认为,埃赫那吞并没有改变埃及传统的宇宙论,他的神,即太阳,是宇宙能量,同时也是光和时间,没有任何人格化和伦理的特征,更重要的是,他也没有试图打破宗教和政治的一体性或试图显示出二者之间的差异性,这就抵消了已经出现的"个人虔诚"的发展。另外,埃赫那吞将自己升格为民众的神明,强化国王作为神明阿吞与个体民众之间的媒介角色,这也与在仪式和神庙等官方机制之外的"个人虔诚"的特征相反。从这种意义上来说,埃赫那吞的新宗教实际上是一种历史的复归而非前进。同时,个人虔诚的出现和扩散同时意味着"心的历史"从古王国时期的"国王引导",古王国末期的"心引导的人"发展到一个新阶段"神引导的心"。这亦是由当时的政治环境决定的:埃赫那吞宗教改革之后,原有宗教传统复辟,尽管埃赫那吞的名字被抹去,他的都城埃赫塔吞被废弃,但无论对于当时的精英还是大众来说,曾经的国王亵渎众神的事实并不可能如此轻易地从记忆中消除。如果说古王国末期的社会失序和王权崩溃只是使人们暂时对于混乱的状态感到沮丧,埃赫那吞的举措则很可能会使埃及王权本身的可靠性开始受到质疑,再加上改革失败带来的社会失序,国王与社会这两种外在的世俗环境均不再可靠,"神引导的心"成为一种个人寻求安全保障的天然的、内敛的选择。①

第二,阿斯曼使用"摩西式区分"(即区分宗教上的"真"与"伪")的概念分析、比较埃赫那吞时期的埃及与希腊、以色列,认为这一时期的埃及具备区分"真"与"伪"的轴心期宗教的特征。与原始宗教着重区分洁净与不洁、神圣与世俗等不同,摩西式宗教区分的重点在于两个方面的对抗:其一,它对抗其他宗教,包括与自身固有的宗教传统对抗;其二,它对抗文化环境中的其他方面,如政治、法律和经济。② 根据这种定义,阿斯曼将埃赫那吞时期的埃及与希腊、以色列进行对照研究。如果将阿斯曼复杂的讨论通过图表的方式简化,可以看出,尽管以色列在各个方面均显示出"轴心性",但埃赫那吞的新宗教至少有两个方面符合所谓的轴心特征。事实上,如果换个角度审视阿斯曼关于埃赫那吞个人虔诚方面的评价,埃

---

① J. Assmann, "Axial 'Breakthroughs' and Semantic 'Relocations' in Ancient Egypt and Israel," pp. 142—148.
② Ibid., pp. 148—154.

赫那吞取消祭司集团的措施可以视为减少与神勾通的中间环节,这亦可视为是个人虔诚在这一时期的继续发展。这就意味着,从某种程度上来说,埃赫那吞时期的埃及在宗教上的轴心性可堪媲美于古典时代希腊在政治上的轴心性。第三,从书写技术的角度讨论智识革新发生的促进因素。这一方面的讨论是阿斯曼将其文化记忆理论运用于解决轴心特性与前轴心期文明之间关系的尝试,涉及的文明范围不局限于古代埃及,涉及的问题也包括历史意识和伟大的个人等轴心现象在埃及的出现。书写作为一种文化的技术,不仅是交流的媒介,同时也是记忆的媒介。在特定条件下,书写可以重构思想,它是文化创造的因素(文本创作和保存),并最终导向"文化记忆"的重构。从某种意义上来说,文化记忆和轴心特征都具有"退而远瞻"(standing back and looking beyond)[①]的特征,当下与文本的形成时期保持相当的距离,从而构建一个古典的、英雄的或黄金的时代,那个时代无论在行为方式还是在文化创造上都被奉为典范。两河流域在加喜特巴比伦时期(约前 1550—前 1150 年),埃及在拉美西斯时代(约前 1300—前 1100 年),均处于这样一种建构经典过去的文化演化阶段。阿斯曼援引了公元前 13 世纪的一篇埃及智慧文学作品,作者回顾了八位过去的"经典",这是学生为实现不朽而必须遵循的榜样。这些圣贤并不是通过建造金字塔,而是通过写下因其永恒的真理和权威而使人们世代传习的著作获得了不朽:

> 在我们之中,可有任何人像郝杰德夫(Hordjedef)一样?
> 或任何人可媲美伊姆霍太普(Imhotep)?
> 在我们这个时代,没有人可比得上涅菲尔提(Neferti)
> 或亥提(Kheti),他们之中的至伟者。
> 我只告诉你普塔亥姆杰胡提(Ptahemdjehuti)和哈亥派拉塞涅布(Khakheperreseneb)之名。
> 世间难道有另一个普塔霍太普(Ptahhotep)
> 或有人可比肩卡依尔苏(Kairsu)?[②]

---

① B. I. Schwartz, "The Age of Transcendence," *Daedalus*, 104 (2), 1975, pp.1—7.

② M. Lichtheim, *Ancient Egypt Literature*, vol. 2: *The New Kingdom*, Berkeley, Los Angeles and London: University of California Press, 1976, p.177.

阿斯曼关于埃赫那吞时代的埃及、希腊和以色列轴心特征的对照示意表

	埃赫那吞的宗教改革	希腊	以色列
真 vs. 伪	是	否	是
对抗其他宗教/个人虔诚	是/否	否/是	是
对抗其他文化环境	否	是,强调政治(国家)	是,强调宗教(圣殿)

在阿斯曼看来,这种回顾经典的做法与雅氏回顾轴心期寻找现代性起源的做法如出一辙。拉美西斯时代以回顾经典之名进行的文学创作,其中既含有古代的形式,也包含了当时的现实关怀,这是"古代性"与"现代性"的共存在当时的一种反映。①

另一种受到书写强烈影响的文化记忆是历史。通过批判性地利用文字记录,将关于过去的神话故事从历史档案中分离出来,这似乎是希腊人的成就,但希腊人却将这种功劳归于埃及人。希罗多德记载的米利都的赫克特斯(Hecataeus)、柏拉图笔下的梭伦在游历埃及期间,对神庙祭司讲述了他们各自关于个人(15代人之前家祖为神)和希腊的过去(希腊版本的大洪水故事),二者均被埃及祭司带至埃及的档案(341尊连续不断的历代祭司雕像和文字记录)面前,展示了可上溯至一万余年前的人类历史。这里的重点不在于事件或这些记载的真实性,而是这种通过使用连续不断保存的编年记录(年代记和王表),将历史与神话区分开的原则。从依文献重构过去和赋予历史记忆以可检验性的角度来说,正是书写创造了历史,驱散了神话的迷雾。②

阿斯曼认为,轴心期的叙事有一种记忆史的建构,这种建构使突破的趋势、发展和过程以革命性断裂的形态戏剧化,且以伟大个人的形象人格化。③ 但在以文化记忆统摄文本传统的过程中,真正的轴心期并非是埃赫那吞、琐罗亚斯德、摩西、荷马、以赛亚、柏拉图、孔子、释迦牟尼等一系列伟大的个人的时代——他们有些根本不会等到公元前800年才出现,

---

① 此类情况在古代埃及的艺术作品中体现得尤为明显,参见 W. Davis, "Archaism and Modernism in the Reliefs of Hesy-Ra," in J. Tait ed., *'Never Had the Like Occurred': Egypt's View of Its Past*, London: UCL Press, 2003, pp. 31–59.

② J. Assmann, "Cultural Memory and the Myth of the Axial Age," p. 389.

③ Ibid., p. 375.

也不会在公元前200年以后就消失——而应当是一个二次正典化的时代。所谓正典化,是指社会将最高价值观念注入一系列经典文献中,赋予这些文献最高权威,以保证其成为该社会生活的原则,或在艺术创作中遵循其基本范式。正典化在圣经文本的形成、《吉尔伽美什史诗》文本的传播和编定等案例中均适用,这一过程被亚述学家奥本海姆(Leo Oppenheim)称作"传统流";而埃及的亡灵书从一些本无关联的分散的丧葬纸草中的咒语被编定为一本有167条咒语且顺序确定的真正的书,呈现的也是正典化的过程。① 正典一旦形成,则不能更改,不得增删,但时代的变化使得不断需要对正典进行新的诠释,一部分新诠释被精英知识分子确定为同样拥有经典的地位,是为二次正典化过程,即为正典增添经典的权威注释,它在细节诠释上的确定性使正典的弹性降低。在此基础上,根据文化记忆的理论,伟大的个人拥有"超越的远见",但将其体现出来的决定性的一步是将这些远见融入被选择之后的"文化文本"之中,并通过对这些文本的经典解释形成一种正典传播的框架。从这种意义上说,所谓轴心期,只是一个在东西方文明至今仍产生广泛影响的文本连续性的形成阶段。②

三、关于阿斯曼"轴心期理论与古代埃及文明"研究的思考

阿斯曼关于轴心期理论与古代埃及文明的讨论,既不限于轴心期,也不限于古代埃及文明。在理论层面上,他引入文化记忆的范畴,回应轴心期对于追溯现代性起源的神话式做法,将轴心期视为一个经典文本的形成阶段,这强调了轴心期与前后历史的连续性和传承性,降低了它作为一个历史转折点的重要性。在方法上,他承认轴心期理论提出的轴心特征在进行文化比较研究时的重要价值,但在总体上不认同这一理论给文明贴标签的做法。在材料方面,他扩展了传统上审视前轴心期的文明(尤其是埃及)时主要涉及的材料,即风格上似乎在三千年的岁月中并无明显变化的官方文献和主流艺术品,大量利用体现来世信仰的丧葬文献、反映人生思考的智慧文学文献,并将埃及乃至世界宗教史上的重大事件——埃赫那吞的宗教改革、与犹太教相关的内容均纳入考察视野,指出从精神的

---

① J. Assmann, "Cultural Memory and the Myth of the Axial Age," p. 391.
② Ibid., p. 399.

觉醒与超越、理性思辨与历史意识、以及智识的扩展等方面看,包括古代埃及在内的诸多文明都有自身的轴心特征与轴心期,这种时代未必与其他文明同时发生,轴心期理论中的"共时性"是人为选择的结果——人们看到的是我们想知道的那个人以及普遍文明化的共同体,而非我们所知道的那个人以及他首次在时空中出现的面貌。① 这种观点也与亚述学家关于轴心期与古代两河流域文明的讨论相呼应。②

同时,阿斯曼的研究体现出两个鲜明的特征:其一,不论在轴心期理论还是在阿斯曼的回应中,经典文本传统均占有不可动摇的"霸权"地位。诚然,这是现存史料的不平衡性所导致的必然结果,但主要利用文本传统所得出的结论本身从逻辑上来讲是值得商榷的。以两河流域的《吉尔伽美什史诗》为例,它仅是当时诸多史诗中的一部,早在公元前三千纪时,史诗已初具雏形,经过长期流传和演化,它最终被编写为标准版本时已晚至公元前7世纪,在此之前的史诗不仅存在文本改编,同时还应当存在口传文学的传统,可能均对塑造或变革当时人们的精神世界产生了影响。尽管许多具体情况如今已杳不可知,但却不能完全忽略口传文学和仪式文化(多为图像资料或考古遗存)等非文本传统的重要性,这在研究古代埃及文明时尤其重要。

其二,阿斯曼强调文明发展过程中的精神层面。阿斯曼对轴心期理论的回应主要分为两部分:首先,在假定轴心期确实存在的前提下,讨论前轴心文明是否同样出现了轴心特征,这一做法否定了所谓"轴心期"相对于前轴心文明的特殊性;之后,利用文化记忆理论,重新定义轴心期,将其视为经典文本连续性的形成阶段,实际上是从整体上解构了轴心期理论。但在这两个方面的讨论中,阿斯曼均未对雅斯贝斯判定轴心期的关键标准,即人类普遍的精神觉醒和突破提出异议,这恰恰构成了另一种偏见:人类的文明成就既包括精神层面的哲学与宗教,同时也包括制度创立、技术革新等在重要性上毫不逊于哲学和宗教的内容;但无论是轴心期还是文化记忆理论,均只在纯精神层面作文章,人类文明在其他方面重大的历史变革和"超越"被有意无意地忽略了。

时至今日,关于古代两河流域和埃及文明在数千年的时间中停滞不

---

① J. Assmann, "Cultural Memory and the Myth of the Axial Age," p. 401.
② 后者参见 P. Michalowski, "Mesopotamian Vistas on Axial Transformations," pp. 157—179.

前的观念仍影响颇大,轴心期理论在这种观念流布的过程中起到了相当消极的影响。阿斯曼等学者的回应代表了"古代文明"研究者的一种倾向,即对轴心期理论的解构和重新建立新解释模式的尝试,只是这种尝试仍建立在文本传统和原有评判标准,即精神"突破"的基础之上。如果可以从这两个方面继续扩展,将诸如仪式传统的材料和制度、技术革新的内容纳入考察视野,我们对于所谓"前轴心文明"的内部特征,及其与轴心文明和当代文明之间的关系或许会有更为深刻的理解,继而可能改变我们对于"现代性"起源的一些看法。

北魏贵族之生与死①

曾庆盈

【作者简介】 曾庆盈,北京大学外国语学院博士后。研究方向:北魏时期中外文化交流中物质文化的融合与再创造。

2000年以来,有许多北魏平城时期(398—494年)的墓葬在山西大同的周边地区被发掘。这些墓葬带给我们一系列融合了传统中国元素与中亚习俗的陶俑、壁画以及墓葬装饰,反映了当时北魏贵族的生活特色。在这当中不乏文化冲撞下出现的许多独具特色的视觉和物质产物,迫使我们对北魏贵族文化归属的适应过程进行再思考。而这些5世纪北方中国的墓主人所生活的世界恰好处于欧亚大草原这一文化带的最东端。

墓葬在古代中国一直被认为是墓主人在其身后的永久住所。在此,生与死成为了一个延续体。至少自公元前3世纪以来,中国人热衷于将生前所使用的物品与壁画和模型一并放置于墓中,从而延续生前的世界。因此墓葬很大程度反映了墓主人日常生活中的实际情况。本文将探讨北魏墓葬习俗是如何结合汉文化以及草原传统的各种元素,并且通过壁画、陶俑等墓葬装饰系统融入了拓跋自身的形象,具有浓厚的北魏平城贵族特色。北魏疆土横跨了一个充满文化爆发力的地域,而其统治阶层的贵族成员则具有一种"双重面貌"(dual presence)的特性,兼具欧亚大草原的文化习惯以及中国文化圈的特定传统。② 这种新的集体认同感通过图像和物质的融合应用表现出来,从而创造出新的具有北魏时代感的物质

---

① 这篇文章是在我的博士论文 *The Making of the Tuoba Northern Wei: Constructing material cultural expressions in the Northern Wei Pingcheng Period*(398—494 CE)(2013)的部分内容基础上翻译、修改而成。

② "双重面貌"这个词在我博士论文中原文为"dual presence",是导师杰西卡·罗森(Jessica Rawson)在与我讨论北魏统治阶层在中原和大草原两种文化圈之间的定位所提出的思考角度。

文化,并且让墓主人对于自身的身份进行再创造。

本文将采用两座重点墓葬作为研究北魏物质文化建构的案例。其中,墓主人自身的文化归属和家族背景使其在视觉元素的应用上有一定的独特性。对于沙岭 M7 墓葬(435 年)中的破多罗太夫人(鲜卑将军破多罗氏的母亲)这些还维持着逐水草而居的习性的草原贵族,汉代墓葬传统中的宴饮、出行图成为一种适宜的人物表现手法,这种手法被采用并有所改变。而具有汉文化背景的贵族成员,例如雁北师院 M5 墓葬(477 年)中的墓主人宋绍祖,他们在文化互动中创造出了一种独特的品味——仿木结构房型石椁。当这些新颖物品引发了竞相追逐模仿它们的新风潮,它们证实了物质文化不仅承载了个人动因,还成为其创作者和使用者身份的构建物。

拓跋正是借用了这种物质文化的融合得以顺利地成为入主中原的统治者,并且成为倡导这些现在被我们认定具有中国代表性的各种物质文化的推动者。本文在对物质文化的探讨中将视任何一种物品或视觉表现均由"形"(form)和"意"(meaning)这两方面组成,而这两者可以分别承担不同的文化属性。"形"是可以被借用的,"意"则是被其使用者所赋予的。平城贵族的"双重面貌"正是源于这种在传统的"形"上赋予新"意"的创造力。

面对这些壁画、陶俑和墓葬装饰,作为观者的我们其实是在解读法国符号学家罗兰·巴特(Roland Barthes)所谓的感官信息以及文化信息。[①] 在处于文化十字路口的平城,这些视觉和物质的独特组合都不该被忽略为偶然的现象,而应当被视为一种刻意的构建。北魏的墓葬传统受到了三个地域的影响并在平城相互交织:中原、河西走廊、中亚以及草原元素。最终,壁画和陶俑成为了建构墓主人生活场景的两种主要表现形式,并由此产生了两种截然不同的墓葬叙述视角。在接下来的两个案例里,作者将探讨这两种独特的表述手法是如何反应墓主人对于其丧葬空间的期许:将永恒的过去保存在这个空间里,同时顾及到身后的需求。[②]

---

① Roland Barthes, *Image*, *Music*, *Text*, trans. by Stephen Heath, London: Fontana Press, 1977, pp.32—51.

② Maurice Halbwachs, *On Collective Memory*, trans. Lewis A. Cosner, Chicago: The University of Chicago Press, 1992, pp.37—40.

一、破多罗太夫人的沙岭 M7

2005年,考古学者对位于今山西大同市东南郊区御河之东的一座北魏平城时代的墓葬群进行抢救性发掘。墓葬群因处于沙岭村东北一公里外的高地上而得其名。18座墓葬中,位于墓群北部朝西的 M7 为砖构单室墓,据文字推测属于北魏侍中尚书主客平西大将军破多罗氏的母亲,死于太延元年(435年)。这是目前北魏平城时代的墓葬中少见的保存了精美壁画并且具有文字纪年的砖室墓。①

沙岭 M7 为长斜坡墓道砖构单室墓,由墓道、甬道、墓室三部分组成。4.2米深、3.4米宽的四角攒尖顶墓室内摆放着墓主人的各种生活用品,有漆器、陶器以及铁器。甬道的两面以及墓室的四面墙上都绘有丰富的壁画,包括墓主人像、宴饮图、出行图、镇墓武士,以及汉代墓葬中最常见的伏羲、女娲母题图。墓室中发现的一枚漆器残片给考古学者提供了墓主人的生平纪年:

……元年歲次豕韋月建中呂廿一日丁未侍中主客尚書領太子少保平西大將軍……破多羅太夫人……殯於第宅迄於仲秋八月將祔葬□□□□於殯官易以……慈顔之水住……無期欲□之德昊天罔極……莫……歲月云

虽然有几处缺字,我们从可辨认的文字中能了解到墓主人及其家族的一些信息。根据发掘报告的记载,破多罗太夫人死于太延元年(435年)四月的第二十一天,下葬日期为同年的八月,而当时她的儿子是北魏朝中的太子少保兼任平西大将军。祔葬这个词在此用来形容破多罗太夫人下葬的方式,而撰写发掘报告的考古学者认为意指合葬,没有提供更多的解释,只是认为破多罗太夫人即将与早前去世的丈夫重逢。但是《汉语大词典》对于祔葬的解释是:"合葬;亦谓葬于先茔之旁。"也就是说这种合葬方式是将后人下葬于先人的茔旁,而不一定是同室合葬。可惜的是,沙岭 M7 里没有任何人骨遗骸来证实文字中的记载究竟是同室合葬还是太夫人自己的单独墓室。既然仅存的文字中只点名了破多罗太夫人,本文

---

① 大同市考古研究所:《山西大同沙岭北魏壁画墓发掘简报》,《文物》2006年第10期,第4—24页。

将不去考虑有两位墓主人的可能性。

以上的文字记载对于接下来的讨论至关重要,因为我们能将墓主人摆放在一个特定的时代和家庭背景下,这种背景在很大程度上反映了北魏平城时期贵族阶层对于自己的身份和文化的认同。在这个墓葬空间里,文字记载的是墓主人在北魏时代的公众身份,而四周的壁画则给我们提供了一个可以窥探其家族之社交生活的视角。

1. 新的图像体系

自汉代以来,以画像石表现墓主人生前的场景成为了中国墓葬传统中重要的组成部分。传统汉代画像石包括雕刻以及绘制两种形式,表现的情节不外乎神话故事、日常生活、符合儒家观点的伦理故事、吉祥征兆以及道家场景。无论故事内容,这些画像石的表现手法都是重新组合历史情节、神话传说以及神仙世界中固有的母题,反映了一种僵化的、可定制的、单元组件(modules)似的表现模式。[①]这种叙事手法依赖观者熟悉并且可辨识的母题,通过分解和重组以体现墓葬出资者(墓主人或其家族)的意愿。后来的魏晋期间,尤其是到了北朝,图像的表现手法趋近个人化。与其使用历史场景以认可自我的现在和未来,北魏墓主人关心的是通过壁画表现自身在社会关系中的定位,从而建构一个新的自我认识。

河西地区的魏晋壁画墓在3世纪到5世纪之间对北方中国墓葬壁画传统产生了很深的影响。西汉时期大规模的屯垦和移民活动将人口大量地自中原迁徙至河西走廊。西晋永嘉五年(311年)洛阳失守,匈奴大军控制了几乎整个中原地区,西北一隅的河西走廊成为了少数没被战火侵袭的地区。前往河西避难的人当中包括来自洛阳的士族,他们将中原地区的图像传统带至边疆,并与当地的艺术手法和习惯相结合。传统汉画像石刻画所耗费的人力和财力在西北边疆地区无法延续,因此因地制宜、制作上相对简易的壁画传统渐长。而原本汉画像石所需要的大块整面抛光的石材在河西地区也被画像砖取代。此外,画像砖上绘制的图像也大都出自河西地区日常生活的场景,大致可以分为农业生产、宴饮准备和宴饮场景三大类。在酒泉、嘉峪关和敦煌这些河西走廊的重镇出土的砖画

---

① Anthony Barbieri-Low, *Artisans in Early Imperial China*, Seattle: University of Washington Press, 2007, p. 93. 关于单元组件作为中国艺术建构方式的特点,见 Lothar Ledderose, *Ten Thousand Things: Module and Mass Production in Chinese Art*, Princeton: Princeton University Press, 2000, p. 2.

墓中,将墓主人作为宴饮图的参与者这种汉墓表现形式得到了延续。但是除了宴饮之外,河西壁画砖上还出现了墓主人在日常生活中参与农事和狩猎等场景。这些场景由数个壁画砖拼凑而成,展现出连环画般的表现手法。

无论是汉代画像石还是魏晋壁画砖,早期墓葬的壁画表现手法大都采用分场景,以集锦的拼凑方式将墓主人的生活在壁面上重构并且表现出来。但是酒泉的丁家闸 M5 砖画墓中,我们初次看到横跨整幅砖墙壁面的大幅图像。在这幅全景构图中,在别处分别出现过的一些母题和表现手法都融合在一个图像系统里。到了 5 世纪,北魏平城地区的贵族墓葬中出现的壁画更是一个新的转折点,在这些壁画中大幅图像转变为远距离的鸟瞰图,墓室的整面墙被转化成一幅完整的场景图。这一新表现形式均见于至今发掘出的几座平城地区的壁画墓中。① 由此得知,北魏平城时期的壁画墓逐渐形成了一个新的图像系统,也就是将墓主人的画像放大绘制在墓室的后墙上,而左右两侧的壁面则绘有墓主人生前的场景,体现了视死如视生的思想。我认为这一图像表现的改变不仅代表墓室中视角的转变,还加强了墓主人形象在墓室中所承载的社会性和功能性等角色。当图像表现趋于整体性和叙述性,整个墓室则转化成一个以墓主人为中心的具有连贯性的表述,更加充分地表现出墓主人个性化的一面。而也正是在平城地区的壁画墓中我们发现一个很有意思的现象,那就是汉代墓室中墓主人的室内宴饮场景到了北魏平城时期则以一些表现手法明显地被转移到了户外,草原部落逐水草而居的生活形式非常深刻地反映在了壁画中。

2. 东壁:以破多罗太夫人为中心的社会关系

沙岭 M7 中的壁画面积占去了共约 24 平方米的壁面,横跨墓室的四壁以及甬道的顶、侧部分,着以红、黑、蓝三种颜色。进入主室的一瞬间,观者的视线立即被后壁(东壁)的图像吸引过去,也就是超出其他壁面画像比例的墓主人夫妇并坐像。墓主人夫妇两侧的南、北两壁是反映墓主人日常生活缩影的户外宴饮图以及以墓主人所乘车辆为中心的仪仗出行

---

① 有关其他北魏平城时期的壁画墓,见大同市考古研究所:《山西大同云波里路北魏壁画墓发掘简报》,《文物》2011 年,第 12 期,第 13—25 页;张庆捷:《大同新发现一批北魏墓葬》,《中国文物报》2008 年 9 月 26 日,第 5 页;张庆捷、刘俊喜:《大同新发现两座北魏壁画墓年代初探》,《文物》2011 年第 12 期,第 52—54 页;大同市考古研究所:《山西大同文瀛路北魏壁画墓发掘简报》,《文物》2011 年第 12 期,第 26—36 页等相关考古报告。

图。这两幅壁画因为充满了各类人物和活动,布局略显拥挤,但正因如此才能衬托出墓主人夫妇在这个墓葬空间内的中心位置。

破多罗太夫人夫妇并坐像占去了几乎整面东壁大约3.82平方米的壁面。壁画正中是一高大的庑殿顶建筑,金翅鸟站在屋顶中心,展翅欲飞。屋檐下垂着帷幔,里面端坐着衣着华丽的男女二人,这应该就是墓主人夫妇了。男子头戴黑帽,身着窄袖交领袍衫,右手持扇举于肩。女子也头戴黑帽,身着与男子相同的服饰,脸上涂着靥装,嘴唇点朱。两人形体明显大于画中其他人物,几位面向主人的侍仆形象矮小许多。摆在榻前的曲足案上置有食具,而建筑物两边各画一棵枝繁叶茂的大树,表示出墓主人夫妇处于户外的环境中。

破多罗太夫人如此被放大并且以正面形象示人的表现手法反映了5世纪北方中国对于墓主人画像的新发展,也就是将墓主人画像摆放在整个墓葬图像系统的首位。在汉代画像石的传统中,无论石刻或壁画,墓主人几乎无一例外的作为整幅宴饮场景之出席者现身于画面中。一般来说,墓主人在进行这些活动时,常以宴会主人的身份以侧身像或四分之三侧面像示人,如打虎亭M2壁画和嘉祥画像石中所展现的。巫鸿认为用这种传统的、不对称的图像系统来展现墓主人的手法得到的是一种情节式的叙述方式(episodic narrative)。也就是一个封闭式的场景,迫使观者只能作为一位旁观者。反之,沙岭M7中给予墓主人的放大正面像体现了一种新的偶像式的态度(iconic narrative),迫使观者必须与画中人眼对眼,从而进入画中成为场景中的一分子。[①] 在这个观点的基础上,郑岩又提出了这种视觉的转换很大部分源于宗教图像逐渐加深的社会影响这一说法。[②] 汉代开始广为流传的西王母和东王公的造像就深受寺庙和石窟寺内佛教图像体系的影响。[③] 另外,郑岩还认为对称的、正面的墓主人像所引申出的偶像式的观者态度符合传统中国丧葬习俗中的祖先崇拜。

[①] Wu Hung, *The Wu Liang Shrine*: *The ideology of early Chinese pictorial art*, Stanford: Stanford University Press, 1989, pp.132—134.

[②] 郑岩:《墓主画像研究》,山东大学考古系编《刘敦愿先生纪念文集》,济南:山东大学出版社,1998年,第57—61页;郑岩:《北齐徐显秀墓墓主画像有关问题》,《文物》2003年第10期,第59—61页;郑岩:《逝者的面具—再论北周康业墓石棺床画像》,巫鸿、郑岩编《古代墓葬美术研究》第一卷,北京:文物出版社,2011年,第217—242页。

[③] Wu Hung, "Buddhist Elements in Early Chinese Art (2nd and 3rd centuries A.D.)," *Artibus Asiae* 47:3/4(1986), pp.263—303, 305—352.

北魏平城时期墓主人画像得到重视并转化成整个墓葬图像系统中至关重要并且显著的元素,成为位于后壁的正面画像,而南、北两壁上的宴饮和出行图则使用传统汉代画像石上的墓主人侧面像。这种在同一墓葬中选择性地使用不同视觉角度的表现手法证实了我的想法,那就是通过给观者带来两种截然不同的感受,创造出一个吸引观者注目的表现系统。东壁的墓主人画像使观者不由自主地产生敬畏之心,而南壁上的宴饮图则似乎在邀请观者踏入场景中成为主人邀请的一名宾客。这种表现形式不仅代表了绘画布局的转变,也改变了图像系统在墓葬空间中所承载的功能。

　　墓主人夫妇并坐像是从甬道踏入墓室这一瞬间所能看到的第一幅图像。这么有主导性的图像不仅让我们思考墓主人画像在这个特定位置的意义,还提出了这种图像所可能承载的不同层面的寓意。我们可以藉由英国考古学家、汉学家杰西卡·罗森(Jessica Rawson)关于明朝万历皇帝画像的讨论来探究沙岭M7墓主人画像所承载了究竟哪些层面的寓意。针对万历皇帝的画像,罗森提出了将这个世界分成三个层面的想法:日常世界、体制世界以及概念世界。[1] 如果我们将这三层世界观套用在沙岭M7东壁墓主人画像上,我们会发现一幅画像可以在三种层面上传递给观者不同的寓意。首先是属于日常生活层面的物质性,画像将破多罗太夫人摆放在一切活动和物品的中心位置。接下来,如同任何一个由人类所组成的社会,墓主人所生活的世界是由各种制度所构成的。也就是说,破多罗太夫人其身份的建构源于她作为丈夫的夫人、儿子的母亲以及家族的女性长者这多重社会关系。[2] 她在这么一个家庭社会结构中的地位正是通过墓主人夫妇并坐像所传达的,而不是墓主人一人的画像。最后,对于我们来说在这个墓室中最为重要的寓意就是通过墓主人像所传达的概念性世界,这一世界是通过图像系统所表达的对于身后的世界等观念

---

[1]　Jessica Rawson, "The Agency of, and the Agency for, the Wanli Emperor" in Robin Osborne and Jeremy Tanner eds. *Art's Agency and Art History*, Oxford: Blackwell, 2007, pp. 95—113. 罗森在这篇文章中关于画像所承载的寓意这一概念源于英国社会人类学家阿尔弗雷德·盖尔(Alfred Gell)的前瞻性著作 *Art and Agency: An Anthropological Theory*, Oxford: Oxford University Press, 1998.

[2]　有关一个人的身份是如何通过社会关系建构而成的这一概念,参考 Neil Coomber, *The Performative Construction of Identity in the Shang and Zhou Dynasties*, DPhil thesis, Oxford: University of Oxford, 2011, pp. 1—2.

所构成的。如此,沙岭 M7 就被转化成墓主人及其家人所希望创造的,一个物质上以及认知上的身后世界。作为一个物质环境,墓室成为破多罗太夫人的府邸;从一个认知的层面来说,壁画以及墓室内的各种日常生活用品都成了破多罗太夫人一生的缩影,并且被认定将在其身后继续陪伴她。

在解构破多罗太夫人所处的物质世界时,应该记住在壁画中出现的各种文化物件或许传递出一种身份认同,但绝对不会给这种身份下定义,尤其是当我们在讨论个体之于群体的互动模式时。1950 年代英国人类学家埃德蒙·利奇(Edmund Leach)在缅甸北部丘陵地区了解到,一个个体对自己所属之群体的认同不会随着物质或非物质的文化符号而变动。[1] 就算一个人不再穿着所属群体的服饰并且口音不再相同,别人对他的看法所反映出的这个人对于自己的认知才是这一个体的社会身份的真正定义。正因为一个人能有多种身份的表现方式,因此这些文化符号仅仅揭示了这一个体在某个特定社会体系中的地位。如先前所说,沙岭 M7 东壁的墓主人像通过在墓室后壁这一特定的视觉位置诱发出观者对于墓主人生前世界的一种物质上和认知上的感受。由此,我们以这幅壁画作为出发点,通过其他壁面上的图像解构墓主人的日常生活。作为一位 5 世纪北魏平城地区的拓跋贵族夫人,破多罗太夫人的生活并不一定具有这一群体间普遍的代表性。但是从这些细节中我们了解到这个时期的人们对草原习俗与源自于中原的一些丧葬传统的结合比我们想象中的要自如许多。

3. 北壁和南壁:在宴饮和出行中的墓主人

沙岭 M7 砖室墓南北壁面上的宴饮图和出行图在空间上位于破多罗太夫人画像的左右两边。之前提到的墓主人并坐像从汉代墓室里的室内场景转换到北魏的户外场景这一表现手法更是在南壁的营地宴饮图中发挥得淋漓尽致。南壁壁画面积约 5.4 平方米,采用鸟瞰视觉手法,将一个奢华的营地全面纳入观者的眼中,一览无遗。这幅壁画使用一排排的丘陵、高山、树木作为南壁上下端的边框。作为框景的大自然元素不仅从视觉上给观者一种空间的深度,还标志着墓主人的宴饮是在坐落于大自然中的野外营地进行的,与早先的汉画像石上表现室内宴饮的各种装饰元

---

[1] E. R. Leach, *Political Systems of Highland Burma: A Study of Kachin Social Structure*, London: Athlone Press, 1970, pp. 52—55.

素形成对比。

也正是因为活动场景摆放在大自然中,屏风的使用在这幅宴饮图中发挥了双重作用。一方面屏风是野外营地的标志性物件,另一方面作为艺术手法中图像场景分割线的替代,一系列的屏风将南壁从中分割成了两个功能区域。壁画东端是墓主人坐在一个三面围墙的建筑物里宴请宾客的场景,西端是准备餐饮的营区,小到如杀猪的细节都刻画地很生动。曲折摆放的屏风中间有一个间隙让忙于穿梭在两个区域之间的仆从通过,这也是屏风之于其他分割线的不同之处。如此,屏风作为那个时期野外扎营所使用的代表性的物件,承载着对于观者的视觉功能以及对于画中人物的实际功能两种功用。

这种随处扎营的生活方式得助于牛车,这种工具停靠在东壁墓主人并坐像旁树下,以及停靠在南壁宴饮图外围。营地也就是靠这类牛车来运输扎营所需的帐篷。这种牛车的模型出现在山西大同雁北师院 M5(477 年)的陶俑群里,牛车由一个底板以及挡板组成,车上载有毡房帐篷。这种帐篷牛车源于游牧民族的迁徙传统,可以由牛或马拉行。公元前 7 世纪希腊地理学家斯特拉伯(Strabo)如此形容在东欧大草原至中亚一带游牧的斯基泰人(Scythians):"至于游牧民族,他们的毡房帐篷系绑在他们所生活的车上。"[1]英国人类学家大卫·安东尼(David Anthony)在有关史前中部欧亚的研究中,通过南部乌拉尔地区亚姆纳文化(也就是公元前 3500—前 2500 年的竖穴墓文化)的草原墓葬考古发掘,证实实心轮牛车大约早在公元前 3100 年至前 3000 年左右就使用于东欧大草原。[2]这些证据都表明北魏平城时期的生活方式可以被归类为欧亚大草原文化带的东端。

对于刚从草原迁徙到北方中国的拓跋族而言,将自己的营地视为君主和贵族可移动的庄园和城堡并不为过。沙岭 M7 北壁上约 6.43 平方米的壁画更是让观者将平城时期这种迁徙常态一览无遗。这幅壁画将原先汉墓和魏晋墓中的狩猎和战争图,成功地融合成一种新的贵族军事仪仗队出行图。墙面的中心是一辆撑着华盖的大马车,车前垂有布幕,旗帜悬挂在车后。一位男士的头像出现在华盖底下,标志着他作为这个家族

---

[1] H. L. Jones, *The Geography of Strabo*, vol. 3, London: W. Heinemann, 1917, p. 223.

[2] David W. Anthony, "Horse, wagon & chariot: Indo-European languages and archaeology," *Antiquity* 69(1986), p. 310.

主人以及军事仪仗队指挥者的双重地位。根据之前墓志砖上我们对破多罗太夫人的认识,这位华盖下的男士应该是她那位作为北魏高级将领的儿子。虽然破多罗太夫人并不一定参与过任何一次这种军事仪仗出行活动,她的社会地位和身份的重要组成部分就是作为这支队伍的指挥者的母亲。

华盖指挥车的前端由骑在马背上的前哨引导,伴有吹着号角的士兵以及披着红色披风手持长矛、弓箭以及旗帜的步兵。一旁还有鼓手,吹弹各类乐器以及杂耍的侍从。随之而来的是一组组的军事部队,有轻骑兵、重骑兵以及步兵。虽然所有士兵都身穿战服,与汉画像石不同的是这些部队并没在交战,而是井然有序地如同现代仪仗队般地前进。这种通过全新的表现形式展现墓主人地位和权威的图像是沙岭 M7 壁画的特点,通过视觉上的敬畏感得到观者的敬重,而不用表现出凶猛残暴的战争场景。训练有素的威武之师会让任何与之对立的人闻风丧胆。

不过沙岭 M7 的图像特点不能作为平城时期北魏壁画墓的典型来理解,只能作为一个让我们了解其墓主人这个个体,或者墓主人所代表的北魏社会某一层面的窗口。这些图像系统存在的目的就是将墓室转化成一个具有功能性的、体现墓主人身后世界的概念空间。

二、宋绍祖的雁北师院 M5

2000 年,山西大同市的雁北师院进行扩建翻修工程,施工过程中大同考古研究所的工作人员发现了一个超过 100 座墓葬的北魏、明、清以及当代不同时期的墓葬群。当中有 11 座位于墓葬群西北角的北魏墓,均采取面朝南的方位。这 11 座北魏墓葬中,6 座是土坑墓,另外 5 座是单室或者两室的砖室墓。① 其中编号 M5 的北魏孝文帝太和元年(公元 477 年)宋绍祖夫妇墓便是这篇文章的案例对象。

雁北师院 M5 墓道长 31 米、宽 1.14 米,比沙岭 M7 要长许多。在通入墓室前有一段近 3 米长的甬道,将墓道的宽度在连接墓室前直接缩小至 0.90 米。四角攒尖顶的雁北师院 M5 墓室的结构与沙岭 M7 相似,但是稍微大一些。占据了几乎整个墓室的是一座房型石椁。石椁宽 2.25 米、长 2.65 米、高 2.28 米,四壁内侧都绘制了壁画。墓室中散放了一组

---

① 大同市考古研究所:《大同雁北师院墓群》,刘俊喜编,北京:文物出版社,2008 年。

陶俑,从石椁的门廊一直到墓室入口处镇墓兽的位置都能见到不同陶俑的身影。墓室的东面和南面有几组穿戴盔甲的骑兵、步兵、日常用品、牲畜以及一些有着异域面孔的胡人。墓室的西面有更多穿戴盔甲的骑兵以及披着盔甲的马匹。墓室的北面摆放着墓主人华丽的牛车以及许多排手持旗帜的仪仗兵。房型石椁门廊前有列队的轻骑兵、重骑兵、前导车和披着盔甲的马匹;石椁内则有五个侍女俑,连同一个漆盘、铁镜和其他小物品。

雁北师院在考古挖掘过程中发现了一男一女两组人骨,但是因为墓室曾经被盗并且回填过,人骨被发现的时候已经散落在石椁的上方,无法得知入葬时逝者是如何被摆放的。一同与人骨被发掘的还有一个银质的手镯以及一个玛瑙首饰。墓道北段回填土层里找到了一块墓志砖,共有25个字:

大代太和元年岁次丁/巳幽州刺史敦煌公敦/煌郡宋绍祖之柩

这个文字记载传递了许多重要信息。墓主人宋绍祖来自敦煌郡,于太和元年(477年)入葬。宋绍祖生前做过幽州刺史,并被封为敦煌公。鉴于考古人员发现了男女两具骨架,雁北师院 M5 可以被认定为宋绍祖夫妇二人的合葬墓室。

1. "外人"的新定义

专门研究社会身份认同的美国社会学家理查德·詹金斯(Richard Jenkins)在关于群体身份和"将归属符号化"的讨论中提到,一个社会同质性的巩固可以首先通过语言得到表现,接着借由服装、家徽、仪式以及其他各类物品和习惯来加强这种相同感。[①]当一个群体通过在自己人和外人之间划一道线来给自身群体的身份下定义,这种界限通常都是流动的并且可转换的,每个个体都可以根据自我的决定与特定的群体产生认同感。我们可以认为,雁北师院 M5 的墓主人宋绍祖正是通过墓葬中物质文化的组合来反映和重构自己的身份,尝试以不同的手法表现其作为5世纪北方中国贵族的自觉性。宋绍祖作为来自于西北边陲敦煌地区的汉人贵族,这一背景标志着他的文化认同之多元性。敦煌连接着北方中国和中亚地区,自古以来便是一个文化的交叉路口。在这么一个社会里,所谓"外人"(outsider)的定义需要重新思考。虽然关于这个时期的多数

---

① Richard Jenkins, *Social Identity*, London: Routledge, 2008, pp. 132—147.

研究都把北方游牧民族统治者认定为希望能融入中原习俗的"外人",雁北师院 M5 中物质文化的建构展示出这个时期宋绍祖之类的汉人贵族才应该被视为冀望获得认同的"外人"。如此,宋绍祖和雁北师院 M5 的研究价值可以延伸到我们对北魏初期从地方迁至平城的汉人贵族阶层在这个新社会环境中对于自己身份的认知。

如果说沙岭 M7 是通过墓葬壁画让观者借由图像系统中表现出的墓主人社会关系来认识破多罗太夫人以及她所生活的平城社会,那么雁北师院 M5 则通过一系列具有独特品味(taste)的墓葬物品来反映墓主人自身的文化认同。这种对于品味的判断被法国社会学家皮耶·布迪厄(Pierre Bourdieu)视为惯性(habitus)在影响个人生活方式中所产生的衍生物。他表示,通过一个人甄别并利用某一物品优质性或独特性的能力,可以断定该人的个性和人格。① 接下来,我们将通过宋绍祖给自己建构的生后世界中体现出的物质品味来探究墓主人独特的个性。

2. 陶俑:墓主人的军事仪仗队

雁北师院 M5 的陶俑群共有 113 件。其与众不同之处在于这组陶俑的人物种类仅限于镇墓武士、武士、侍从以及胡人,而贵族家宴间常见的乐伎乐器等其他平城墓葬中较多出现的陶俑则不见于其中。② 这支军队由轻骑兵、重骑兵、步兵以及仪仗兵组成,就像是从沙岭 M7 军事仪仗队出行图壁画中走出来的似的。壁画和陶俑的共同点是对于人物细节的刻画,特别是在服装和头饰上,根据每个人的职能与角色而在细节上有差异。从事东亚佛教艺术研究的王静芬(Dorothy Wong)曾使用佛教艺术中供养人的形象来展现供养人如何通过例如装束等自我表现的元素以建构并且宣告自我身份的认同。③ 同样的,宋绍祖墓葬中的陶俑群给我们透露了许多关于那个时代环境的细节,尤其是墓主人作为处于欧亚大草原东端北魏文化圈的这么一个汉人贵族,他自身希望如何被理解。

首先,在这些陶俑的生产以及表现过程中对于装束和头饰的重视应

---

① Pierre Bourdieu, *Distinction: A Social Critique of the Judgement of Taste*, trans. by Richard Nice, London: Routledge, 2010, pp. 168, 278.
② 王恒:《司马金龙墓:石雕乐伎乐器研究》,《文物世界》2000 年第 5 期,第 32—35 页。
③ Dorothy C. Wong, "Ethnicity and Identity: Northern nomads as Buddhist art patrons during the period of Northern and Southern dynasties," in Nicola Di Cosmo and Don J. Wyatt edts. *Political Frontiers, Ethnic Boundaries, and Human Geographies in Chinese History*, London: RoutledgeCurzon, 2003, pp. 84—107.

该是源于北方草原气候的严峻,而马背上的生活又使得带耳罩的帽子成为了一件惯性的必需品。宋绍祖陶俑群里最常见的头饰是一种被长期研究六朝文明的美国汉学家丁爱博(Albert Dien)称之为"具有鲜卑特色的头饰",也就是那种将整个头部包住的软高帽,后头有个盖住脖子和耳朵的挡片。① 这种头饰出现在所有侍从的头上,无论男女,包括仪仗队里的旗手。有意思的是,宋绍祖这一组陶俑里的旗帜兵头饰都系有一个下巴套。在德国进行鲜卑墓葬研究的宋馨(Shing Müller)提出这种下巴套之所以出现在北魏时期,正表现出古代和中古时期从地中海至东亚之间通过墓葬习俗所实现的跨大陆文化传播。② 宋馨表示这种使用一个金属片作为固定死者下巴的墓葬习俗初见于公元前 8 世纪欧亚大陆亚洲这一端的塔里木盆地,之后东传至平城的时间不会晚于公元 5 世纪。

在使用头盔的习惯上,北魏与中亚草原民族的传统一样,但是两者的头盔在形制上稍有区别,以适应不同惯性下衍伸出的各自的品味。有些细节表明北魏时期除了金属头盔还有一种头盔形状的软垫帽。在宋绍祖的陶俑群里有三类主要的武士头盔:重骑兵戴的圆形金属头盔,脑勺后有块向外弯曲的护颈短片;轻骑兵戴的相同圆形金属头盔以及护颈短片,只不过头盔顶上有个形似公鸡鸡冠的软垫装饰物;步兵戴的非金属头盔型软垫帽,脑勺后有块护颈长片,类似于在俄罗斯克拉查伊-切尔克斯(Karachaevo-Cherkessk)阿兰人地区发现的由丝绸以及布料做成的软垫头盔。一个人的穿着作为旁观者最直接的视觉体验可以被视为这个人自身文化认同的指标之一。③ 而丁爱博将这种具有特色的着装视为鲜卑的文化指标正因为同时期的汉人以及胡人身上见不到这种装束。

这支在汉代只能出现于王侯墓葬中的具有欧亚大草原特色的陶俑军队不仅让我们思考宋绍祖对于自己墓葬所寄予的更深层的含义。不同于破多罗太夫人的儿子,宋绍祖的墓志砖并没有标明墓主人是否曾带过军

---

① Albert E. Dien, "A New Look at the Xianbei and their Impact on Chinese Culture," in George Kuwayama edt. *Ancient Mortuary Traditions of China: Papers on Chinese Ceramic Funerary*, Los Angeles: Far Eastern Art Council, 1992, pp. 44, 46.

② Shing Müller, "Chin-Straps of the Early Northern Wei: New Perspectives on the Trans-Asiatic Diffusion of Funerary Practices," *Journal of East Asian Archaeology* 5:1-4(2003), pp. 27-71.

③ Marie Louise Stig Sorensen, "Reading Dress: The Construction of Social Categories and Identities in Bronze Age Europe," *Journal of European Archaeology* 5:1(1997), pp. 93-114.

队,而宋绍祖的级别也不够其享受军队的护驾。也就是说雁北师院 M5 墓葬中的陶俑军队并不一定代表墓主人生前的社会关系,反而有可能是墓主人尝试用过往的王侯品味让自己在身后实现一些秘密抱负和企图心。

虽然陶俑作为陪葬品早在东周战国时代就出现在墓葬中,并且在汉代成为墓室中的基本组成部分,但汉墓中出现的种类不外乎是侍从、护卫、乐伎等属于室内职能范畴的陶俑。这种情况延续到了北魏时期。而雁北师院 M5 独特之处在于其陶俑群的主要类型为军事部队。无论是骑兵还是步兵,这些陶俑的精细铠甲让我们想起秦始皇和汉景帝的兵马俑群。前者是真人比例、全陶土制作而成;后者则是微型俑、陶土身躯木质手臂,看似裸体因为原本应穿着布料做的服饰。宋绍祖的陶俑群似乎是结合了这两位帝王兵马俑的特点,继承了汉景帝兵马俑的微型身躯以及秦始皇兵马俑对于陶制士兵服装和铠甲细节的关注。

这给我们提出了一个问题,那就是雁北师院 M5 的墓葬规格明显地不同于这些拥有兵马俑的最高规格的秦汉帝王墓葬,而宋绍祖的军队陶俑群的出现甚至可以被视为有僭越之心。作为一名《魏书》里完全没有提到的北魏朝廷的臣子,宋绍祖在身前是不可能拥有这支军队所代表的权威。但是雁北师院 M5 的这一疑点在平城时期并不是个例。另一位北魏朝廷重臣司马金龙作为东晋司马家族的旁支留在北方的后代,于 484 年逝世,也同样拥有一只由 122 件步兵俑以及 88 件骑兵俑组成的陶俑军队。[①] 在这两个平城墓葬中我们看到在秦汉时期仅属于最高级别王侯墓葬的兵马俑,不禁让人思考这种僭越是否是刻意的、为了表达墓主人的一些企图心的做法。这样一来,这两位北魏墓主人在身后世界通过他们的陶俑军队获得了身前没有的地位和身份,甚至将自己比喻为前朝的王侯。司马金龙作为前朝皇族后代,而宋绍祖的家族作为远离朝廷核心在敦煌地区执政的长官,都不能说没有在一定程度上希望借由帝王象征的兵马俑在身后赋予自己王侯般的身份。通过墓葬制度中物质文化的运用,这种刻意为之的僭越行为在挑战当下现实的同时建构身后世界,以弥补墓主人个人或者家族生前的遗憾。如此,雁北师院 M5 陶俑群成为了宋绍祖身份重构和再创造的重要机制,将逝者最终希望自身被记住的这一状

---

① 山西省大同市博物馆、山西省文物工作委员会:《山西大同石家寨北魏司马金龙墓》,《文物》1972 年第 3 期,第 20—29,第 64 页。

态带给后人。

3. 石椁:新风潮的吸引力

雁北师院 M5 的房型石椁为仿木结构,三开间悬山顶,前廊后室屋宇形式,内侧有部分壁画。这座制作精美的建筑物由 100 多块雕刻细致的砂岩石刻建筑部件组装而成,包括榫卯结构、梁柱、门板等。在空间布局上,石椁占去了几乎整间墓室,显得有些拥挤,不禁让我们思考为何墓主人选择了如此的摆放方式。在中国人对于墓葬空间的观念里,墓室就已经是墓主人在身后世界里的屋子。既然如此,为何还需要在砖土做的屋子中再建一座石头房屋?

关于这个问题,我们要先认识到雁北师院 M5 房型石椁在北魏平城时期的独特性。虽然房型石椁也出现在汉代以及北朝的许多墓葬中,但目前主要在四川地区发现的汉代石椁都是由一整块石头雕刻出的石头箱子,类似于罗马时代的石棺,只不过上头加了一个人字形屋顶的石椁盖。① 这类房型石椁的廊柱和大门都是直接在石壁上雕刻而成,没有任何能移动或者拆卸的部件。随着雁北师院 M5 房型石椁的面世,考古学家又在同样是北魏平城时期的墓葬尉迟定州 M1(457 年)墓室中发现了也是以各种石刻部件组装而成的新式房型石椁。② 这标志着这种构建而成的房型石椁在北魏时期代表着一种新风潮的兴起,而这种新风潮可以被视为伴随着云冈石窟的开凿而出现的、引领风尚的石刻建筑样式。

因为没有任何 5 世纪佛教寺庙存留至今,我们不知道这种新式石椁是否意图模仿佛教寺庙的殿堂,但是雁北师院 M5 和尉迟定州 M1 房型石椁的前门廊与云冈第九和第十双窟的前廊非常相似。这不禁让我们想起随着佛教的传入,新的建筑样式以及石刻方式也随之从希腊古典文化圈传入中国北方。③ 这两座新式房型石椁在屋檐、榫卯以及廊柱的雕刻和仿木逼真度上做得这么细微,可以说是平城时期对于石刻熟练度的提升以及对于建筑样式熟悉度的拓展所致。

---

① Chen Xin, *Miniature Buildings in the Liao* (907 – 1125) *and the Northern Song* (960–1127) *Periods*, DPhil thesis, Oxford: University of Oxford, 2011, pp. 59 – 60.

② 大同市考古研究所:《山西大同阳高北魏尉迟定州墓发掘简报》,《文物》2011 年,第 12 期,第 4 – 12 页。

③ Tseng Chin-Yin, *The Making of the Tuoba Northern Wei: Constructing material cultural expressions in the Northern Wei Pingcheng Period* (398 – 494 CE), Oxford: Archaeopress, 2013, pp. 59 – 66.

当我们将注重点从雁北师院 M5 的石椁的外形建构转到作为代表墓主人生活习惯的物质体现这一层面，房型石椁内侧的壁画成了另一个关键元素。石椁内的壁画大都已脱落，仅在北壁和西壁内侧保留有三块，但是我们还是能看出原画的整体构图是一幅生动活泼的宴饮图，有乐者和舞者在助兴。引人注目的是壁画中的人物面貌、身形和装束都与陶俑截然不同，感觉似乎是来自两个不同的墓葬甚至不同地域、时代的产物。两位坐在地上的乐者，身穿传统汉服，其特色为宽大的袖子和飘逸的长袍，并且头戴高帽。两人手中弹奏的乐器为琴和阮，都是与汉文化圈的文人生活息息相关的物品。壁画中人物的表现和弹奏的乐器都让人想起南京西善桥东晋墓砖刻的竹林七贤和荣启期图，富有南朝艺术特色。

石椁内的壁画有两点值得我们探究。首先，乐者和舞者代表的生活场景属于宋绍祖的私人居家范围，是外人窥探不到的，而将这个场景画在石椁的内侧似乎是将房型石椁转化成了宋绍祖实际生活中的宅子。其次，陶俑和壁画人物面貌及穿着的巨大反差印证了在北魏平城时期两个文化圈并存的实态。这个认知加深了我们对于宋绍祖这个人的了解，也就是一个在生活中不同层面拥有多重文化认同的个体。因此我认为房型石椁内的空间代表墓主人私下家庭生活中的惯性，这也解释了为何在雁北师院 M5 这个已经代表着墓主人世界的砖室墓中需要另外塞进一个房型石椁。甚至可以由此区分在同个墓室空间内陶俑和石椁两个表现系统功能上的区别，创造出两种墓葬叙述方式，从私人和公众两个视角来了解墓主人在不同生活层面的文化认同。可以说在北魏平城时期石椁已经不纯粹是一件随葬品，而是可以与墓室内其他表现系统一起被转化成逝者生前世界的一个缩影的载体。

从概念上理解，陶俑群代表着宋绍祖对外的公众身份，作为生活在平城的群体的一分子，具有浓厚的草原色彩。就连他藏在心底的抱负和企图心也都通过陶俑群作为身后的一个公开宣言。另一方面，石椁内侧的壁画则展现了墓主人最私密的惯性空间。从物质层面理解，墓室和石椁这两者区分了墓主人的公众和私人生活两个领域。更甚至，陶俑群和壁画作为两个墓葬视觉系统进行了互补，那些没出现在雁北师院 M5 陶俑群里的伎乐俑则出现在石椁的壁画中。如此，雁北师院 M5 中的陶俑、壁画和石椁所展现出的文化矛盾点已经不再让观者困惑。我认为这个墓室里的一些引人注目的元素可以作为平城时代的一个缩影来理解，一个融合了草原习俗和传统中原文化的新生活方式。在这个特定的惯性环境里,每个成员都能适当地在私下和公开场合交叉使用不同的文化标志。

三、结语

以上两个案例中我们看到两种墓葬系统的表现形式在北魏平城时期逐渐形成,在沙岭 M7 以及雁北师院 M5 中分别使用壁画和陶俑作为媒介。墓葬美术的双重性在于可以同时反映墓主人对于生前的反思以及身后的期许,而这些物质文化的组成允许墓主人将多重的心理活动表达出来。最终,这两种墓葬装饰体系带给我们解读墓葬空间的两种视角。一方面,沙岭 M7 的壁画将破多罗太夫人摆放在一个社会交往系统里,也就是她生前的身份归属——家族的女主人、丈夫的妻子以及北魏将军的母亲。另一方面,雁北师院 M5 的宋绍祖则在墓中重新构建了他希望被世人以及后人所记住的身份。作为一家之主,宋绍祖奢华的家居生活与围绕在他身边的坚韧武士陶俑形成了一个感官上的反差,似乎是墓主人在身后赋予自己生前所没能获取的权威。从这两个案例我们得知北魏平城时期的墓葬装饰和图像系统有很大的流动性,其具体内容取决于墓主人自身的社会文化背景,墓主人往往利用各种物质文化和视觉元素的结合来重新建构自己的身份。北魏贵族之生与死便如此在这些砖室墓中交错并延续。

"燕行录"研究三论:价值、文献、视野及方法
——以"燕行录"研究中的中国北方民族形象为个案

刘广铭

【作者简介】 刘广铭,洛阳外国语学院副教授。研究方向:民族与宗教、朝鲜—韩国学、比较文化学。

一、燕行使与"燕行录"

朝鲜朝(1392—1910)定期派遣使节出使明、清王朝,而明、清王朝亦常派使臣出使朝鲜,双方使节往来相当频繁,故而明、清时的中朝外交有"使节外交"之称。在皇帝权力绝对集中的封建礼法制度中,"人臣无外交"是使者的最高行为准则,使者们最重要的工作就是秉承明、清皇帝或朝鲜国王的意旨,向对方转呈文书及物品。明、清使者带去的是敕书或诏告及赏赐物品;朝鲜使者带来的是贺表或咨文及进贡方物。他们虽没有擅自处理外交事务的权力,但对对象国的评价往往会影响皇帝或国王关于国家大事的决策,他们的形象也代表着各自国家的形象,因此,皇帝或国王在派遣使节时亦是颇费斟酌的。同时,明、清使者还担负着监视督查朝鲜王廷大小政务的使命,而朝鲜使者同样负有刺探搜集对象国情报的任务。因此,朝鲜使节出使归来时,国王都会亲自接见,使节则要向国王禀报出使情况,一般情况下,都由随使团出使的书状官将出使情况及诸般异域见闻整理成书面报告,作为向国王汇报的依据。书状官之外,朝鲜使团的正使、副使、翻译、医官、随行子弟军官等亦乐于赋诗著文描述出使见闻。朝鲜对明朝"事大以诚",对清朝则在相当长一段时间内视之为"夷狄犬羊",因此,将出使明朝时的使节叫做"朝天使",其使团人员所著见闻录则称之为"朝天录";而出使清朝时的使节则叫做"燕行使",其使团人员所著见闻录则称之为"燕行录"。"燕",系指清王朝的都城北京。

1637年,后来的清太宗皇太极在与朝鲜仁祖大王签订的城下之盟

"丁丑约条"中规定：

> 其万寿节及中宫千秋、皇太子千秋、冬至、元旦及庆吊等事，俱行贡献之礼，并遣大臣及内官奉表，其所进往来之表及朕降诏敕，或有事遣使传谕，尔与使臣相见之礼及尔陪臣谒见，并迎送馈使之礼，毋违明国旧例。①

"丁丑约条"中规定的固定使行为一年五度，即：万寿、中宫千秋、皇太子千秋、冬至、元旦。但实际上中宫千秋、皇太子千秋之进贺并未派行，三大节使（万寿、冬至、元旦）加上年贡使，固定使行每年实为四次。最初，朝鲜派往清廷的都是"专使"：谢恩使奉表谢恩，进贺使奉表进贺，冬至使往贺冬至，圣节使往贺寿节。由于使行叠次，负担沉重，于是有了同时执行几项使命的"兼使"。事实上朝鲜派往清廷的大多都是"兼使"。朝鲜方面除了这些固定使行之外，尚有为完成一项或者数项使命而临时派出的"别使"，其种类很多，诸如谢恩使、进贺使、陈奏奏请使、陈慰进香使、问安使等均属此列。

燕行使节完成政治使命之外，还要履行商贸交易任务。他们不仅购买朝鲜政府急需的紧俏货物，而且还让译员兼商贾参加在清朝礼部监督之下进行的"会同馆开市"，以互通有无。清朝虽严禁走私，但朝鲜译员兼商贾与清朝走私商人间的走私贸易却屡禁不止：会同馆后市、栅门后市、团练使后市等均属走私贸易。

据韩国东国大学林基中教授所著《燕行歌辞之研究》：自1644年满族人入主北京至朝鲜朝末叶的1893年，朝鲜出使清朝多达七百余次，赴燕要员则每次有三十余名。② 另据韩国民族文化促进会梓行之十二卷本《国译燕行录选集》"题解"：朝鲜每次派往清朝的使团规模都很大，随行出使人员约二百至五百人左右，所用马匹亦近二百匹左右。出使路线每次亦不尽相同，一般是渡鸭绿江之后，走辽东、辽西、经山海关到北京。具体说来，有三条路线：一条是渡鸭绿江之后，经栅门、凤凰城、辽阳、鞍山、耿家庄、牛家庄、盘山、广宁、锦州、山海关、深河、永平、丰润、玉田、蓟州、通州到北京；一条是渡鸭绿江，经栅门、凤凰城、辽阳、奉天、鞍山、耿家庄、牛

---

① 《清太宗实录》卷三十三，北京：中华书局，1986年，第35页。

② 《钦定大清会典》卷三十九："朝鲜贡使，正副使各一员，以其国大臣或同姓亲贵称君者充，书状官一员，大通官三员，护贡官二十四员，从人无定额，常人凡三十名。"

家庄、盘山、广宁、锦州、山海关、深河、永平、丰润、玉田、蓟州、通州到北京;最后一条是渡鸭绿江,经栅门、凤凰城、辽阳、奉天、孤家子、白旗堡、小黑山、盘山、广宁、锦州、山海关、深河、永平、丰润、玉田、蓟州、通州到北京。此外,有的使团还要从北京去密云、古北口、热河陛见。有时亦自辽西的广宁经义县、朝阳、凌源、平泉、热河、古北口、密云到北京。这些使行路线都是清朝指定的,朝鲜方面不能随意变更。

朝鲜使节出使中国一次的时间约为一百三十天至一百六十天左右,其中往返时间在八十至一百天之间,逗留时间约为四十至六十天左右。就门禁而言,清入关前控制甚严,入关后则相当宽松。朝鲜使团人员逗留北京期间活动比较自由,可以同不同阶层的中国人接触。三使活动亦基本不受清政府干涉,但由于三使担负着大部分出使任务,故此他们与一般中国人接触的机会实际上并不多,虽有交流,但接触的对象局限性很大。而使团成员中的"子弟军官"①则是时间最为充裕、活动亦最为随便的人。这些子弟军官甚至"每耽于游观,多不择禁地"。② 因此,他们能够按照自己的意愿结识形形色色的中国人,并与之交流,亦能够更加深入细致地留意异域景况。而且,他们的文化修养大都很高,学识渊博,更兼妙笔生花,因此,很多文采斑斓的"燕行录"悉出其手。

早在20世纪30年代初,日本学者中村荣孝就曾以"事大纪行"为标题,在《青丘学丛》杂志上介绍了四十篇"朝天录"和六十篇"燕行录"。③

1962年,韩国成均馆大学大东文化研究院编辑出版《燕行录选集》,所收"燕行录"有:洪大容《湛轩燕记》、徐浩修《燕行纪》、金正中《燕行录》、柳得恭《燕台再游录》、徐长辅《蓟山纪程》、朴思浩《燕蓟纪程》、金景善《燕辕直指》、郑太和《朝天日录》、李浚《燕途纪行》、徐文重《燕行日录》、柳命天《燕行日记》、闵镇远《燕行录》、崔德中《燕行录》、李宜显《燕行杂识》、韩德厚《燕行日录》、李岬《燕行纪事》、李基宪《燕行录》、李时秀《续北征诗》、佚名《赴燕日记》、朴来谦《沈槎录》、郑元容《燕行日记》、徐有闻《戊午燕行录》、俞彦镐《燕行录》、林翰洙《燕行录》、李承五《燕槎日记》、许篈《朝天记》、权侠《石塘公燕行录》、洪翼汉《朝天航海录》、金堉《朝天日记》、崔溥

---

① "子弟军官",又叫"打角"或"自辟军官",乃朝鲜政府所派三使,即正使、副使及书状官所带随行子弟或亲属,三使各限带一人,虽非武官,然使行时需着军服,故此以军官称之。他们享受与官员同等的待遇,又没有什么特别的出使任务,因此比较悠闲。
② 洪大容:《湛轩书》,朝鲜社会科学出版社,1965年,第304页。
③ 参阅中村荣孝:"事大纪行"(上、下),《青丘学丛》,第一、四、九号,1930—1931年。

《漂海录》等三十人之使行录。

  1967年，韩国民族文化促进会在大东文化研究院选本基础之上，补苴篇什，加入金昌业之《燕行日记》，佚名之《蓟山纪程》、徐庆淳之《梦经堂日史》，并悉数译成韩文，以《国译燕行录选集》之名推出，是目前较易搜求，使用便捷的"燕行录"汇编，此版本亦曾于1989年再版。这个版本的不足之处在于，其文本有些地方字迹漫漶，加之在辗转传抄过程中不免讹夺，如不细加校勘，则难免舛误。2001年10月，韩国东国大学林基中教授整理出版的影印百卷本《燕行录全集》，收录"燕行录"三百五十余种，是迄今为止最为完备的"燕行录"版本，美中不足的是原文的标点、注释等工作尚付阙如，且卷帙浩繁，价格不菲，非一般研究者所能观览，对研究者来说仍然不甚方便，不能不让人引为憾事。

  随着"燕行录"及"燕行录"研究渐为中外学人所瞩目，"燕行录"研究中的中国北方少数民族形象问题亦随之成为一个新的学术研究领域，并日益引起专家学者的关注。本文拟就"燕行录"研究中的中国北方少数民族形象研究之价值、文献、视野及方法诸问题逐一检讨。

  价值方面：朝鲜朝语境中的中国北方少数民族形象，主要取决于双方之间的政治、经济、军事、文化交流，也取决于深受汉文化影响的朝鲜半岛文化自身观察事物的方式。各个不同时代有着不同的中国北方少数民族形象，这其中既有朝鲜文人想象的中国北方少数民族幻象，也有符合社会、自然等的中国北方少数民族实像。由此不仅可以看到作为朝鲜人"他者"的中国北方少数民族形象，也可以通过朝鲜人塑造的中国北方少数民族形象反观朝鲜及其民族文化心理。这无疑是其巨大的学术价值。

  文献方面：目前，除一些历史、文献学者（如吉林大学历史系的杨军先生、内蒙古师范大学的邱瑞中先生、辽宁大学历史文化学院的张杰先生等），从文献学的角度对"燕行录"进行了艰苦的爬梳、整理并提出了诸多质疑且给予正确解释外，一般从比较文学形象学角度研究"燕行录"的研究者大多不太关注"燕行录"的考据、校雠问题，以致错讹频出，常有郢书燕说之误，这应该引起我们的重视。

  视野及方法方面：绝大多数的研究者都不能突破朝鲜人"崇明仇清"的研究模式，无论采取什么研究方法，亦无论运用什么研究资料，其研究结论都大体归结于朝鲜人的"崇明仇清"心理。这样的研究，无疑将使原本生气勃勃的"燕行录"形象学研究走向僵化、甚至没落，此绝非危言耸听。本文之主旨，意在对以上三方面问题进行梳理，并在此基础上，提出一些尚不成熟的想法,以期引起研究者垂注并就教于海内外方家。

二、"燕行录"研究中的中国北方少数民族形象研究的学术价值及其当代性

朝鲜朝语境中的中国北方少数民族形象问题是一个令人感到趣味盎然的话题,古代朝鲜人与中国北方少数民族从史前时代以来,就共存于亚洲东隅。在战争与和平的交替演进中,在漫长的历史行程中,彼此对对方的生存方式、言说行为、活动具象等形成了各具时代色彩及地域特征的观察和记录,并世代传承,综合构成永不枯竭的历史描述,从而最终成为一种"社会集体想象"。尤其是朝鲜,在其卷帙浩繁的古代典籍中,留下了大量的关于中国北方少数民族形象的文本。这些文本一方面基于久远的"北方记忆",①一方面结合"此时"的现实文化语境,不断地描绘和表述朝鲜人视域中的中国北方少数民族形象,即不断地对作为"他者"的中国北方少数民族形象下定义,而这些描绘和表述又成为新的话语资源,汇入到朝鲜民族心中的"北方记忆"之中去,构成朝鲜民族新的更加丰富的"社会集体想象",并制约着后来者对中国北方少数民族形象的进一步描述。如果我们采用历史的方法,遵循历史的自然进程,以文本的细读实证为基础,密切联系文本创造时的文化语境,剔要勾玄,从而使原来以"隐性"的状态存藏于燕行录等朝鲜古代典籍及民间传说中的中国北方少数民族形象清晰化、明朗化,最终成为一种"显性"的"系统化"存在,同时,关注形象创造者与被创造者的"形象"及"幻象"的彼此互动,通过研究文本作者如何在其文本中理解、描述、塑造作为"他者"的中国北方少数民族形象,达到进一步透视作为中国北方少数民族形象创造者的朝鲜民族的社会文化

---

① "北方记忆"是笔者受原始意象的启发而自我发明的一个概念。"原始意象"出自瑞士心理学家荣格(1875—1961),在荣格那里,"原始意象"是一种先天的、完整的模式,是遗传的、本能的。而此处所谓的"北方记忆"中的"记忆"则相当于"原始意象"中的"意象"。它是"'一种在瞬间呈现的理智与感情的复杂经验',是一种'各种根本不同的观念的联合'"(韦勒克、沃伦:《义学理论》,三联书店,1984年,第202页)。"北方记忆"同"原始意象"一样具有反复再现的性质,这种反复再现即是在某种具体情境下的"意"与相对恒定的联想物"象"的契合。"它的反复性不是精神的遗传,而是人与自然(客观存在)关系及其在人的心理上产生的感受的不断反复。"(程金城:《原型批判与重释》,北京:东方出版社,1998年,第88页)"北方记忆"的瞬间再现是一种"意"与"象"的自然交融关系,是一种后天的生成过程,此处特指朝鲜人在同中国北方各少数民族的各种社会实践活动中出现的文化心理现象。

心理、挖掘中国北方少数民族形象背后的深层文化意蕴的目的,又何尝不是一件有意义的学术工作呢?由于不同民族、不同国家在文化上的巨大差异,出现在文本中的异国或异族形象难免失真,它更多的是想象与曲解的产物,而非现实的客观反映。但这种幻象的形成却正是形象学力图探讨的重点。异国或异族形象虽经个体之手创造,但它绝非一种单纯的个体行为,它是整个社会集体想象力参与创造的结果,是一种"社会集体想象物",携带了丰富而复杂的历史文化信息。

另外,"一个民族(或国家)在一个特定的时代中对'他者'的定义,远远超越了历代学者所固守的'经典立场',对于'他者'的集体无意识想象具有非常宽阔和丰富的土壤。它远远超越了一般知识分子的记录,而存在于广泛的民众之中"。① 朝鲜朝语境中的中国北方少数民族形象是非常丰富和复杂的,它的复杂性与丰富性最主要的表现之一是,在双方关系最为紧张的时期,在负面形象的边缘也仍有一些正面的至少是中性的形象存在,反之,在朝鲜与明清两朝关系最为融洽的时期,朝鲜人关于中国北方少数民族形象的描述亦是褒贬不一的。更为复杂的是,在朝鲜建构关于中国北方少数民族形象的过程中,还有相当一部分文本掺杂着与汉族人形象的对比,这同样是富有挑战性然而又令人痴迷的研究课题。

对文本中的异国或异族形象进行研究,已经成为近年来比较文学最具本学科特点、最引人瞩目的学科分支之一,这门分支学科是从接受研究发展过来的,以文学作品的研究为主,同时兼及其他历史文献资料。"燕行录中的中国北方少数民族形象"就属于典型的形象学论题,如果我们选取朝鲜朝各历史时期具有代表性的燕行录文本及民间传说,通过文本作者及民间传说叙述者的目光观照不同时期的中国北方少数民族形象,那么我们将从中发现两种不同的文化如何在相互碰撞中求同存异,如何经历了隔膜、敌对之后,小心翼翼地开展对话,尝试着彼此沟通了解。我们也将通过朝鲜人对中国北方少数民族形象的接受过程,证明不同文化之间存在彼此认同、彼此了解的可能(按,文化的同质性与异质性对国家和民族之间的交流,尤其是文化的传播具有极为重要的影响。同质性会起到积极的促进作用,而异质性则会起阻碍的作用。研究表明,中朝两国在历史上都曾属于农耕文化圈和东亚汉文化圈。他们在文化的"质"上是相

---

① 张哲俊:《中国古代文学中的日本形象研究》,北京:北京大学出版社,2004年,第3页。

同的。① 而中国北方少数民族文化相对于汉文化来说是异质文化,②因此可以说中国北方少数民族文化与朝鲜文化亦属于异质文化)。若要完成上述研究,则必须把朝鲜与中国北方少数民族间的复杂关系清晰地描述出来,而比较文学形象学的理论无疑是描述这种关系的一种独特而有效的方法。思路决定出路,方法决定结果,其实,在古希腊语中,理论并不具有后世人们赋予它的抽象意义,它的原意不过是一种看的方式。一种理论实际上就是一种特殊的观察世界的方式,从某种意义上说,现象只有进入理论的视野才能成为感觉得到的东西。同样的现象在不同的理论视野观照下,会呈现出不同的面貌。人文科学的发展史实际上就是人文现象不断地被理论重新观照、重新感觉、重新认识的历史。从这个意义上说,燕行录中的中国北方少数民族形象研究,实际上就是以朝鲜人的域外视角,对中国北方少数民族及其文化的一次再观照、再感觉、再认识,从而获得一些对于双方民族文化心理的不同于以往的新认识,并希冀其对今天的人们处理国家、民族间错综复杂的关系有所裨益。

比较文学在当代最重要的发展是其研究范围向着文化领域的突进。由此,比较文学大有转化为比较文化学的趋势,即:从异质文化之间的文学现象的研究转向对异质文化本身的研究。实际上,一个文化体系中差异性和区域性的存在恰恰能够提供这一文化体系发展壮大的契机。因为,从文化发展的一般规律来讲,如果一个文化体系内部同质性过高,缺乏考验与竞争,则势必削弱其应对挑战的能力,反之,正确对待文化差异,接受考验和挑战,则自身文化亦会在这种回应中不断调试自我,并积极吸纳新成分,保持长久的活力和生命力。从这个意义上说,朝鲜半岛文化就是朝鲜民族与外来民族(自然包括中国北方少数民族)对话的产物,某种意义上也可以说是朝鲜民族应对异族各种冲击的产物。

历史往往凝聚着现实问题的症结,而"察古"的目的无非在于"鉴今",这也是我们研究燕行录中的中国北方少数民族形象背后的文化意蕴的初

---

① 朴文一、金龟春:《中国古代文化对朝鲜和日本的影响》,哈尔滨:黑龙江朝鲜民族出版社,2000年,第11页。

② 以满族文化为例:"对于汉文化来说,满族文化之所以称为异质文化,至少具有以下几个基本要素:女真文明和蒙古文明的继承和吸纳;萨满教;满语;渔猎、采集、游牧、农耕混合型经济,特别应强调的是森林狩猎经济;共议制下的统一和集中;崇尚法制,整体权利义务概念明确;严主奴名份;组织严密,纪律严明;求实务实的思维方式和行为方式。"——郭成康:《也谈满族汉化》,《清史研究》2000年第2期。

衷。它无疑为我们处理今天的国家、民族间文化关系、多数民族与少数民族的关系提供了一种富于建设性的启示。而这种越来越为世人所认同的启示就是"对话主义"。"对话主义"虽然是20世纪伟大的思想家巴赫金（1895—1975）的方法论精髓的代名词，但在处理国家、民族间文化关系上、多数民族与少数民族的关系上却不仅具有"方法论"意义，甚至具有非常智慧的"当代性"。因为，"对话主义"体现着一种平等的、民主的文化意识。它承认世界是由差异构成的，而差异就包含着矛盾和对立，但它倡导在保持各自的差异和特殊性这一前提下，多元并存，相互作用，共同发展。它反对对抗，主张对话，强调每一种理解只不过是对话链条上的一个环节。每一种理解都具有未完成的性质，而凭借它的"未完成性"，则可以将人们引向更为广阔的天地。

概而言之，我们要通过燕行录中的中国北方少数民族形象研究回答以下问题，即：一个外族人应该怎样对待一种对他来说完全陌生的文化？在文化交往中处于优势地位的民族，是否有权处置乃至篡改在文化交往中处于劣势地位的民族的形象？我们的答案是，在世界已经缩小为地球村的今天，正确的态度应该而且也必须是，克服一元中心论和本族文化中心论，采取文化相对论、价值多元论立场，在与"他者"的平等对话中发展自己，同时也允许对方发展。正如个体儿童的认知发展过程就是一个不断消解自我中心的过程一样，各民族文化亦只有在经历了摆脱"我族中心主义"的思维与情感定势这一过程之后，才有可能客观公正地面对异族人民和异族文化，从而避免"妖魔化"与"乌托邦化"现象的产生。

三、"燕行录"亟待文献学意义上的校勘、整理

中国比较文学形象学的前沿研究表明，关于"形象学"研究的基础材料，大量存在于各民族丰厚的文化传承中，从而它事实上突破了西方学者所强调的"游记"是形象学研究的最好的对象和最好的材料的论断。不仅中国如此，依朝鲜的情况而言，卷帙浩繁的"燕行录"之外，经典文学文本（以正统诗文为核心，而这些正统诗文有时又与"燕行录"互相重合，难分彼此）、历史地理著作、野史笔记、民间传说等，都含有可以从事"形象学"研究的材料，且其含量亦相当可观。这些事实说明，在古代各民族的文学文本中，尚有大量的"原话语"资源，有待研究者开发利用。古代朝鲜流传至今、保存完好的丰富的"燕行录"，更以其不同于一般意义上的"游记文

学"的独特风貌,成为"形象学"研究的"地下"宝藏。我们之所以称其为"地下"宝藏,是因为对燕行录的发掘尚缺乏较为明确的"形象学"的研究意识,以致使这些宝贵的资源没有得到充分的利用。可以预言,对"燕行录"的研究正在或必将成为21世纪"朝鲜—韩国学"研究的热点。而燕行录中的中国北方少数民族形象研究无疑是此学术工程的一项有益尝试。

现在的问题是,急于出成果,做表面文章的研究者多,而沉潜下来,扎扎实实地做文献整理、校勘、考据的学者少。更有甚者,做研究时并不去核对原始文献,而仅凭二手、甚至三手文献从事研究,以至以讹传讹,贻误学林。兹仅举一例国内著作、论文中释读"燕行录"时经常出现错误者:

> 皇帝向西盘膝而坐,广颡(按:研究者多误为"额"),颐(按:研究者多误为"颌")稍杀,髯犯颊而斑白,雌雄眼,神气清明。其衣帽皆黑,与凡胡无异。①

此类案例可谓不胜枚举。吉林大学历史系的杨军先生、内蒙古师范大学的邱瑞中先生、辽宁大学历史文化学院的张杰先生等,在利用"燕行录"从事学术研究的同时,从文献学层面上亦对"燕行录"进行了大量艰苦细致的考据、校勘等工作,给研究者提供了极大方便,这是很令人尊敬的。我们知道,"燕行录"的一个很大的不足之处在于,其文本有些地方字迹漫漶,加之在辗转传抄过程中不免讹夺,如不细加校勘,则难以准确利用,因此,希望有更多的学人加入到这项工作中来。另外,"燕行录"作者毕竟是朝鲜人,对于中国的事情难免犯一些常识性错误,而记述含混,时间、地点、人物不明之处,更是俯拾皆是,这都是我们在利用"燕行录"从事研究时需加注意的。这里亦举一例以为说明:

> 十月谢恩正使崔鸣吉,副使金南重,书状官李时梅……世子、大君坐西边,使臣等坐东边……中蒙古一人鼓琴唱歌,俄而进宴床行酒,侍坐诸将皆跽跂而坐,或戏笑或唾涕,略无畏惮。有巨犬六、七在坐中行走吠吼,皇帝时时投肉馈之。皇帝项挂念珠,以手数珠而坐,所言皆是浮诞之言矣。汉人范文程者,称以承旨,传通言语,颇为亲近矣。请还、征兵两件事终始秘密,无探知之路,临罢时,使臣欲前进恳请,而左右挥却。使不敢发言,郁郁而退。②

---

① 金昌业:《老稼斋燕行日记》,韩国民族文化促进会,1989年,第98页。
② 林基中:《燕行录全集》卷95,韩国东国大学出版部,2001年,第150页。

引文见韩国东国大学林基中教授主编之《燕行录全集》第 95 卷《燕中闻见》(Ⅰ)之第二十篇,《燕中闻见》(Ⅰ)非一人之作,而是一个"燕行录"的合集,这篇"燕行录"的"皇帝"系指何人即很模糊。

天津师范大学刘顺利教授认为:"从记叙的情况看,朝鲜使臣大约是在顺治年间来中国的"(刘顺利:《半岛唐风》,宁夏人民出版社,2004 年,第 339 页)。如此,则所谓"皇帝"当为顺治。但笔者以为,此处怕是刘教授一时疏忽的误断,这里的所谓"皇帝"当为清太宗皇太极。理由如次:满族人入主北京的当年(1644 年)十二月,摄政王多尔衮即招昭显世子、凤林大君李㴭等传言曰:"未得北京之前,两国不无疑阻。今则大事已定,彼此一以诚信相孚。且世子以东国储君,不可久居于此,今宜永还本国。凤林大君则姑留与麟坪相替往来,三公六卿质子及李敬舆、崔鸣吉、金尚宪等,亦于世子之行,并皆率还。""(1645 年)正月癸巳,世子及嫔宫自燕京到沈阳"。1645 年,二月"辛未,世子还,清使偕入京"。(以上三则引文见《朝鲜王朝实录》吴晗辑本第 3738、3739、3740 页。)如果说此篇"燕行录"所记乃顺治朝事,那么,世子既已东归,则所记中何来世子?又何来"请还"(世子东归)之说?如果说是世子东归前的那个十月,则当时崔鸣吉亦在羁,又怎么可能出任谢恩正使呢?考虑到世子入质是在"丙子战争"之后,则答案只有一个:此次燕行当在满族人入关之前,"丙子战争"之后,即 1637 年至 1644 年之间。而此次使行之正使崔鸣吉"丙子战争"时始终主和,"决出城之议,引进奸邪之徒,诬陷金尚宪,知其不见容于士类,图免他日之祸,奉使过箕城时,操文祭箕子庙,以伸自明之意"。(《朝鲜王朝实录》吴晗辑本第 3743 页)后崔鸣吉因此举被祸,与金尚宪同羁沈馆。因此,他为正使之时间只能是"丙子战争"后不久,而崔鸣吉坚持主和,亦便于其与清人之外交。查《朝鲜王朝实录》吴晗辑本,则 1638 年正月壬午条载:"遣谢恩使申景禛、李行远等如沈阳。先是遣崔鸣吉请寝征兵而还世子,征兵一事得请而来,遂遣景禛谢恩。"九月丁丑条载:"遣崔鸣吉等如沈阳"。十一月庚辰条载:"领议政崔鸣吉始自沈阳还。上召见之,问清国事情。"(以上三则引文见《朝鲜王朝实录》吴晗辑本第 3616、3630、3631 页。)以上所记正与我们所引用之《燕中闻见》(Ⅰ)中"十月谢恩正使崔鸣吉,副使金南重,书状官李时梅"篇内容相吻合,综合以上资料分析,笔者断定:此次使行之时间为仁祖十六年(1638 年);文中所描述之"皇帝"乃清太宗皇太极。

"燕行录"中类似的疑点颇多,这给我们运用这些文献从事研究时增加了难度。我们在排比文献时,及时做一些校勘、考据的工作很有必要。

著名学者程千帆先生尝言:"从事于一个专题研究,材料是基础,然后进入整理材料,即由低级阶段进入高级阶段。那种想跳过搜集资料的阶段而进入整理阶段,逃避搜集材料的艰苦工作,利用别人搜集的一点材料大发议论的人,与科学研究是无缘的"。① 傅斯年在《历史语言研究所工作之旨趣》一文中亦强调:"凡能直接研究材料的,便进步。凡间接的研究前人所研究或前人所创造之系统,而不繁丰细密的参照所包含的事实,便退步"。② 在傅斯年看来,"一份材料出一分货,十分材料出十分货,没有材料便不出货"。因此要"上穷碧落下黄泉,动手动脚找东西"。③ 这些都深刻透辟地阐明了爬梳原始文献在研究工作中的重要性,至于那些利用二手文献且不做校核工作,以致鲁鱼亥豕的研究家,离傅、程两位先生的期许相去何止千里万里。

四、视野及方法:朝鲜—韩国学与满学、蒙古学在比较文化学层次上的对话

季羡林先生给"朝鲜—韩国学"所下的定义是"一门研究与朝鲜半岛有关的各个方面问题的学问,既包括地理、人种、语言等等,也包括历史、文化、文学、艺术、哲学、宗教等等,是一门内涵极为广泛的学问"。④ 由于天然的地缘关系,朝鲜民族与中国北方少数民族在历史上有着千丝万缕的联系,因此,对于朝鲜—韩国学的研究,往往关乎"满学""蒙古学"。同样,对于"满学""蒙古学"的研究,也常常关乎朝鲜—韩国学。"满学"一词,20世纪90年代才开始在中文报刊、论著文献中正式出现,按著名满学专家阎崇年先生给满学所下的定义,"满学即满洲学之简称,是主要研究满洲历史、语言、文化、八旗、社会等及其同中华各族和域外各国文化双向影响的学科。在这里,研究满洲历史、语言、文化、八旗、社会等,是满学定义的内涵与核心;研究满洲同中华各族和域外各国文化双向影响,则是

---

① 程千帆:《治学小言》,济南:齐鲁书社,1986年,第42页。
② 《历史语言研究所工作之旨趣》,《历史语言研究所集刊》第一本第一份卷首,1928年。
③ 同上。
④ 郑判龙、李钟殷:《朝鲜—韩国文化与中国文化》,北京:中国社会科学出版社,1995年,第2页。

满学定义的外延与展伸。"①"蒙古学"则是研究蒙古民族历史、语言及文化发展的一门国际性学科,其形成与发展已历经数百年。

由于中国北方少数民族在历史上建立过辽、金、元、清等政权,对于中国历史和文化的发展做出了巨大的历史性贡献,因此,迄今为止对于中国北方少数民族的研究,主要集中于政治经济、社会制度、社会组织、民族关系等方面,这些研究当然是非常重要和极其必要的,但从域外视角研究中国北方少数民族形象,却不能不说是"满学""蒙古学"研究中的一个薄弱环节。并且,客观的历史现实决定了这项研究工作必须跨越学科——"朝鲜—韩国学"与"满学""蒙古学"等学科间的跨越——进行。这不能不让我们想起著名满学专家、《满族研究》主编张佳生先生论及中国之"满学"在21世纪的走向时的预言:"在20世纪中较弱的满族文化与国内外其他民族文化的文化比较研究,以及现当代满族发展变化研究,在21世纪也将兴起。与此同时,跨学科的研究也将成为时尚"。②此诚笃论也!笔者认为,满学在21世纪的走向,也昭示着朝鲜—韩国学、蒙古学等北方少数民族之学在21世纪的发展方向。从历史、语言、宗教等领域展开朝鲜—韩国学与满学、蒙古学的跨学科对话已数见不鲜,并且取得了丰硕成果(如已故著名学者金启孮先生的研究工作),而从比较文学形象学的角度打开这几门20世纪末的显学对话的窗口,则是一件令人心驰神往的工作。而且,这种对话对于系统地梳理"朝鲜—韩国学"与"满学""蒙古学"等学科之间产生的互动、交叉和理论创新的主要线索,描述在这些学科重叠的边缘地带所出现的新的研究视角的演变轨迹,回顾"朝鲜—韩国学"与"满学""蒙古学"在过去的一个世纪中所取得的进展与成绩,展望这些当代显学在知识全球化时代的科际整合与重构中的发展前景也是有所帮助的。

当前的"燕行录"中的中国北方少数民族形象研究,包括"燕行录"中的中国形象研究等,尚无一例能够突破朝鲜人"崇明仇清"的僵化模式,这些研究无论采取什么研究方法,亦无论运用什么研究资料,其研究结论都大体归结于朝鲜人的"崇明仇清"心理。这样的研究,无疑将使原本生气勃勃的"燕行录"形象学研究走向僵化、甚至没落。而朝鲜学与满学、蒙古学在比较文化学层次上的对话无疑是突破"崇明仇清"之僵化模式的有益尝试。

---

① 阎崇年:《20世纪世界满学著作提要》,北京:民族出版社,2003年,第1页。
② 同上书,第90页。

试论古代东方学研究的图像志[①]

陈 明

【作者简介】 陈明,北京大学外国语学院南亚系、北京大学东方文学研究中心教授。研究方向:印度古代文化与文学、佛经语言和文献、东方古代医学史。

一

传统的东方学研究以古代亚非的文明研究为主体,是西方学界在学术的现代性生成的过程中,伴随着西方对东方的"发现""认知"而形成的带有明显区域特性的学科。东方学研究的发轫是以对若干石刻铭文、符号或出土文献的语言文字解读为起点的,在语言释读与考古发掘的基础上,逐渐揭示湮没在历史深处的那些古代文明的辉煌面相,并催生出亚述学、赫梯学、埃及学、伊朗学、印度学、汉学、敦煌学等多种学科分支。而回顾这二百年来的东方学研究概况及其发展的兴衰轨迹,我们不难注意到,目前不仅传统的东方学研究在欧美逐渐走向式微,并逐渐不可避免地被区域研究、当代问题研究或者新文化史、全球史等新兴学科所蚕食,其研究的对象、方法与问题等发生了巨大的转折或改变,而且,所利用史料的范畴也有剧烈的扩张。以往难入法眼的契约、日记、地方志、书信、地图等类型的文本,均成为了研究者可以开采的宝库,而文本之外的图像,在图

[①] 本文受2013年教育部人文社会科学重点研究基地北京大学东方文学研究中心重大项目《印度古代文学的文本与图像研究》(编号13JJD750001)的资助,是该项目的中期成果之一。

像学和艺术史等旗号下①，也日益增强了其作为史料的"正当性"，以不可阻挡之势进入了东方学研究的视野②。

二

与古代东方相关的图像史料是相当多元化的，且不说西方世界的博物馆、图书馆等公共机构以及私人收藏者所持有的来自东方的图像史料，也不说古代以来的西方文字典籍以及各类艺术品中描绘东方的那些图像史料，单说东方各个国家和地区汗牛充栋的图像史料就是无法统计的渊薮。不计现当代的影像（含照片、电影、视频等）数据，现存图像史料的载体也是形式多样的，主要有石刻、木刻、金属雕刻、微雕、岩画、壁画、版画、浮雕、塑像、纸画、绢画、布画、瓷画、剪纸、画报③、连环画（小人书）等。载体不同，所描绘的内容自然有相当大的差异。现存东方的图像史料中有代表性的，比如印度犍陀罗地区的石雕、丝绸之路多个石窟的壁画、柬埔寨吴哥窟的浮雕、波斯与印度的细密画、中国汉代画像石④、中国山水画等⑤，无一不是人类文明史上的杰作。

现存图像史料的结构形式也不是单一化的，而是花样百出，精彩纷呈。比如，中国画就有山水、人物、花鸟等多种多样的结构造型。单就绘

---

① 国内对东方世界中的伊斯兰、印度以及东南亚等地的美术史研究，虽然数量不多，但也有一些颇具学术价值的成果。比如，罗世平、齐东方：《波斯和伊斯兰美术》，北京：中国人民大学出版社，2004年。王镛：《印度细密画》，北京：中国青年出版社，2007年。王镛：《印度美术》，北京：中国人民大学出版社，2010年。另有一些译著，比如，罗伊·C.雷克文著：《印度艺术简史》，王镛、方广羊、陈聿东译，北京：中国人民大学出版社，2004年。罗伯特·欧文著：《伊斯兰世界的艺术》，刘运同译、孙宜学校，桂林：广西师范大学出版社，2005年。

② 彼得·伯克著：《图像证史》，杨豫译，北京：北京大学出版社，2008年。埃米尔·马勒著：《图像学：12世纪到18世纪的宗教艺术》，梅丽芳译、曾四凯校，杭州：中国美术学院出版社，2008年。W.J.T.米歇尔著：《图像学：形象、文本、意识形态》，陈永国译，北京：北京大学出版社，2012年。这方面的论文很多，略举一例：赖毓芝：《图像、知识与帝国：清宫的食火鸡图绘》，《故宫学术季刊》2011年第29卷第2期（冬季号），第1—76页。

③ Ye Xiaoqing, *The Dianshizhai Pictorial*: *Shanghai Urban Life* 1884—1898, Ann Arbor: Center of Chinese Studies, The University of Michigan, 2003. 陈平原：《左图右史与西学东渐：晚清画报研究》，三联书店（香港）有限公司，2008年。

④ 高文主编：《中国画像石全集》，郑州：河南美术出版社，2000年。朱青生主编：《汉画总录》，桂林：广西师范大学出版社，2012年。

⑤ 石守谦：《移动的桃花源：东亚世界中的山水画》，允晨文化出版社，2012年。

图本(带有插图的文字典籍)这一种艺术形式而言,其插图也有多样的形态:

(1)单一场景的插图,即一幅插图中只有对单一事物、人物或者风景的描绘。

(2)复杂(或连续)场景的插图,即将多个事物、人物的场景或几个故事情节在一幅插图中表现出来①。

(3)连环插图,即用具有内容关联性的系列连续的多幅图像来描绘文字文本的内容。类似的是被称作"小人书"(公仔书)的连环画(以连续的图像刻画故事,表现人物),则多是以图为主,文字为辅。

这些插图本中的图像史料大多有悠久的艺术史传统,例如,"图像"一词在中国古代传统文化中颇有渊源。或谓中国古人的治学方法是"置图于左、置书于右"、"索像于图、索理于书",即表明中国古代典籍中的插图乃滋生于"左图右书"的观念,正如宋人郑樵《通志·图谱略》所云:"河出图,天地有自然之象。洛出书,天地有自然之理。天地出此二物以示圣人,使百代宪章必本于此而不可偏废者也。图,经也。书,纬也。一经一纬,相错而成文。图,植物也。书,动物也。一动一植,相须而成变化。见书不见图,闻其声而不见其形;见图不见书,见其人不闻其语。图至约也,书至博也,即图而求易,即书而求难。古之学者为学有要,置图于左,置书于右,索象于图,索理于书,故人亦易为学,学亦易为功,举而措之,如执左契。后之学者离图即书,尚辞务说,故人亦难为学,学亦难为功,虽平日胸中有千章万卷,及置之行事之间,则茫然不知所向。"②可以说,图像在不同的时代和不同的文化语境中,产生了各具特色的审美影响,并且在文化交流方面发挥了积极的作用。

三

东方古代的图像内容几乎遍及各个学科,无论是科学、人文、社会,还是语言、教育等学科,基本上都在图像世界中有相应的表现。在一篇简短的文章中,不可能对所有的东方古代图像进行面面俱到式的解说,现仅就

---

① 迪特·施林洛甫著:《叙事和图画:欧洲和印度艺术中的情节展现》,刘震、孟瑜译,兰州:兰州大学出版社,2013年。

② 郑樵:《通志》,北京:中华书局,1986年。

几个学科的存世插图本选择其颇具特色之作,略作如下的梳理:

1. 天文学与占星插图本

尚未发现在 11 世纪之前的阿拉伯语插图本,现存的一些残卷多没有纪年。纸质的书籍插图易脆,不容易保存。现存最早的阿拉伯语插图写本,就是一部天文学著作,即 'Abd al－Raḥmān al-Ṣufi(903—986)的《恒星星座书》[Kitāb suwar al-kawākib al-thābita](Treatise on the fixed stars,也有人将此书译为《星座图说》),该书于 965 年出版。收藏于俄罗斯圣彼得堡图书馆的一个《恒星星座书》抄本,抄自 al-Sufi 的手稿本,完成于 1005—06 年,就是现存最早的阿拉伯语插图写本①。据 D. S. Rice 的考证,在牛津大学的鲍德利图书馆(Bodleian Library),还有 1009—1010 年抄绘的《恒星星座书》(Ms. Marsh 144),是从 al-Sufī 的儿子抄绘的原本上转绘的。在该著作中,al-Sufī 描述了托勒密所验证的 48 个星座,并增添了自己的评论和修正。对每一个星座,他都为组成星座的天体提供一个当地的阿拉伯语名称,配有星座的图画以及一个描绘星座位置和亮度的图表。据 al-Sufī 说,他所使用的图像,有的来自一个天球仪上所刻绘的,而且他也知道 Utarid ibn Muhammad 的插图天文书,不过,后者没有流传下来。《恒星星座书》的图像中的人物所穿的是东方衣服,而不是古典希腊的服装。《恒星星座书》后来还有多个抄本流传,对伊斯兰天文学乃至欧洲科学的发展都产生了极大的影响②。British Library Ms. Or. 5323 插图本《恒星星座书》,有双子座(Gemini Twins)。值得注意的是后期《恒星星座书》插图中的人物形象有所不同。

2. 医学插图本

医学插图本中所描绘的主要内容有:医学史家(宫廷医生)、医学教育、诊治场景、药用的植物与动物、药物炮制、医疗器械、解剖、有医疗相关的占星等内容。

在伊斯兰世界最重要的本草学著作是迪奥斯科里斯(Pedanius Dioscorides, c. 40 －90 AD)的《药草志》(De Materia Medica)。曾在罗

---

① D. S. Rice, "The oldest illustrated Arabic Manuscript," BSOAS (Bulletin of the School of Oriental and African Studies, University of London), vol. 22, no. 1/3, 1959, pp. 207－220.

② Cf. Ihsan Hafez, Abd al-Rahman al-Sufi and his book of the fixed stars: a journey of re-discovery, PhD thesis, James Cook University, 2010. 此据 http://researchonline.jcu.edu.au/28854/ [2014－12－23 查阅]

马帝国军队中担任医生的迪奥斯科里斯是古代希腊最著名的药物学家,代表作《药草志》不仅有拜占庭时代6世纪的插图本[1],而且该书被译成阿拉伯语之后,在伊斯兰世界出现了多种插图本[2],成为影响达数世纪之久的巨著[3]。

另一部著名的伊斯兰医学插图本是12世纪的一部托名盖伦的解毒学著作《底野迦书》(Kitāb al-Diryāq,/Book of Antidotes or Theriac)。该书现存有六个抄本,其中两个有插图。一本抄于1199年,现存巴黎的法国国家图书馆,编号为arabe 2964。另一本抄于13世纪,现藏奥地利维也纳国立图书馆。该书反映了早期穆斯林绘画在科学类书籍领域内的美化,体现了伊斯兰艺术与科学的精巧结合[4]。该书收录了多种底野迦方,每条方剂下收录了该方的来历,特别叙述了配制该药方的医家的传记,可以说,该书是伊斯兰传记文学流派流行时的产物[5]。

波斯语解剖学著作中,ManSūr ibn Muhammad ibn AhmadibnYusuf ibn IIyās 的《人体解剖》(Tashrīh-iInsān,/ Anatomy of Man),一般有五幅或六幅细密画的插图,且有波斯语的批注。插图中有人体骨骼系统图、人体肌肉系统图、神经系统图等,人物的共同点是蹲式、有男有女、抽象化。不列颠图书馆中的原属印度事务部图书馆收藏品中,也有六幅波斯的解剖图[6]。

中医典籍中的插图历史悠久。《隋书·经籍志》记载了最早的本草插

---

[1] Robert Gunther, *The Greek Herbal of Dioscorides*, *Illustrated by A Byzantine A. D. 512*, *Englished by John Goodyer A. D.* 1655, *Edited and First Printed A. D.* 1933, *Facsimile of the* 1934 *Edition*, London & New York, 1968. M. Collins, *Medieval herbals: The illustrative traditions*. London: The British Library, 2000.

[2] Mahmoud M. Sadek, "Notes on the Introduction and Colophon of the Leiden Manuscript of Dioscorides' '*De Materia Medica*'," *International Journal of Middle East Studies*, vol. 10, no. 3, 1979, pp. 345–354. George Saliba and Linda Komaroff, "Illustrated Books May Be Hazardous to Your Health: A New Reading of the Arabic Reception and Rendition of the 'Materia Medica' of Dioscorides," *Ars Orientalis*, vol. 35, 2008, pp. 6–65.

[3] Jules Janick & John Stolarczyk, "Ancient Greek Illustrated Dioscoridean Herbals: Origins and Impact of the *Juliana Anicia Codex* and the *Codex Neopolitanus*," *Notulae Botanicae Horti Agrobotanici*, vol. 40, no. 1, 2012, pp. 9–17.

[4] Oya Pancarolu, "Socializing Medicine: Illustrations of the Kitāb al-diryāq," *Muqarnas*, Vol. 18, 2001, pp. 155–172.

[5] Jaclynne J. Kemer, *Art in the name of science: Illustrated manuscripts of the Kitāb al-diryāq*, Ph. D. Dissertation, New York University, 2004.

[6] Dietrich Brandenburg, *Islamic miniature painting in medical manuscripts*, Roche, 1984.

图著作有《芝草图》一卷、《灵秀本草图》六卷。此后,唐《新修本草》配有药图,《天宝单方药图》也颇为流行,宋代苏颂的《本草图经》(或称《图经本草》成为中国第一部版刻的本草图谱。此后,本草书籍配有药图成为常态,明代的《救荒本草》《本草纲目》《本草原始》《本草汇言》等莫不如此。明代甚至出现了几部彩色的、描绘药图与药物采集、炮制及医疗活动场景的本草著作——《本草品汇精要》《补遗雷公炮制便览》《食物本草》等[①]。后三部著作有精美的宫廷写本流传于世[②]。

藏医学的插图也是久享盛誉的,以西藏的唐卡艺术来描述医学的内容,最重要的一部就是被后人称为"世界上最早的大型成套医药彩色挂图"的《藏医唐卡》。该套唐卡是西藏五世达赖(1617—1682 年)的摄政王第司·桑吉嘉错在编撰《四部医典大注·蓝琉璃》时,召集藏族画工据此书内容绘成。1688 年初绘时,全套六十幅,后来又陆续增绘,1703 年时共绘成 79 幅。该套挂图与《四部医典·蓝琉璃》的文字本配套而用,涉及藏医学的神话、药物、疾病、治疗、医疗器械、民俗等,内容非常丰富,图像亦异常精美,具有明显的西藏地方文化特色,也体现了中印医学文化交流的痕迹,可谓是世界医学史上的奇葩[③]。

3. 其他科技插图本

伊斯兰科学家 Hunayn ibn Ishaq(809—873)的光学著作 *Kitab al-'ashar maqalat fi'l'ayn* 中,描绘了人眼的解剖图表。著名伊斯兰科学家 Al-Jazari(1136—1206)的机械制造著作《机械设计知识之书》(*Kitab fi ma'rifat al-hiyal al-handasiya*,/*Book of the Knowledge of Mechanical Devices*)中有多幅机械的插图,包括了人物对机械的使用或

---

① 郑金生:《明代画家本草插图研究》,《新史学》第 14 卷第 4 期,2003 年,第 65—120 页。郑金生:《本草插图的演变——兼谈本草插图中的写实与艺术问题》,《药林外史》,东大图书公司,2005 年,第 219—251 页。

② 佚名:《食物本草》(宫廷写本),北京:华夏出版社,2000 年。刘文泰编:《御制本草品汇精要》,九州出版社,2002 年。《补遗雷公炮制便览》(仿真彩印本),上海辞书出版社,2005 年。

③ Gyurme Dorje, Yuri Parfionovitch & Fernand Meyer, *Tibetan Medical Paintings: Illustrations to the Blue Beryl Treatise of Sangye Gyamtso*(1653—1705: *Plates and Text*), Harry N Abrams, 1992. John F. Avedon, Fernard Meyer et al., *The Buddha's Art of Healing: Tibetan Paintings Rediscovered*, New York: Rizzoli International Publications, 1998. 强巴赤列主编:《藏医四部医典八十幅曼唐释难(蓝琉璃之光)》,北京:民族出版社,2006 年。才让当智、加羊宗智、华措吉译:《〈四部医典〉八十幅唐卡及其解说》,拉萨:西藏人民出版社,2010 年。

驾驭,是伊斯兰科技的代表著作之一①。

中国古代的科技著作也不乏插图本。宋应星的《天工开物》被称为"中国17世纪的工艺百科全书",全书有100多幅插图,描绘了百多项工艺流程或工具的形状②。此外,明代王圻、王思义父子合编的《三才图会》等都是图文相间的③,清代大型类书《古今图书集成》中,也有许多的科技插图。

4. 文学插图本

东方文学插图本主要有波斯文学的细密画插图、印度文学的插图本、中国古典文学作品的版刻插图与绣像本、日本古代的草子文学以及浮世绘插图。

波斯文学中,带插图的文学作品主要有:哈利利(al-Hariri)的《麦卡麦》(*Maqamat al-Hariri*)、贾米(Jami)的《七宝座》(*Haft Awrang*,/*Seven Thrones*)、源自印度民间故事集《五卷书》的《卡里莱和笛木乃》(*Kalila wa Dimna*)④、波斯史诗《列王纪》(*Shahnameh*)⑤、波斯诗人萨迪(Sa'di)的《果园》和《蔷薇园》、内扎米(Nizami)的《五卷诗》、著名诗人哈菲兹的《抒情诗集》、莫拉维(鲁米)的《玛斯纳维》以及13世纪初的伊斯法哈尼(Abu al-Faraj al-Isfahani)的《乐书》(*Kitab al-aghani*,/*Book of Songs*,也译为《乐府诗集》)等作品。目前,美国普林斯顿大学图书馆正在组织专家学者进行《列王纪》写本整理计划(The Princeton Shahnama Project),他们认为"这是一部伟大的民族史诗,在整个伊朗地区广为流传,体现强烈的民族精神。无数画家为它作插图装饰,几乎每个朝代都有它的不同版本的手抄本与插图,其中最豪华,最著名的是萨法维王朝开国君主伊斯迈尔送给皇子塔赫玛斯普(1524—1576年在位)的一卷手抄本。共有258幅细密画,抒发伊朗人民对历史强盛时期的追忆,对抵

---

① Ahmad Y. al-Hassan and Donald R. Hill, *Islamic Technology*: *An illustrated history*, Cambridge: Cambridge University Press, 1992.
② 参见潘伟:《天工开物古今图说》,桂林:广西师范大学出版社,2011年。
③ 王圻、王思义合编:《三才图会》,上海:上海古籍出版社,1988年。
④ Bernard O'Kane, *Early Persian Painting*: *Kalila and Dimna Manuscripts of the Late Fourteenth Century*, London & New York: I. B. Tauris, 2003.
⑤ Robert Hillenbrand, edt., *Shahnama*: *The Visual Language of the Persian Book of Kings*, London: Ashgate Publishing Limited, 2004. Sheila R. Canby, *The Shahnama of Shah Tahmasp*: *The Persian Book of Kings*, New York: The Metropolitan Museum of Art, 2014.

御外敌、保卫祖国的英雄勇士的怀念之情。"①

　　印度古代的史诗、往世书、抒情诗等文学作品极为丰富,相应的插图本也是数量众多,《罗摩衍那》和《摩诃婆罗多》就有多种不同时期、不同地域、不同流派和不同艺术风格、出自不同画家笔下的插图本流传下来。《罗摩衍那》的主要插图本有②:(1) Kangra Painting of the *Rāmāyaṇa*;(2) Andhra Paintings of the *Rāmāyaṇa*;(3) The *Rāmāyaṇa* in Pahari Miniature Painting;(4)*Rāmāyaṇa* Scenes: Balinese Painting E74190A;(5) Shangri II *Rāmāyaṇa* Series;(6) Bengali *Rāmāyaṇa*;(7) Freer *Rāmāyaṇa*。美国华盛顿弗瑞尔美术馆所藏的波斯语译本《罗摩衍那》(Freer *Rāmāyaṇa*)有非常精美的细密画插图③。《摩诃婆罗多》的插图本情形与《罗摩衍那》有所不同,与其相关的图像主要是石刻的,印度本土风格插图本则较少。当然,印度本土和东南亚地区也有许多关于《罗摩衍那》的石刻作品④。与 Freer *Rāmāyaṇa* 相同的是,《摩诃婆罗多》译成波斯语本之后,有了细密画的插图本⑤。这些都是莫卧儿时期的宫廷画家的杰作。除了给波斯语译本插图之外,1595 年,莫卧儿画家(巴萨万、米斯金)在拉合尔宫廷也为波斯诗人贾米的《春园》绘制插图。《摩诃婆罗多》的波斯语本名为《大战书》(Razmnama,/ *The Book of War*),其插图本有上百幅插图⑥,体现了印度与波斯在文学和艺术方面的交流。

---

① Cf. http://etcweb.princeton.edu/shahnama/start.epl [2014—05—10 查阅]

② Shantilal Nagar, *Miniature Paintings on the Holy Rāmāyaṇa*, B. R. India, 2003. J. p. Losty, *The Rāmāyaṇa: Love and Valour in India's Great Epic: The Mewar Rāmāyaṇa Manuscripts*, London: British Library, 2008.

③ John Seyller, "Workshop and Patron in Mughal India: The Freer Rāmāyaṇa and Other Illustrated Manuscripts of 'Abd al-Rahī," *Artibus Asiae*. Supplementum, Vol. 42, *Workshop and Patron in Mughal India: The Freer Rāmāyaṇa and Other Illustrated Manuscripts of 'Abd al-Rahīm*, 1999, pp. 3—344.

④ Mary-Louise Totton, "Narrating Animals on the Screen of the World," *The Art Bulletin*, vol. 85, no. 1, 2003, pp. 6—24.

⑤ John Seyller, "Model and Copy: The Illustration of Three 'Razmnāma' Manuscripts," *Archives of Asian Art*, Vol. 38, 1985, pp. 37—66.

⑥ G. Meredith-Owens and R. H. Pinder-Wilson, "A Persian Translation of the 'Mahābhārata', with a Note on the Miniatures," *The British Museum Quarterly*, Vol. 20, No. 3, 1956, pp. 62—65. Asok Kumar Das, *Paintings of the Razmnama: The Book of War*, Mapin Publishing Pvt. Ltd., 2005.

中国古代的小说和戏曲也有大量的插图①，尤其是明代的戏曲、小说与传奇。明代版画的盛行源于小说插图的繁荣，万历时期的版画可谓是版画艺术史上的巅峰时代，比如，明崇祯刊本《盛明杂剧·义犬记》、崇祯刊本《荷花荡》、万历刊本《李卓吾先生批判琵琶记》、天启刊本《西厢五剧》、《新校注古本西厢记》以及多种版本的《西游记》等，数量之多无法一一列举②。

日本的草子（草纸）文学是中古时期以来所出现的一种带插图的小说，多为短篇，属于群众读物，早期代表性的作品有10世纪末期清少纳言的《枕草子》。江户时代出现的浮世草子，则与浮世绘的艺术相浸染，形成日本独特审美色彩的世俗生活作品③。

5. 宗教插图本

东方宗教典籍的插图可能是最丰富的。波斯细密画的起源就与早期的摩尼教经籍插图有密切的关系，丝绸之路所出土的摩尼教残卷中残存的精美插图，虽仅剩一鳞半爪，但透露出摩尼教徒在用图像表现自身的宗教方面是得心应手的④。而无论是佛教⑤、道教⑥、耆那教⑦、伊斯兰教⑧、锡克教⑨、基督教⑩，乃至东方各地的民间宗教，均不缺乏插图本⑪。

---

① 徐小蛮、王福康：《中国古代插图史》，上海：上海古籍出版社，2007年。

② 周心慧：《古代戏曲版画图录》，第一册，北京：学苑出版社，1997年。张玉勤：《中国古代戏曲插图的图像功能与戏曲语汇》，《广西社会科学》2011年第6期，第112—117页。

③ 清少纳言：《日本格调：枕草子浮世绘》（珍藏版），叶匡政编译，海峡文艺出版社，2003年。又，陈炎锋：《日本浮世绘简史》（修订二版），台北：艺术家出版社，2010年。

④ 克里木凯特著：《古代摩尼教艺术》，林悟殊翻译增订，淑馨出版社，1995年。

⑤ Stephen C. Berkwitz, Juliane Schober & Claudia Brown, *Buddhist Manuscript Cultures: Knowledge, ritual and art*, Routledge, 2009.

⑥ Shih-shan Susan Huang, *Picturing the True Form: Daoist Visual Culture in Traditional China*, Harvard University Asia Center, 2012.

⑦ Jeremiah p. Losty, "Some illustrated Jain Manuscripts," *The British Library Journal*, vol. 1, no. 2, 1975, pp. 145—162.

⑧ Christiane Gruber, *The Islamic Manuscript Tradition: Ten Centuries of Book Arts in Indiana University Collections*, Indiana University Press, 2010.

⑨ Khushwant Singh, *The Illustrated History of the Sikhs*, India: Oxford University Press, 2006.

⑩ 欧洲基督教写本中的插图研究，可参照龚缨晏、石青芳：《直观的信仰：欧洲中世纪抄本插图中的基督教》，济南：山东画报出版社，2008年。曹悦：《俄罗斯东正教绘画》，昆明：云南大学出版社，2009年。

⑪ Alexandra Green, *Rethinking Visual Narratives from Asia: Intercultural and Comparative Perspectives*, Hong Kong: Hong Kong University Press, 2013.

印度耆那教的重要典籍《劫波经》(Kalpa-sutra),从15世纪中叶起,就有很多版本的插图本,特别是描绘耆那教祖师大雄(Mahavira)生平的图像极为流行,有些插图属于古吉拉特艺术的风格①。

藏传佛教典籍中也有不少的插图本。现藏于北京故宫博物院的彩色插图本《究竟定——清宫藏密瑜伽修行宝典》②,作为藏传佛教体系中禅定修行的最有特色的著作,该书共有119幅图,虽然深藏清宫内廷,但其文本的内容与图像不仅是以藏传佛教萨迦派的本续喜金刚(Hevajra)究竟定为主体,并糅合了其他多种藏密瑜伽修行法门,而且也与古印度的诃陀瑜伽(Hatha Yoga)有密切的关系。其文本的源流很好地反映了印度密教与藏密瑜伽之间的密切关联,以及对藏密影响的深广程度。《究竟定》共有119幅插图,第一幅图为喜金刚(Hevajra)像,此喜金刚即《元史·释老传》中所谓的"歇白咱剌(Hevajra),华言大喜乐。"最后一幅为宝帐护法像。中间的内容包括顺行三十二妙用定、逆行三十二妙用定、混行三十二妙用定等修持的图像,基本上是以某一种瑜伽姿势为基础,结合呼吸的运行来修炼并治疗相应的疾病。《究竟定》最早的插图本可能出现于"元或者明初,重绘于清代乾隆后期或更晚的宫廷内"。这一宫廷绘图本反映了印度和汉藏文化之间的密切关系。

与敦煌出土的彩绘本《十王经》一样,日本佛经插图本《绘因果经》代表了佛教说话美术的高峰。该《绘因果经》图文对照,上图下文,颇为精美,被列入日本的重要文化财产,分别收藏于(财)大东急纪念文库、(财)大和文华馆等处③。

早期的历史学著作也采用插图。据说,伊斯兰史学家 al-Mas'udi 提到915年他在Istakhr看到过一部萨珊王朝的编年史,写于731年,后由波斯语翻译成阿拉伯语。该书绘有25位国王和2位王后的肖像,均是过世的统治者的模样,这是萨珊王朝的一个习惯。莫卧儿时期的史学著作,

---

① W. Norman Brown, *Miniature Paintings of the Jaina Kalpasutra*, Smithsonian Institution Wash., 1934. W. Norman Brown, "A Jaina Manuscript from Gujarat Illustrated in Early Western Indian and Persian Styles," *Ars Islamica*, vol. 4, 1937, pp. 154—173. Sarabhai Manilal Nawab, *Masterpieces of the Kalpasutra paintings*, Ahmedabad, 1956.
② 故宫博物院编:《究竟定——清宫藏密瑜伽修行宝典》,北京:紫禁城出版社,2009年。
③ 奈良国立博物馆编:《佛教说话の美术》,思文阁出版,1996年。

如《巴布尔回忆录》(Baburnāmeh)①、《阿克巴本纪》(Akbarnāmeh)②等,均有精美的细密画插图,特别是表现盛大的战争场景。

现存图像史料除文学、历史、宗教、科技、民俗、地理等之外,还有不少的博物学著作尤其是动物学著作的插图本③,也是值得关注的。

四

古代东方典籍中出现插图,有着复杂的文化原因。8世纪中期,中国的造纸技术传到阿拉伯地区,在中亚的撒马尔罕、西亚巴格达、大马士革等地开始造纸。抄写、装订等与纸有关的职业兴盛,纸的普及对手抄本插图的普及提供了更为方便的物质材料。波斯书籍插图不是一个独立的现象,而是与当时追求科学知识的热潮与大翻译运动联系在一起的,而且也涉及对外来手抄本插图艺术的模仿与吸收。细密画家多是宫廷的画家,这与宫廷及贵族风气有密切关联。奈迪姆的《群书类目》中也记载了采用插图的情况。而对13世纪以后的插图本而言,它或许是旨在建立与古典传统之间的视觉联系。

《凯里来与迪木奈》(Kalīla wa Dimna)是一部动物寓言故事集,最早源于印度梵文名著《五卷书》,6世纪中叶译成古波斯巴列维文,波斯人伊本·穆格法(Ibn Muqaffa)于750年左右将其译为阿拉伯文。此书以第一则故事中出现的两只胡狼"凯里来"和"迪木奈"命名④。穆格法多次提到了书中的插图:"同样,一个人读了这本书,既不明白其内容,又不解书的表面与内里含意,就连其中的文字和插图都不去理会,那只能像得到核桃而只会将之打碎的人一样,核桃对他没有丝毫用途。""对于此书的读

---

① M. S. Randhawa, *Paintings of the Babur Nama*, National Museum, 1983. Stephen F. Dale, *Eight Paradises: Bābur and the Culture of Empire in Central Asia, Afghanistan and India* (1483—1530), E. J. Brill, 2004.

② G. M. Meredith-Owens, "The British Museum Manuscript of the Akbarnāmeh," *The Burlington Magazine*, vol. 109, No. 767 (Feb., 1967), pp. 94—92. John Seyller, "Codicological Aspects of the Victoria and Albert Museum Akbarnāma and Their Historical Implications," *Art Journal*, vol. 49, 1990.

③ Anna Contadini, *A World of Beasts: A Thirteenth-Century Illustrated Arabic Book on Animals (the Kitab Na't al-Hayawan) in the Ibn Bakhtishu' Tradition*, Brill, 2012. 上野益三等执笔:《彩色江户博物学集成》,平凡社,1994年。

④ 伊本·穆格法著:《凯里来与迪木奈》,李唯中译,天津:天津古籍出版社,2004年。

者来说,目光不应仅仅欣赏其华美图饰,而更应该精心阅读、深入思考其中的寓言故事,直到将这部书读完,细究每一则寓言和每一句话,挖掘其中内涵。"①穆格法指出《凯里来与迪木奈》的四条意旨中,第二、三条与插图有关。"其二,采用各种形式突现动物的奇特想象力,目的在于取得帝王们的欢心,好让他们更加贪婪地徜徉在书中的那些画面里。其三,本书还具有这种特性:易为君王和平民接受,故被传抄不断,值得永久存阅,画师和抄录人亦能从中受益。"②插图这一艺术形式被传承了下来,主要反映在伊斯兰世界的医药、科技、天文、机械制造、地理、航海、动植物、农业及歌曲集等书籍中。细密画最早出现在10世纪初,插图的多是学术著作,受欧洲艺术的影响。波斯细密画起于13世纪,16世纪是波斯文化的最后高峰。波斯萨法维时期的细密画充满了欢庆、繁闹、纵情、奢侈的气氛。

五

当惯常聚焦于文字文本的时候,我们是将图像置于"失语"的状态。改变这种状态并不困难,只要客观承认图像的价值即可。就图文的关系而言,图像具有与文本同等的学术意义。图像是不同艺术流派的产物,也是不同社会生活的反映。现存图像史料的研究价值至少体现在以下几个方面:

(1)图像具有独立的"话语"体系,虽然与文字文本之间的关联密不可分,但并非文字文本的附庸,因为图像具有文本所不具备的一些特征,尤其是"形象性"。图像能够描绘出文字文本无法表达的东西。形象再现与细节真实(尤其是生活细节),这就是图像的特殊魅力。就插图本中的图文关系而言,有学者在分析《西游记》插图刊本时就指出过,插图存在"图与文合""图脱于文""图超于文""图滞于文""图衍于文""图示于文""图中增文"等叙事现象③。因此,图文之间的复杂性可表现于图文互证、图文相证与互勘、图文同构与再现等多个层面④。图像对文学研究以及

---

① 伊本·穆格法著:《凯里来与迪木奈》,李唯中译,天津:天津古籍出版社,2004年,第36、46页。
② 同上书,第48页。
③ 杨森:《明代刊本〈西游记〉图文关系研究》,上海大学博士学位论文,2012年。
④ 陈葆真:《洛神赋图与中国古代故事画》,台北:石头出版社,2011年。

对跨文化领域的文学交流所具有的深层意义,尤其是有关图像叙事的方法与意义①,值得深入的探讨。

(2)就单幅图像而言,除再现之外,图像能对文本进行改写与翻译,添加文本本身所缺乏的因素,尤其是对文本的情节、场景或内涵,进行一些改写,由此展示图像的形象描绘背后所隐含的新观念。比如,印度莫卧尔王朝时期,印度史诗《摩诃婆罗多》在被译成波斯语本时,并不是严格意义上的翻译,而是由宫廷组织的印度梵语学者与波斯来的学者合作,由梵语学者口译,波斯语学者将其大意译成波斯语,取名为《大战书》。在此文本的基础上,来自印度和波斯的宫廷画家们再合作,配以波斯风格的细密画。在《大战书》插图本的前面,有一幅描绘翻译《摩诃婆罗多》的场景,该插图在视觉上分为上下两栏,坐在上栏的都是来自波斯的穆斯林学者,而坐在下栏的则是印度本地的婆罗门学者②。这样的插图并不是《大战书》的文本内容的实描,而是暗含了外来的伊斯兰文化与本地的婆罗门文化有高下之别。类似这样的图像正表明了东方文化与文学传译的复杂性。

(3)作为多元的文化符号与不同艺术流派的产物,图像数据中的具象与形象,往往体现"他者"的眼光以及对异域的想象。东方古代图像的研究应该放置在整体的东方网络中,东方古代的同类图像(或异类图像)的比较研究,对东方文化的形象比较,具有不可或缺的作用。若从更大的视野来考察,东西图像的比较则更能凸显东方古代图像的另一个最重要的价值,即追溯与探求东西文化交流的形象轨迹。东方不同文化语境中的图像比较,包括图像中的东方古代物质文化的描述,与不同时空的物质与精神文化的比较,也有助于长时段的整体考察与全球史的研究。

---

① Boris Marshak, *Legends, Tales, and Fables in the Art of Sogdiana*, Bibliotheca Persica, 2000. 梅维恒著:《绘画与表演:中国绘画叙事及其起源研究》,王邦维等译,中西书局,2011年。邢莉莉:《明代佛传故事画研究》,线装书局,2010年。又,陈平原:《晚清教会读物的图像叙事》,《学术研究》2003年第11期,第112—126页。

② Yael Rice, "A Persian Mahabharata: The 1598—1599 Razmnama"; "List of Illustrations" and "Glossary of Names and Terms", *Manoa*, vol. 22, no. 1, 2010, pp. 125—141.

中国民族乐器的波斯源流
——琵琶、箜篌、唢呐入华小考①

穆宏燕

【作者简介】 穆宏燕,中国社会科学院外国文学研究所研究员。研究方向:波斯(伊朗)文学及中伊文化交流。

东汉末年,中原大乱,儒家礼乐崩坏,西北胡乐东来。继之,魏晋南北朝成为中华民族的一个大融合时期:一方面,西北少数民族仰慕中原儒家文化,学习其诗书礼仪,向往儒化;另一方面,中原民族却喜好西北少数民族的舞乐服饰,渴望豪迈奔放,释放儒家礼仪的束缚,崇尚胡化。《后汉书·五行志》曰:"灵帝好胡服、胡帐、胡床、胡坐、胡饭、胡空侯、胡笛、胡舞,京都贵戚皆竞为之。"《通典》卷一四二记载,自北魏宣武帝(500—516年在位)开始,琵琶、箜篌等胡乐"铿锵镗鎝……洪心骇耳",成为宫廷音乐主流,"琵琶及当路,琴瑟殆绝音。"而琴瑟古筝类的华夏丝乐,因其柔美,听起来"歌响全似吟哭,听之者无不凄怆",风骚渐逝。

一、纵横琵琶

琵琶是中国民乐的主奏乐器,素有"弹拨乐器首座"之称,其表现力极为丰富,武曲激烈,文曲哀怨。就是这样一件堪称中国民乐之王的乐器,承载的却是亚洲东西两方民族深厚的音乐文化传统。

琵琶是印伊雅利安民族的一种古老乐器,《伊斯兰世界知识辞典》谓

---

① 本文融合穆宏燕著《波斯札记》(河南大学出版社 2014 年 6 月出版)中《纵横琵琶》《胡乐当路-琴瑟绝音》和《亦喜亦悲话唢呐》三篇小文而成,并加以补充修改。2014 年 5 月 15—17 日在北京大学举行的"对话·视野·方法:东方学国际研讨会"上,笔者摘录其中一部分内容 4 千余字以"胡乐当路 琴瑟绝音"为题作为会议发言。本文原为学术随笔,故采用随文简注的形式。

这种乐器最早起源于中亚阿姆河流域的巴尔赫地区,远在上古时期就流行于伊朗和印度。琵琶按其颈部形状分为曲项和直颈两类。曲项琵琶琴身呈半梨形,颈部呈直角弯曲(其流传过程中弯曲角度及线条各有变异),古波斯语为 Barbut,新波斯语读为巴尔巴特(Barbat),是伊朗民族特有的乐器。Bar 是一个介词,意为"基于……",But 或 Bat 是一种水鸭。也就是说,这种乐器因其形似水鸭而得名。又因古时候此种乐器的琴弦是用羊肠衣(Rūde)制成,故又称之为鲁德(Rud)琴。

阿契美尼德王朝(公元前 550—前 331)之前,巴尔巴特琴就已在伊朗盛行。后通过小亚细亚传入古希腊,变音为 Barbiton(也写作 Barbitos)。从现有的图片资料来看,古希腊的 Barbiton 与波斯巴尔巴特有较大差异,它实际上是巴尔巴特和波斯箜篌两种乐器的结合。古希腊抒情诗人阿那克里翁(公元前 570—前 488 年)的诗歌是最早提及此种乐器的文字资料,诗中说他的 Barbitos 只弹性爱曲调。

萨珊王朝时期(224—651),巴尔巴特琴在波斯达至鼎盛,其盛况在波斯伊斯兰化之后的典籍中多有追述。尤其是在霍斯陆·帕尔维兹国王统治时期(590—628),弹奏巴尔巴特之风最为兴隆,还出现了波尔巴德这样的弹奏高手。另外,从现存不多的巴列维语(中古波斯语)典籍的记载和萨珊器物中也可窥见当年盛状之一斑。伊朗古代博物馆收藏有一件萨珊时期的银酒盅,其外壁图案上有一弹奏巴尔巴特琴的乐人。

波斯伊斯兰化之后,巴尔巴特琴也曾十分兴盛,文学作品中多有提及,比如海亚姆(1048—1122)诗句:美酒美人和巴尔巴特我照单全收,这三者我要现货把天堂赊账给你。莫拉维(1207—1273)的诗句:歌女啊是你弹的巴尔巴特更醉人还是我?哈菲兹(1327—1390)的诗句:伴着笛、巴尔巴特和俏皮美人,还有宝藏、悠闲和美酒一杯。然而,近代之后巴尔巴特琴在波斯日渐式微,在现今伊朗民族音乐中的地位并不突出。

此种乐器在伊斯兰初期传入阿拉伯地区,因其琴身为木制,阿拉伯人称之为乌德('Ud),意即木头。阿拉伯人将乌德琴发扬光大,使之至今在阿拉伯民族音乐中占据十分重要的地位。在形体上,阿拉伯乌德琴比波斯巴尔巴特琴更硕大一些。此种乐器在阿拉伯帝国时期传入中世纪的欧洲,欧洲人依阿拉伯语"乌德('Ud)"称之为鲁特(Lute,又译琉特)琴。一说,Lute 一词应当出自波斯语 Rude 或 Rud。

据伊本西纳(980—1037 年)的《音乐知识高级辞典》、阿卜杜伽德尔·玛拉基(卒于 1433 年)的《曲目》等波斯典籍的记载,巴尔巴特琴(或乌德琴)皆为四弦。从中国史料的印证来看,古代的巴尔巴特琴应为四弦,但近代之后发展为五复弦。

直颈琵琶的颈部与琴身浑然一体,呈半梨形棒槌状,五弦,梵语为 Bharbhu。一说,此种琵琶为印度雅利安人原有;一说,亚历山大东征时,波斯的巴尔巴特琴随之传入印度,发展变形为直颈五弦琴。在印度古城阿默拉沃蒂(Amravati)发现的一幅公元170年的浮雕,内容为释迦母亲摩耶夫人梦象入胎的故事,该浮雕左下方是一队乐人,其中一人手拿琵琶,即为直颈五弦。

在梳理琵琶源流时,人们往往将之与流行于西亚地区的另一种古老乐器混淆。此种乐器最早出现在美索不达米亚平原南部,古苏美尔人(约前4000—前2000年)称之为 Pantur,后向东传入伊朗高原,波斯语为 Tanbur;向西传入希腊及北非地区,古希腊语为 Pandoura。琵琶无论曲项或直颈,皆为身大颈短,而此种乐器身小颈直长。此种乐器从波斯传入中亚,又传至西域,就此止步,未被中原地区普遍接受,汉译名为"冬不拉"。

国内学界一般认为,"琵琶"一词是地道的汉语形声词,据东汉应劭(约153—196年)《风俗通》卷6记载:"以手批把,因以为名。"东汉刘熙(约生于160年)的《释名》卷4记载:"枇杷本出于胡中,马上所鼓也。推手前曰枇,引手却曰杷,象其鼓时,因以为名也。"也就是说,"批"或"枇"与"把"或"杷"是这种胡乐器的两种基本弹奏手法。"批把"取手部,"枇杷"取其木制。约在魏晋时,为了与水果"枇杷"相区别,依琴瑟字体而造新词"琵琶"。

然而,《通典》卷144记载:"旧弹琵琶,皆用木拨弹之,大唐贞观中始有手弹之法,今所谓搊琵琶者是也。《风俗通》所谓以手琵琶之,知乃非用拨之义,岂上代固有搊之者?手弹法,近代已废,自裴洛儿始为之。"中唐杜佑的疑问也是笔者的疑问。因此,中国"上代"是否"固有"以手"搊琵琶"即用手"批把"的弹奏方式实在令人生疑。因此,笔者疑"批把"或"枇杷"是波斯语 Barbat 的译音,与弹奏手法无关。

水果"枇杷"古名芦橘,又名金丸。作为水果的"枇杷"一词,早在西汉司马相如(约前179—前117年)《上林赋》中就已出现:"于是乎卢桔夏熟,黄甘橙楱,枇杷橪柿,亭柰厚朴,樗枣杨梅,樱桃蒲陶……罗乎后宫。"笔者疑水果因其形状与此种胡乐器相似而从乐器改名,故乐器"枇杷"传入中国的时间应当不晚于司马相如时代。

另据六朝《宋书》卷 19 引用西晋傅玄的《琵琶赋》曰:"汉遣乌孙公主嫁昆弥,念其行道思慕,故使工人裁筝、筑,为马上之乐。欲从方俗语,故名曰琵琶,取其易传于外国也。"也就是说,在乌孙公主刘细君(前 121—前 101 年)的时代,琵琶已传入中国。为了从俗易传,而将特为乌孙公主制作的乐器叫做琵琶。后人考证,特为乌孙公主制作的乐器应为阮咸类乐器,当时称秦琵琶或秦汉子。

《风俗通》还记载"批把"为四弦。中唐杜佑的《通典》卷 144 云:"曲项,形制稍大,本出胡中,俗传是汉制。"故知,此种琵琶应是四弦曲项琵琶,即波斯的巴尔巴特琴,它在张骞出使西域伊始就从波斯或中亚直接传入了汉代中国,故后代言之为"汉制"。

五弦直颈琵琶从印度沿丝路从犍陀罗地区经龟兹国传入内地,今新疆阿克苏地区(古时隶属龟兹国)的克孜尔千佛洞(开凿约始于 3 世纪,8—9 世纪逐渐停建)壁画中,尚能见到此种乐器。五弦直颈琵琶形体稍小于四弦曲项琵琶,中国典籍多简称前者为"五弦",后者为"琵琶"或"曲项"。《通典》卷 142 云:"自宣武已后,始爱胡声,洎于迁都,屈茨(龟兹)琵琶、五弦、箜篌、胡鼓、铜钹……洪心骇耳……琵琶及当路,琴瑟殆绝音。"卷 144 又云:"五弦琵琶,稍小,盖北国所出。"这是中国典籍关于五弦琵琶的最早记载,也就是说,在北魏宣武帝时期(500—516 年),五弦琵琶已传入中国,且琵琶类的胡乐器渐渐取代了中原琴瑟类传统乐器的风骚。

北朝时期,胡乐因民族大融合而日渐兴盛,及至北周武帝(561—579 年),胡乐之风大炽。《旧唐书》卷 29 载:"周武帝聘虏女为后,西域诸国来媵,于是龟兹、疏勒、安国、康国之乐,大聚长安。"之后,隋宫廷九部乐中多用胡乐器,琵琶与五弦用于其中六部乐,即:西凉伎、天竺伎、高丽伎、龟兹伎、安国伎、疏勒伎。唐时,太宗平高昌,收其乐,增补为十部乐,高昌伎也用琵琶与五弦。

贞观年间纂辑《北史》卷 92 及《隋书》卷 14 都提到"胡琵琶",《通典》卷 146 提到"龟兹琵琶"。国内有学者认为"胡琵琶"与"龟兹琵琶"皆指五弦直颈琵琶,但笔者觉得论据欠充分,故存疑。五弦固然经龟兹传入,然四弦曲项也在龟兹流行。上引《通典》卷 142 文字将"屈茨(龟兹)琵琶"与"五弦"并置,说明该龟兹琵琶是四弦曲项。并且,曹氏一族以善龟兹琵琶著称,文学作品中多有反映,皆言"琵琶",而非"五弦"。唐乐中,五弦尽管也曾兴盛,还出现了裴神符这样的五弦高手,为太宗所赏识。但是,实际上五弦的地位不及琵琶。唐十部乐的排序中,五弦皆在琵琶之后。唐末,五弦渐渐淡出乐坛。后晋(936—947)刘昫所撰《旧唐书》卷29云:"五弦琵琶今亡。"现代,有音乐家尝试恢复五弦。

四弦曲项琵琶则始终在乐坛引领风骚,对唐代舞乐艺术的发展起了十分重要的促进作用。敦煌莫高窟第112窟的壁画《反弹琵琶伎乐天》即是曲项琵琶在唐代舞乐中的精彩呈现,画中乐伎将高超的琵琶弹奏技艺与绝妙的舞姿浑然结合,美妙绝伦,使反弹琵琶成为大唐文化的一个典型象征。另有出土的唐代乐俑也是怀抱四弦曲项琵琶,从中也可窥见该乐器在唐代的风采。

唐代琵琶名家辈出,多为昭武诸国人氏,比如米国人氏米嘉荣一族,曹国人氏曹保一族,康国人氏康昆仑一族,安国人氏安叱奴一族,皆以善弹琵琶而至显位。宫廷乐队之外,民间乐坊和酒楼歌肆中,琵琶也是不可或缺的乐器。这种盛况在唐代文学作品中有大量反映,白居易的《琵琶行》堪称其中的经典名篇,而王翰的"葡萄美酒夜光杯,欲饮琵琶马上催"与李颀的"行人刁斗风沙暗,公主琵琶幽怨多",则可谓将琵琶曲调中武曲与文曲的特征抒写得淋漓尽致。

波斯的巴尔巴特琴从古至今一直为横抱用拨子弹奏,传入中国的琵琶也曾长期是横抱用拨子弹奏。直到唐贞观年间,太宗令宫中众琵琶乐师竞技,来自疏勒的琵琶高手裴神符出奇制胜,纵抱琵琶于怀中,直接用手"批把"琴弦,技惊四座,太宗连声叫绝,封裴神符为"太常乐工"。从此,琵琶改为纵抱用指拨弦。这一演奏方式的改变,大大拓展了琵琶的表现力,为这一外来乐器成为中国民乐之王奠定了坚实的基础。

二、话说箜篌

箜篌是中国古代十分流行的一种乐器,在古典诗歌中有大量反映。其中,最为人所熟知的恐怕莫过于汉乐府《孔雀东南飞》中"十三能织素,十四学裁衣,十五弹箜篌,十六诵诗书"的句子和堪称句句经典的唐李贺的《李凭箜篌引》。然而,虽然都谓箜篌,但并非同一种乐器。前者为卧箜篌,是中国先秦时期就已有的传统丝乐器,与琴瑟同类,作为华夏正声的代表乐器被列入《清商乐》中。后者为竖箜篌,是从波斯传入的胡乐器。

竖箜篌是西亚地区古老的民族乐器,其源呈多发状。在公元前4000年的埃及壁画、美索不达米亚南部乌尔地区约公元前3500年苏美尔人的壁画、伊朗西南部山区约公元前3000年埃兰人的崖画,以及克里特岛上约公元前 1400 年的古希腊壁画上,都发现有类似乐器。从现有图像资料来看,古希腊流行的"里拉"(Lyre,或 Lyra)琴与古埃及人和苏美尔人的竖箜篌更形似,共鸣箱皆在下端,或似龟壳状(古希腊),或呈方形(古埃及),或呈牛羊动物状(苏美尔)。"里拉"琴多为七弦,形制小巧,抱于怀中用拨子弹奏。后经不断发展流变,近代以来,体型变得硕大,琴弦数量大大增加,置于地上用手弹奏,英文名为 Harp,中文译为竖琴。

竖箜篌也是伊朗西南部土著居民埃兰人的一种民族乐器,在雅利安人进入伊朗高原之前就已在该地区流行,被称为最古老的伊朗民族乐器。伊朗竖箜篌呈三角形,弦的数量七至十根,以七弦为主,形制小巧,可抱于怀中,中古波斯语名为 Chank,新波斯语读为 Chang。伊朗竖箜篌与古埃及、苏美尔、古希腊类似乐器的最大区别在于,其共鸣箱在三角形的上弦。

公元前 550 年,雅利安族的波斯人兴起于伊朗南部,建立阿契美尼德王朝,是为古波斯帝国。波斯人似乎对土著埃兰人的箜篌也情有独钟,很快使箜篌从民间走向宫廷,成为帝国宫廷乐队的主奏乐器。在阿契美尼德王朝的都城苏萨,考古发现出一尊怀抱箜篌的半身陶像,被认定为公元前 300 年左右的作品,现被卢浮宫收藏。伊朗西南诸省曾一直是箜篌音乐文化的中心。同样兴起于伊朗南部的萨珊王朝的国王们对箜篌也极为推崇。克尔曼沙附近"塔格·波士坦(Tāgh-i-Bustān)"的山壁上,有一组萨珊王朝时期的浮雕群,其中即有弹奏箜篌的女伎乐队(6 世纪作品)。浮雕内容为:国王狩猎归来,泛舟湖上,饮酒作乐,女乐伎们为国王弹奏箜篌助兴,乐队规模颇为壮观。霍斯陆·帕尔维兹统治时期(590—628 年)是萨珊波斯帝国最后的一抹辉煌,这位国王颇好棋琴书画,组建了庞大的宫廷乐队,其中内基萨(Nikīsā)是最富盛名的箜篌大师。

波斯伊斯兰化之后,箜篌仍运用广泛,在文学作品中有大量反映。其中,莫拉维长篇叙事诗《玛斯纳维》第一卷中讲述的箜篌高手的故事堪称经典。故事中,乐师弹奏的箜篌旋律,能使夜莺发呆,能让大象长出翅膀,能给死人的身躯注入生命……其波斯文诗句堪与李贺的《李凭箜篌引》媲美,只是作为大苏非思想家的莫拉维欲讲述的是苏非神秘主义哲理:"我们如同箜篌,你用拨子弹;诉苦非由我们,是你在拨弦。"从此诗句可看出,波斯箜篌用拨子弹奏,而非直接用手拨弦。近代之后,波斯箜篌衰微,现今不论是在伊朗民族音乐中,还是在阿拉伯民族音乐中,都鲜见其身影。

箜篌大约在古波斯帝国时期就已经传入印度和中亚地区。传入中亚的箜篌基本上保持了波斯原样,只是三角形上弦共鸣箱由直线变为弓弧形。东汉末年,该乐器经西域传入中原,被称为"竖箜篌"或"胡箜篌",弹奏方式演变为用双手从两侧拨弦,因此又俗称为"擘箜篌"。传入印度的箜篌,其外形与波斯箜篌大致相似,但其共鸣箱的设置,采用了苏美尔人的方式,设于下端横木,上弦木质弓弧则雕饰为雅利安神鸟形状。该乐器在东晋初年从印度也经西域传入中原,中国人依其形状,以中国神鸟称之为"凤首箜篌"。晋曹毗的《箜篌赋》对之有详细描绘:"龙身凤形,连翻窈窕,缨以金彩,络以翠藻。"中唐杜佑《通典》卷146云:"曲项琵琶、竖头箜篌之徒,并出自西域,非华夏旧器。"该"竖头箜篌"是指"竖箜篌"还是"凤首箜篌",不能确定,抑或兼指二者。

东汉末年起,西域传入的竖箜篌逐渐取代中原传统乐器卧箜篌的地位。因此,"箜篌"一词,若无专门分别,在魏晋之前的典籍中指华夏旧器;之后,一般指胡乐器。卧箜篌尽管在隋唐清商伎中仍占有一席之地,但已风骚不再,宋时消亡。

隋唐宫廷音乐多用胡乐器,从波斯、印度传入的箜篌也在这时期达至辉煌的顶峰。竖箜篌用于西凉伎、高丽伎、龟兹伎、安国伎、疏勒伎、高昌伎六部乐;凤首箜篌用于天竺伎和高丽伎两部乐。从中可见,共鸣箱在下、印度式的凤首箜篌不及共鸣箱在上、波斯式的竖箜篌运用广泛。竖箜篌不仅用于宫廷乐队,也时时现身于王宫贵族官僚们出行仪仗乐队中。敦煌莫高窟第156窟《张议潮夫妇出行图》,其礼仪乐队中便有一乐伎在行进中演奏竖箜篌。凤首箜篌在明代消亡,现代又重新仿制。

唐之前,竖箜篌基本上保持了波斯旧制,体型小巧,一般为从髋部到头顶,且多为七弦,也有十弦左右者。唐人崇尚奢华,箜篌在形制上日趋繁复,装饰竞相豪华精美,上弓弧共鸣箱增大增长,远远高出头顶,弦数也日益增多,由十数弦发展至二十二或二十三弦,《通典》卷144记载:"竖箜篌,胡乐也。汉灵帝好之。体曲而长,二十二弦,竖抱于怀中,用两手齐奏,俗谓之擘箜篌。"上述《张议潮夫妇出行图》中的箜篌与北朝时期壁画中的箜篌相比,在形制上明显硕大了许多。随着体型的不断增大,箜篌由全怀抱发展为有落地柱支撑。可见,源自西亚地区的这一古老乐器,在东西方的不同流变中却有着相似之处,即在西方发展为落地式竖琴,在中国则发展为落地式大型箜篌。

但是,波斯旧制的小箜篌并没有因该乐器日新月异的变形发展而消亡,因其体型小巧,便于携带弹奏,运用十分广泛。《新唐书》卷21记载:"高宗即位……张文收采古谊为《景云河清歌》,亦名燕乐,有玉磬、方响、扫筝、筑、卧箜篌、大小箜篌……"此种小箜篌虽然没有像大箜篌那样煊赫夺目,但一直静静流传,直到清代仍有典籍记载:"小箜篌,女子所弹,铜弦,缚其柄于腰间。随弹随行,首垂流苏,状甚美观……弦乐器可行走弹奏者惟小箜篌一种而已。"(《清朝续文献通考》)

三、悲喜唢呐

唢呐,是中国民乐最常用的乐器之一,多用于欢庆热闹的场合,尤其用于民间红白喜事。"唢呐"一词系波斯语 Sūrnā、Sūrnāy 或 Surnā、Surnāy 的音译,它本是波斯民族的传统乐器,经中亚西域传入中原地区。从波斯传入中国的数种乐器中,唢呐也许最具有特殊意义。它不仅是乐器形制本身,而且是携带着该乐器所承载的深厚文化内涵,进入中原大地。

唢呐,其前端的圆形喇叭口,往往使人们将其最早源头上溯到用动物头上的角制作的号角,并将之归入号角类乐器。其实,作为一种吹管乐器,唢呐与芦笛的关联更密切。"最早教会居民吹芦笛的,是西风在芦苇空茎中的哨声。"(卢克莱修《物性论》)因此,一般来说,盛产芦苇的地区,多有管乐器出现。波斯西南部及东南部的丘陵湖泊地带,及北方里海沿岸诸省,多产芦苇。芦笛在波斯的出现年代虽不可考,但无疑是最古老的乐器之一。

正是在上述波斯地区,产生了两种非常近似、与芦笛关联的乐器。一种是唢呐。波斯语"唢呐"一词中,Sūr(省略音为 Sur)意为"宴饮"或"喜庆的聚会",nāy(省略音为 nā)即意为"芦苇"或"芦笛"。这说明唢呐是一种多用于聚会宴饮等欢快热闹场合演奏的别称"芦笛"。另一种名"卡呐"(Karnāy)。Kar 是 Karre 的省略音,意为冲锋、进攻。这表明卡呐是一种军队发动进攻时以壮声威的军用"芦笛"。这两种乐器吹奏口内的口哨皆系用芦苇茎杆制作,因此都带有后缀 nāy(芦笛)。二者的最大区别在于,唢呐身体有七孔,而卡呐身体无孔。因此,卡呐应与号角同类,而唢呐则更应与芦笛同族。中国将小唢呐称为"海笛",这也表明它与芦笛的血缘更近。

由于外形酷似,用途相当,在波斯,唢呐与卡呐,两词基本同义,往往混用,难以区分。文献记载,在波斯帝国阿契美尼德王朝时期,日落时分,在城门或地方行政大楼前,吹响唢呐,表示一天结束,颇有"鸣角收兵"的意思。这表明在波斯上古时期,唢呐就当号角使用。波斯史诗《列王纪》中,在描写伊朗与图兰两军交战、鼓角齐鸣时,卡呐与唢呐的出现频率都很高,没有明确区分。又由于两词音节与韵脚均相同,不影响诗歌格律和韵律,乃至不同的《列王纪》版本,出现卡呐与唢呐相互替换的现象。唢呐传入中国之后也用于军乐,明代著名将领戚继光在《纪效新书》卷二"紧要操敌号令简明条款篇"中说:"凡掌号笛,即是吹唢呐。"这说明唢呐在军乐中主要用于司掌号令,从另一个角度也显示出唢呐的二重性,既是"号",也是"笛"。

波斯伊斯兰化之后,唢呐的社会功用在宴饮欢庆与军乐之外,还被赋予了深厚的宗教文化内涵。《古兰经》中,真主用黏土造人祖阿丹(亚当)。此时,阿丹只是一具泥土躯壳,没有灵魂生命。之后,真主吹注真气于阿丹体内,使之具有灵魂和生命,成为活生生的"人"。因此,"吹气"在伊斯兰教中具有了神圣的意义。从而,芦笛、唢呐、号角之类的吹奏乐器,携带着宗教文化内涵,进入人们的世俗生活。

《古兰经》中,阿丹与妻子偷食禁果,被真主逐出乐园。从此,阿丹(人)为了重返乐园,与真主合一,开始了不断的寻觅和追求。芦笛,由芦苇茎杆断离苇丛而制成,声音悠扬婉转,如泣如诉,正好契合了这种寻求重新合一的宗教情感的表达,因此每每被波斯苏非诗人们用作比喻。大苏非思想家莫拉维的长篇叙事诗《玛斯纳维》的开篇"笛赋"堪称其中经典:"请听这芦笛讲述些什么,它在把别恨和离愁诉说:自从人们把我断离苇丛,男男女女诉怨于我笛孔;我渴求因离别碎裂的胸,好让我倾诉相思的苦痛;人一旦远离自己的故土,会日夜寻觅自己的归宿……"诗人用断离了苇丛的芦笛的呜咽哭诉,象征人因原罪而迷失了方向的灵魂,为回归原初而不断寻觅和追求。这种追寻,也正是人为寻求个体精神与宇宙间绝对精神的合一,而做出的不懈努力。

苏非神秘主义的神爱理论还把真主视为爱恋对象,用世俗男女的相爱结合,比喻人经过寻寻觅觅之后,最终与真主合一。这样的比喻在苏非情诗中大量存在,乃至成为波斯民族传统文化的积淀。这样的宗教文化融进民俗文化之后,婚礼就成为亦宗教亦世俗的"合一"文化的表达。芦笛声音如怨如诉,适合于表达寻觅追求,不适合于表达"合一"的热烈喜庆。因此,用于欢快喜庆场合的别种"芦笛"——唢呐,成为波斯民间婚礼上的主奏乐器。

另一方面,《古兰经》中,天使伊斯拉非来在复活日吹响号角(Ṣūr),使死人全都复活,接受末日审判。天使号角之 Ṣūr 与宴饮之 Sūr 同音,只是 Ṣ 与 S 字母不同。因此,兼有号角身份的唢呐又与死亡、复活发生密切关联,成为民间葬礼上的主奏乐器。这样的宗教文化,使得波斯人往往将"唢呐"一词中宴饮之 Sūr,写作天使号角之 Ṣūr,两种写法通用。

至今,唢呐在伊朗民俗文化中仍使用广泛,"生手,吹唢呐大头"是人们时常挂在嘴边的谚语。在卢勒斯坦、巴赫提亚里、库尔德斯坦、锡斯坦、俾路支斯坦等西南、东南省份,及里海沿岸诸省,唢呐最为流行。在这些地区,唢呐不仅是民间婚庆和葬礼上的主奏乐器,还用于"阿舒拉"日的宗教哀悼纪念活动。并且,唢呐所承载的欢快喜庆的古老民俗文化内涵,在这些地区也表现得最为充分,广泛用于庆祝丰收、节日乡民集会等热闹场合。可以说,唢呐在形制上兼有"芦笛"与"号角"的双重特征,在其承载的文化内涵上也亦宗教亦世俗。

尽管有资料显示,在新疆克孜尔石窟(约 265—420)第 38 窟公元 4 世纪的壁画上,已有吹唢呐的乐伎形象,但在西域舞乐鼎盛的隋唐时期,唢呐并未能进入中原。同样在克孜尔石窟壁画中出现的横笛,则进入隋唐多部宫廷音乐中。这里附带说明一下,横笛由中亚西域传入中原,当是无疑,但是否源自波斯,尚是个疑问。笔者查阅了不少波斯古代的图片资料,皆是竖长笛,无一例横笛。

唢呐之所以在较长时期内未能被中原地区接受,一方面与其承载的宗教文化相关,那时中原地区没有相应的宗教文化土壤;另一方面也与其音色特征相关。唢呐声音或高亢欢快,或悲凉慷慨,富于穿透力,不太适合于室内吹奏。波斯语"唢呐"一词中,Sūr 一般指在户外或郊外举办的宴饮聚会,室内宴会一般不用 Sūr 这个词。这说明唢呐本就是用于户外的吹奏乐器。在笔者查阅的波斯图片资料中,无一例室内吹奏唢呐。中原地区赏玩音乐,王公贵族多享受于宫廷教坊,文人墨客则流连于酒楼歌肆,唢呐的声音特色显然不太适合于这样的场所。

宋元时期,随着西亚、中亚大批穆斯林来华经商,唢呐传入中原。河南安阳地区的北宋王用昨墓中壁画上,有一唢呐吹奏手。元代,外来穆斯林经过长期与汉族通婚融合,逐渐形成回族。唢呐,承载着遥远故乡的婚丧宗教文化内涵与欢快喜庆的民俗文化内涵,在新生成的回族民众中广泛使用,并盛行于明清。有关唢呐的史料始见于明代。除了前引戚继光《纪效新书》的记载之外,明代王圻父子《三才图会》也记载曰:"锁柰,其制如喇叭,七孔,首尾以铜为之,管则用木。"清代,唢呐译为"苏尔奈",被列入宫廷回部乐。

随着回族成为中国民族大家庭中的一员,唢呐也被汉族等其他民族吸收接纳。只是,其承载的婚丧宗教文化内涵中,宗教色彩淡去,完全成为一种民俗文化的载体,广泛用于民间婚丧嫁娶、丰收喜庆、节日庆典等户外活动,是中国城乡广大民众最喜闻乐见的乐器之一。明末清初,唢呐逐渐成为民间戏曲中的主要乐器。由此,唢呐也在室内表演场合中使用,成为一种表演艺术。现当代,还产生了《百鸟朝凤》《一枝花》《抬花轿》《庆丰收》《黄土情》等一批唢呐名曲。2006年,唢呐艺术被列入第一批国家级非物质文化遗产名录。

文学作品中的东方

文学、家庭和女性[①]
——以《妄稽》和《孔雀东南飞》的比较为例

何 晋

【作者简介】 何晋,北京大学历史学系教授。研究方向:秦汉史、史料学、经学。

《孔雀东南飞》作为中国文学史上一首不朽的叙述长诗,[②]其对汉末家庭与婚姻的叙写,不仅成为文学家研究的经典,亦为史家所重视。长期以来,《孔雀东南飞》以其时代之早、对女性与家庭的悲剧描写之感人而独居顶峰,之前及此后均尚缺同类作品可与之相偶、相比。过去的研究者有把《诗经》中的个别篇章如《氓》和它作比较,也有把西方的《罗密欧与朱丽叶》与之相提并论,实勉强为之。

西汉竹书《妄稽》篇的出土发现,似乎隐约让我们看到了另一峰。这篇大约抄写于西汉武帝时期的竹书,2009年随着其他一些西汉简册入藏北京大学,全文推测共约3000多字,现余2700余字。[③] 虽然入藏时已有不少简策残缺,但仍能知其所述之事的大略,它讲述了西汉荥阳一位士人具有悲情色彩的家庭与婚姻生活:丑妻与丈夫及其美妾之间的激烈矛盾与冲突。[④] 这是一篇长篇叙事的汉赋,以四言为主,且有韵。由于《妄稽》明显的世俗文学与故事特征,在它发现之初,被视作一篇中国最早、篇幅最长的"古小说",随着整理和解读的深入,现在将其归入汉赋中的俗赋来

[①] 原文发表于《浙江学刊》2014年第3期。
[②] 《孔雀东南飞》的文学体裁类型,过去称为"古诗",或被目为"乐府",今又有视作"文人赋"者(参叶桂桐《论〈孔雀东南飞〉为文人赋》,《中国韵文学刊》2000年第2期),这也有一定道理,因为汉代乐府诗与赋之间的界限本不十分严格。这里采用通常的一般看法。
[③] 参北京大学出土文献研究所:《北京大学藏西汉竹书概说》,《文物》2011年第6期,第49—53页。
[④] 参拙文《北大汉简〈妄稽〉简述》,《文物》2011年第6期,第75—77页。

看待和研究是合适的。① 随着敦煌藏经洞中一批以叙述故事为特征的赋文的发现和研究，"俗赋"作为一种过去因文本遗存较少而不太为人所知的文学类别，其体裁与特征逐渐被人们认识和熟悉。② 1993年江苏尹湾西汉墓中《神乌赋》的出土，将俗赋文本的发现上推200年提前到了西汉成帝元延年间，曾被研究者称为"西汉俗赋第一篇"。③《妾稽》的出土，再次将俗赋的历史提前至少半个世纪，使《神乌赋》让位。《妾稽》篇尚未完全整理完毕发布，这里作为整理者，姑且不揣浅陋，就自己目前大略已了解的内容，把它和《孔雀东南飞》作简单的比较，一窥这两篇文学作品中反映出的当时家庭、女性及其婚姻。

《妾稽》和《孔雀东南飞》有许多值得比较的地方，二者不论相似还是相异之处，比较之下所引出的问题都十分值得关注。两部作品都因主要叙写汉代的家庭、女性及其婚姻问题，因而在内容上极具关联。《妾稽》讲述了西汉荥阳一位出身名族名叫周春的士人，有很好的品行和相貌，却娶了一位又丑又恶的妻子，名叫妾稽，周春痛不欲生而买美妾，却遭到妾稽极力反对阻挠，但最终在周春父母强迫下，还是买了一位叫作虞士的美妾。美妾得到了周春的满心喜欢，但却遭到了妾稽的妒恨辱骂和残酷折磨。最后妾稽生大病，在临死之前对自己的妒行作了反省和忏悔。《孔雀东南飞》的故事为大家所熟知，讲述的是东汉末年庐江府吏焦仲卿之妻刘氏，美丽贤惠与丈夫情意甚笃，但却不容于焦母，被遣回娘家后誓不另嫁，后遭逼迫乃投水而死，焦仲卿闻之亦自缢以殉情。

一、故事的源出

两部作品，在描写的时代上，一在西汉中期一在东汉末期，前后相去

---

① 当然，故事性的俗赋与古小说之间，本就有很密切的关系，有研究者把这种故事俗赋视为"类小说"或"准小说"。参苏腾：《先秦两汉故事俗赋与古小说之发生》，《陕西理工学院学报（社会科学版）》2011年第29卷第4期。

② 程毅中《敦煌俗赋的渊源及其与变文的关系》总结这类叙事俗赋有四个主要特征：①基本上是叙事文学；②大量运用对话；③带有诙谐嘲戏的性质；④大体上是散文，句式参差不齐，押韵不严。参《文学遗产》1989年第1期。关于俗赋的研究，可参伏俊琏《俗赋研究》（中华书局2008年）及其系列文章。

③ 刘洪石：《西汉俗赋第一篇——东海尹湾汉墓出土〈神乌傅〉浅析》，《连云港师范高等专科学校学报》2005年第3期。

大约三百多年。① 在故事发生的地域上，一在荥阳，西汉属河南郡，在今河南郑州西北，为中原地区；一在庐江，在今安徽庐江，为南方地区。显然，两个故事发生的时代与背景已不太一样，然而时空的阻隔并未泯灭世间事物的同似，总是有相同的事情发生在不同的区域。汉代的历史滚滚已过三百年，变化之中仍然也有不变的东西。对史家而言，历史的魅力就在于探寻变中的不变，和不变中的变。

《妄稽》的故事虽然发生在荥阳，但其作者是谁已不得而知，其传抄者或者说阅读者的生活地域亦因考古发掘信息的缺失而不明，他们可能是荥阳地区的，也可能不是。从其文辞上华丽的铺陈风格来看，当出于文人之手；再据其精美的抄写字体和较长的竹简形制看，其拥有者（读者）可能亦非一般平民，当属士人贵族之列。如果我们把此篇和同时入藏于北大的其他竹书如《老子》《苍颉篇》《周驯》《赵正书》《反淫》的拥有者视为同一人，综合书体和简材，推测《妄稽》可能流传在楚地，当然这仅仅是一个没有坚实证据的推测。这篇故事一下子从地下冒了出来，它的相关情况还有许多未知。

《孔雀东南飞》的流传比较清楚一些，它最早见录于南朝徐陵所编《玉台新咏》，宋代郭茂倩编《乐府诗集》又收入其中。不过，在其最终定型编入《玉台新咏》之前，故事原型可能已有流传，《古艳歌》或即其雏形，也有学者认为《艺文类聚》卷三十二所引乃是较为原初的面貌。② 总之，今之所见《玉台新咏》中的内容，大概已是经过魏晋至南朝文人的润饰与加工才最终定型如此。较长时间的流传与后期的整齐加工，固然在文学上愈进愈高，但不免也会把一些较晚的东西掺杂进去，淆人视听。相比之下，《妄稽》乃地下新出土，虽有残缺，却原汁原味原生态，是史家的最爱。

二、作品的主人公

两部作品的出场人物，都可谓不少。《妄稽》中有丈夫周春、妻子妄

---

① 这里把《妄稽》描写的时代定为与其抄写的时代相近，暂以武帝中期为计；《孔雀东南飞》描写的时代则以徐陵《玉台新咏》该篇序中所言"汉末建安中"来计。本文所引《孔雀东南飞》内容，均引自吴兆宜、程琰：《玉台新咏笺注》卷一，穆克宏点校，北京：中华书局，1985年，第42—54页，此后不再说明。

② 参章培恒：《关于〈古诗为焦仲卿妻作〉的形成过程与写作年代》，《复旦学报》（社会科学版）2005年第1期。

稽、周春父母(姑舅)、美妾虞士、媒人、乡党、妾稽父母、少母、吏,《孔雀东南飞》中是丈夫焦仲卿、妻子刘兰芝、焦仲卿父母(公姥)、小姑、刘母、刘兄、媒人、县令、太守。众多的人物虽然交织成复杂的人际关系,但很明显,夫妻关系、婆媳关系无疑是这两部作品中的重点所在,而这两种关系的交集人物——对丈夫来说是妻、对公婆来说为媳——妾稽与刘氏,则又是重中之重,理所当然分别成为了两部作品中的主人公。这不仅从作品内容上可以看出,从篇题上亦能得到佐证。竹书《妾稽》本就以"妾稽"题名,写在简背,篇中虽然也有丈夫周春以及美妾虞士的大量描写,但全篇中心人物仍是妾稽;《孔雀东南飞》收入《玉台新咏》中也本题名为《古诗为焦仲卿妻作》,被宋代郭茂倩收入《乐府诗集》仍题为《焦仲卿妻》,可见也是以焦仲卿妻刘氏为中心的,"《孔雀东南飞》"只是后世人截取诗篇首句的一种通俗之称。

二女所嫁夫家,单从作品中的出场人物来看,两个家庭似乎都非汉代的大家庭,周春有父母,虽言及"兄弟"但不见有兄弟出场,娶有妻妾后似为四至六口之家。焦仲卿则有父母与小妹,娶妻后似是五口之家。但二女所嫁,殆均非平民之家,《妾稽》对周春的介绍是"荥阳幼进,名族周春。孝悌慈惠,恭敬仁逊",可见周春为荥阳名族。《孔雀东南飞》中焦母谓焦仲卿"汝是大家子,仕宦于台阁",虽有夸饰,但显然也说明不是普通平民。二人丈夫也均仕宦于官府,《妾稽》记载"甲子之日,春为君使,出之境外,离家甚久",可见周春曾因公差外出,《孔雀东南飞》中焦仲卿则为庐江府吏,时常要"还府""报府"从事公干。但这两位出身好、有能力的男人在两部作品中却并非中心,而是绿叶,他们衬托着两位女人。所以,这两部作品虽然均以家庭与婚姻为题材,但却都是以女性为中心,突出的是女性。

在这两部作品中,女性均得到了强势的彰显。在《妾稽》中,妾稽不仅敢于与周春父母及周春辩驳,极力阻拦买妾,而且动辄对丈夫周春"大怒",斥责周春"错我美彼",甚至当着周春之面辱打虞士,完全不把丈夫放在眼里。后来趁周春外出,妾稽又抓来虞士并对其残酷折磨,"昏笞虞士,至旦不已",并且恐吓周春赶紧卖掉虞士,否则诉诸官司,"速鬻虞士,毋羁狱讼",凶悍无比。在《孔雀东南飞》中,刘氏貌似温柔,实则外柔内刚,面对自己的处境,在一开始便直言"君家妇难为,妾不堪驱使,徒留无所施。便可白公姥,及时相遣归",不愿屈就公婆。刘氏被遣之前也平静梳妆,然后不失礼节一一告别,回家之后仍执意拒绝改嫁,直至被兄长逼迫,温柔之中透着刚强。刘氏在出嫁之前见到焦仲卿之后,相约"黄泉下相见",便毅然"举身赴清池"以示守诺不负,决断刚烈一至如此。

三、家庭中相似的男性

相应之下,男性的力量在作品中被有意或无意地消减、抑制。两部作品中的男性,面对女性的强势,呈现出惊人相似的懦弱。《妾薄》中的周春,不仅"颜色容貌,美好姱丽",而且勇猛有力,"力劲决觡,不好手抚,勇若孟贲,未尝色挠",然而面对妾薄,却只能"坐兴太息,出入流涕",赶紧去找妈妈哭诉;心爱的美妾被妾薄残酷折磨,周春也只能"为之恐惧",处处唯唯诺诺,常常默默忍受。《孔雀东南飞》中的焦仲卿,在母亲面前不敢力争只有沉默,对自己的婚姻也完全没有发言权,遇事茫然没有应对,时时伤心与叹息,动辄"哽咽不能语"。

汉代的男性在家庭中真的都是这样的地位吗?恐怕不是。从历史上看,汉代的女性在社会生活中确实有着比后世较高的地位和更多的施展空间,但也并非可以任意妄为不受节制。在法律上我们看到妇权仍低于夫权,双方地位并非完全平等。张家山汉简《二年律令·贼律》规定:

> 妻悍而夫殴笞之,非以兵刃也,虽伤之,毋罪。(简 32)
> 妻殴夫,耐为隶妾。(简 33)①

《二年律令》反映的大致是汉初吕后时期的律令情况,距离武帝时期也就几十年。在周春生活的时代,相应的律令应该差别不大。此外,史书中亦不乏丈夫以小事而出妻者,《汉书·陈平传》载其嫂因抱怨陈平不事生产,便立遭陈平之兄逐而弃之。② 又《王吉传》载:"吉少时学问,居长安。东家有大枣树垂吉庭中,吉妇取枣以啖吉。吉后知之,乃去妇。"③《后汉书·列女传》载,东汉姜诗,因其妻在大风之日,远汲江水未能及时赶回家中以供姜母饮用,便对妻"责而遣之"。④

周春与焦仲卿的这种形象,也许是他们本来的真实形象,此种情形,古往今来并不罕见。但也还有一种可能,即在文学上故意为之,只为了突

---

① 引见朱红林:《张家山汉简〈二年律令〉集释》,北京:社会科学文献出版社,2005年,第 37—38 页。
② 《汉书》,北京:中华书局,1962 年,第 2038 页。
③ 《汉书》,第 3066 页。
④ 《后汉书·列女传》,北京:中华书局,1965 年,第 2783 页。

出作品中的女性。我们发现,两部作品中的张力,也总是发生在女性之间。《孔雀东南飞》自不用说,焦母和刘氏之间的矛盾与冲突,是整部作品的重点,也是所有悲剧的根源;在《妾稽》中,首先也是妾稽与周春父母(主要是母亲)在买妾的问题上来回冲突,当然最激烈的还是妾稽与美妾虞士两个女人之间的矛盾。

而两个家庭中的终极权威,能制约妾稽与刘氏的,仍然是女性,也即家中的公婆。《孔雀东南飞》中刘氏言"妾不堪驱使,徒留无所施,便可白公姥,及时相遣归","公姥"指刘氏的公公、公婆,不过实际上对刘氏心怀不满、对儿子恳请不听、掌握家庭中最高权力的却只是作为公婆的"阿母",诗中"府吏得闻之,堂上启阿母""阿母得闻之,槌床便大怒""我自不驱卿,逼迫有阿母""上堂拜阿母,阿母怒不止",处处彰显了阿母的威权。[①]《妾稽》篇中,妾稽虽然极力阻挠,但买妾最终仍是由"姑舅"也就是妾稽的公婆、公公来决定,不过和《孔雀东南飞》中一样,家庭中真正的权威仍是公婆,例如周春娶妻时的标准,乃其母所定,"其母曰:苟称吾子,不忧先贤",周春甚至都没有见过妾稽,就被母亲安排娶妻回家,见面之后才发现不为儿子所喜欢;而之后亲自到市场上去选购美妾的仍是妾稽的公婆,"其姑卒娶之,以为子妾"。

四、美与丑的比照

对女性的突出,在两部作品中,还表现在对这两位女性"美"与"丑"的尽心描写上。《妾稽》浓墨重彩地渲染了妾稽之丑:

> 妾稽为人,甚丑以恶。肿胘广肺,垂颡折骼。臂胅八寸,指长二尺。股不盈,胫大五握。

妾稽之丑,亦通过周春之眼反映出来——周春见到妾稽之后向父母哭诉:"必与妇生,不若早死!"还通过周春父母之口表现出来:"姑舅谓妾稽:'汝貌状甚恶,口舌甚粗。吾自为买妾,终不决汝。'"此外还通过详细描写虞士之美来反衬妾稽之丑,文中大量铺陈虞士之美,"色若春荣,身类缚素,赤唇白齿,长颈宜顾",和妾稽形成强烈的反差。除了外貌之丑,更重要的是还渲染了妾稽作为一个妒妇的品行之恶:不仅姑舅屡斥其妒,且

---

① 这些诗句中的"阿母"均指刘氏的公婆,诗中后面亦有"阿母"指刘氏之母者。

"妒闻魏楚"。而"妒"导致了她后来的一切恶行。

而《孔雀东南飞》则极力描写了刘氏之美:

> 足下蹑丝履,头上玳瑁光。腰若流纨素,耳著明月珰。指如削葱根,口如含朱丹。纤纤作细步,精妙世无双。

但刘氏之美,不仅仅在外貌,篇中还描述了她作为一个贤妇的才能与品行:"十三能织素,十四学裁衣,十五弹箜篌,十六诵诗书。……鸡鸣入机织,夜夜不得息。"她临别时把嫁妆留下,以及与公婆、小姑的告别言行,也都表现了刘氏品行之美。

不过,丑后面亦暗含着力量,美后面亦隐藏着无力。周春之贤,"乡党无有"、"于国无伦",享誉远近,为何娶妻妾稽?周春之母乃按照"苟称吾子,不忧先贤"的标准为周春娶妻,"媒妁随之,为娶妾稽",可见妾稽除去貌丑之外,必有可与周春相匹配者,可惜这方面的情况,文中并无交待,但也可见一些端倪。首先,妾稽反对买妾陈述理由时,除了担心"君财恐散",还引用嫫母与妲己的故事,陈述历史上的丑女之贤、美女之祸:"殷纣大乱,用彼妲己。杀身亡国,唯美之以。美妾之祸,必危君子。"其次,妾稽的赀财衣饰甚丰,人脉甚广,生病之后曾召其少母,再联系到周春对妾稽的态度,我们推测,妾稽不仅受过较多的教育,而且应该出身富贵大族,其强横跋扈,有恃无恐,可能即与其出身、地位相关。这与汉代婚姻的通常情况也是符合的:"在现存的大多数汉代人婚姻个案中,男女双方的经济、政治和社会地位都是十分接近的。"①《大戴礼记·本命》云:"妇有七去:不顺父母去,无子去,淫去,妒去,有恶疾去,多言去,窃盗去。"②汉代妇人因妒而遭弃者,在史书中亦不乏记载,《汉书·元后传》:"(元后)母,适(嫡)妻,魏郡李氏女也,后以妒去。"③又《后汉书·冯衍传》:"衍娶北地任氏女为妻,悍忌,不得畜媵妾,儿女常自操井臼,老竟逐之。"④妾稽之妒如此,完全可以出之,但周春及其父母却并无相关考虑和言行,可见妾稽背后的力量,这也说明汉代贵族妇女在婚姻关系和家庭生活中占有较高地位。相较之下,从市场上"与牛马同兰"的美妾虞士,⑤被卖到周春家中,

---

① 彭卫:《汉代婚姻形态》,西安:三秦出版社,1988年,第36页。
② 引见王聘珍:《大戴礼记解诂》,北京:中华书局,1983年,第255页。
③ 《汉书》,第4015页。
④ 《后汉书》,第1002页。
⑤ 《汉书·王莽传》谓当时"奴婢之市,与牛马同兰",见《汉书》,第4110页。

则毫无地位可言。

刘氏"十五弹箜篌,十六诵诗书",举止有礼,谈吐有节,虽自谦"生小出野里",但显然也是出自知书达礼之家。但她被遣归家,其兄欲以之联姻太守攀附富贵的心态也昭然若显,可见此时刘家实已衰落,刘氏在兄长的被迫下答应再嫁,背后实有许多无奈。

然而,作品刻意描画的"美"和"丑",最终都在故事末尾的时候,伴随着主人公的死亡而消亡作结。《妾稽》是把"丑"毁灭给我们看,《孔雀东南飞》则将"美"毁灭给我们看。进行至此,两部作品都因之而达到了他们的高潮。这在现实生活中并非常情,但在文学表达上却属惯用。死亡与毁灭,总是能最大限度地触动人的情感,作品也借之达到了其最大感染力。

五、作品的训诫意义

对《孔雀东南飞》一诗的解读,近现代以来已有不少论文。这个故事告诉我们什么,它到底想要表达什么,"歌颂爱情"和"反封建礼教"无疑是老生常谈的两个论调,不过所论因明显建构在阅读者个人或其时代的意识形态之上,这种简单而片面的观点后来也逐渐受到怀疑。一部文学作品,往往会因不同的时代、不同的阅读者,而给人不同的感受。阅读者的感受固然重要,但作品的述说者,他自己的感受以及他想要通过作品传递给阅读者的意旨,却也是更值得探析的内容。①

述说者这一角色,在《孔雀东南飞》中的存在较为明显,他在文前、文中、文后都曾现身出来,对作品产生的缘由作叙述、对人物之间的感情作评论、对故事的价值作总结。首先,文前有小序,云:

> 汉末建安中,庐江府小吏焦仲卿妻刘氏,为仲卿母所遣,自誓不嫁。其家逼之,乃投水而死。仲卿闻之,亦自缢于庭树。时人伤之,为诗云尔。

这段小序,我认为和儒家经书《诗经》、《尚书》每篇之前的小序的性质与所用一样,简述该篇大意并定下一个理解该篇的基调,以此引领读者去领会、接受述说者所要告诉给我们的意旨。序言"时人伤之,为诗云尔",其

---

① 因为对于中国古代许多作品来说,既可能不成于一时也可能不作于一人,所以这里用"述说者",包含原始的作者,也包含流传中的编撰者、改写者。

中"时人"不过是托词,背后隐藏的是述说者;其中"伤之"则是"为诗"之主旨:生命与美因毁灭而带来伤痛。小序中表达出来的述说者的这种伤痛感受,接下来在文中亦因述说者对人物之间感情的评论而进一步得到加强:焦仲卿与刘氏作生死告别后,述说者评论说:"生人作死别,恨恨那可论?念与世间辞,千万不复全!"最后在文末,"多谢后世人,戒之慎勿忘",则表达了述说者以此伤痛之事训诫后人,不要再发生类似悲剧。悲剧的结果必然带来悔恨,故文末又言"两家求合葬,合葬华山傍",死亡最终让两家的逼迫者悔恨,故让焦、刘死后永远在一起。悔恨无疑进一步彰显了悲剧——事情本不该这样发生。

《孔雀东南飞》从产生、增饰到定型,经历了汉魏六朝一个较长时期的过程,述说者不是以一个人而是以不同时期的人参与其中,作品所表达的伤痛,是一个述说者群体的感受。这种表达因述说者们共同的努力,而造就了该作品在文学上有较完备的形式,有较为明显的主旨,以及丰富而复杂的人物形象。

相比之下,《妄稽》述说者的存在没有那样明显,篇前没有小序可让述说者来点明他的感受与意图,篇中也基本没有述说者旁白式的评论,但却通过作品中人物的言行,表达了和《孔雀东南飞》一样的伤痛、悔恨和劝诫。这种伤痛首先表现在一个家庭的不睦之上,妄稽与丈夫、美妾、姑舅之间关系恶劣;其次表现在妄稽对美妾虞士的残酷折磨上,致使周围的人"皆怜虞士,为之怒妄稽";最终"妄稽大病",在痛苦不堪、呼号不已之中死去,可是她的父母却对她丝毫没有怜悯,甚至举杯为庆:"其父母闻之,言笑声声,举杯而为酬:亦毋累两亲!"这是何等的悲剧!

对这一悲剧的反省和悔恨,反映在妄稽临死前的言行上,"稽乃召其少母,而与言曰:'我妒也,不知天命乎!祸生乎妒也。'"这虽出自妄稽之口,但可能说的也是述说者心中的话:妇人之妒是祸害与悲剧产生的根源。悔恨亦表现在妄稽的行为上,她死前招来虞士,告诉虞士:"吾请奉汝,以车马金财,綦组五彩,尽尽来取,不告无有。"将自己的赀财嫁妆尽数赠予虞士。妄稽临死前悔恨的言行,也替述说者表达了其中的劝诫。

这一家庭悲剧的发生,述说者告诉我们乃妇人之妒所致。但倘若我们追溯下去,妇人之妒因何产生?无疑是丈夫对美色的追求所致。述说者是否表达了作为丈夫的周春,也应该对这一家庭悲剧作一些反省呢?在篇中似乎看不到。这也许说明,在述说者的那个时代,丈夫对美色的追求是一种当然和正常,重德不重色还没有成为道德上的主流。杨树达《汉代婚丧礼俗考》"议婚"中,说汉代择妇"有以形相者,有以才贤者,有以门第者,有以吉祥者,有以赀财者",[1]可见标准是多样性的。

六、文学中的历史

《妾稽》与《孔雀东南飞》,一为西汉长赋,一为东汉长诗,虽同为文学作品,可前后相去几百年,但其中反映出的一些历史现象往往有相同之处。

首先我们看到,两汉士人的婚姻,均必须媒妁,"若不待父母之命而私奔,则见怒于其父母",[2]即便如《孔雀东南飞》中刘氏被遣回家再嫁,媒妁亦必不可少。

其次,嫁出女子对自己的嫁妆赀财有处置的权力,妾稽临死前将自己的嫁妆赀财全数赠予虞士,刘氏被遣时本可带走嫁妆,但她却选择把"箱帘六七十"全都留在夫家。

再次,我们看到,在汉代的家庭中,父母(姑舅)处于绝对的权威地位,常常是一个家庭的主宰,难怪东汉班昭在其《女诫》中说,讨好了公婆,也就讨好了丈夫:"妇人之得意于夫主,由舅姑之爱已也。""然则舅姑之心奈何?固莫尚于曲从矣。姑云不尔而是,固宜从令;姑云尔而非,犹宜顺命。勿得违逆是非,争分曲直。此则所谓曲从矣。"[3]周春、焦仲卿的婚姻,都是由父母作主,完全听从父母的安排,可见在汉代,父母在子女婚姻方面具有绝对的支配权。

《妾稽》与《孔雀东南飞》这两部作品,分别都描写了汉代一个家庭及其中女性的悲剧,然而二者却命运不同。《孔雀东南飞》历代流传,被人推崇,明代王世贞《艺苑卮言》将其视为我国古典诗歌中的"长篇之圣",[4]胡应麟《诗薮》认为"百代而下,当无继者"。[5] 但产生更早的《妾稽》这样一篇长赋,却流传中断,埋没地下,两千多年后才被发现。究其原因,我们认为可能和《妾稽》篇的内容与性质有关。《妾稽》篇产生的时代,正是汉赋产生与兴盛的时代,其著名者如景、武时期司马相如的许多赋,名垂千古,

---

[1] 杨树达:《汉代婚丧礼俗考》第4—5页,上海古籍出版社2000年12月。
[2] 同上书,第3页。
[3] 《后汉书·列女传》,第2790—2791页。
[4] 罗仲鼎:《艺苑卮言校注》,济南:齐鲁书社,1992年,第84页。
[5] 胡应麟:《诗薮》,上海:上海古籍出版社,1979年,第28页。

流传至今,但这些大赋之所以都能被《史记》全文载录,不仅在于辞藻华丽绝妙,更在于其格调高雅,意旨深邃,乃越世高谈。而《妄稽》却与之不同,它讲的是人间烟火,世俗故事,完全贴近当时现实生活,属于文学史意义上的"俗赋",虽为民间喜闻乐见,却不被上层看重,为高人雅士所轻,不入载籍,因而流传不远,遂湮没亡散。但在今天,正因为其世俗的内容,对当时社会生活中家长里短的详细记载,而凸显重要价值,成为研究那个时代的家庭、女性与婚姻的重要史料。

国内村上春树文学研究评述

翁家慧

【作者简介】 翁家慧,北京大学外国语学院日语系副教授。研究方向:日本近现代文学。

村上春树是当今日本文坛乃至世界文坛最受瞩目的作家之一,诺贝尔文学奖的热门候选人,从他对日本当代文学,乃至世界文学的影响来看,村上文学的重要性是不言而喻的。自 1979 年村上春树凭借《且听风吟》问鼎"群像新文学人奖"之时起,日本评论界就已经开始关注村上文学的独特性。尤其是进入 20 世纪 90 年代之后,村上屡获文学大奖,为他在日本文坛确立了不可动摇的地位。同时,随着作品被译介到 30 多个国家和地区,他获得了全世界,尤其是东亚地区青年读者的喜爱,在世界范围内掀起了一股不小的村上热,这也激发了各位文学研究者对村上文学的研究热情。国内对村上文学的研究起步稍晚,不过,20 世纪末,林少华译《挪威的森林》在国内引起轰动效应并引发"村上春树热"之后,国内学界的研究热情也被点燃了。进入 21 世纪之后,村上文学研究论文出现了井喷现象,不仅数量上年年递增,且新的研究方法和视角层出不穷。一方面,各大高校日本文学专业的硕士生和博士生的学位论文纷纷选择村上文学作为研究课题,另一方面,有关村上研究的课题频频获得国家社科基金、教育部人文社科项目基金、省市级社科基金的资助,一批颇有学术含量的论文迅速填补了国内村上文学专题研究的多项空白。另外,关于村上文学的意见交锋也屡见不鲜,尤其是围绕林少华译本的优劣得失等课题所展开的学术论争,更是成为 21 世纪第一个十年里村上文学研究领域最热门的话题。

一、20世纪的村上文学研究

1989年可以说是国内村上文学史上具有重要意义的历史元年。首先,在这一年的《外国文学评论》第三期"外国文坛之窗"专栏上刊登了一篇题为《日本〈文学界〉评出1988年畅销书》的短文,首次提及了村上的小说。其次,当年的《世界博览》第四期刊登了李德纯的《物欲世界中的异化——日本"都市文学"剖析》,以较大篇幅详细介绍了村上春树和他几部代表作,如《挪威的森林》《寻羊冒险记》《世界末日与冷酷仙境》,并将其归入"都市文学"进行分析。不过,在这篇论文中,村上文学只是作为"都市文学"的代表之一出现,其他作家还包括安部公房、中上健次、田中康、水上勉等。① 最后,经李德纯推荐而开始村上文学翻译工作的林少华翻译了村上的长篇小说《挪威的森林》,也在这一年由漓江出版社出版发行。这是国内第一次翻译出版村上作品,尽管当时并未引起反响,却也为几年之后的"村上春树热"的兴起奠定了基础。②

20世纪末的村上研究可以说成果寥寥,论文数量不足20篇,其中,最早的个案研究当属王向远的《日本后现代主义文学与村上春树》。他从分析日本后现代主义的特征入手,归纳整理了日本后现代主义文学的发展史,并指出"内向派""都市文学派"和"儿童派"构成了近20年来日本文学的主流。另外,他还从后现代主义的研究视角解读村上文学,并指出村上文学的特点是"消费性"和"消解",这为后来的研究者提供了一个重要的研究思路。③ 其他还有几篇论文大多是有关村上的外围研究,包括何乃英的《谈"村上春树现象"》④、孙树林的《风为何歌——论村上春树〈听风歌〉的时代观》⑤、林少华《"和臭"要不得——村上春树文集翻译随笔》⑥等。可以说,这一时期的国内学者还没有普遍地对村上文学产生学术研

---

① 《世界博览》1989年5月。
② 1992年8月,漓江出版社出版了包括四部长篇在内的村上小说系列,1996年至1997年,漓江出版社又重新包装出版了五卷本的"村上春树精品集",获得了大学生和小资人群的大力追捧,形成了所谓的"村上春树热"。林少华的译本也自此成为国内读者心中的权威译本。
③ 《北京师范大学学报》(社会科学版)1994年第5期。
④ 《百科知识》1997年第3期。
⑤ 《外国文学评论》1998年第1期。
⑥ 《出版广角》1998年第1期。

究兴趣。

二、21世纪的村上文学研究

进入21世纪之后，国内开始大量翻译和出版村上春树的作品。2001年，上海译文出版社着手出版"村上春树文集"，这一套文集涵盖面极广，不仅包括了村上的长短篇小说和主要随笔集，还包括游记和纪实文学，而担纲主要译者的就是林少华。这套文集中的很多作品在经过多次再版印刷之后，为村上春树在国内赢得了庞大的读者群，使其成为新世纪最受欢迎的外国作家。如此红火的市场效应让出版社毫不犹豫地成为了村上文学译介和出版的最大推介者。一旦村上有新作问世，出版社马上就会通过代理商购得版权，不久便有中译本面市，紧随其后的就是各种书评和言论，只要是和村上有关的论文都能迅速地见诸报端。

2002年，村上发表长篇小说《海边的卡夫卡》之后，在国内立刻掀起了一股新的研究热潮，同时，研究视角和阐释方法变得更加多样和新颖。首先是弗洛伊德精神分析法的使用，俄狄浦斯情结成为解读这部小说必不可少的一把钥匙。秦刚翻译了东京大学小森阳一的研究专著《村上春树论——精读〈海边的卡夫卡〉》[1]并连续发文推荐这部学术专著，毫无疑问，小森阳一的观点和研究理论对国内研究者产生了较大的影响。其次，小说独特的多重结构的叙事手法也成为研究者感兴趣的课题。比如张青在《村上春树的叙事艺术——试析〈海边的卡夫卡〉》中指出村上在《海边的卡夫卡》中使用了俄狄浦斯王的神话传说构筑起互文性叙事的开放性文本，又利用梦幻和现实的融合将"我"的成长故事融合在中田老人的二战背景之中，将日常和历史联系在一起。[2] 魏大海的《村上春树小说的异质特色——解读〈海边的卡夫卡〉》指出从村上的创作意图、文学表达或文体特征上看，已具备了明显不同于传统文学的异质特色，旨在虚幻与现实的强烈对照中揭示出现实世界的真实本质。[3] 由此一例便可知，村上文学已经成为了21世纪日本文学研究领域的一个新热点。

---

[1] 小森阳一：《村上春树论——精读〈海边的卡夫卡〉》，秦刚译，北京：新星出版社，2007年。秦刚的两篇文章《〈海边的卡夫卡〉现象及其背后》和《〈海边的卡夫卡〉的"斯芬克斯"之谜》分别见《读书》2007年第8期和《21世纪经济报道》2007年10月22日第041版。

[2] 《外语教学》2006年第6期。

[3] 《外国文学评论》2005年第3期。

纵观21世纪第一个十年国内村上文学的研究成果,可以列举出研究专著和论文集6部:林少华的《村上春树和他的作品》《为了灵魂的自由:村上春树的文学世界》①;雷世文主编的《相约挪威的森林:村上春树的世界》②;岑朗天的《村上春树与后虚无年代》③;杨炳菁的《后现代语境中的村上春树》④以及杨永良的《并非自由的强盗:村上春树〈袭击面包店〉及其续篇的哲学解读》⑤。学术译著4部:美国学者杰·鲁宾的《倾听村上春树——村上春树的艺术世界》⑥、日本学者黑古一夫的《村上春树——转换中的迷失》⑦、日本学者小森阳一的《村上春树论——精读〈海边的卡夫卡〉》⑧以及文艺评论家内田树的《当心村上春树》⑨等。另外,还有发表在学术期刊上的研究论文400多篇,博士论文3篇,硕士论文60余篇。从这些专著、论文集、译著和论文中,我们大致可以归纳出这十年来国内村上研究的两大主要特点。

第一大特点就是村上研究的对象主要集中在长篇小说,尤其是《挪威的森林》《寻羊历险记》《海边的卡夫卡》《1Q84》等畅销小说,学者们从各个视角对其进行了反复的解读和剖析。比如:刘婧在《〈挪威的森林〉中的男性叙述与女性形象》一文中指出《挪威的森林》中被忽视的男性话语霸权中的女性形象问题,忽略其美好的女性形象代表了男性对于女性角色的期待。而在直子和绿子的选择中所暴露了男性叙事者的男性中心主义倾向。⑩类似的论文还有董群智《村上春树小说的女性解读——以青春三部曲为例》⑪。而尚一鸥的《〈寻羊冒险记〉的艺术开拓——村上春树小

---

① 林少华:《村上春树和他的作品》,银川:宁夏人民出版社,2005年。《为了灵魂的自由——村上春树的文学世界》,北京:中国友谊出版公司,2010年。
② 雷世文:《相约挪威的森林——村上春树的世界》,北京:华夏出版社,2005年。
③ 岑朗天:《村上春树与后虚无年代》,北京:新星出版社,2006年。
④ 杨炳菁:《后现代语境中的村上春树》,北京:中央编译出版社,2009年。
⑤ 杨永良:《并非自由的强盗:村上春树〈袭击面包店〉及其续篇的哲学解读》,济南:山东人民出版社,2010年。
⑥ 杰·鲁宾:《倾听村上春树——村上春树的艺术世界》,冯涛译,上海:上海译文出版社,2006年。
⑦ 黑古一夫:《村上春树——转换中的迷失》,秦刚、王海蓝译,北京:中国广播电视出版社,2008年。
⑧ 小森阳一:《精读〈海边的卡夫卡〉》,秦刚译,北京:新星出版社,2007年。
⑨ 内田树:《当心村上春树》,杨伟、蒋葳译,重庆:重庆出版社,2009年。
⑩ 《太原大学学报》2009年第3期。
⑪ 《河南大学学报》(社会科学版)2009年第4期。

说论》则认为该作品是村上青春三部曲的压轴之作,在语言的叙事性与作品的故事性有机结合的领域,显示了作家的艺术开拓与创造精神。① 王玉英在《后现代语境下村上春树作品的比喻辞格——以〈海边的卡夫卡〉为例》一文中通过对近 200 个比喻词格的考察,发现该作品的特点是将通俗易懂的本体与喻体并置,形成意想不到的"落差",并在"落差"间创设了一个相互流动的语义场,使语义增殖、发散,作品意蕴也因此更加丰富和复杂。同时,指出村上的这种"落差式"比喻辞格的建构与其后现代语境下形成的认知模式密切相关。② 尚一鸥在另外一篇题为《日本现代社会伦理的文学阐释——〈1Q84〉小说人物形象论》的论文中指出,村上在这部作品中有意识地参与到与社会文化文本的对话与循环之中,以解读现代日本人的精神危机的内涵。国家体制、宗教组织、学潮记忆、文坛黑幕、家庭暴力、黑社会的现代形态、晚婚与婚外恋的时代潮流等现实介质,遂根据人物塑造的需要纷纷涌入,形成村上春树特有的"人学"观与小说模式。③

研究者们对短篇小说和纪实文学的研究着力不多,研究对象主要为村上成名作品《且听风吟》《去中国的小船》《象的失踪》等。比如:尚一鸥、尚侠的《村上春树〈且听风吟〉的文本价值》④;关冰冰、杨炳菁的《"我"与"象的失踪"——论村上春树短篇小说〈象的失踪〉中的"我"》⑤等。不过,值得期待的是王艳华的研究,她在国家社科基金项目论文《短篇小说在村上春树创作中的作用和价值——以〈去中国的小船〉为中心》一文中指出村上的短篇既是他长篇小说探索的前奏,又是他一些重要思考的试验田。将村上的长短篇结合互见,会加深对村上的全面把握。⑥ 另外,林少华有两篇论文涉及到了村上的纪实文学,其中,在《之于村上春树的物语:从〈地下世界〉到〈1Q84〉》一文中,他把村上的长篇纪实文学《地下世界》作为解读《1Q84》的钥匙,指出《1Q84》由于抽去了制造封闭性物语的主体,减弱了这部长篇小说的社会认识价值和现实批判力度,所以,在这个意义

---

① 《外国问题研究》2009 年第 1 期。
② 《社会科学战线》2012 年第 3 期。
③ 《日本学刊》2010 年第 5 期。
④ 《社会科学战线》2009 年第 6 期。
⑤ 《浙江外国语学院学报》2013 年 9 月第 5 期。
⑥ 《东北师大学报》(哲学社会科学版)2011 年第 3 期。

上,它并非一部成功的优秀的作品。① 在另一篇题为《〈在约定的场所〉:之于村上春树的"奥姆"》的论文中,林少华对这部纪实文学进行了专题研究,他从"约定的场所"是怎样的场所、何以有人进入那样的场所、村上何以介入奥姆真理教的问题这三点切入,对文本加以梳理剖析,并试图提出新的读解方式。并认为这是村上创作道路上的一部"拐点"之作,作品的意义及其中含有的教训、寓义和丰富的启示性远远超过了文学作品本身。②

此外,村上的游记和随笔的研究更为鲜见,不过,由于其中内容多涉及村上自身生活经历和创作思考,反倒是经常作为佐证出现在村上小说研究中。作为个案研究,可举例的有佟君的《蛋撞墙:村上春树的文学选择》,该论文观察到村上文学的改变,并指出村上春树文学的一种创作主题的走向选择已经从个人走向群体,更由群体走向人类社会,从而使其文本呈现出了社会关怀的宏观叙事景象。③

更为罕见的是对村上译作展开的研究成果。村上春树不仅是一名出色的小说家,还是一位美国当代小说的知名译者,他的小说创作受到美国文学的影响是显而易见的事实。目前国内只有杨炳菁在《论村上春树的翻译》一文中对村上的译著以及对其小说创作的影响进行了专题研究。该论文概述了村上春树所译的作家和作品,并对其译作的主要特点进行了分析。并在此基础上,就雷蒙德·钱德勒对村上文学的影响做了初步的探讨。④

国内村上研究的第二大特点就是研究方法的多样性和纵深化。既有宏观的后现代主义、女权主义、接受美学和文学文化学的研究视角;又有微观的精神分析学、文体学、叙事学视角,此外,还有从意识形态角度研究村上历史观;利用比较的方法为村上研究建立各种参照系等等,不一而足。毫无疑问,这些方法的交叉使用为我们更好地解码村上文学提供了丰富的可能性。

在21世纪的村上文学的宏观研究中,比较有代表性的论文有:赵曦的《理解村上春树三个的"关键词":后现代主义、音乐与孤独》;⑤王志松

---

① 《外国文学》2010年第4期。
② 《外国文学》2012年第4期。
③ 《日本研究》2011年第3期。
④ 《日语学习与研究》2010年第2期。
⑤ 《文学界》2012年第2期。

《消费社会转型中的"村上现象"》①;刘研的《"中间地点"论:村上春树的多元文化身份初探》②和《村上春树的悖论:虚拟时代的生存之道》;张昕宇《从"全共斗"到"战后"——论村上春树早期作品的精神内核》③;刘海英、关醒的《解读村上春树的"寻找"意识》④;杨永良的《村上春树文学世界的支配原理——兼论村上春树文学创作的主题与主线》等。其中,刘研的两篇论文提出了比较新颖的研究视角,尤其是在《村上春树的悖论:虚拟时代的生存之道》一文中,他把村上文学置于宏观的时代背景和文化语境之下,分析并指出村上的作品通过前往异界冒险、倾听音乐和风之歌以及日常生活体验构建了一系列悖论。也就是说,他的小说既在一定程度上为我们的日常生活带来了慰藉和暂时性的解脱,其中似乎还蕴含着重建个体自由的希望,但也存在消解善恶和历史并陷入虚无的危险。⑤ 杨永良的论文也别出心裁,他认为因果规律、熵增定律、"善恶平衡"原理是支配村上春树笔下的可能世界的根本原理。由于村上春树所刻画的世界几无例外都是一切事物均由此类原理所规定的决定论的世界,因此,村上春树笔下的、具有塑造自己生活的强烈愿望的各类小说人物便都因此而失去了其选择的自由和自我决定的能力,失去了其能动性和可能性,也失去了其作为一个人类成员所赖以自立的尊严。之所以如此,其原因则在于笛卡尔、莱布尼茨、伯林、卡夫卡等人对于小说作者的各个方面的不同影响。⑥ 这篇论文的观点是否成立姑且不论,仅凭论证过程以及相关理论的引入就足以让我们看到新世纪的研究者在村上文学研究中力求创新、争取突破的决心。

在村上文学的微观研究中,比较有代表性的论文有尚一鸥、尚峡的《村上春树〈且听风吟〉的文本价值》,该论文认为《且听风吟》是村上小说的语言风格、写作技巧和后现代主义艺术氛围的源头与雏形;是作家从摆脱日文小说文本平庸拖沓的理念出发,借鉴美国现代小说简洁明快的文风,所完成的小说文本的革命性变革;是当代日本小说精神和文学价值的

---

① 《读书》2006年第11期。
② 《外国文学评论》2008年第2期。
③ 《解放军外国语学与学报》2010年第6期。
④ 《日本研究》2010年第4期。
⑤ 《东北师大学报》(哲学社会科学版)2010年第4期。
⑥ 《山东社会科学》2012年第11期。

重要体现。① 这是关于村上小说文体研究的一篇代表性论文,同时也反映了研究者之间的一个共识,即村上小说文体的特点就在于语言简洁流畅又富于哲理;深受欧美文学风格,幽默风趣的叙事风格完全摆脱了日本小说的呆板与晦涩。另外,还有关冰冰、杨炳菁的《多元文化的融合体——论村上春树笔下的"杰"》,这篇论文主要以村上春树笔下的"杰"为研究对象,通过解读其姓名、所经营的酒吧以及他与小说中另两位主要人物之间的关系可以把握其中传达的信息。并指出,较诸将"杰"视为有着特殊身份的实体人物,把他作为文化符号能够为阅读村上春树小说带来更为广阔的空间。② 这篇论文所采用的符号学视角,对解读村上小说人物的形象特征具有很大的参考价值。

就村上文学的战争观、中国观等意识形态方面的课题展开研究的论文有:尚一鸥的《村上春树的伪满题材创作与历史诉求》,该论文认为对于村上春树来说,中国不仅仅是其国家历史的一部分,是其家族经历的一部分,也是其人生理解的一部分。他的伪满题材创作集中反映了这位日本作家的复杂的中国心态。在他笔下,诺门坎战役中与战争相关的文学描写,尽管参照了许多伪满时期的原始资料,实际上却是村上春树所虚构的一种艺术世界。在中蒙边境上,村上春树并没有寻找到他真正应该找到的东西。③ 其次,还有赵佳舒的《历史的记忆与传承——论村上春树的战争观》,该论文认为村上在文学创作过程中,对战争的认识呈现出由浅入深的趋势,对战争罪恶的揭露也日趋尖锐和深刻。《寻羊冒险记》《奇鸟形状录》和《海边的卡夫卡》是最能代表村上春树文化意识形态的三部作品。村上在作品中不断叙述战争历史,其目的不仅是让日本民族记住那段历史,并进行反思,而且把日本的历史和现实有机结合起来,以历史为平台,阐述日本过去和现在本质上的共同之处。通过历史反思现实,指出在延续了战前官僚体制控制下的日本现代社会中日本人某种思想的缺位。④ 对此持相反意见的论文有由同来《论村上春树否定历史、开脱日本战争责任的故意和逻辑方法》,该论文认为村上在"奥姆事件"之后,虽标榜要以社会责任感探究日本回避责任型社会体制缺陷的问题,但是,他在对有关

---

① 《社会科学战线》2009 年第 6 期。
② 《解放军外国语学院学报》2013 年 9 月。
③ 《国外社会科学》2010 年第 4 期。
④ 《译林》2012 年第 10 期。

"诺门坎事件"和"沙林暴力事件"的思考中,却与这美丽的口号产生了严重的偏离。村上的历史观与美化日本侵略战争的皇国史观如出一辙,他背离了一个有良知、有正义感的作家所应背负的使命感。[①] 持同样观点的还有刘研的《村上春树可以作为东亚的"斗士"吗?——〈奇鸟行状录〉战争叙事论》,该论文从新历史主义批评的视角切入,指出村上虽然在文本表层结构设置了集体记忆的编年史线索,但他在战争叙事中传达出的对战争本质的认知、对中国人的符号化描述、对战争罪恶的虚无态度以及以电脑游戏般的解决方式对战后日本国民精神创伤实施的"疗愈",却表明对于战争记忆,作家并未超越民族主义的文化立场,他对战争记忆的追溯也并未构建出一种批判性的历史意识。[②]

三、关于村上文学中译本的论争

村上文学之所以能够成为20世纪末至今最受欢迎的外国文学并在中国吸引庞大的受众群体,除去中国社会对外国文化接受度的变化等外在因素,最重要的内因还是要归功于译者林少华的翻译风格。从1989年翻译出版《挪威的森林》开始,林少华独自承担了近40部村上作品的翻译工作,被戏称为"林家铺子"。然而,就在林译本获得广泛赞誉并为村上文学赢得了无数中国读者之时,来自国内外的有关林译本的论争也开始甚嚣尘上。这一论争的热烈程度、持久性和影响面都超乎想象,以至于有学者把它和1995年的《红与黑》汉译论争相提并论,并进行了比较研究。[③]

在此次论争中,对林译本持有批评意见的代表学者是东京大学文学部的藤井省三,他在题为《论村上春树的汉语翻译——日本文化本土化与中国本土文化的变革》一文中指出了林译村上文学存在的错译漏译现象,并援用劳伦斯·韦努蒂的翻译理论对林少华的翻译观提出了批判。由于藤井本人是中国文学,尤其是鲁迅文学的研究者,他还在论文中把村上文学的翻译问题放到中国近现代文化交流的大背景下进行探讨,认为村上本人通过翻译受到鲁迅的影响,而其自身的作品又通过翻译对中国当代

---

① 《国外文学》2010年第4期。
② 《外国文学评论》2010年第1期。
③ 见邹东来、朱春雨的论文《从〈红与黑〉汉译讨论到村上春树的林译之争》,《外语教学理论与实践》2011年第2期。

文学也产生了影响。① 对此,林少华在题为《文体的翻译与翻译的文体》的论文中阐述了自己的翻译观。他认为自己的译本在一定程度上忠实传达了原作的文体,但并非百分之百的所谓等值翻译。这是因为,文学翻译既然是再创造的艺术,就必然有译者个性即译者文体介入其间。换言之,文学翻译只能是原作者文体和译者文体、或者文体的翻译和翻译的文体相妥协相融合的产物。②

2009年是论争最激烈的一年,国内的日本文学研究者纷纷撰文发表了自己的观点。比如:王志松的《翻译、解读与文化的越境——也谈"林译"村上文学》通过多个文本比较分析指出,林译本的质量要高于其他几个村上译本,是最终占领中国大陆读书市场的重要原因之一。他还进一步探讨了"林译"在21世纪之交中国的文化背景下所扮演的文化角色,指出其独特的文体和独到的解读既有消解主流话语的一面,但也存在着回避现实的危险。③ 王成的《翻译的文体与政治——"林译"文体论争之刍议》通过比较"林译"夏目漱石的《心》和村上春树的《挪威的森林》的翻译文体,指出"林译"文体存在的问题,同时,也对批评林少华翻译思想的观点进行了反驳。④ 杨炳菁的《文学翻译与翻译文学——林译村上文本在中国大陆》从文学翻译与翻译文学两个方面对林少华在村上文本的译介过程中所起的作用进行了探讨,并指出在文学翻译方面,林少华的翻译观体现了我国一个多世纪以来"归化"为主的翻译理念。林译文本在传播以村上文学为代表的日本当代文学这一过程中发挥了巨大的推动作用。在翻译文学领域,林少华的翻译对解读村上文学起着导向性作用。而林少华所撰写的有关村上文学的研究性文章一方面起着深化阅读的作用,同时也在某种程度上造成了目前国内村上文学研究的单一化倾向。⑤ 林璋的《文本的翻译与评说——以林少华译〈挪威的森林〉为例》讨论的是文本产生的过程以及在这个过程中的翻译技术问题。翻译技术包括分析技术和表达技术,分析技术又包括原文文本的分析技术和译文文本的分析技术。他以林少华译《挪威的森林》为例,对原文文本和译文文本进行技术

---

① 《日语学习与研究》2009年第1期。
② 同上。
③ 《日语学习与研究》2009年第5期。
④ 《日语学习与研究》2009年第1期。
⑤ 《日语学习与研究》2009年第5期。

分析。分析结果显示,翻译中是否运用分析技术会直接影响译文成败。[①]

另外,还有学者试图通过不同译本之间的比较来辨析各个译本的优劣,比如于桂玲的《从〈舞 舞 舞〉的三种译本谈译者的翻译态度》结合原作对比研究三种译本,分析各自特点及共同点,结合时代背景探讨翻译过程中经济、文化等社会因素对译者的影响,阐释全球化背景下西方翻译理论对我国传统翻译理念的冲击,指出译者应该最大限度隐藏自己,再现源语言文化。[②];饶永伟的《从功能主义目的论看归化翻译与异化翻译的选择——以村上春树〈寻羊冒险记〉中译本对比为例》以村上春树《寻羊冒险记》的林少华版和赖明珠版的两个中文译本为例,从翻译学界中德国功能主义目的论的角度来分析在具体翻译过程中归化翻译和异化翻译的选择问题和翻译标准。[③]

这场论争从表面上看是翻译方法、翻译理论上的争鸣,林译本只不过作为实例用来佐证各家的翻译观而已,但在翻译观点的背后,却是不同意识形态之间的交锋与碰撞。

综上可见,国内学界对于村上文学的研究视角正在不断地向纵深化方向发展和变化,最终目标应该是与国际学术研究接轨,并获得在国际日本文学研究领域中的话语权。

---

① 《日语学习与研究》2009 年第 5 期。
② 《外语学刊》2010 年第 6 期。
③ 《文学界》(理论版)2013 年第 1 期。

细解西方对东方的误读
——剖析《吉檀迦利》在英美的接受

曾 琼

【作者简介】 曾琼,天津外国语大学比较文学研究所副教授,研究方向:中印比较文学,印度近现代文学。

学界在讨论《吉檀迦利》在英国、美国的接受时,经常使用"误读"一词,但实际上,如果"误读"一词可以用来概括诗集在英、美的传播与接受情况的话,那么这个词所要包含的内容注定将十分丰富和复杂。

《吉檀迦利》最初是在英国出版,也是从那里开始掀起遍及整个欧洲乃至世界其他地区的《吉檀迦利》热潮。1912年7月英国印度协会第一次出版了《吉檀迦利》,同年10月,麦克米伦公司将诗集正式出版,从这时开始到1913年泰戈尔获得诺贝尔文学奖之前,《吉檀迦利》在英国重印了13版[①]。20世纪30年代之后,虽然泰戈尔作品在英国的阅读范围逐渐缩小,但《吉檀迦利》仍有出版。1951年,麦克米伦公司重印《泰戈尔诗歌戏剧集》,《吉檀迦利》被收入其中,2005年伦敦企鹅经典书丛出版了由伦敦著名孟加拉语文学专家、诗人威廉·莱蒂斯(William Radice)选编的《泰戈尔诗选》,其中收入了《吉檀迦利》中的部分诗歌。

在讨论《吉檀迦利》在英国的接受和影响情况时,笔者认为以1920年为界是比较恰当的。在1920年以前,从1912年英国发现《吉檀迦利》到1913年泰戈尔获得诺贝尔文学奖,再到泰戈尔的其他诗集在英国纷纷出版,这段时间英国评论界和读者对泰戈尔的作品都保持了相当的热情。但是随着1919年阿姆利则惨案的发生,泰戈尔公开宣布放弃英国爵位,

---

① Cf. Compiled and Edited by Kalyan Kundu, Sakti Bhattacharya, Kalyan Sircar, *Imagining Tagore*: *Rabindranath and British Press* (1912—1941):*Introduction*, Calcutta: Shishu Sahitya Samsad, 2000, xiii.

英国评论界对泰戈尔的注意力开始转移,不再较多地关注他的文学作品,事实上,也可以说它对泰戈尔的态度也越来越冷淡,这一点从1920年泰戈尔再返英国时,英国报界对其的报导可以明显看出。因此,1920年可以看作一个分水岭,在这之前和之后《吉檀迦利》在英国所受到的待遇有着截然的区别。

在英国新闻界,对《吉檀迦利》最早的评论出现在诗集出版之前。1912年7月13日《泰晤士报》报道了7月10号叶芝、罗森斯坦为欢迎泰戈尔所举行的晚宴,刊发了叶芝所朗诵的《吉檀迦利》诗歌中的两首,即第95首与第22首,同时刊登了泰戈尔的答谢致辞。紧接着,在7月16日《泰晤士报》又发表了一篇专门针对《吉檀迦利》的题为《艺术战胜环境》的评论文章,对诗集给予了高度评价,称它让英国人相信了不仅只有一种传承于希腊文明的艺术,并且意识到了艺术繁盛于几乎所有时代和所有人之间,且对人的精神来说是同样的优秀和有价值。文章最后对泰戈尔的诗表现了充分的信心,"伟大的艺术将会广为人知,因为它表达了永恒的价值,并使我们相信在所有时代和国家,人类的心实际上是一样的。"[①]同年11月7日,在《吉檀迦利》出版之后,《泰晤士报文学增刊》又发表了专门的评论文章,在这篇题为《泰戈尔先生的诗歌》的文章中,作者对诗歌的思想和艺术水平都给予了极高的评价,称现在英国的诗歌正面临着艺术与思想分离的问题,而《吉檀迦利》则轻而易举地解决了这个问题。此外,文章还引用了《吉檀迦利》中的多首诗歌,将它们与英国著名宗教诗人乔治·赫伯特(George Herber)和法国著名画家夏尔丹(Chardin)的作品相提并论,认为泰戈尔为英国已经堕落了的诗歌创作指明了出路和方向,英国的诗歌就应当写成这样。除《泰晤士报》之外,当时英国的主要报纸如《雅典娜报》《国家报》《威斯敏斯特报》《曼彻斯特卫报》等都对《吉檀迦利》进行了评论。当然其中也不乏批评之声,如《雅典娜报》的专文就曾评论说《吉檀迦利》无论在韵律还是长度上都让人想起圣经的《诗篇》或《所罗门之歌》,但其基调不是温暖和被动性,对于西方读者来说,"必定会怀疑

---

① "The Triumph of Art Over Circumstances," *The Times* (16, *July*, 1912), Compiled and Edited by Kalyan Kundu, Sakti Bhattacharya, Kalyan Sircar, *Imagining Tagore: Rabindranath and British Press* (1912—1941), p. 7.

它是否真的与它所着重表现的生命最深刻的含义是一致的。"① 但这种批评并不是主流,也并未影响当时整个评论界对《吉檀迦利》的赞赏,甚至《雅典娜报》自己也很快投入到了对泰戈尔的作品的褒扬之中。同时这种由《吉檀迦利》激发起来的兴趣也扩展到了泰戈尔的其他作品上,在诗集之后于 1913 年 5 月上演的《齐德拉》《邮局》两剧都得到了高度评价,尤其《邮局》更是广受好评,甚至连保守派报纸《晚间标准报和圣詹姆斯报(The Evening Standard and St. James's Gazette)》也称在其中可以发现"最深刻的意义"。1913 年 11 月泰戈尔获得诺贝尔文学奖的消息传出,各大报纸纷纷予以报导,称《吉檀迦利》是"朴素""充满灵感"的宗教诗歌。总的来说,这一时期的评论主要针对的是《吉檀迦利》。英国报纸的观点与叶芝的序言以及罗森斯坦等人的观点一个最大区别在于,尽管它们都承认诗集具有极大的文学魅力,但英国报界更普遍地倾向于认为诗集纯洁、简单、直接的美或远接欧洲的宗教诗歌传统,重现了欧洲已不幸遗失了的基督教传统精神的内涵,"这本书一次又一次地回应着特拉赫恩(Traherne)、赫伯特(Herbert)和沃恩(Vaughan)②",③或近承华兹华斯等浪漫派诗人,"他(指泰戈尔,笔者注)的很多读者,甚至英文读者很可能没有意识到他所要说的东西的本质已经被说过了,被华兹华斯更有效地说过了——因为更广泛也更世俗的内容而更有效,更多人性而较少神秘性",④ 而泰戈尔让人欣赏的则是他的简单和朴素。

诺贝尔文学奖进一步促进了普通读者对《吉檀迦利》的关注,该年 12 月 13 日的《新政治家报》一篇署名文章指出,自从诺贝尔奖颁发以来泰戈尔作品的销量在英国和美国都出现了猛增,因为这个奖项更像是一种保

---

① *The Athenaeum* (16, *November*, 1912), Compiled and Edited by Kalyan Kundu, Sakti Bhattacharya, Kalyan Sircar, *Imagining Tagore: Rabindranath and British Press* (1912—1941), p. 10.

② 托马斯·特拉赫恩(Thomas Traherne, 1636—1674)、赫伯特(George Herbert, 1593—1633)和沃恩(Henry Vaughan, 1622—1695),均为英国诗人,前者诗歌具有玄学色彩,后两者均为玄学派代表诗人。笔者注。

③ "East and West," *The Westminster Gazette* (7, *December*, 1912), Compiled and Edited by Kalyan Kundu, Sakti Bhattacharya, Kalyan Sircar, *Imagining Tagore: Rabindranath and British Press* (1912—1941), p. 14.

④ "Rabindranath Tagore: A Biographic Study," *The Athenaeum* (8, *May*, 1915), Compiled and Edited by Kalyan Kundu, Sakti Bhattacharya, Kalyan Sircar, *Imagining Tagore: Rabindranath and British Press* (1912—1941), p. 10.

证,让人们对泰戈尔有了信心。但文章同时提醒读者,泰戈尔的一部分作品"不管其原作是怎样的,就英语作品来看是空洞而单调的"①,作者在这里主要针对的是当时出版不久的《新月集》和《园丁集》。事实上,随着泰戈尔的更多英语诗集的出版,英国报界对《吉檀迦利》的关注逐渐被对新出版作品的关注所取代,而这种针对泰戈尔的其他作品尤其是英语诗集的类似批评也越来越常见。这时《吉檀迦利》被用来作为评价泰戈尔英语诗歌集的一个标准,大部分作品与之比起来都不能让人满意。1916年的《采果集》更是被评论界一致认为不成功,《泰晤士报文学增刊》(1916年11月23日)认为它失去了"韵律的微妙",《国家报》(1916年12月23日)认为它不如泰戈尔以前的作品。

在1920年之前,英国报界对泰戈尔有两次沉默,是耐人寻味、值得注意的。这两次沉默第一次是在1917年上半年,泰戈尔在日本发表了一系列反对西方文明的讲话之后,第二次是在1919年5月30日泰戈尔公开声明放弃英国爵位之后。在第一次尚有为数不多的几家报纸对泰戈尔的发言和1917年出版的《国家主义》一书予以了评论,第二次则仅有《泰晤士报》一家报纸即时对泰戈尔发表声明一事进行了报道。

1920—1921年泰戈尔再赴英国,但英国报界对他的兴趣大不如以前,甚至可以说降到了最低,1920年6月之后,仅有《泰晤士报》一家报纸以6则简讯报道了他在欧洲的行程,每篇简讯仅由两三句话构成。这一时期泰戈尔与英国友人的关系也发生了细微但深刻的转变。1919年6月,由于战争被派往比利时的罗森斯坦给泰戈尔写信,叙述自己在那里并不愉快的生活,但在信的末尾却提到自己所居住的伊普瑞斯(Ypres)在战时具有笔墨无所形容的美,"你不会有一天写一篇关于凄凉之美的文章吗?这里曾经人声喧哗,现在一切都安静了,当自然被破坏时它看上去吸收了由我们的双手带来的后果并将其纳入了怀中,使它变成了它自己的"②,当时正是泰戈尔由于对英国殖民政府在阿姆利则的暴行的愤怒而宣布放弃爵位后不久,因此我们不难理解泰戈尔为什么没有对罗森斯坦

---

① Solomon Eagle,"Current Literature," *the New Statesman* (13, *December*, 1913), Compiled and Edited by Kalyan Kundu, Sakti Bhattacharya, Kalyan Sircar, *Imagining Tagore: Rabindranath and British Press* (1912—1941), p.118.
② Edited, with an Introduction and Notes by Mary M. Lago, *Imperfect Encounter: Letters of William Rothenstein and Rabindranath Tagore* (1911—1941), Harvard University Press, 1972, p.255.

的这封信进行回复。1920年两人重逢时,罗森斯坦对泰戈尔感到失望,他认为泰戈尔已经放弃英国投向了美国,而泰戈尔则遭到了许多以往友人的有意回避。这时叶芝对泰戈尔作品和泰戈尔本人的热情也已经冷却,他在一场晚宴上朗诵了《吉檀迦利》中的几首诗歌,之后泰戈尔又用孟加拉语演唱了一遍,但显然1912年那种诗一般的气氛已不复存在。比阿特丽斯·韦伯(Beatrice Webb)①甚至尖刻地指责泰戈尔对英国的批评是因为他不了解现实,对西方政府、工业组织、民族主义和科学一无所知,"他不满意只做先知和诗人……他必须要批判行动的人,律师、行政人员和政治家,甚至科学工作者。这完全是无意识的和精神上的傲慢,我认为,他这种最高正义的包含一切的意识(与行动的人相比)要归咎于这位神秘主义天才所寄身于其中的奉承氛围。"②这种对泰戈尔的并不公正的评价可以说是当时英国对泰戈尔的代表性观点之一,由此也可以看出泰戈尔受到冷落的一些原因。1925年到1926年,泰戈尔又一次来到英国,这次由于1925年《红夹竹桃》等新的著作的出版以及泰戈尔与墨索里尼政府之间的故事,英国评论界对他的关注度有短暂的回升,但并没有重新唤起英国对泰戈尔的热情,以至于爱德华·汤姆逊的泰戈尔传记《诗人与戏剧家》的修订本在1926年甚至难以找到出版商。1941年泰戈尔逝世,这次英国报界给了高度关注,各大报纸纷纷报道了这一消息并刊发了一些名流的悼词。在这些报道中,一般都将泰戈尔首先定义为《吉檀迦利》的作者,并称《吉檀迦利》是"令人尊敬的散文译作","神秘主义的和富有想象力的诗歌",是泰戈尔"最好的作品",但对于泰戈尔晚年的反帝国主义、反民族主义以及反英国对印度的统治等活动,几乎所有的评论都没有提及。

  综观1912年到1941年泰戈尔在英国的接受情况可以看到,在最初的两三年中,《吉檀迦利》是英国最为关注的对象,同时它也是泰戈尔进入英国视野的一个引子,随着泰戈尔形象在英国的越来越全面的显现,《吉檀迦利》和作为诗人乃至文学家的泰戈尔逐渐不再是英国关注的焦点,但这个更加丰满的泰戈尔形象并不为英国所接受和欣赏,因此《吉檀迦利》

---

  ① 悉尼·韦伯(Sidney Webb)和比阿特丽斯·韦伯(Beatrice Webb)夫妇,英国著名社会学家、经济学家和改革家,曾在1911—1912年游历印度,到过孟加拉地区。笔者注。
  ② Krishna Dutta & Andrew Robinson, *Rabindranath Tagore: the Myriad-Minded Man*, New Delhi: Rupa, 2006 (fifth impression), pp. 226—227.

和泰戈尔一起,在英国经历了最初的荣耀、遭遇了最终的偏见。

对于形成《吉檀迦利》和泰戈尔在英国的这种接受情况的原因,主要是《吉檀迦利》当初在西方的盛行和能获得诺贝尔奖的原因,学界有一定的论述,其原因一般是归结为文化的误读,其中既包括叶芝对诗集中神秘主义和东方色彩的强调,也包括西方评论界认为它具有深厚的欧洲传统。此外也有论述论及了当时欧洲的整体社会环境,《吉檀迦利》为一战前夕战争阴影笼罩下的欧洲心灵送去了安宁与抚慰。这些原因可以恰当地解释《吉檀迦利》的成功,但无法涵盖《吉檀迦利》和泰戈尔的陨落。首先,就文学作品本身来说,应该承认在《吉檀迦利》之后出版的众多泰戈尔英语作品,尤其是英语诗集,没有哪一部能再像它一样获得如此高的评价,而对其他诗集的最初以及最大的指责也是指向它们的语言,甚至连紧接着《吉檀迦利》出版的《新月集》《园丁集》也无法幸免于此。诗歌是语言的艺术,不管其内在的思想多么美妙,当它失去了语言这一要素,其艺术性就受到了无法弥补的损害。虽然后来的作品并不全是泰戈尔自己翻译的,但它们全都归于泰戈尔名下,泰戈尔的文名无疑受到了这些质量不均的译作的影响。因此,尽管英国评论界一直承认《吉檀迦利》是一部杰出的译作,但它也仍然表示了对泰戈尔的其他作品的失望,甚至认为泰戈尔的英语在当今已经过时了。用过时的语言写成的作品,定然无法赢得读者的青睐。其次,从泰戈尔自身来看,他自身的丰富性远远超出了英国评论界和文人的预料。叶芝是最初对《吉檀迦利》最热情的文人之一,他在序言中对诗歌所具有的神秘主义和东方主义大加赞赏和强调,应当说他的这种评价与其自身的文学追求有着密切的关系。叶芝是一位爱尔兰诗人,他的祖国同样也在英国的统治之下,他曾积极参加爱尔兰民族主义运动,一直致力于发现和重建爱尔兰艺术的典范,并对神秘主义极感兴趣,其晚年的著作《幻景》更是他神秘主义思想的集大成之作,代表了他的整个哲学体系。对于这样的叶芝来说,《吉檀迦利》无疑同时满足了他这两方面的需要。如果泰戈尔一直能保持叶芝为他设定的神秘主义诗人的形象,那么他与叶芝的友谊可能将持续得更久。但事实是,泰戈尔不是一个叶芝想象中的神秘主义诗人,相反的,在很多时候他表现出现实主义的一面。他的《家庭与世界》《戈拉》以及众多的短篇小说,无论如何也不能归于"神秘主义"。泰戈尔的丰富性注定了他无法被装进叶芝为他设定的好的框架之内,这也注定了他与叶芝必将分道扬镳。对于英国评论界来说,这样的情况同样存在。当他们认为泰戈尔的创作植根于英国基督教的传统和英国文学传统之中时,他们却遭遇了泰戈尔对西方文化的批判甚至是放弃英国的爵位,这对英国评论界来说无疑意味着一种背叛。彼时英国统治印度已经一百多年,其宗主国的优越感和对印度文化的轻视使他们很难接受一个作为批判者甚至反对者的泰戈尔。而同时,随着越来越多的泰戈尔作品被翻译成英语,蕴含在那些作品中的与英国基督教传统和英国文学异质的成分也日益明显,在这样的双重作用下,英国评论界对泰戈尔的冷淡也几乎成为一种必然。

"二战"结束以后,在英国对《吉檀迦利》的关注逐渐有所增加,尤其是学界试图从一个更为客观和公正的角度去理解泰戈尔和他的作品。玛丽·雷格(Mary Lago)在她的《还原罗宾德拉纳特·泰戈尔》一文中以时间为主线,清晰而细致地梳理了泰戈尔在英国和美国的接受情况,并指出现在学界所需要的是更多的关于泰戈尔的原始材料,更多的孟加拉语译作(包括泰戈尔的诗歌和传记),以便可以重新描绘一副更真实的泰戈尔肖像。①

诺贝尔文学奖与《吉檀迦利》和泰戈尔在美国的传播与接受之间同样存在着莫大的关系,在诺贝尔文学奖颁发之前,尽管《吉檀迦利》已经在美国出现、泰戈尔已经完成了他对美国的第一次访问,但这本诗集和诗人在美国都只在以诗人为主的小范围内为人所知。而正如诺贝尔文学奖在世界其他地区所引发的轰动效应一样,1913年11月之后,诗集与诗人在美国也迅速成为一个传奇。但这个传奇并不持久,1930年泰戈尔最后一次访问美国,可以看作是《吉檀迦利》与泰戈尔在美国命运的另一次转折,这之后,具有传奇色彩的泰戈尔逐渐淡出了美国大众的视野,但《吉檀迦利》却作为世界文学经典之一留存了下来。

在泰戈尔获得诺贝尔文学奖之前,第一个将《吉檀迦利》引入美国读者视野的是诗人庞德(Ezra Pond)。在将《吉檀迦利》和泰戈尔推荐给西方读者时,庞德与叶芝在早期都是强有力的推动者。1912年9月,早在与泰戈尔谋面之前,庞德就开始给时任芝加哥《诗歌》杂志编辑的哈丽特·门罗(Harriet Monroe)写信,称泰戈尔的诗歌"将成为这个冬天的轰动",10月他又再次致信哈丽特,叮嘱她在下一期杂志中为泰戈尔的诗歌预留篇幅,同年12月,6首《吉檀迦利》中的诗歌刊登在了第3期《诗歌》

---

① Cf. Mary Lago, "Restoring Rabindranath Tagore," in Mary Lago and Ronald Warwick edts. *Rabindranath Tagore: Perspectives in Time*, Macmillan Press, 1989, pp. 21—22.

杂志上，同时附有一篇庞德所写的简短赏析，这也是《吉檀迦利》在美国的首次亮相。随后，《吉檀迦利》与泰戈尔逐渐进入了美国诗人和一部分知识分子的视野，这其中包括哈丽特·门罗、哈丽特·穆迪（Harriet Moody）、哈佛大学教授詹姆斯·H.伍兹（James Houghton Woods）和艾略特等。哈丽特·门罗既是《诗歌》的创始人和编辑，又是一位文学批评家，她同时还是庞德、艾略特等诗人最初的庇护者和支持者，她将《吉檀迦利》称为"关于赞美的圣诗"，称泰戈尔为"安详高贵的孟加拉桂冠诗人"。哈丽特·穆迪是诗人和剧作家威廉·V.穆迪的遗孀，她的家在当时是美国不少著名诗人的聚会之所，而据哈丽特·穆迪的传记称，那段时间与泰戈尔的接触，使得新寡之后陷入迷失的哈丽特"生命的机器、她真正的生命，又重新开始运转"①。詹姆斯·H.伍兹是哈佛大学印度哲学的教授，他不但邀请泰戈尔去哈佛大学进行讲座，甚至在后来自费资助出版了《吉檀迦利》的一个美国版本，并将所得收益赠与了位于圣地尼克坦的国际大学。这个时期已经小有诗名的艾略特正在哈佛大学学习哲学，他听取了泰戈尔的一场讲座，据他在哈佛的一位同学称，艾略特实际上的确曾被泰戈尔所触动。② 此外，还有一位在美国的孟加拉人 B. K. 罗易（Basanta Kumar Roy）对于《吉檀迦利》初期在美国的传播功不可没。他利用自己的语言优势，翻译了许多评介泰戈尔及其诗歌的孟加拉语文章，同时他自己也写作了不少论文并创作了美国第一部泰戈尔传记。尽管如此，这一时期《吉檀迦利》在美国仍只限于小范围内被欣赏，并未引起大众的广泛注意，诗集也只在有限的次数内在一些评论刊物上被间接提及。在此期间关于《吉檀迦利》的最具价值的评论是 1913 年 5 月刊发于《北美评论》(North American Review)、由英国女作家梅·辛克莱所写的《吉檀迦利：或，罗宾德拉纳特·泰戈尔的献歌》(The Gitanjali; or, Song offerings of Rabindra Nath Tagore)一文。梅·辛克莱 1912 年参加了在罗森斯坦家举办的那次著名的朗诵会，她在专文中对《吉檀迦利》予以了高度的评介，这篇文章在美国得到了广泛的阅读。随后在纽约的《国家(Nation)》杂志上出现了第一篇由美国人写作的关于《吉檀迦利》的评论，题为《来自孟加拉的浪漫》(Romance from Bengal)。

---

① Krishna Dutta & Andrew Robinson, *Rabindranath Tagore: the Myriad-Minded Man*, p. 172.
② Cf. Ibid., p. 173.

诺贝尔文学奖的颁发迅速改变了这种状况,《吉檀迦利》在诺贝尔奖的光环之下在美国成为一股热潮,当时有美国报纸将之称为"狂热"。《纽约时报》将《吉檀迦利》列入1913年年度百部畅销书之列,到1914年底,美国已经出版了两部泰戈尔诗集,三部戏剧和一本散文集。虽然《纽约时报》在一开始对《吉檀迦利》和泰戈尔的成就表示出了怀疑和不确定,但它之后迅速地改变了立场,表达了对诗人充分的承认和肯定。《晚间邮报》(Evening Post)则一开始就表现出对《吉檀迦利》和泰戈尔的欣赏,认为泰戈尔比吉卜林更能胜任联结东西方这一任务,并指出泰戈尔比吉卜林更值得诺贝尔奖青睐。尽管庞德在1916年就已经开始明确表示出他对泰戈尔的不满,但在诗人中仍不乏钟情于泰戈尔者,如诗人哈特·克莱恩(Hart Crane)的《航海》(Voyages)一诗就被认为是受到了《吉檀迦利》的影响。除了在获得评论界好评之外,《吉檀迦利》还获得了当时美国普通大众的喜爱。"毫无疑问,他(指泰戈尔,笔者注)对个人的高贵和最高潜能的自由发展的强调在美国人心中引发了共鸣。"① 在写给泰戈尔的信中,有人讲述了她是怎样在家中为一位残疾人大声朗读《吉檀迦利》,有人则称泰戈尔表达了上帝的爱。② 从这一时期开始到1930年底,泰戈尔曾先后4次访问美国,并在美国出版了多部作品,发表了多次演讲,这些作品和演讲的主题并不仅限于文学,尤其是演讲,所涉及的往往是宗教、政治等题材,这一方面说明了泰戈尔的多才多艺,但另一方面无疑也模糊了他的诗人和文学家的身份。

《吉檀迦利》的成功与泰戈尔其他诗集在美国所受到的冷遇形成了鲜明对比。在1913年和1914年出版的《园丁集》和《新月集》并未获得预期的成果,在评论界也反响平平,也许是由于《吉檀迦利》太过于成功,以至于这两部诗集湮没在了它的阴影中。而与此形成对比的是1914年出版的戏剧《齐德拉》引起了较大的反响,值得一提的是这部在孟加拉被认为是败坏道德的作品,在美国却由于被认为是宣传了女性解放而获得了好评。1916年《飞鸟集》出版,却仍没有获得太多的关注,1918年《爱者之贻与渡口集》的出版再次遭到了冷遇,就连一贯支持泰戈尔的《纽约时报》也

---

① Stephen N. Hay:"Rabindranath Tagore in America," *American Quarterly*, vol. 14, no. 3. (Autumn,1962),p. 453.
② Cf. Ibid.,pp. 453—454.

称"……实际上这册(诗集)给人的印象是它是诗的材料而不是诗"①。1921年泰戈尔出版《逃亡者》诗集,同年日本诗人野口米次郎的英文诗集也在美国获得出版,两相比较之下,美国甚至有评论认为野口比泰戈尔更像一位诗人,而泰戈尔更像说教者和寓言作家。对于诗人泰戈尔而言这应该说是一种极为苛刻的批评。1928年出版的《萤火虫》在美国也遭到了与《飞鸟集》同样的命运。但与诗歌的惨淡情形相反,泰戈尔的小说如短篇小说集《饥饿的石头》(1916)、《玛希》(1918)、长篇小说《家庭与世界》(1919)、《沉船》(1921)在美国却均获得了好评,《饥饿的石头》让一度将注意力转移到了泰戈尔的宗教、哲学思想方面的美国评论界再次关注起作为艺术家的泰戈尔,《家庭与世界》则被认为非常现代,其主角同样存在于纽约、伦敦、芝加哥,实际上直到如今这部长篇仍是许多欧美评论文章的分析和解剖的对象。此外,他的散文集如《回忆录》(1917)、《孟加拉语一瞥》(1921)也均被认为是成功之作,展现了泰戈尔写作的多方面的才能。由以上资料可见,在美国作为诗人的泰戈尔是模糊的,尽管最初是《吉檀迦利》这部诗集使他得以进入美国的接受视野之中,但随着其诗集的不断出版,其诗歌方面的成就却受到了不断的质疑,他作为诗人的这一形象也反而越来越暗淡,甚至被作为小说家、散文家的形象所掩盖,这与他在孟加拉和印度的情况形成了鲜明对比。

1930年12月,泰戈尔结束了他对美国的最后一次访问,这同时也可以看作泰戈尔传奇在美国的落幕。这之后直到他逝世,尽管泰戈尔的英文著作仍时有问世,但在美国的大众和媒体间已经很少引起太多的评论。捷克著名印度学者文森特·雷斯利(Vincenc Lesny)所著的泰戈尔传记在1939年被翻译成英文出版,但在美国所获得的关注却几近于无,这与1914年B. K. 罗易的泰戈尔传记所获得的重视形成了强烈的反差,也真实反映出当时大众对泰戈尔的淡漠。

不过这并不意味着《吉檀迦利》已经完全淡出了美国,1942年8月16日的美国《出版者周报》(*Publisher's Weekly*)表示在泰戈尔在美国出版的31部作品中,"有22部仍在出版者当前的列表中。"②此外,据不完全统计,从2001年至2008年,在美国至少出版了5个不同版本的《吉檀迦

---

① Sujit Mukherjee, *Passage to America*, Calcutta: Patna: Allahabad: Bookland Private LTD. ,1964,p. 48.

② Ibid. ,p. 1.

利》,这说明作为一部文学经典,《吉檀迦利》在美国并未被遗忘。

对于作为文学家尤其是作为诗人的泰戈尔在美国的传播与接受,之所以形成上文所述情况,有以下几个因素值得考虑,首先是泰戈尔自身形象的复杂。泰戈尔曾5次到访美国,但他在美国所做的演讲大都与文学没有直接关系,他的主题以宗教、哲学为主,他在美国最受欢迎的作品之一是他的一部演讲集《人生的亲证》,同时他还曾在演讲中阐述自己对民族政治的看法,《民族主义》一书就是他在日本和美国的演讲集,这些无疑增添了他的丰富性,但同时也削弱了他作为文学家和诗人的形象。其次,泰戈尔诗集的英文翻译的确存在一些问题,这其中不但包括翻译的语言,也包括在翻译中所选取的诗歌。应当承认的是,泰戈尔英译诗的内容远不如他的孟加拉语诗歌丰富多彩,这或许也是《吉檀迦利》的成功所带来的负面影响。《吉檀迦利》的巨大成功使得泰戈尔无法对美国读者的更多阅读需求做出确切的判断,从其同类型诗集的失败和其他文学体裁的成功这种对比,我们可以做此推断。这一点,不但适用于美国,同样也适应于《吉檀迦利》和泰戈尔在欧美的大多数国家和地区传播和接受情况。最后,不能忽视的是美国文学尤其是美国诗歌当时所处的特殊时期。20世纪初是美国诗歌的转型时期,现代主义诗歌是新的诗歌发展方向,在这样的诗歌背景之下,泰戈尔所呈现给美国诗人和读者的过于单调的诗歌类型注定无法满足他们的阅读期待。

《吉檀迦利》在英国和美国成功的原因有很多相似之处。这首先是因为它是一部成功的译作。尽管泰戈尔对自己在《吉檀迦利》中所做的翻译缺乏信心,但在这部译诗集却获得了英语读者的充分肯定。叶芝和庞德都对这部译作的文字予以了高度评价,"我对自己的英语几乎没有什么信心——但他(指叶芝,笔者注)确定地说任何认为我的英语需要改进的人都对文学没有概念。"[1]庞德在读完诗集之后写道:"请留意它的形式如十四行诗么么幽美,富有纤细而又强烈的音乐感。请注意诗的韵脚,重音在第一个词,随后在第三、第四个词上,韵律胜过扬抑格。"[2]对于文学接受来说,文本是最基本也是最根本的先决条件,《吉檀迦利》的英文译本是一部优美的英文诗集,这是它能迅速风靡英语世界的重要原因。对于这部

---

[1] Rabindranath Tagore, Selected and edited with an introduction by Uma Das Gupta, *My Life in My Words*, Penguin Group, 2006, p.162.

[2] 克里希那·克里巴拉尼著:《泰戈尔传》,倪培耕译,漓江出版社,1984年,第268页。

诗集的文学性的肯定,并不仅仅是限于20世纪初。2001年出版的《牛津英语翻译文学导读》对作为英文诗集的《吉檀迦利》仍然予以了极高的评价:"在曾以英语译本出版过的印度文学作品中,他的变形了的《吉檀迦利》仍可能是最受欢迎的著作,同时也是非欧洲语言作品中最著名的译作,仅次于《鲁拜集》(菲茨杰拉德对它的翻译十分缺乏忠实,他所做的改编众所周知)和纪伯伦的《先知》。"①其次诗集的成功也得益于其内涵的丰富性。叶芝在诗集中发现了他"一生梦寐以求的世界","一种诗和宗教是同一的传统",②庞德在其中看到了"深邃宁静的精神",发现了"新的希腊",英国评论界则或在诗集里看到了英语宗教诗歌的传统,或发现了英语抒情诗歌的痕迹,美国的普通读者在诗集中感受到了人的尊严与上帝的爱。不管不同的读者看到的是什么,他们都在《吉檀迦利》中找到了能与自己产生共鸣的东西,从接受美学的角度来说,《吉檀迦利》通过了他们的"期待视野"的筛选,与阅读主体的审美心理发生了作用。第三,当时英美众多著名文人墨客对《吉檀迦利》的热情赞扬极大地提升了它的知名度,促成了它的风行。最初在英美评论界出现的对《吉檀迦利》予以好评的评论文章,大部分都是出自当时的文艺名人笔下,罗森斯坦、叶芝、庞德、梅·辛克莱、欧内斯特·里斯、伊芙琳·昂德希尔……作为当时英美文艺界的知名人物,这些人的观点起着风向标一般的作用,引导着评论界和大部分普通读者的评价取向。这些人当时基本上都与泰戈尔交好,或对泰戈尔怀着真诚的热情和喜爱,他们对《吉檀迦利》的称赞,不管其中包含多少误读,甚至有些在今天看来可能有溢美之嫌,在20世纪初在英、美两国促成并大力推动了对这部诗集的阅读热潮,而诺贝尔文学奖则将这次热潮推向了顶峰。

《吉檀迦利》在20世纪上半叶在英、美两国的陨落也有着相似的原因。这首先是因为它受到了后来出版的泰戈尔的其他的诗集的连累。在《吉檀迦利》之后,泰戈尔在英、美两国又陆续出版了11部诗集——其中有5部是在他逝世后出版。但这些诗集并没有获得预期的成功和反响,两国的评论界都纷纷表现出对诗集艺术性的质疑。在这样的质疑下,泰

---

① Edited by Peter France, *The Oxford Guide to Literature in English Translation*, Oxford University Press, 2001, p. 460.

② W. B. Yeats, "Introduction", in Sir Rabindranath Tagore, *Gitanjali and Fruit Gathering* (*New Illustrated Edition*), The Macmillan Company, 1918, xiv.

戈尔的声誉也受到了极大的伤害,因此尽管《吉檀迦利》被认为是一部优秀的诗集,但它也受到了这种对泰戈尔英语诗歌整体艺术水平的怀疑的牵累,难以"独善其身"。其二,英美两国对泰戈尔关注点的变化。一方面,由于泰戈尔在两国均举办了多场关于宗教、哲学的讲座,使得评论界转而关注他的宗教哲学思想,将他作为一个宗教哲人来看待,另一方面,随着英美政治局势的变化,对泰戈尔的政治方面的关注也越来越多。泰戈尔在1919年宣布放弃英国爵位,这对其宗主国英国而言更像一种背叛。玛丽.M.雷戈则认为,B.K.罗易对泰戈尔所做的"印度民族主义诗人"的界定——尽管罗易将泰戈尔的民族主义定义为人道主义的和广泛的——在美国产生了极大的误导作用,因为那时任何将一个印度人与民族主义挂钩的言论都肯定会使得人们的注意力从文学转向政治。在这样的文化背景之下,《吉檀迦利》也随着作为诗人的泰戈尔的被忽略而遭到了忽视。最后,叶芝、庞德等人对泰戈尔态度的转变加速了《吉檀迦利》在当时的陨落。这一时期,叶芝与庞德都公开表示过对泰戈尔的新的英语诗集的不满,叶芝认为泰戈尔的英语是"外国人的英语",庞德认为诗人应该使用自己的母语来创作。

菲律宾古代史诗中的神秘主义信仰研究[①]

吴杰伟

【作者简介】 吴杰伟,北京大学东方文学研究中心、北京大学外国语学院教授。研究方向:菲律宾文化、东南亚文化和中外文化交流研究。

史诗是菲律宾古代民间文学发展的顶峰,特别是英雄史诗,不仅具有很高的文学成就,而且在菲律宾群岛广为流传。在少数的史诗艺人、独特的叙事风格、丰富的史诗主题和世代民间传承所组成的民间文化体系中,史诗处于一个核心的地位。早期菲律宾民族能够进行读写的人并不多,所以,相比于文字材料,菲律宾的口头传统、口头作品更为发达。西班牙人占领菲律宾以后,西班牙传教士大量毁坏当地的文字材料。在那以后,菲律宾的口头材料成为研究菲律宾早期文化的重要材料。菲律宾是民俗和民族文化的博物馆,近百个民族拥有丰富多彩的民间文学。近一百多年来,民俗学家已经搜集、整理和出版了二十多部菲律宾各民族的英雄史诗。主要包括伊洛戈族(Ilocos)的《拉姆昂传奇》(*Ti Biag ni Lam-ang*)、伊富高族(Ifugaos)的《阿里古荣》(*Hudbud hi Aliguyon*)、卡林加族(Kalingas)的《乌拉林》(*The Ullalim*)、苏洛德族(Sulod)的史诗《希尼拉沃德》(*Hinilawod*)、《库达曼》(*The Kudaman*)、《图瓦安参加婚礼》(*Tuwaang Attends a Wedding*)、《阿戈尤全集》(*The Agyu Cycle*)、马拉瑙族达冉根(Darangen)中的《班杜干》(*Bantugan*),以及一些学者收集到史诗文本,如马拉卡(E. Malagar)的《督玛利瑙的英雄古曼》(*Guman of Dumalinao*)和瑞斯玛(V. Resma)的《桑达尤的传说》(*Keg Sumba. Neg Sandayo*)等。仍有新的史诗文本在不断涌现,例如在菲律宾南部的巴拉

[①] 教育部人文社会科学重点研究基地北京大学东方文学研究中心自主课题。(编号 12DFWXZZ2)

望地区,就有关于马密敏宾(Mämiminbin)追求自己妻子的史诗。① 也有新的史诗版本重新记录、整理、出版,如霍奈德(Florentino H. Hornedo)重新记录并出版了《拉姆昂传奇》。② 这些新的资料一方面扩展了原有史诗的数量与规模,另一方面,在原有资料的基础上,对史诗的民族文化、表演形式(如霍奈德的文本区分独唱和合唱部分)、与其他民间文学(如神话)的联系等方面,都进行了深入的阐释。

史诗与信仰之间的关系

菲律宾的早期文化,是一个口头传统发达,而文字传统相对薄弱的文化形态。这样的文化传统在现代社会中表现为变化形式多、随意性大的特点。口头传统也是菲律宾文化重要的表现形式,菲律宾社会现今仍然偏好口头表达这种简单、直接的表现手段。他们记忆中的各种口头文学作品是保持传统的重要手段,在捕鱼、婚礼、节日、葬礼、集体劳动的时候,他们都会吟唱传统口头作品。由于发达的口头表达传统,在菲律宾,很难严格地区分史诗和其他口头文学形式。史诗成为了一些早期西班牙历史学家记载菲律宾历史的资料。例如1582年米格尔·德·罗阿卡(Miguel de Loarca)在班乃岛的阿里瓦罗(Arevalo)地区看到:他们拥有两种关于世界起源的信仰,由于人们没有书写的习惯,他们的信仰主要通过歌唱的形式得到表现。他们以一种欢乐的方式来歌唱,例如在划桨的时候。③ 16世纪初的西方探险家或游历者,如帕德雷·科林(Padre Colin),华谨·马丁内斯·德·祖尼加(Joaquín Martínez de Zúñiga)和安东尼·皮加费塔(Antonio Pigafetta,1491—1531)都曾注意到菲律宾史诗的广泛存在。甚至有报道说,当黎牙实比(Miguel Lopez de Legaspi)率领西班牙的

---

① Nicole Revel-Macdonald, *The Quest for a Wife*, *Mämiminbin: a Palawan epic sung by Mäsinu*, Paris: Langues & Mondes L'Asiathèque, 2000.

② Florentino H. Hornedo, *Epics and Ballads of Lam-ang's Land & People*, Manila: UST Publishing House, 2006.

③ E. Arsenio Manuel, "A Survey of Philippine Folk Epics," *Asian Folklore Studies*, vol. 22, p. 4.

远征军来到菲律宾群岛的时候,就曾有原住民呈现带有戏剧形式的表演。①

在菲律宾,史诗也被称作是"民间史诗"(Folk Epics),可能为了区分于作家创作的、文字文本历史较长的史诗形式。菲律宾学者对本土史诗的要素进行了界定,主要可以归纳为:叙述具有一定的长度;②建立在口头传统基础上;包括超自然事件或英雄行为;具有韵文的形式;诵唱或吟唱;具有严肃的主题,表现在信仰、传统以及人们的生活价值观等方面。③在这些形式要素和内容要素当中,精神信仰的内容是伴随始终的。菲律宾史诗存续的时间很长,在长期的再创作过程中,伴随着社会的不断变迁,也伴随着各种不同口头文学形式的互相交流与融合,从而在史诗中呈现出丰富的信仰内容。

菲律宾史诗反映了原住民的原始信仰,反映了外来宗教与原始宗教之间互相交织的过程,也反映了菲律宾民族思想观念变迁的过程。史诗中有关祖先崇拜、神灵崇拜和神秘主义的内容,都深深渗透在史诗中的人物和情节之中。如果我们顺着菲律宾史诗中的人物去审视其中涉及信仰方面的内容,首先映入我们眼帘的会是:与祖先崇拜相联系的灵魂信仰,与自然崇拜、生命崇拜相联系的神灵信仰,与神秘主义相联系的预示征兆、魔法等情节内容。虽然这些内容只是艺术情节,但从文化的角度来

---

① 由于西班牙殖民者在征服菲律宾以后,其统治的主要区域集中在中部和北部的平原地区,因而在平原地区的戏剧表演中受到西班牙的影响更多,在一些高山地区,西班牙的影响则较弱。同样是戏剧表演,在平原地区民族的戏剧表演更多地区分了观众和演员之间的界限,而在高山地区,史诗表演中观众和表演者之间的界限是模糊的。在传统民间史诗表演中,故事情节没有出现宗教冲突的内容,而在西班牙影响下逐渐形成的戏剧表演形式中,宗教之间的冲突成为戏剧冲突中的重要元素。Filemon Palafox & Wilhelmina Q. Ramas, *Philippine Drama: Twelve Plays in Six Philippine Languages*, NSTA-Assisted UPS Integrated Research Program 'A', University of the Philippines, 1987, pp. vii-xii.

② 史诗的叙述长度一般根据史诗文本被记录下来的行数来判断。但史诗在演唱的过程中,每行的停顿并不清楚,表演时间长度并不是很明确,史诗《西尼拉乌德》有不同版本,较短大约需要4个小时,较长的版本大约25个小时。《杜瓦昂》的版本大约需要两个晚上的表演时间。史诗表演的时间长度还和表演者的技巧、表演的场合与环境、史诗故事情节的紧凑程度、史诗的修辞格式有关系。菲律宾的一些史诗在情节上经常出现临时加入情节、情节反复和故事进程突然中断的情形。

③ E. Arsenio Manuel, "A Survey of Philippine Folk Epics," *Asian Folklore Studies*, Vol. 22, p. 3. Damiana L. Eugenio, ed., *Philippine Folk Literature: the epics*, Diliman, Q. C., University of the Philippines Press, 2001, p. xi.

看,基本上都是与传统的民族民间信仰有关。

史诗中信仰体系

菲律宾史诗中的信仰体系主要可以分成三个部分。第一部分是祖先崇拜,主要是通过歌颂祖先的英雄事迹来体现,在表演、仪式中体现祖先的灵魂世界在民族价值观中的影响,是一种隐喻式的信仰形式。第二部分是神灵信仰,既有自然神灵,也有抽象神灵,而且以抽象神灵为主。第三部分是神秘主义,包括超自然的力量(如变换身体)、征兆、魔法等。第三种信仰形式在菲律宾史诗中最为常见。中国学界一般把史诗划分为创世史诗和英雄史诗,而菲律宾学界传统上将史诗划分成浪漫史诗(Romance Epics)和冒险史诗(Adventure Epics)。从划分形式上看,可以体会到菲律宾传统文化中更加强调神秘主义和浪漫主义的内容。三个方面的信仰体系之间,关系并不是非常密切,也没有严格的逻辑关系,可以根据情节需要直接出现,体现了菲律宾早期的信仰体系中存在很大的随意性。

生产活动和社会活动是菲律宾史诗中的主要情节,也是菲律宾早期社会中关注的问题,史诗中的普通物品(如武器、容器、饰品)通过英雄人物而具备神奇的魔力,那么从史诗功能的角度而言,普通民众可以通过信仰史诗中的英雄而获得神性,从而在死后的灵魂世界中获得永生。同时,史诗中的信仰体系,也是历史和现实的一个交汇点。纵向的历史发展脉络为史诗提供了创作的渊源,而以神秘主义为核心的信仰体系则为史诗提供了解决现实问题的途径。

神灵/精灵信仰

与英雄冒险和追求爱情平行,对神灵的信仰构成了史诗情节发展的重要线索。有的史诗以祈祷或召唤神灵作为开篇,既是吸引神灵,赋予史诗颂唱者神圣性,也是吸引听众的注意,获得更好的听觉效果。[1] 菲律宾史诗中的神灵并没有一个核心主神,每个神灵都有自己的功能和领地,在史诗中扮演不同的角色。虽然菲律宾早期社会中广泛存在这万物有灵信

---

[1] Francisco R. Demetrio, "On Human Values in Philippine Epics," *Asian Folklore Studies*, vol. 45, 1986, p. 212.

仰,但是"万物有灵"的思想在史诗中体现并不充分。史诗中的神灵的功能主要和具体的社会活动相联系,没有产生与社会价值、社会道德相联系的神灵。

菲律宾史诗中出现的神灵和神话系统中的神灵是不同的,体现了不同民族之间的差异。每一个村庄都有自己的神灵,这些神灵一般都被称作迪瓦达(divata/diwada),但是每一个神灵的具体名字则是各不相同的。对于麦哲伦带来的圣婴和圣母雕像,则称作"西班牙迪瓦达"。[1] 不同的神灵承担不同的功能,有的神灵负责看护祖先的灵魂,从而将神灵信仰与祖先信仰结合在一起。马拉瑙人相信每个人的灵魂装在密封的罐子里,放在天堂的某个地方。在史诗《达冉根》中就有这样的描述:

> 转过身径直走向一边的桌子
> 桌上摆着很多瓶子,里面装着死者的灵魂
> 少女大声呼喊班杜干王子的名字
> "哦,我亲爱的兄弟,
> 死亡天使把你装在哪里?"这时候
> 一个贴着蓝色标签的瓶子里传出了声音
> 就像是柔和而细小的笛声飘了出来。(881—887)[2]

神秘主义元素

对于天国、永生的朴素追求,是菲律宾史诗的重要主题。人们通过赋予船只以神奇的力量,使海岛地区重要的交通工具和劳动工具成为沟通世间与天国的媒介。《乌洛德》(*Ulod*)是生活在达沃省西北部的玛提萨鲁戈(Matigsalug)人的史诗。乌洛德是史诗中英雄的名字。史诗主要讲述英雄乌洛德营救妹妹,追求心爱女人的故事。乌洛德在赢取少女芳心以后,将少女带回家。他把族人召集到一起,问大家是否愿意一起去天国生活。少女拿出槟榔果分发到每个人手里,并用竹制的吉它与大家一起娱乐。一艘名叫萨林巴(Salimbal)的飞船降落到院子里。乌洛德和族人

---

[1] William Henry Scott, *Barangay: Sixteen-Century Philippine Culture and Society*, Ateneo de Manila University,1994,p.79.

[2] 本文所引史诗原文,如无特别说明,均来自 Damiana L. Eugenio, ed., *Philippine Folk Literature: the epics*, Diliman, Q. C., University of the Philippines Press,2001 所收录的史诗。

一起登上飞船,他们在卡图路桑(Katulussan)的国度中幸福地生活。①

复活是菲律宾史诗中常见的情节。不仅英雄们和重要的配角能复活,有时一个地方死于战争的所有人都能复活。复活的过程需要借助普通物品或日常活动的神秘力量,如玛诺博的英雄杜瓦昂通过吹进生命气息使那些被入侵者杀死的同伴们得以复活。复活的过程也可能是一个漫长而惊险的过程。例如班图甘最好的朋友马达利(Madali)和马巴宁(Mabaning)需要飞到天国,骗过守护灵魂的天使,才能偷到装有班图甘灵魂的瓶子。在史诗《桑达尤》中,波拉克(Bolak)和贝诺朋(Benobong)经历了一场漫长而艰辛的探寻灵魂之旅,最终他们在毗希班(Paksiipan)发现了桑达尤,他的头被安放在一个女人(bae)的膝盖上。波拉克与这个女人战斗数月,最终打败她,救出桑达尤。当波拉克遇害后,轮到桑达尤去寻找她的灵魂,最终他在卡图纳旺(Katonawan)发现了她,在一个房间里,一个大督把头枕在波拉克的膝上。桑达尤也需打败大督才能救回波拉克的灵魂。在为庆祝桑达尤安全归来的祭祀仪式中,当七个女仆和七个男仆被他的父亲斩首后,桑达尤挥舞他的方头巾使他们都复活了,而且比以前更好看了。此外,当冒拉(Maola)在他的王国中挥舞他的方巾时,他的所有被杀死的臣民都复活了,而且人数还增加了。② 拉姆昂则是在动物的帮助下重新复活。

>公鸡高声啼叫
>母鸡扇动翅膀
>轮到身上长着斑点的狗
>长毛狗马上跳出来
>它冲着尸骨叫了两声
>然后用狗爪子
>拨动地上的尸骨
>正如公鸡的预言一样
>尸骨重新获得了生命
>拉姆昂复活了。(1409—1418)

---

① E. Arsenio Manuel,"A Survey of Philippine Folk Epics," *Asian Folklore Studies*, Vol. 22, p. 35.

② Damiana L. Eugenio, ed., *Philippine Folk Literature: the epics*, p. xxxiv.

在《拉保东公》《图拉朗》和《杜瓦昂参加婚礼》等史诗中,英雄不能打败对手是因为敌人灵魂与肉体分离。在《拉保东公》中,英雄的母亲,阿伦希纳(Alunsina)告诉她的孙子,萨拉纳扬(Saragnayan)的灵魂藏在山中的一只野猪的心脏里。于是那巴拉诺贡(Baranugun)和芒卡(Mangga)杀死了野猪,把猪心烤熟了,吃掉。在《图拉朗》(*Tulalang*)史诗中,他的生命守护神通过一个梦境向他展现了对手的灵魂藏在一只大毒蛇心脏中的小瓶子里。图拉朗杀死了大蛇得到了瓶子,然后打败了对手。在《杜瓦昂参加婚礼》中,精灵图哈瓦(Tuhawa)告诉杜瓦昂,萨卡纳(Sakadna)的呼吸(灵魂)被安置在一个金笛里。杜瓦昂打碎金笛,从而打败了对手。

> 他天生不会死,
> 因为他没有呼吸,
> 他没有呼吸的原因
> 是因为藏在
> 一支金笛里
> 曼达纳的普达利
> 保护着它。(1431—1438)[①]

征兆/预示

菲律宾史诗中的征兆,主要表现为一个物体或者一种动物和人有着神秘联系;史诗英雄的命运会通过特定或预设的日常生活情景反映出来;日常生活中出现的情景也会对史诗英雄的活动产生影响。这些征兆或预示也可更直接地理解为禁忌或占卜,通过神秘力量的联系,改变其中一方也将改变另一方。布甘说:"我的容貌并不是坏的征兆,我会给你带来好运。"[②]狗咬了阿波尼托洛的后脚跟,这被认为是一种不好的征兆。"如果藤条上的萎叶(lawed)枯萎了,表示我遇到了危险;如果藤条上的萎叶掉落了,表示我已经死了。"(阿波尼托洛)当阿波尼托洛在儿子的帮助下复

[①] E. Arsenio Manuel, *Tuwaang Attends a Wedding*, Quezon City, Ateneo de Manila University Press, 1975, p. 97.

[②] Artemio R. Guillermo, ed., *Epic Tales of the Philippines*, University Press of America, 2003, p. 19.

活过来以后,他的妻子看到藤条上长出了绿色的叶子,并开出了很多花朵。①《乌拉林》中妇女到泉水边洗盘子,却看到泉水干涸了。这种现象被解释为可能发生可怕的事情。② 在离家去捕鱼之前,拉姆昂告诉卡诺扬,自己会被水里的大鱼吃掉。作为他死去的征兆,

   到时房子的楼梯开始摇晃
   到时厨房的屋顶会掉下来
   到时炉子会裂开。(1322—1324)

  巴拉望英雄库达曼出征讨伐敌人之前,留给他妻子一朵巴拉诺依花(balanoy)。如果花盛开,表示他还活着,如果凋谢,表示他死了。桑达尤告诉女仆,他种下了一棵开花的蒂库兰卡树(tikolanga),他的生命安全通过树的成长显现:"当它发芽的时候,我正准备着盾牌,当叶芽张开的时候,我已全副武装,当它凋谢之时,我已战死沙场。"③

  伊富高的《呼德呼德》中阿丽古荣在开战之前用公鸡祈祷,并用伊道(idao)鸟占卜,他相信鸟的行为(是否啄食)和鸡胆囊的形状能告诉他前途如何。

   他打开公鸡的身体查看
   翻看公鸡的胆囊。(70—71)

超自然的能力

  史诗中的英雄人物都具有特别的超自然的力量,只是英雄人物所具备的能力各不相同,伊富高的《呼德呼德》史诗中的英雄更加贴近普通民众,而不是来自天上的神灵,在四部《呼德呼德》史诗中没有使用超自然能力的描述。而在菲律宾的其他史诗中,如果没有槟榔,没有神力的救助,没有在战斗中使用具有超自然能力的工具,则英雄人物的历险活动无法进行。杜瓦昂具有复活的能力,能够使在战斗中死去的同伴复活,即使有时他不能做到这点,他也可以从天神或女神那里得到帮助。伊富高的史诗只是关注超能力中最基础的部分,而苏洛德族和巴格伯族的史诗对超

---

① Artemio R. Guillermo, ed., *Epic Tales of the Philippines*, University Press of America, 2003, pp. 28, 33.

② Damiana L. Eugenio, ed., *Philippine Folk Literature: the epics*, p. 50.

③ Ibid., p. xxxiv.

能力的描述要更加复杂。①

变化身体是英雄拥有的另一项超自然的能力。卡纳格(Kanag)为了逃避看管稻田的责任,变成一只拉布格鸟(labueg)去追求自由,追求自己喜欢的姑娘。马巴宁为了救回班杜干的灵魂,变成一个少女,骗过死亡天使:

> 马巴宁摇身一变,变成了美丽的少女
> 死亡天使看到有一位少女翩翩走到面前
> 天使寻思道:"从未见过这么美丽的少女
> 她还没有死就来这里了,真是奇怪!
> 也许是神要赐予我这样一位妻子!
> 我和她两人看起来还挺般配。"(840—845)

在史诗《阿戈尤》中,密纳匀(Minayun)为了替父亲报仇,变成一只鳄鱼,潜入仇敌的城堡,消灭敌人。

> 他要改变容貌
> 他要变化体形
> 他要变成一只鳄鱼
> 他要变成一只鳄鱼(5030—5033)

魔法

魔法工具是菲律宾史诗中很常见的一个母题,从对英雄的超凡能力的讨论中可以看到,魔法工具是史诗英雄们神秘能力的一部分。拉布格鸟是神灵之间的信使,槟榔也可以在史诗人物之间传递信息等。一些具有魔法的物品还包括背包、头巾、盾牌、梭镖、斧头等。这些具有魔法的物品,一般都要和召唤咒语配合使用。卡林加族的史诗英雄班纳拥有一个神奇的斧头(Diwaton),这个斧头在他所有事迹中为他杀人。他给它下的一个典型的命令就是:

> 迪瓦顿,我的斧头,
> 你自己去杀死敌人(351—352)

---

① E. Arsenio Manuel, "A Survey of Philippine Folk Epics," *Asian Folklore Studies*, vol. 22, p. 50.

史诗中的英雄人物采用多种多样的交通方式。班纳说道"风使劲地吹,我很快可以追上吉旦"(372—372),他召唤"小云朵、红光束","果断地骑上去"(447—448),奔向他的目标。当拉保东公去追求女人的时候,"亲爱的,我们将穿过,无比广阔的天空,飞过天上的云彩。"(227—229)在他的第三次求爱冒险中,他骑着一只魔法船,呼啸而上,直到他想娶的少女的住地。杜瓦昂则驾着闪电去帮助少女;这个疾驰而过的闪电还可以把他带到莫纳婉(Mo:nawon)的土地上,以参加莫纳婉少女的婚礼。但当他带领他的族人去往天国卡图桑时,他让族人乘坐一只飞船上,他的妹妹和妻子则骑在他的肩膀上。他摇晃肩膀,便神奇地到了天国。马拉瑙英雄班图甘和他的朋友马达利、马巴宁骑着他们的魔法盾牌去旅行。

菲律宾原始信仰的特点

　　史诗是菲律宾早期文化的重要表现形式,从功能上看,史诗具备"娱神"和"娱人"的功能,是原始信仰的表达途径和传承手段。从"娱神"的角度看,史诗表达了对超自然力量的信仰,以及讨其欢心、使其息怒的种种企图。① 从"娱人"的角度看,史诗是菲律宾早期社会的主要娱乐形式,史诗表演是寻找共同文化价值观、归属感的主要手段,是通过现实的方式实现精神追求的手段。一个外族人,或者是一个文化社区之外长大的人,可能可以看到史诗表演中"娱人"的成分,但是可能"感觉不到"史诗表演中"娱神"的成分,看不到史诗表演中"仪式"的成分。② 作为早期社会承载现实的精神娱乐方式,菲律宾史诗是兼顾现实世界和信仰世界的生活形式。史诗中表现最多的,是那些和现实社会生活方式相联系的内容,各种与神秘主义力量相结合的生活方式、生活用品得到了菲律宾史诗的广泛青睐。这些神秘力量能够解决社会生活中的现实问题,直接为现实生活服务。史诗中神秘主义的元素,一方面体现了早期社会的现实需求,另一方面也为史诗情节增加了丰富的文学色彩。

　　菲律宾的超自然信仰具有多种文化源头,其中很多形式可能来自印

---

① 弗雷泽著:《金枝》上册,徐育新等译,北京:新世界出版社,2006年,第50页。
② Maria Stanyukowich,"Epic as Means to Control the Memory and Emotions of Gods and Humans: Ritual Implications of the Hudhud among the Yttuka and the Tuwali Ifugao,"in Nicole Revel edt. *Songs of Memory in Lslands of Southeast Asia*, Newcastle upon Tyne: Cambridge Scholars Publishing,2013,p. 163.

度,或者是印度信仰形式的本地化。① 对比菲律宾史诗中的母题和表现形式,与印度的民间文学母题具有很多相似性,但是两者之间是否具有直接的联系,则没有直接的证据,有可能印度的影响是通过马来世界传播到菲律宾群岛地区的。② 外来文化元素的进入,为菲律宾文化的发展注入了新的活力。在史诗的故事情节中,英雄的历险过程体现了民族文化中自然发展过程,而神灵对于情节的改变(如结束两个民族之间的仇杀)则体现了文化中创新的成分。史诗体现了菲律宾各民族对历史的理解,他们更倾向于神秘主义的力量是推动历史进程和凝聚历史观念的动力。③

史诗不是宣传宗教,而是宣传英雄事迹,因此"史诗的神"和"宗教的神"虽然都出现在菲律宾的早期社会中,但是,两者之间存在着明显的差别。史诗中的神灵不是故事的主角,只是对史诗故事的情节发展产生一定的推动作用,在史诗中属于从属地位,甚至出现的次数都不太多。神灵的作用主要是通过各种具有神秘力量的天使、动物或物品得到体现。可以认为,史诗中神灵的地位处于从属地位。虽然菲律宾早期的宗教信仰中,万物有灵信仰和祖先崇拜是主要的表现形式,但是在史诗中这两种信仰形式并没有得到充分的表现。即使出现大量具有超自然能力的物品(槟榔、武器、头巾等),但这些物品的超自然能力并没有抽象为神灵的形象。这样的故事安排和其他民族史诗中神灵直接参与(或化身成史诗英雄,或直接参与史诗英雄的战斗)史诗故事情节的程式具有很大的不同。甚至可以据此而推测,菲律宾的史诗出现在原始宗教盛行之前,是先有史诗,而后有原始宗教,或者两者平行发展,相互交集很少。而印欧体系的史诗流行于宗教之后,史诗是在宗教思想的指导下创作出来的。

菲律宾民族的历史记忆相对比较短暂,能够提供给民众回忆的空间相对有限。只有当历史故事的讲述者与听众,对即将发生的故事情节有一个大体的了解和把握,才能够使听众更充分地进入历史的语境中。听众在各个故事情节中的体验叠加在一起,就构成了人们对历史故事的集体感受。个人的成长历程就会与共同居住,以及共同了解的历史故事交

---

① Sonia M. Zaide, *The Philippines: A Unique Nation*, All-Nations Publishing Co., Inc., 1999, p. 53.

② Juan R. Francisco, *Indian Influences in the Philippines*, University of the Philippines, 1964, pp. 179—186.

③ 罗萨尔多著:《伊隆戈人的猎头 一项社会与历史的研究 1883—1974》,张经纬等译,北京:北京大学出版社,2011年,第24页。

织在一起。① 在菲律宾的传统社会文化中,民众的思维习惯是比较简单和直接的,偏好逻辑关系简单的故事情节。在菲律宾的信仰体系中,神秘主义的元素随意性较大,不需要有严密的内在关系,契合菲律宾民众对于重大历史事件的理解方式,体现在菲律宾史诗中,就可以看到神秘主义成为信仰世界的主要表现形式。神秘主义从早期的信仰的主体成为现代文学赏析的对象。这种转变恰当地契合了菲律宾民众擅于将各种精神力量转化成现实欢乐因素的特点。

结　　语

菲律宾史诗中的神秘主义元素是早期人类生产活动的组成部分,也是人类生产成果的表现载体。早期生产技术被赋予了超自然的神秘力量,同时也成为身份、力量的象征。② 其他的社会活动也都与神秘主义的力量发生联系,种植、收获水稻;建造房屋、在各种仪式中咀嚼槟榔等日常活动都可以被赋予神秘的、超自然的力量。这些故事的讲述活动,不仅是民族价值观传承的重要形式,而且是记录民族传统习惯法、社会关系(kukuman)的重要手段。③ 虽然史诗中英雄人物是主角,但是这些被赋予了神秘力量的社会生产活动成为推动英雄事迹发展的重要因素。

史诗主要内容是歌颂祖先的英雄事迹,相对应的,史诗的功能比较重视现在生活的世界和祖先生活的世界的关系,重视超自然力量与史诗英雄之间的关系。甚至可以说,从信仰和宗教发展的角度而言,原始宗教或原始信仰,更加重视神秘主义的魔法和超自然力量,而人为宗教则更加重视神灵的力量。菲律宾史诗最主要的功能是沟通现实世界与灵魂世界,而不是传播宗教,虽然在史诗中神秘主义具有重要的作用,但史诗中并没有出现因为信仰而发生战争的情节。这样的现象表明,在菲律宾的早期社会中,可能存在着民族冲突或利益争夺,但在信仰方面则具有统一性,人与人之间、民族与民族之间的冲突,可以通过神秘主义的力量得到解决,而无需从宗教信仰的角度来加以解决。

---

① 罗萨尔多著:《伊隆戈人的猎头 —一项社会与历史的研究 1883—1974》,第54页。
② O. D. Corpuz, *The Roots of the Filipino Nation*, Aklahi Foundation, Inc., 1989, p. 16.
③ Hazel J. Wrigglesworth, *Narrative Episodes from the Tulalang Epic*, Manila, Linguistic Society of the Philippine, 2008, p. 3.

神秘主义因素在东南亚地区是一种长期的存在，并且成为东南亚民众信仰体系中与现实世界中接触最为紧密的内容之一。东南亚的文化体系中，神秘主义的元素总是和超自然、随意性、不确定性等观念联系在一起，现实中难以判断的决定、无法改变的事实、必须接受的状态，都可以和神秘主义进行联系，都可以视为神秘主义作用的结果。作为区域文化的一个组成部分，菲律宾文化也带有东南亚区域文化的特点。神秘主义不仅作为菲律宾早期信仰形式的主要源头，而且是现代菲律宾社会文化中重要的传承手段。菲律宾史诗中的英雄人物在菲律宾的社会文化中仍然扮演着价值教育功能，而菲律宾史诗中的神秘主义元素则通过各种表现形式上的变化，存在于现代的影视作品、流行文化（如漫画）、街头巷尾的传说（如 Jeepney 司机的各种禁忌）等。

中国形象在波斯语古典叙事文学里的演变

刘英军

【作者简介】 刘英军,北京大学外国语学院亚非语言文学专业西亚系博士。研究方向:波斯文学。

伊朗拥有高度发达的古典叙事文学,达里波斯语时期,大致形成了以古典叙事诗为主体,以散文体传说故事为补充的格局。由于伊朗地处于东西文明交汇之地,其叙事文学作品多有涉及异国的情节,中国作为一个与其交往密切的文明古国,以非常高的频率出现在这类文学作品中。然而,这些文学作品里的中国形象显现出多种不同面貌,即使在同一部作品里中国形象也不统一。笔者曾在拙文《波斯语叙事诗里的中国形象浅析》中初步梳理出多部不同时代具有代表性的波斯语叙事诗里中国形象的大致轮廓[①],本文拟在此基础之上,进一步深入探讨波斯语古典叙事文学里中国形象的演变。

一、波斯语古典叙事文学里中国元素归类

波斯语古典叙事文学作品里的中国形象是由多种与中国相关的元素共同构成的,为便于对呈现出复杂面貌的中国形象进行考察与探讨,在此我们将先把有关中国元素按不同类别进行简要归纳。

1. 中国相关地域概念

文学作品里的异国,首先体现为本国之外的地域。波斯语古典叙事文学里对中国地域的称谓以秦(Chīn)和马秦(Māchīn)为代表。秦的名称起源于上古伊朗神话传说。梅赫尔达德·巴哈尔(Mihrdād Bahār)在

---

① 参见刘英军:《波斯语叙事诗里的中国形象浅析》,《认识东方学》,曾琼、曾庆盈编,北京:北京大学出版社,2014年,第248—264页。

对伊朗古代神话中的世界地理图景进行总结时说道:"这些神话的世界地理以及其中蕴含的信息,伴随着安息王朝(Ashkāniyān)和萨珊王朝(Sāsāniyān)的后人们接受的影响,比如中国(Chīn)的名称,是属于阿维斯塔文化与西亚尤其是巴比伦文化相碰撞与融合的阿契美尼德王朝(Hakhāmanishiyān)时期的。"①马秦之名则源自梵语。亨利·裕尔在其编撰的《东域纪程录丛》一书中曾作注释:"马秦(Machin)只是摩诃秦那(Mahachina)的缩写,古代印度人以这个名称指中国。"②在波斯语中,Māchīn是Mahāchīn的简略形式,Mahā在梵语中是大的意思,Mahāchīn就是"广大之秦"的意思。波斯语文学作品中常以这两个称谓指代古代中国地域,把中国作为东方异域或异族居住的国度这样的整体性叙事元素来表现,呈现出来的中国形象是与伊朗山川远隔,既有交流又有冲突的边远文明地域。

在秦和马秦的土地上,叙事者的目光不会忽略人群聚居的繁华之地,即中国的城市。波斯语古典叙事文学里展现的中国城市大致分为两类。一类以见于历史地理文献中位于中国地域的城市为原型。比如伊朗尚·本·阿比尤黑尔(Īrānshān b. Abī al-Khayr)的《库什王纪》(Kūshnāma)中秦的都城——胡姆丹(Khumdān),曾被记载于多部穆斯林史地作品中,多指古时曾多次作为中国都城的长安,在《世界境域志》中有这样的记载:"胡姆丹(长安府),是中国的首府。"③再比如菲尔多西(Firdawsī)的《列王纪》(Shāhnāma)和内扎米·甘泽维(Nizāmī Ganjavī)的《亚历山大王纪》(Iskandarnāma)等作品中提到的和田(Khutan)和喀什(Kāshghar)等丝绸之路上的西域古城。另一类是叙事者为了展开故事情节而虚构出来的城市,比如内扎米的《七美人》(Haft Paykar)中的"无知觉者之城"等。前一类中国城市在波斯语古典叙事文学中的面貌大多模糊不清,城市名称标明了其中国元素的身份,这就是它们在作品中起到的作用了;后一类则往往有具体细节,不过明显是出于作者个人的想象或

---

① Mihrdād Bahār, *Pazhūhishī dar Asātīr-i Īrān*(《伊朗神话研究》), edited by Katāyūn Mazdāpūr, Tehran: Mu'assasa-yi Intishārāt-i Āgāh, 1996 (H. S. 1375), p. 143.

② 裕尔:《东域纪程录丛——古代中国闻见录》,考迪埃修订,张绪山译,北京:中华书局,2008年,第118页。

③ 佚名:《世界境域志》,王治来译注,上海:上海古籍出版社,2010年,第51页。*Hudūd al-'Ālam: Min al-Mashriq Ilā al-Maghrib*(《世界境域志》), edited by Manūchihr Sutūda, Tehran: Kitābkhāna-yi Tahūrī, 1983 (H. S. 1362), p. 61.

对伊朗人集体想象的抽象总结,再用诸如丝绸等从属于中国的符号化元素加以点缀。这类中国城市呈现出来的是伊朗人眼中的奇幻异国情调,与中国人熟知的中国城市面貌相去甚远。

2. 中国人物形象

人类活动创造出来的丰富多彩的文化,是各个国家的整体形象在文学作品中展现出多样性的基础。因此,异国人物的形象也是构成文学作品中异国整体形象最重要的元素之一。

中国君主在波斯语古典叙事文学作品中被冠以国王(Shāh)、首领(Sālār)、可汗(Khāqān)和天子(Faghfūr)等多种称谓,出场频繁,但他们的形象却有千篇一律之嫌。首领这个称呼带有一定氏族社会文化遗存的痕迹。可汗本是"众汗之汗"的意思,是北方游牧民族对君主的称呼,天子是中原农耕文明君主的称号,它们分别带有中国这片广大土地上不同时代和不同族群的文化烙印。伊朗古人大概未曾经由抵近观察而对此做出精细辨别,在其叙事文学中,中国君主的称呼虽多种多样,他们的形象却没有表现出明显的差异化,大都被展现为既不邪恶也不神圣,或者说是无褒贬色彩、中规中矩的异邦统治者。

这里要提及值得注意的一点,中国君王们在战争中有时以大象为坐骑,伊朗统帅则都乘跨骏马,这与中国人观念中的普遍印象相左。比如《列王纪》中鲁斯塔姆(Rustam)擒获中国可汗的情节中,写到中国可汗骑在大象上作战,且其率领的军队中有象队,战象身上皆披中国锦缎;《亚历山大王纪》中写到中国可汗率军队来到亚历山大的营地,也骑乘着大象。就此我们不妨做一点大胆的猜测。中国与伊朗文明核心地区相距甚远,处于两者之间的北印度到中亚地区在历史上归属不定,大约可算作多个文明之间的"缓冲地带",这一地域的居民古时曾有征用战象的军事传统。在交流效率低下的古代农业社会,辨识自己相对容易,认识他者则加倍困难。中伊两国古时模糊的民间集体意识可能都认识到对方是自身周边的著名大国,又都把上述中间地带当作"非己",于是就笼统认为那是对方的一部分了。

中国公主和中国美人等异常美丽的女性,是另一类常见且有突出特点的中国元素。但凡提及中国的波斯语古典叙事作品,几乎都有中国公主或中国美人的形象出现于其中,从民族史诗、文人叙事诗到散文体民间传说,莫不如此。甚至一些波斯语文人叙事诗和伊朗民间故事就是以中国公主或中国美人为主角创作而成的,以至于中国公主和中国美人成了波斯语古典叙事作品里中国形象最为突出的代表。关于中国美人,零散地出现在多部波斯语古典叙事作品中,比如《库什王纪》主角象牙库什(Kūsh-i Pīldandān)的母亲——中国皮尔古什(Pīlgūsh)部族的美女,《七美人》借印度公主之口讲述的"无知觉者之城"故事中的天仙美女,《七美人》中巴赫拉姆(Bahrām)的中国宠妃,《亚历山大王纪》里的中国海滨仙女等等。这些由波斯文人不吝溢美之词频繁描绘的中国美人,反映出在古代伊朗人集体意识中存在中国女性美貌出众的程式化意象。再进一步,透过这些作品对中国美人的描写,可隐约想见其背后精致华美的中国整体形象。至于中国公主,多与同伊朗国王或王子的爱情故事有关,见后文详述。

其他中国人物形象,比如中国军队、中国民众、中国贵族和中国智者等,大都显得相当单薄,在故事情节中一般只承担串场性的陪衬角色。

3. 中国的物产和建筑

在大多数人无法亲至异国感受其异域风情的情况下,经由贸易等物质文化交流活动流入本国的异国物产和人工制成品,往往是人们认知异国相当重要的媒介。波斯语叙事文学里的这类中国元素内容较为丰富,包括丝绸、麝香、画笔和纸张等物产。另外,在丝绸以及绘画等某些手工艺品上的图样中,还可以看到其原产国的社会风貌,宫殿、民居以及偶像寺庙(Butkhāna)等中国建筑通过这一途径为伊朗人所窥知。尽管这类元素种类繁多,但其中最具代表性的当属丝绸,以 harīr、khazz、parand、parniyān、sayfūr、abrīsham 等多种称谓,频繁出现于几乎每一部涉及中国情节的波斯语叙事文学作品中,突出表现了中国物产精致、华美而珍贵的特点。这一分类中的其他各种元素也都辅助展现物产丰富、艺术和手工艺水平高超的中国形象。

4. 与中国相关的民间传说

一些与中国相关的民间传说作为"母题"存在于波斯语叙事文学中,也构成一类展现中国形象的重要元素。

1) 画家摩尼(Mānī)传教

摩尼是源于伊朗的世界性宗教摩尼教的创始人,可能由于他东游传教时曾到过中亚和中国西部,即被中国人称为"西域"的地区。在波斯语古典叙事文学中他与中国有着颇深的渊源,在《列王纪》里他甚至被称为中国人。《列王纪》中讲述他是个谎称自己为先知的画匠,来到伊朗传布异教但没有被接受;《亚历山大王纪》中讲述摩尼去中国传教,由于其画技高超而被有偶像崇拜传统的中国人所接受。这些故事说明，一方面中国人爱好形象艺术，有高超的绘画技艺；另一方面中国的宗教信仰状况与伊朗不同，或者说中国在伊朗人集体意识中是个信仰偶像崇拜的异教国度。

2）中国与鲁姆（Rūm）两国画家斗技

这个故事在伊朗民间流传很广，《亚历山大王纪》与莫拉维（Mawlavī）的《玛斯纳维》(*Masnavī-yi Ma'navī*)中都用到这个母题并加以改写，来为自己的作品主旨服务。无论这个故事的细节在不同叙事作品中如何变化，都展示出中国人绘画技艺或手工艺水平高超这一特征。

3）伊朗国王或王子追求中国公主

这可能要算波斯语古典叙事文学中应用最为广泛的母题了，成书跨数百年时间的《列王纪》《库什王纪》《七美人》《亚历山大王纪》《玛斯纳维》以及哈朱·克尔曼尼（Khājū Kirmānī）的《霍马与胡马云》(*Humāy va Humāyūn*)等几部著名波斯语叙事诗中都有这样的情节。此外，整理成书年代略早于内扎米创作《七美人》的波斯语古典长篇小说《义士萨马克》(*Samak-i 'Ayār*)中，有个霍尔希德沙赫（Khurshīdshāh）与马赫葩丽（Mahparī）①的故事②，其主要情节是阿勒颇王子追求中国公主，潘庆龄以《库吉德沙赫与中国公主马赫葩丽》③为题翻译了这个故事。类似的伊朗民间故事还有《易卜拉欣和中国公主》④等。

按情节展开的不同，这些故事大致可分为两类。一类是伊朗民族史诗作品中，伊朗国王娶中国公主为妻。这类故事的情节通常不太曲折，服务于伊朗古代君王纵横天下这一主题。另一类是伊朗民间故事和文人叙事诗中，伊朗王子追求中国公主的故事。这类情节几乎有一个定式，即中国公主美艳无比，但若要追求成功需克服重重险阻，甚至有性命之忧，最终某个伊朗王子凭其好运、智慧与勇敢抱得美人归。

由此我们看到，上述这些大类的中国元素涉及了地域、人物、物产乃至民间传说等方方面面，它们共同呈现出来具有多面性和复杂性的中国形象，即一系列地域广大、人物俊美、物产丰饶、工艺精湛，与伊朗战和不

---

① Khurshīdshāh 是"太阳王"之意，Mahparī 是"月亮仙女"之意。
② 参见 Farāmarz b. Khudādād b. 'Abdul Allāh al-Kātib al-Arjānī, *Samak-i 'Aiyār*（《义士萨马克》）Volume I, edited by Parviz Nātil Khānlurī, Tehran: Buniyād-i Farhang-i Īrān, 1968 (H. S. 1347).
③ 参见潘庆龄译：《魔幻山庄——波斯故事集锦》，上海译文出版社，2001年，第139—167页。
④ 参见王一丹主编：《伊朗民间故事》，沈阳：辽宁少年儿童出版社，2001年，第149—157页。

定、信仰不同的异域异族形象。

二、波斯语古典叙事文学里的中国形象成因及演变

伊朗民族史诗主要植根于民间口头传说,经由文人收集整理,通过融合一些散佚的萨珊王朝时期书面资料,以及诗人的文学再创作而成;波斯语文人创作叙事诗也大多从历史典故、宗教经典和民间故事中选取创作动机,而后再由作者发展成为个人创作的完整作品。那么,作为"社会集体想象物"的波斯语古典叙事文学里的中国形象,就也是在史料记载、宗教经典、民间故事和文人想象创造等多方面因素的共同影响下形成的。

伊朗的历史类著作和宗教经典中包含大量上古神话传说的成分,有伊朗初民与异族斗争的集体记忆遗存,中国也在其中被记述为重要异族。至于伊朗民间故事,不可避免地受到伊朗与他国之间的物质文化交流影响。历史上,伊朗与其东方各族群持续在战和之间打交道;它还一向是丝绸之路的"中转站",来自中国的丝绸、绘画等实物载体,为中国的人物、建筑,乃至社会形象进入伊朗人的集体意识提供了可能性。存在于神话和民间传说中的古时集体记忆遗存,与中古次生波斯语史诗和文人叙事诗创作繁荣时代的社会集体想象交缠在一起,形成了中国形象的基本特征。当然,众多文人在此基础上所做的文学加工,以及他们的独立想象创造也是令中国形象更加多元化的重要原因。尤其是12世纪以后,伴随着时代推移带来的文化语境变迁,伊朗民族史诗创作走向衰落,苏菲思想叙事诗迅速兴起,文人想象创造的成分逐渐增加。相应地,作为客体的中国形象的在场性也随之弱化,而缺席性逐步增强。这中间有一例外,《霍玛与胡玛云》创作于14世纪,但这部文人叙事诗里的中国明显表现出写实而并非虚幻的特征。这可能由于,诗人哈朱·克尔曼尼虽然也是苏菲修行者,有许多抒情诗和几部叙事诗作品具有浓厚的苏菲思想,但在他的叙事诗中也有倾向于模仿次生史诗的作品,特别是其早期作品。比如他年轻时写有一部《萨姆传》(Sāmnāma),被扎毕胡拉·萨法(Zabīḥ Allāh Ṣafā)归入伊朗民族史诗之列①。他的《五卷诗》中,成书时间在前的《霍玛与胡玛云》和《玫瑰与新春》(Gul va Nawrūz)这两部一般不被定位成苏菲主义

---

① 参见 Zabīḥ Allāh Ṣafā, *Hamāsa Sarāyī dar Īrān*(《伊朗史诗创作》), Tehran: Amir Kabir, 1954 (H. S. 1333), pp. 335—340。

作品,而后三部则确定无疑是宣扬苏菲思想的叙事诗。

诗歌对语言简洁性的需要,迫使其中的异国形象在相当程度上放弃了其丰富性。作为波斯语文学之滥觞的《列王纪》里,中国,确切地说是秦,或秦与马秦,本身就已经符号化成为一个套话,历史上的中亚地区诸部族在很多情况下也被抽象成了"中国",使其中的中国形象带有明显的"误读"色彩。但这种"误读"未必仅是"误读",如同今天的伊朗人把现代民族国家意义上的中国称为"秦",古时的伊朗人习惯于把阿姆河以东的国度统称为"秦"。

从历时性的角度来说,波斯语古典叙事文学里的中国形象有一个从与想象主体相敌对,到友善,再到不甚相关的虚幻神奇国度的演变过程。在伊朗民族史的范畴中,从《列王纪》到《库什王纪》,中国形象首先经历了从具侵略性的游牧文明形象向保守的农耕定居文明形象的转化。伴随着叙事主体——形象创造者一方对他者态度的转变,叙事文学作品里的中国形象也随之改变。基于一个定居文明对其他定居文明的认可,中国形象变得相对积极正面起来。

苏菲文学兴起之后,波斯语古典叙事文学里对中国形象的表现大幅改弦更张。"苏菲神秘主义的兴盛给伊朗人民的社会生活和民众心理带来了巨大的变化,由菲尔多西(940—1020)时代崇尚建功立业、积极进取的入世精神转变为厌倦现实生活,向往超尘绝俗,避世独处,崇尚清心寡欲。浓厚的出世情绪消磨了进取心,外在的功名心完全让位于内心的安宁自在,力求在静思冥想中寻找对宇宙、人生的最根本的解释。苏菲神秘主义形成为一股强大的思想潮流时,对文学思想的影响是巨大的。它首先深刻地影响了诗人们的世界观、生活态度和审美情趣,从而影响到他们的创作倾向。"[①]内扎米和哈朱·克尔曼尼都是苏菲修行者,莫拉维更是一个苏菲教团的教长,他们作品里的中国形象明显有别于先前的伊朗民族史诗里的中国形象。如果说内扎米的作品,比如《七美人》和《亚历山大王纪》,是兼有两种中国形象的过渡时期产物,莫拉维作品里的中国形象则已经与伊朗民族史诗中的截然不同了。《七美人》可被视为前文提到的多部波斯语叙事文学作品中的分水岭,其后的中国形象在文人叙事诗中被强烈抽象化,至多表现为一种异国情调,是文人构想的乌托邦。《七美

[①] 穆宏燕:《波斯大诗人莫拉维和〈玛斯纳维〉(译者序)》,莫拉维(鲁米):《玛斯纳维全集(一)》,穆宏燕译,长沙:湖南文艺出版社,2002年,第13页。

人》中位于中国地区的"无知觉者之城"和《玛斯纳维》中"画像城堡故事"里的中国是质疑现实或帮助质疑现实的,多少都让人感受到一些"无何有之乡"的意味。

从波斯语古典叙事文学里的中国形象沿时间轴的演变,我们还可以反向考察伊朗社会集体想象的发展历程。古时伊朗社会主要经历了四次异族作用下的大规模整合,分别源自亚历山大的马其顿希腊、伊斯兰阿拉伯、突厥人和蒙古人。其文学作品中作为他者的中国形象的持续存在以及产生流变,恰恰反映了作为想象主体的伊朗社会群体意识经历了从伊斯兰阿拉伯整合后寻求复兴,经由突厥人统治的过渡,到蒙古入侵后转为多少有些无奈或听天由命状态的发展过程。

三、古代伊朗人集体记忆里中国形象的演变

波斯语古典叙事文学里的中国形象较多地继承了时人对异域的集体想象,这在很大程度上是由于作为作品素材主要来源的历史文献与民间传说互有融合、界限不清。并且,伊朗文人大多直接从中取材来创作叙事作品,个体作者对社会集体想象没有表现出太多另起炉灶的批判性意识。但文学作品中的异国形象毕竟是经由想象主体文化中的内在规则重组的,是创造式的而非再现式的,不是被感知的而是被创造和再创造出来的[①],因而,波斯语古典叙事文学里的中国形象不可避免地表现出被异化的特征。

中国在波斯语古典叙事文学中表现为一种东方存在的集合,相对于世界的中心——伊朗,中国处于文明边缘地带,它具有野蛮和精致的二重性。中国形象的野蛮性体现在,已具有相当程度农耕定居性质的伊朗文明,时常受到游牧部族(西方的阿拉伯等闪族部落,以及东方的土兰、嚈哒、突厥等部落)的侵扰,东方的侵扰在叙事文学作品中常被笼统称为"中国"的进攻,这大概也可算作常见套话之一;中国形象的精致性则表现在中国女人貌美无双,中国丝绸华丽精美,以及中国人绘画技艺超群等侧面。前者主要存在于伊朗民族史诗和一般性文人叙事诗里,其中的中国形象大多服务于重现伊朗古时荣耀的主题,把以伊朗为中心的天下大势作为叙事背景,伊朗人面对"中国"的进攻不断取得辉煌的胜利;后者则更

---

① 参见孟华:《比较文学形象学论文翻译、研究札记》,《比较文学形象学》,孟华主编,北京大学出版社,2001年,第6页。

多出现在苏菲神秘主义叙事诗里,其中的中国形象服务于阐释玄理,经常表现出奇幻唯美的不真实感觉。两者截然不同,却都是想象主体——伊朗社会群体意识在不同时期社会语境下的自我延伸。波斯语古典叙事文学里中国形象的二重性,使作为想象主体的伊朗族群意识呈现为迷恋意识和批判意识共存的矛盾集合。值得注意的是,中国形象的野蛮性基本没有通过对其丑化和妖魔化这些常见于古代各民族有关敌对异族传说的叙事手法来表现;而在精致性方面,中国形象通常被奇异化,甚至是美化了。基于前文对中国元素的归类举例来说,中国城市、君主、军队等元素在伊朗史诗类叙事文学作品中通常被以相对中性的态度来描绘;而中国美人、物产、传说等元素,无论是在伊朗史诗类作品还是在文人叙事文学作品中,大都以被美化过的形象示人。比如但凡提到中国女人,几乎没有不美若天仙,甚至令日月失色的;中国的丝绸和偶像寺庙也一律被描写为花团锦簇、精致华美;前文归纳有关中国的三个民间传说母题中,中国形象的核心无外乎画家和工匠技艺高超、巧夺天工,以及中国公主美艳动人、让人无法自拔这两点。

波斯语古典叙事文学并不是没有丑化敌对异族的传统,在具体作品中有多个典型例证。《列王纪》中,取代贾姆希德(Jamshīd)夺取伊朗王位的阿拉伯部族首领佐哈克(Żahāk)是个双肩生蛇的形象。这个形象大概脱胎于《阿维斯塔》(Avistā)神话中的主要恶魔之一——蛇形巨妖阿日达哈克(Azhdahāk),或称扎哈克(Dahāk)[①]。暂且不论阿拉伯人埋葬萨珊王朝的史实令《列王纪》的叙事者作何感想,仅就佐哈克的形象而言,大概就可以说《列王纪》中的阿拉伯形象具有些许邪恶的意味。阿拉伯部族在波斯语古典叙事文学中是游牧部族形象。《列王纪》中讲到阿拉伯部族的上古首领玛尔达斯(Mirdās)公正仁慈,在草原上教人自羊、驼、牛和马等驯养的牲畜取乳来供应人们生活,其子佐哈克却乖戾任性、凶狠无情,且受了魔鬼的引诱转向邪恶。与之相对应的是,伊朗诸上古君王一面教人驯养牲畜家禽、冶铁、水利灌溉、农耕定居、用丝绸麻布制衣、建造浴室和宫殿、采矿、医疗、造船、定新年以及社会分工等,一面与魔鬼斗争,并利用降服的魔鬼创造了书写的多种语言文字,发展知识文教[②]。可见,农耕定

[①] 《阿维斯塔》,贾利尔·杜斯特哈赫选编,元文琪译,北京:商务印书馆,2010年,第391页。
[②] 参见菲尔多西:《列王纪全集》(一),张鸿年、宋丕方译,长沙:湖南文艺出版社,2001年,第23—56页。

居文明与游牧文明的二元对立自伊朗民族史诗发端之初就已显现。《库什王纪》的主角象牙库什虽有"中国国王"的称号,实际上他是佐哈克的侄子,即闪族入侵者的代表。法国历史学家戈比诺伯爵(Le Comte de Gobineau)和伊朗的文学史家扎毕胡拉·萨法都曾做出类似的推断。萨法如下的一段论述颇具代表性:"象牙库什和其他一些与佐哈克家族相关联的人们,所有邪恶(Ahrīmanī)者以及被算作伊朗敌人的人们,也都是阿拉伯人(Tāzī,大食人)、迦勒底人(Kaldānī)、亚述人(Āshūrī)这些闪米特(Sāmī)人种对伊朗的入侵者们的其他范例,象牙库什的故事,以及他在南方与西方的统治、向东方土地的进军、同贾姆希德和法里东(Firīdūn)家族的作对、被卡维(Kāva)之子卡兰(Qāran)击败、被投入法里东的监狱,是对一个似乎曾深入到伊朗高原内部地区很大一部分并征服了伊朗人各部族的闪米特人种对伊朗的英雄入侵者的多重印象的集合,基于该想象,关于伊朗人对闪族国王们的起义并推翻他们在伊朗的统治,以及击败他们的记忆也增多了。"①从人类学角度来看,"我们看到许多最极端的'我群'、'他群'之分别,主要是建立在主观的文化和生活方式的差异。人类历史上最重要的敌对关系,并未发生在生物性的种族差异上,而是在文化、政治和经济的冲突方面"②。另外,由于党同伐异的天性,人类种族之间自发地产生彼此敌视和歧视的态度,于是,丑化、兽化和妖魔化异族之人的现象自古屡见不鲜③。《库什王纪》中,佐哈克的侄子象牙库什有着魔鬼般的面容——他有大象的耳朵、大象和野猪的獠牙、骆驼的嘴唇、红色的头颅和头发、漆黑的两颊和靛蓝般的双眼等外貌特征,他的脾性也颠倒无常④。因此,佐哈克和象牙库什都是波斯语古典叙事文学中被兽化和妖魔化的异族形象。但我们尚未发现类似的中国形象,这似乎在暗示我们,从农耕定居文化与游牧文化的二元对立性来看,伊朗与中国古时的文化差异要弱于伊朗与阿拉伯的文化差异。

当然,伊朗社会集体想象里的中国形象实际上混合了游牧与农耕的双重特性,在波斯语古典叙事文学中频繁出现却又复杂难明。历史上的

---

① Zabīh Allāh Safā, *Hamāsa Sarāyī dar Īrān*, pp. 298—299.
② 叶舒宪:《文学与人类学:知识全球化时代的文学研究》,北京:社会科学文献出版社,2003 年,第 5 页。
③ 参见叶舒宪:《文学与人类学:知识全球化时代的文学研究》,第 6 页及注释③。
④ 参见 Īrānshān b. Abī al-Khayr, *Kūshnāma*(《库什王纪》), edited by Jalāl Matīnī, Tehran: 'Ilmī, 1998 (H. S. 1377), pp. 202 & 217。

广义"中国"地区也的确经常处于游牧文明和农耕定居文明的对抗与融合之中,与伊朗曾有直接冲突的是位于今天的中亚和中国新疆地区的各游牧族群,这些远古记忆进入波斯语古典叙事文学中表现出一定程度的写实特征。比如中国的王经常被称作可汗,中国军队的作战方式以骑射为主,中国人无论在聚居地还是在行军扎营地多以帐篷为住所等。中国的农耕定居文明与伊朗直接接触较少,波斯语古典叙事文学中对这个"中国"的描述更多是基于想象的。比如《七美人》中"无知觉者之城"上通天园,《亚历山大王纪》里中国东海之滨有善歌的海中仙女,以及《库什王纪》里某个中国城市全城都以华美丝绸来装饰等。在这些描写中,作者把伊朗社会集体意识里中国"物华人杰"的符号化特征融入了自己想象出来的奇幻国度。

在伊朗社会集体记忆中,伊朗族群与东方各部族的冲突,与上古时期他们在伊朗高原立足过程中经历的同古闪族一些部族的血腥、残酷的斗争相比,处于次要地位。于是,对闪族入侵者妖魔化的鲜明形象成了伊朗人群体记忆长河中经漫长时间磨蚀而沉留下来坚硬的 River Teeth,中国形象及其演变就呈现出敌对色彩不是那么浓重的特点了。因此,在波斯语古典叙事文学作品里,伊朗与中国的关系始终不是"正与邪"的截然对立,中国形象至多是带有一点与伊朗敌对的色彩。与阿拉伯部族首领们为代表的闪族入侵者形象在波斯语古典叙事文学作品里被丑化、妖魔化的表现相比,中国形象被奇异化、甚至是美化了。

尾　　声

波斯语古典叙事文学作品中有丰富的中国形象,且在被不断重复叙述的过程中发生了演变。然而,这种演变不是常见于各国古典叙事文学作品中对曾经敌对冲突的异国邻邦的丑化和妖魔化,而是或者中立性的"误读",或是集体想象中的美化。

中国古代军事将领在与敌军作战时曾有过刻意的"自我丑化",如北齐兰陵王高长恭和北宋将军狄青,每当临阵对敌都要带上狰狞的面具,以起到震慑敌军士气的作用。关于在他们的敌手——北周和西夏的文学作品或文献中如何描写这样的事例,有兴趣的读者不妨闲来信手翻翻故纸堆,或可一睹我国叙事文学作品是如何表现敌对异族形象的。

索因卡与西方戏剧的关系

刘 凌

【作者简介】 刘凌,天津外国语大学比较文学研究所研究生。研究方向:东方文学。

索因卡是尼日利亚戏剧作家、小说家、诗人、文学评论家以及演员,他于1986年获得诺贝尔文学奖,成为了继印度的泰戈尔、以色列的阿格农、日本的川端康成后亚洲第四位,非洲第一位获得此奖的作家,在尼日利亚被称为"英语非洲现代戏剧之父"。索因卡共创作了二十多部戏剧作品,主要的戏剧作品包括《沼泽地居民》《路》《森林之舞》《疯子和专家》《温育西歌剧》《死亡和国王的马夫》《强种》《巨人》等。索因卡出生在西尼日利亚约鲁巴镇阿比科塔,属于鲁巴部族。当索因卡出生时,正是殖民者统治尼日利亚的时候,所以索因卡生活的环境杂糅着传统的约鲁巴族的生活方式和殖民统治者带来的西方近代文明,当地人的宗教信仰也混合着约鲁巴的原始宗教信仰和西方基督教信仰。索因卡的父亲是当地英国圣公会教会小学的校长,母亲是一位能干的商业妇女,殖民统治的文化背景再加上自幼受教育的条件使得索因卡从小就对西方的文学很感兴趣。索因卡小时候经常阅读《伊格巴兰回音报》,删节版的查尔斯·狄更斯《雾都孤儿》和《双城记》,并且在很早的时候就读过欧里庇德斯的《美狄亚》等作品。① 正因为西方文化给他带来的启蒙,索因卡在尼日利亚伊巴丹大学的时候选择了文学专业,并最后在英国的利兹大学攻读西方文学。利兹大学的学生戏剧活动十分活跃,常常演出欧洲古典和现代戏剧。他参加学生剧团,大量阅读古今戏剧作品;当时在利兹大学讲授世界戏剧课和易卜生戏剧课的英国著名戏剧家和莎剧演员乔治·威尔逊给他很大的影

---

① 沃尔·索因卡:《我的非洲大地》,史国强译,载于《东吴学术》2012年第3期。

响。1957年索因卡来到伦敦,在1958到1959年在伦敦皇家剧院任剧本审稿人。1960年,索因卡回到尼日利亚,利用洛克菲勒基金会提供的经费在尼日利亚等地广泛地旅行,研究西非传统戏剧,为进一步把西方戏剧艺术和约鲁巴音乐、舞蹈、戏剧结合起来,创作用英语写作却又富有非洲乡土气息的、反映非洲生活的西非现代戏剧打下基础。当他在巴黎参加联合国教科文组织国际戏剧研究所会议得知自己获诺奖消息时,他说,"我决不认为奖金是发给我个人的,它是发给我所代表的文学,我是非洲整个文学传统的一部分"。瑞典皇家学院常务秘书拉尔斯·吉伦斯坦在1986年度诺贝尔文学奖颁奖词中归纳索因卡的文学叙事"不但深深植根于非洲世界和非洲文化之中,同时也植根在一种综合文化之中""得以将一种非常丰富的遗产综合起来,这遗产来自他的祖国,来自古老的神话和悠久的传统,以及欧洲文化的文学遗产和传统"。有人评论说索因卡是"非洲的莎士比亚",也有人说他的剧本带有着诗性。不论如何,索因卡因自己的戏剧蜚声文坛,并因自己的戏剧得以获得世人的关注。索因卡的戏剧汲取非洲约鲁巴文化的养分,加之以西方戏剧的种种表现手法和表达方式,形成了自己独树一帜的戏剧作品。索因卡的戏剧作品从大体上说以20世纪60年为界限,在这之前,他的戏剧风格总体比较轻快活泼,风格单纯、明朗、富于幽默与讽刺,以现实主义的戏剧为主,到了后期,索因卡的戏剧风格逐渐转入低沉隐晦荒诞,讽刺十分辛辣。但是无论是他前期还是后期的作品,索因卡的所有戏剧作品中都带有现代派戏剧的因素,所以本文主要讨论索因卡的戏剧和现代派戏剧的关系。

一、戏剧的语言

索因卡是一位用英语写作的剧作家,英语在索因卡的文学书写中主要发挥着两种作用。首先,英语是当时的殖民统治者带去尼日利亚的语言,索因卡出生在被殖民的大环境下,殖民统治者开设了各种教会学校教授英语,生活在那个时代的索因卡,也因此有机会学习到了这一门世界性的语言。正因为有了英语的基础,索因卡才得以在英国的利兹大学继续学习深造,并在以后的创作实践中也以这种语言为基础。从使用策略上来说,索因卡以英语作为自己的创作语言能使自己的戏剧作品让更多的读者读懂,索因卡成年后,尼日利亚面临着种种社会问题:贪污腐败、政权更迭和选举作弊等等。他以自己丰富的作品在有意和无意中表达着某种政治上的诉求,这种诉求或是《森林之舞》所讽刺的政治局势,或是像《路》那样对尼日利亚未来给予的厚望,又或是如同《雄狮与宝石》中探讨的西方文明与非洲文明之间的冲突问题,不论是出于何种目的,索因卡选择英语,而不是约鲁巴语作为自己的创作语言从深层次说表现出的是作者对祖国的关切。不论是在阅读索因卡的戏剧作品,诗歌作品还是他的论文,读者可以发现索因卡使用的是几乎地道的英语。假设不向读者简介作家,大多数的人可能会误以为他所读到的作品是出自一位英语国家作家之手,而当中浓厚的约鲁巴文化的痕迹也会被读者当成是英语本土作家借鉴外国文化的一种手段而已。索因卡的戏剧语言中既有地道的英语表达,又有夹杂着当地方言的洋泾浜。作者这样做的目的一是以不同剧中人物不同的英语使用表达凸显人物不同的社会地位和身份。如在《路》这部戏剧中,剧中的人物大多数是没有受过教育的市侩以及流氓,除此之外就是《路》的主人公——寻找《圣经》,追寻生与死的奥秘的教授。在剧中,以科托奴、萨鲁比为代表的司机阶层他们的语言相对简单,语气一般也比较俗气。在《路》的全篇中,他们大多说的是句式较短的英语。而作为学识相对丰富的教授来说,他的语体更为正式,语言表达更为流畅,在使用的词汇方面更加复杂,这些语言的使用特点和教授作为一名有知识的人来讲是正好相匹配的。同时,在《路》等作品中还可以发现索因卡会有意地使用诸多的洋泾浜英语,而这些让一般读者不知所云的洋泾浜英语,索因卡也提供了一个很好的解决办法,那就是通过加注进行解释,这样从读者方面上来讲就解决了理解上的困难,从作者意图上来说帮助他完成了语言对人物的塑造这一动机。从整体上来说,索因卡戏剧中的语言运用非常流利,词汇等的使用也很是到位,剧中人物的对话在英语语言的帮助下一般都比较轻快、简洁,同时又不乏生动活泼。而西方现代戏剧的语言,或是因为淡化了行动而强化了对语言的运用,所以语言会显得格外简练,或是因为要突出人在无意识中的自由语言表达而使得剧中人物说出的语言如同梦语一般,这些特点正好使得索因卡戏剧中使用的语言和西方现代戏剧的语言颇为相似。

二、索因卡的戏剧与现代主义戏剧的关系

索因卡早期的《沼泽地的居民》《狮子与宝石》类似于西方的现实主义戏剧,他以易卜生式的写实手法反映了当时具体的社会现象和社会问题,

他的有些戏剧也遵循古典戏剧的"三一律"原则。如《雄狮与宝石》故事情节被作者刻意地划分为上午、下午和晚上,围绕着主人公希迪的故事很规整地发生在一天之内。《路》的情节虽然荒诞离奇,其中夹杂着有倒叙等叙事手段,但是故事时间也限制在早上六点至教授被杀的一上午的时间之间。20世纪60年代以后,索因卡的戏剧风格又有较大变化,在写实中夹有浓厚的神秘、荒诞色彩。这类戏剧与西方现代的表现主义戏剧、荒诞派戏剧、存在主义戏剧既多有相似,又有所不同。

现代主义戏剧包括象征主义戏剧、表现主义戏剧、未来主义戏剧和超现实主义戏剧。而揭开现代主义戏剧序幕的是象征主义戏剧。西方象征主义戏剧以瓦格纳和尼采为理论性开端,梅特林克的静态戏剧理论进一步发展了象征主义戏剧,叶芝以其独特的新诗剧理论扩展了象征主义。瓦格纳在自己的创作实践中特别强调作品的音乐性,同时神话等元素也进入到了他的作品当中,为他的戏剧提供了世界观。梅特林克的静态戏剧理论认为在平凡的生活的背后隐藏着真实的生活,而人的内心世界只有在寂静独处的时候才能领悟这种真实的神秘。平凡的生活之下才具有真实的存在,才具有深刻的悲剧性。"梅特林克认为悲剧的最伟大的美不是行动的,而是语言的。可是语言又具有双重性,一方面它是表达思想的工具,另一方面它又是隐藏思想的艺术。虽然在表面无用的对话里,也常常能发现真实的美和意义。"①索因卡前期的作品中人物的行动还比较地突出,但是在后期的剧作中,他的创作风格发生了较大的变化,首先是从较为轻快活泼的主题转入了较为深刻、具有哲学思辨意味的讨论,其次是剧中人物的动作相对于前期的戏剧创作来看大大地减少,而人物间的对话等却相应地增加。在《路》这部剧中,除了在最后一幕教授被杀的时候带有强烈的行动力外,整部戏剧充斥的几乎都是科托奴、萨鲁比和教授等人的紧凑的对话,各色人物琢磨不透的内心独白。主人公老教授似疯非疯,真真假假,是一个怪诞的、象征性的人物,他似乎是变革中尼日利亚的缩影。教授年轻的时候在教堂里当读经师,他奉基督教圣经为神明,热心教堂事物,热衷于30年代基督教刚刚在尼日利亚流行时一批基督教徒清教徒式的行动。而到了本剧的60年代,他已经演变成了一个流落江湖,以伪造执照、文件为业的老手,开口就是"咨询费""辛迪加"等摩登名词。教授在剧中看似疯癫的语言从深层次来说是作者借主人公之口表达《路》

---

① 选自周宁主编:《西方戏剧理论史》上册,厦门:厦门大学出版社,2008年,第773,970页。

这部戏剧的主题。他说,"幸好,还有一股可爱的小溪,水有点红,从那像两片光溜溜的屁股的岩石中间流过。你知道吗,那石头是女人,路也是女人,她们懂得躺着等待""你好大的胆子!我没有找到《圣经》,但我还是要去找的,我要用真理来打破你的脑袋!""朋友,宽大点吧,宽大点吧。大家伙都受够的了。大家都在徒劳地寻找那些看不到的东西。"他在死时,说了一番颇让后人深思的话,"但愿能像路一样。碰上倒霉的日子,也能混上一碗饱饭,不让肚子空着,把生死命运掌握在自己手里……像路一样呼吸吧,变成路吧。你们成天做梦,平躺在背信弃义和欺骗榨取上,别人信任你们时,你们就把头抬得高高的,打击信任你们的乘客,把他们都吞掉,或是把他们打死在地上。像路一样呼吸吧,但愿能像大路一样……"①索因卡以教授的独白、对话等为依托,借此探索生与死的问题;在教授看似荒诞不羁的语言中,蕴含着作者对生的认识和对死的思考。索因卡充分利用了语言这一有效的媒介,很好地表达了作品的主题思想。

"表现主义戏剧理论认为戏剧应该是表现而不是再现。表现主义为了强调事物形而上的本质,为了真实表现人的内在的本质从而挖掘心理以及潜意识的真实,表现直觉和梦幻的内容,戏剧必须借助大量的象征手法,诸如幻想与梦境、内心与独白、假面具、潜台词、夸张变形等手段,把人处于困境时内心的那种不安与骚动,善与恶的搏斗呈现出来,把情绪化、多重性、疯狂的人格赤裸裸地表现在舞台上。这样,戏剧也就成了梦境与幻觉的舞台,表现主义有时甚至让野兽、怪物、僵尸、鬼魂登场,以表现人物复杂的内心世界和潜意识生活。"②索因卡在童年时代就接受了约鲁巴部族文化意识和艺术传统的影响,西非黑人文化中的图腾崇拜、宗教祭典、民间舞乐等都在他的精神世界留下了深刻烙印。约鲁巴族的传统神话意象、祭祀舞蹈等都被作者糅合进了自己的戏剧作品之中。1960年,索因卡利用洛克菲勒奖金在约鲁巴等地进行调查研究,在这种实地研究的基础上完成了他的《森林之舞》。《森林之舞》让死了三百多年的鬼魂重新登上舞台,在经过这么多年后,人们发现一切都没改变,历史只是不断地重复上演:阿德奈比是古代宫廷的史学家,现在成了议会的演说家;阿格博列科是原来是占卜先生,经过三百年后他成了"律师中的长者";戴姆凯是曾经是宫廷诗人,现在是一名雕刻匠;罗拉是历史上的王后,现在成

---

① 高长荣编:《非洲戏剧选》江虹译,北京:外国文学出版社,1983年。
② 选自周宁主编:《西方戏剧理论史》下册,第785页。

了名妓。《森林之舞》中每一位鬼魂、巫师等都可以在相应现实生活中的祭祀、节日中能找到原型。索因卡让这些人物粉墨登场,犹如上演了一部非洲的《仲夏夜之梦》。①《路》中的教授中能"同鬼魂共同闲谈","同森林之神共进餐",他夜晚睡在教堂的墓地之中,和死人打交道,白天就用放大镜寻找那部揭示生与死奥秘的《圣经》,在貌似荒诞的情节中《路》投射出神秘的哲理,通过老教授的神秘的举动展现出了深刻的主题思想。德国表现主义在20世纪头二十多年也有长足的发展,德国的表现主义者们非常重视作品与时代的密切联系,戏剧作品带有非常强烈的时代感和政治性,它对世界的密切关怀使得戏剧本身的革命色彩也异常的浓烈,并且非常追求戏剧对外界、对时代所产生的影响,而这些特点是索因卡的戏剧所共有的,他的戏剧特别地强调对人物道德的讨论,几乎剧中的每个人都会经历道德上的困境,而作者对这些问题的讨论不仅仅是限于每个角色本身上,大多数的时候作者往往会把这些问题上升到社会层面。《森林之舞》是索因卡为纪念尼日利亚独立而写的剧本,所以首先剧本在形成的时候就有明显的主题限定,剧情是发生在森林的深处的一次所谓的民族聚会,聚会上死人、鬼魂、当代人等一同登场,三百年前的人物搬上了当今的舞台,而历史也在百年之后又重蹈覆辙。森林在《森林之舞》中象征着尼日利亚,而森林中的那棵神圣的树则暗示着尼日利亚的历史传统,雕刻家戴姆凯把树砍倒之后将它雕刻成了图腾,这就是索因卡在含沙射影地指出独立运动后所重建的秩序很可能会以背弃和破坏作为代价。《路》这部戏剧除了有形而上的思考,也有对现实问题的关注。索因卡组建了"1960年假面具"剧团和专业的"奥里森"剧团,并经由剧团为当地的人民带来精彩的戏剧演出。由于剧团的成员经常乘车往返于伊巴丹和拉各斯之间九十英里的异常艰险的山路上,一部分的排练不得不就在颠簸的汽车中完成,他的这段经历和他创作《路》这部戏剧有着密不可分的关系。此外,尼日利亚是世界上车祸发生率最高的国家之一,无数人都因为凶险的路而丧命,同时在他的诗歌如《黎明中死亡》《伊丹里》等也多次提到车祸,小说《痴心与浊水》中的主人公塞孔尼就死于车祸,在《森林之舞》也提到一次牺牲了好几十人的车祸。而《路》则集中写了车祸,科托奴的父亲和女人造爱时死于车祸,教授收养的穆拉诺从车祸中九死一生,在看似深奥的主题下,《路》为读者简简单单地呈现出尼日利亚最现实不过的车祸问题。

---

① 选自《诺贝尔文学奖颁奖获奖演说全集》,中国广播电视出版社,1993年,第744页。

完成于尼日利亚内战后的一部作品《疯子和专家》也深刻地体现了索因卡这种对现世关怀的诉求。剧本写的是从前线回到家乡的一对父子,儿子在战前是一位医生,但是在战后却摇身一变成为了一名类似特务、负责审讯的"专家",他安排四位也是从前线回来的伤残人员——一位已经疯癫,一位是个瘸子,一位眼睛失明而另一位则缺了胳膊——去监视被视为疯子而关押起来的父亲。从这四位"探员"的汇报中他得知父亲曾经在前线宣传过各种荒诞的主张,比如宣扬对 As 神要有永恒的信仰;吃人肉是合法的而不吃反而是浪费等等,故事情节荒诞夸张,但是时不时地在剧中夹杂着一些暗示时事的场面或者是讨论。而创造这部剧的动因,起源于 1967 至 1969 年间尼日利亚的一场内战。在这场战争中一百多万人丧失了性命,同时战争还给社会留下了大批的伤员,正是由于内战的摧残加上自己被捕入狱的惨痛的经历激励作者创作了这部《疯子和专家》,而其他的剧如《温育西歌剧》则揭露社会的弊病,《巨头们》讽刺非洲独裁者的统治等等。

三、索因卡的戏剧与荒诞派戏剧的关系

"荒诞派戏剧是马丁·艾斯林发明的,他用这个名称指代 20 世纪 50 年代一批对人类生存的困境具有相同观点、并采用相似的反戏剧的表现手法的剧作家和他们的剧作"①。荒诞派戏剧常常采用反戏剧的手法,抛弃了结构、语言和情节上的逻辑性和连贯性,这样就导致喜剧的情节特别的荒诞不羁,甚至超乎人的常识,同时,它经常用象征、暗喻等手法来表达主题思想。索因卡接触荒诞派戏剧是从他在利兹大学的求学期间就开始的,当时利兹大学活跃的欧洲古典和现代戏剧的演出使索因卡产生了浓厚的兴趣,同时在 1958 年至 1959 年间,索因卡有幸进入伦敦皇家剧院成为一名剧本审稿人,而当时正是贝克特等荒诞派大师的作品在皇家剧院首演的时期,这也为索因卡日后的戏剧写作开阔了视野,提供了灵感。有人说索因卡的剧目"包括轻松的喜剧,滑稽的闹剧,严肃的正剧,荒诞的哲理剧",而他 60 年代至 70 年代初成熟时期的代表作就是荒诞的哲理剧,而集荒诞的哲理剧特点为一体的则是他的《路》,这部戏剧的荒诞性表现在如下的几个方面:首先故事情节本身就是荒诞的。老教授白天在"汽车

---

① 选自周宁主编:《西方戏剧理论史》下册,第 970 页。

之家"商店摆摊为司机们伪造驾驶执照,夜里却在教堂的墓地里和鬼魂为伍,哪里发生了车祸,他就急匆匆地拿着放大镜去观察,意图从血肉模糊和碎纸片上寻找出揭示生死奥秘的《圣经》,为了这部揭示生死奥秘的《圣经》他甚至不惜捣毁路标指示牌,为的是让汽车发生事故造成死亡,这样自己便可以从车祸中继续自己的探寻,但是他在造孽的同时,却又在自己的家门口救活了那位"踩着两个世界的人""幽谷里的一个幽灵"的穆拉诺。《路》中人物的对话或者是独白有时候也是荒诞、甚至是自相矛盾的,如在第二幕中警察的一番话就充分显示了人物话语的荒谬性:"你知道我说的是谁?高个子,又稍稍矮一点。乡巴佬的样子,又不太明显……如果你不仔细看,你会以为他根本没有乡巴佬的样子。肤色不很黑,这儿光线有点暗,你很容易把他看成是黑小子。他穿一件宽大的上衣。不过,我追赶他的时候,也许他就把上衣扔掉了"。警察对人物的这一番描述,里面充满的都是矛盾,而这种矛盾的说法,在读者看来就显得有些许的莫名其妙,这也正是人物话语荒诞性之所在,而类似的荒诞性地表述在剧中还屡见不鲜。此外,在剧中还经常出现的一只八只脚的蜘蛛,它整天埋伏在角落里等待猎物飞来送死,而这只蜘蛛的出场,一方面是以它暗示"路"这个本体,另一方面它时不时地出场似乎点缀着故事情节,在剧情向前发展的时候,蜘蛛的出现也为原本生死的讨论变得更加荒诞离奇。

总之,索因卡汲取了黑非洲丰富的文化遗产,它的神话、宗教、舞蹈、仪式等等为索因卡的戏剧创作提供了优秀的素材,同时也是作者戏剧创作的灵感所在,而他广泛的涉猎欧美的文学作品,特别是古典戏剧和现代派戏剧,他利用欧美的戏剧的变现形式,结合本土的文化特点,创造出了一部部反映现实生活的剧作,这些剧作有些甚至是站在全人类的立场去思考问题的,这样就超脱了民族的界限。在他的剧作中不乏有非理性的成分,这看来是和欧美现代派戏剧中反理性的表达方式是有几分的相似的,但是索因卡剧中的非理性因素是建立在黑非洲传统中不具有理性因素的舞蹈、仪式等基础上的,而现代派戏剧中的反理性是表面上对理性的背离,而实际上是以一种更加超越于理性的态度破坏理性,以揭示更为深刻的哲学原理。

多维研究中的东方

融合与相斥:南亚印度教文化与伊斯兰文化

刘曙雄

【作者简介】 刘曙雄,北京大学外国语学院南亚学系教授。研究方向:乌尔都语文学,南亚伊斯兰文化。

一、异文化的相斥性

人们通常怀着良好的愿望看待不同文化的差异,抱着文化相融的美好理想。如果历史和现实地分析南亚的社会进程,我们发现不同文化的相斥却是一种常态。在伊斯兰教传入印度后漫长的历史中,伊斯兰教文化与印度本土文化总体上处于难以调和的状态。这种强烈的排斥性证实了异文化之间普遍具有的相斥特性。印度教文化和伊斯兰文化都是历经时间长河而积淀的文化,它们在自身发展的同时也历练成两柄锋刃,在印度教教徒和穆斯林之间的冲突中充当着利器的作用。比起政治经济等因素,宗教文化因素是引发冲突的主要缘由。

伊斯兰教传入印度后,自公元13世纪初建立德里苏丹国起至18世纪中叶莫卧儿王朝的解体在印度建立和维持了600多年的伊斯兰统治。在现代历史时期,印度教和伊斯兰教两种文化的主体及其社会力量和政治势力之间也曾有过媾和与合作,但那只是暂时的,猜疑、论争、冲突和决裂最终取代了团结与合作。双方发生过无数次大大小小的暴力冲突,印巴分治时冲突骤然升级,造成几十万人死亡,数百万人沦为难民。

印度和巴基斯坦独立后的当年爆发了第一次克什米尔战争,之后双方矛盾有所缓和,但是小的冲突仍时有发生。1965年和1971年发生了第二次和第三次战争。从1947年的印巴分治到1980年代,印巴之间的关系可以用"宗教、种族和领土的多种矛盾,战争、停火和分离的多重难题"来概括。1990年代,印巴相继进行核试验,印巴之间的对抗从常规对抗上升到核对抗,两国的安全形势不断恶化,两国以及存在争议的克什米尔地区成为一些恐怖组织和宗教极端势力活动的土壤,这些组织不断策划针对印度、巴基斯坦和其他国家和地区的恐怖袭击。

印度和巴基斯坦之间的冲突源于宗教文化因素,宗教和文化的冲突导致了社会矛盾的产生和政治斗争的难以调和。印度历史上一直是多种宗教和平共处的社会。伊斯兰教传入印度之前,印度教、佛教和耆那教就共存于这块土地上,它们之间也发生矛盾和冲突,但这些矛盾大多以和平的方式得到解决。究其原因,其中一个主要因素是,无论是印度教和佛教,还是印度教和耆那教,他们之间实际上存在相同的历史渊源和文化交融的关系。建造于公元前2世纪至公元7世纪的阿旃陀佛教石窟群融入有印度教元素,绵延2公里长的佛教、印度教和耆那教石窟的埃罗拉石窟群反映了公元7世纪至11世纪时期多种宗教相互消融和传承影响。信奉伊斯兰教的民族征服印度后,虽然这一时期伊斯兰教传教士尤其是苏菲教团也利用和平的方式传教,但统治者主要使用武力迫使被征服的印度教教徒、佛教徒和耆那教教徒皈依伊斯兰教,对不归顺者予以严厉制裁。这种方式在传播文化的同时也在异文化之间埋下了不和的种子。

印度教是印度的本土宗教,在伊斯兰教进入印度前已经延续了两千多年的历史。对印度人来说,伊斯兰教是和印度教完全不同的宗教。在教义方面,伊斯兰教信仰真主唯一,奉《古兰经》为圣书,反对偶像崇拜;而印度教是以梵天、毗湿奴和湿婆为三大主神的多神教,教派众多,以"吠陀""奥义书""两大史诗""往世书"等为经典,其信徒信仰多神。在宗教伦理方面,伊斯兰教提倡世界穆斯林皆为兄弟,而印度教种姓制度将信徒划分为不同的等级,使信徒之间形成巨大的人格差异。印度教又是一个相对封闭的宗教,信奉业报轮回,主张非暴力思想。两种宗教在生活习俗方面亦多有区别,有些习俗甚至达到了互不相容的程度。

异文化的相互排斥源自各自的信仰之争,不同信仰所形成的社会习俗各不相同,同时又受到政治和经济利益的驱动,代表印度教和伊斯兰教两大群体的政治力量之间的矛盾不断加深,双方都努力寻找理论根据,于是,"两个民族"理论便应运而生。"两个民族"理论一方面是为了证实本民族的存在,本民族的文化是一个完整的独立体系;另一方面也表现了唯我独尊意识,轻视他者文化,并以此为基础竭力使本民族获得主体地位。前者是弱者的抗争,后者却是强权的表现。在南亚近现代历史上,相异的宗教文化呈现的这种难以调和的相斥性成为一切冲突、分裂乃至爆发战争的根源。

在南亚现代历史上,伊斯兰文化群体的主要代表性人物有赛义德·艾哈迈德·汗(Sayyid Ahmad Khan,1817—1898)、穆罕默德·伊克巴尔(Muhammad Iqbal,1877—1938)、艾布·艾阿拉·毛杜迪(Abul Ala Maududi,1903—1979)和穆罕默德·阿里·真纳(Mohammad Ali Jinnah,1876—1948)。

艾哈迈德·汗是印度穆斯林最重要的代言人,一生对民族的生存都有着危机感,他对穆斯林和印度教教徒关系的态度分为两个时期:1857年至1884年是第一个阶段,艾哈迈德·汗强调由于共同的地域生活和共同的命运,印度穆斯林和印度教教徒是同一个民族,生活在同一片国土上。1885年至1898年是第二个阶段,他提出了"两个民族"理论。伊克巴尔青年时期是一个印度国家民族主义者。歌颂印度的历史,维护印度的团结和统一。而成熟时期的伊克巴尔,在政治上是一个宗教民族主义者,致力于维护印度穆斯林的政治权力。在思想文化方面,他强调伊斯兰思想文化的主体性和优越性。在这种优越性的基础上利用西方的方法对传统进行新的阐释。他思想的立足点是不仅为南亚的穆斯林,也为整个伊斯兰世界的复兴而探索新的道路。毛杜迪是一名伊斯兰宗教学者和穆斯林政治家,撰写了大量的伊斯兰理论著作,他创建的伊斯兰促进会成为他构建和检验伊斯兰思想观念和理论学说的具体实践。巴基斯坦国家建立后,毛杜迪思考和实践的是如何参与这一新的政治进程。他的社会变革和政治变革思想从本质上体现了现代伊斯兰主义者建设一个伊斯兰教国家的要求。真纳自20世纪初登上政治舞台,他的政治思想与实践对南亚现代历史进程起到了重大的影响作用。他早年参加印度国大党,致力于通过宪政改革实现印度自治,为印度教教徒与穆斯林的团结做出了重要贡献。作为全印穆斯林联盟的领导人,他致力于为印度穆斯林建立一个新的国家。他的政治思想与实践既体现了他对以民主政治为代表的西方现代文化的接受与批判,又体现了对伊斯兰教文化的独特认同。他领导建立的巴基斯坦是一个政教分离的联邦制国家。真纳的建国与治国理念对他逝世后的巴基斯坦,乃至当今巴基斯坦的发展仍然起着重要的作用。

在大量的研究南亚政治和历史的文献中,一般都把"两个民族"理论的提出归结于印度穆斯林群体,而对印度教群体的"两个民族"理论的研究有所忽略。其实,在印度教群体中提出、坚持和承袭"两个民族"理论的宗教学者、思想家和政治家之多也一如伊斯兰教群体。

印度教复兴运动领袖班吉姆·钱德拉·查特吉(Bankim Chandra Chatterjee 1838—1894)1882年创作的小说《阿难陀寺院》(Anandamath)描写18世纪中叶印度北部人民反对英国殖民者的斗争,其中《礼拜母亲》一诗表达了人民的爱国主义情感,后经泰戈尔谱曲(1906年),成为鼓舞印度教民众参与印度独立运动的颂歌。与此同时,班吉姆·钱德拉的这部小说也成为宣扬印度教的工具,奠定了印度教教派主义基础。罗宾德拉印度大学凯特拉·古普塔教授认为,隐藏在小说《阿难陀寺院》背后的班吉姆哲学是要建立印度教统治,以取代穆斯林在印度的统治地位。奥罗宾多·高士(Aurobindo Ghosh,1872—1950)被印度教教徒视为印度民族主义的先知。他写道:"民族是什么?我们的祖国是什么?它不是一片土地、一个描述的形象或一个虚构的观念。它是一种强大的萨克蒂(力量),是由成千上万个单位的全部萨克蒂组合而成的民族。"①奥罗宾多认为印度教民族主义的概念比一般的爱国主义更为深远。民族主义不只是一种政治纲领,而是一种神赐的宗教。斯瓦米·达耶难陀·娑罗室伐底(Swami Dayananda Sarasvati,1824—1883)于1875年建立了雅利安圣社,这是第一个宣示印度教政治民族主义的组织。他认为在印度教多神论哲学的背景下,印度教领袖无法在精神上将信仰一神论的穆斯林视为伙伴和与自己平等的公民,印度土壤里的民族主义仅仅只有印度教教徒自己的民族主义,将穆斯林排除在外是印度教民族主义的必然选择。维·达·萨瓦尔迦尔(Vinayak Damodar Savarkar,1883—1966)在全印印度教大会1939年会议的主席致辞中也曾说道:"让我们勇敢地面对这一不愉快的事实,那就是印度有印度教教徒和穆斯林两个民族。"②

在印度教复兴运动中诞生的印度教民族主义一方面包含着反抗殖民统治的意义,同时也促使了排斥他民族的印度教民族主义的诞生。其所表达的内涵,一是印度教群体或民族应有作为印度唯一主体的意识,二是印度教群体或民族是一个与伊斯兰教群体或民族完全不同的印度的主体。来自印度教群体的这些观念和表述也成为构筑"两个民族"理论的基础。

---

① *Mujibur Rahman*, *Iqbal*, *The Great Poet Philosopher of The Muslim World*, Iqbal Academy Pakistan,2004,p. 62.
② Ibid. ,pp. 62—63.

二、宽容与调和

然而,相互排斥和对立冲突主导的印度社会历史上也曾有过文化融合的气象,如莫卧儿王朝时期阿克巴尔创立的"神圣信仰",就是一个促使多种文化融合的范例。阿克巴尔(1542—1605)是莫卧儿帝国第三代皇帝,在位近 50 年(1556—1605)。阿克巴尔终其一生南征北战,开疆拓土,1596 年统一了北印度,1601 年又将印度南部巴赫马尼亚王朝的 5 个苏丹国并入莫卧儿帝国的版图。为了争取占人口绝大多数的非伊斯兰教信徒的支持,以巩固自己的统治地位,阿克巴尔实行宗教宽容政策。他允许所有不同宗教的信徒建立寺院,举行各种宗教仪式;允许被迫改宗伊斯兰教的人恢复原来的宗教信仰;平等对待各种宗教的信徒,建立平等的税收制度。他尤其重视在重要的伊斯兰教和印度教节日,在宫廷举行同样隆重的庆祝活动。阿克巴尔认识到要在印度教教徒占多数的国家建立并巩固穆斯林王朝的统治,必须使自己的治国方略突破狭隘的宗教偏见。于是,他在 1582 年创立了集伊斯兰教、印度教、佛教、耆那教、祆教和基督教于一体的"神圣信仰"(Din-i-Ilahi)。与此同时,阿克巴尔不仅注重团结印度教教徒,也倡导改革印度教的陈规陋习。如禁止杀婴和寡妇殉葬,规定结婚年龄,允许寡妇再嫁。他规定波斯语为宫廷语言,并建立一个翻译部门,将梵文、阿拉伯文、突厥文和希腊文的经典翻译成波斯文。在建筑和绘画等艺术领域,他提倡不同民族风格的融合。阿克巴尔建造的新都城和王宫"胜利城"(法塔普尔,Fatehpur)是一座外型壮观、内装精美,融伊斯兰教、印度教和佛教的建筑艺术于一体。虽然"神圣信仰"这一多宗教折衷的产物最终未能成功,在阿克巴尔去世后即被宣布取消,但却在很大程度上表明了阿克巴尔在宗教问题上的宽容态度,为巩固帝国统一、建立民族间的平等关系和促进不同宗教文化融合所发挥的作用是积极的。

阿克巴尔倡导的"神圣信仰"是一个历史事实,现代史上也有这样的事件,即宗教文化的相互理解、宽容和融合也能为各自政治利益的实现铺平道路。20 世纪之初,印度国大党和穆斯林联盟之间合作共事,为建立印度的代议制政府,制订了共同的行动纲领《勒克瑙协定》,一度对印度历史进程产生积极影响。

1916 年 11 月,国大党和穆斯林联盟达成共识,双方同意在分区选举的基础上,保证穆斯林在各级立法会享有充分的代表权,即在穆斯林占少数的省穆斯林代表数高于人口比例,在穆斯林占多数的省穆斯林代表数低于人口比例,并做出了具体规定。这就是《勒克瑙协定》的主要内容,保证了两个政党所代表的两大群体的政治诉求的合理性。一个月后,国大党与穆斯林联盟再次同时在勒克瑙举行年会,无论是真纳在穆斯林联盟会议上的主席发言,还是阿·恰·马宗达(Ambica Charan Mazumdar, 1850—1922)在国大党本次会议的主席致辞,都表达了同意联合起来自治的态度。双方的会议都顺利地通过了11月份制定的共同改革方案,并将方案提交政府。《勒克瑙协定》是国大党与穆斯林联盟为印度实现自治而团结合作的具体体现,但后因印度教大斋会的坚决反对,国大党领导人最终未接受穆斯林联盟提出的条件,从而丧失了实现团结的机会。在印度社会现代历史进程中,印度教文化和伊斯兰文化无论是宗教文化方面的相互宽容,还是政治方面的妥协调和,都只是昙花一现,无法取得圆满的结果。

印度教和伊斯兰教代表着两种异质的文化精神,各自都产生了杰出的代表人物,他们的思想和主张分别诠释了各自文化精神的内涵并深刻地影响着各自国家的现当代社会进程。伊克巴尔致力于重建伊斯兰文化,包括把科学纳入宗教神学的缜密逻辑;批判苏菲的出世思想,提倡"创制";在西方哲学和人文思想影响下,创立"自我"哲学思想;主张宗教改革。真纳所阐释的伊斯兰文化精神内涵可以概括为世俗的政治理念和伊斯兰文化传统相结合。他一生深受英国自由主义思想的影响;担当印度教教徒和穆斯林团结的使者;其建国和治国理论以伊斯兰教和现代性为依据,既符合伊斯兰教的平等、公平和民主,又秉持世俗化的观念。在印度教文化一方,甘地把西方宗教的仁爱化入印度的传统文化,创立了非暴力主义。他出于团结穆斯林争取早日摆脱英国殖民统治的考虑,从支持印度的基拉法运动到领导印度教教徒和穆斯林合力开展反对英国殖民统治的大规模的不合作运动,并最终赢得了印度的独立。从尼赫鲁身上反映的印度教文化精神则具有强烈的现代性色彩,他在《印度的发现》一书中对印度的未来提出了长远的构想。印度独立后,以尼赫鲁为首的政治精英决心把印度建设成为一个强大的世界大国。他们认为印度的国际地位不应与南亚其他国家相比,而应与世界大国相提并论。作为南亚地区两个重要国家的印度和巴基斯坦,以及作为两种异质文化的印度教文化和伊斯兰文化,它们的相容和相斥对本地区的和平与发展至关重要,建立一个相互依存、共同发展的多元文化环境乃历史给予当代社会的启示,亦是历史对当代社会的呼唤。

伊斯兰:东方对于医学和科学全球化的贡献①

[美]阿布德尔哈迪·哈拉瓦
(Abdelhadi Halawa)
马　征　译

【作者简介】阿布德尔哈迪·哈拉瓦(Abdelhadi Halawa),美国密勒斯威尔大学教授,中国河南大学"黄河文明与可持续发展中心"讲座教授。研究方向:健康教育学,近年主要从事伊斯兰医学和膳食营养学的研究。

【译者简介】马征,河南大学副教授。研究方向:比较文学与文化,近年主要从事阿拉伯裔美国文化研究,伊斯兰流散文化研究。

序

从公元610年开始,伊斯兰教就鼓励求知,并强调追寻知识的重要性。圣训中说,"学问即使远在中国,亦当求之。"早期穆斯林将此教诲铭记于心,渴望从当时各种可利用的资源中追寻和探索知识。公元800—1000年,见证了伊斯兰科学和医学的复兴,这一复兴对东西方文明作出了重要贡献。在这一时期,伊斯兰学者、科学家和哲学家翻译了大量的希腊、波斯和印度手稿,他们从学术上探究这些手稿,从而拓宽和促进了科学、医学、哲学和数学的发展。在欧洲14—17世纪的科学革命时期,欧洲人利用了穆斯林学者和科学家在医学、天文学、生物学、数学、物理学、人体解剖学和化学领域所作出的革新和贡献。②

在早期医学的临床实践中,穆斯林医生相信谨慎和自然的医疗处理

---

① 本论文为河南大学教育部人文社科重点研究基地"黄河文明与可持续发展中心"国际合作项目《伊斯兰文化的"全球化"和"地方化"研究》的阶段性成果。

② *Islamic Scientific Contributions to Civilization*, Retrieved from http://score.rims.k12.ca.us/activity/rosen_islamic_science/

方式,他们还强调,温和与不侵入身体的医疗手段,对维护身体健康有着重要意义。希波克拉底学说的宗旨是"首先,不要伤害",这是一个值得珍视的信念,它尤其反映在伊斯兰的教诲中,先知穆罕默德曾言"你的身体对你行使权力"(布哈里圣训)。早期穆斯林医生的这一医疗信仰和实践,不仅奠定了几个世纪的医学、药学和健康学发展的基础,而且对科学和哲学的发展具有开拓性。① 在2010年发表的一项研究中,约翰那认为,种族和宗教少数群体对伊斯兰科学和医学所作出的贡献,没有得到充分地展现。该研究表明,我们没有认识到穆斯林学者和科学家在科学和医学领域所作出的贡献,这可能是由于忽视或故意的边缘化。研究者认为,不能认识到中东的种族和宗教少数群体在哲学、医学和科学领域所作出的重要贡献,清楚地表明了对这些少数群体的负面认识。②实际上,穆斯林学者的成就贯穿于伊斯兰文明的黄金时期,主要可以分为两个阶段。第一阶段发轫于7世纪早期,通过搜集和翻译希腊、波斯、印度、拜占庭和亚述人的古叙利亚语医学和科学著作,穆斯林学者和科学家开始了他们的工作。③例如,包括了埃吉纳的保卢斯在内的希腊-罗马医生最先表述了"气管造管术"这一术语,但中世纪的伊斯兰临床医生大幅度修正、发展和延伸了希腊-罗马医生所表述的这一概念,从而丰富了包括"气管造管术"在内的外科手术知识。大量的数据表明了这样一个历史事实:在伊斯兰中世纪时期,很多著名的伊斯兰外科医生从事挽救生命的手术实践。在整个伊斯兰黄金时期,穆斯林医生通过改进临床手术程序、外科器械和辅助药方,推进了"气管造管术"的临床实践。④在第二个发展阶段,很多阿拉伯和非阿拉伯医生为医学发现的繁荣作出了突出贡献。医生如以"拉齐兹"闻名的阿-拉齐和以"阿维森那"著称的伊本·西拿,他们是医学领域的先驱,在随后的几个世纪里,他们的著作、论文和教诲成为欧洲医学

---

① *History of Medicine in the Islamic Civilization*,Retrieved from http://www.onislam.net/english/health-and-science/faith-and-the-sciences/454994-history-of-medicine-in-the-islamic-civilization.html

② Johna,S.,"Marginalization of Ethnic and Religious Minorities in the Middle East History of Medicine:The Forgotten Contributions to Arabian and Islamic Medicine and Science," *Acta Medico-Historica Adriatica*,Vol.8,Issue 2(2010),pp.203—210.

③ Nagamia,H. F. "Islamic Medicine History and Current Practice," *Journal of the International Society for the History of Islamic Medicine* 2003,2(4),pp.19—30.

④ Samad E. J.,Khan,Z. H.,Ghabili,K.,Hosseinzadeh,H.,Soleimanpour,H.,Azarfarin,R.,Mahmoodpoor,A.,"Contributions of Medieval Islamic Physicians to the History of Tracheostomy," *Anesthesia & Analgesia*,vol.116(5)(2013),pp.1123—1132.

研究的基础。此外,穆斯林医生在医学、科学、药学、哲学、草药学、营养学和植物学领域的著作与创见,传播于东西方文明中。在第三个阶段,也就是在整个奥斯曼帝国时期的最后阶段,包括科学、医学、艺术、建筑学和文学在内的各个领域出现了停滞和倒退的现象。①

本文将考察7世纪以来穆斯林学者和科学家在医学和科学领域为东西方文明所作出的贡献。

主要的医学贡献

让人享有健康与安乐,是伊斯兰教诲与实践的核心原则。从伊斯兰早期(661—750)开始,穆斯林就相信,安拉为每一种疾病提供了治疗方法。②先知医学在先知穆罕默德时期已经开始形成,它熔铸了生活实践中的卫生学、草药治疗方法、膳食管理和运动养生学。以科学为基础的伊斯兰医学的发展始自9世纪,穆斯林医生和科学家开始发展和利用更现代的医学方式,它建立在科学检测和临床实践的基础上。③在界定上,伊斯兰医学是一种医学知识和实践体系,它发展于伊斯兰早期,现仍被穆斯林和非穆斯林国家的穆斯林医生所实践和运用。1983年,埃及出生的穆斯林外科医生艾尔卡迪将伊斯兰医学界定为"遵从伊斯兰的神圣教诲、与伊斯兰神圣教诲相结合的现代医学科学与技术。"④

尽管建立在伊斯兰信仰的基础上,伊斯兰医学也在疾病治疗中结合了现代医学技术。⑤为了保护普通公众,《古兰经》和先知传统(圣训)强调保持个人卫生和公共健康的重要性。伊斯兰医学传统的高峰发展于中

---

① Ayad, A., *History of Medicine in the Islamic Civilization*. Retrieved from http://www.onislam.net/english/health-and-science/faith-and-the-sciences/454994-history-of-medicine-in-the-islamic-civilization.html? the_Sciences=

② Shanks, N. J. & Al-Kalai, D. "Arabian Medicine in the Middle Ages," *Journal of the Royal Society of Medicine* (JRSM)(1984). 77(1), pp. 60—65.

③ Shanks, N. J. & Al-Kalai, D., "Arabian Medicine in the Middle Ages," *Journal of the Royal Society of Medicine* (JRSM)(77(1,1984)), pp. 60—65.

④ Fadel, H. E., "What is Islamic Medicine? How Does it Relate to Contemporary Medicine?" *Journal of Islamic Medical Association of North America* (JIMA), vol. 40, (no 2, 2008), pp. 56—57.

⑤ Fadel, H. E., "What is Islamic Medicine? How Does it Relate to Contemporary Medicine?" *Journal of Islamic Medical Association of North America* (JIMA), vol. 40, (no 2, 2008), pp. 56—57.

世纪伊斯兰的早期,中世纪伊斯兰医学大致可以被历时性地划分为五个主要领域:(1)中世纪伊斯兰医学的出现和与其他文化的杂交传播;(2)医学理论框架;(3)在更大社会中的医生职能;(4)从保存的历史中的实例来看医疗护理;(5)魔法和虔敬的宗教祈祷在学术和日常医学中的作用。伊斯兰医学实践和知识的这五个发展阶段,对现代欧洲直至今日的医学实践产生了实质性冲击。① 中世纪伊斯兰医学对欧洲医学界的影响,包含了外科学、生理学、病理学、治疗学和处于常规医学中非主流地位的预防医学的知识与实践。② 中世纪伊斯兰的医学贡献不仅涉及临床过程的发展和扩大,也包括使用从植物中提取的药物这样一种医学和治疗类型,中世纪的伊斯兰医生使用自然物质来制药,这些自然物质包括大麻和罂粟等等。③

先知穆罕默德规定了正确的膳食习惯,来促进身体和精神的健康,例如共食、礼拜和运动习惯。此外,古兰经还表述了这些健康的习惯对人类的益处。④源自先知医学和古兰经诗文的医疗方法,发起了几百年的穆斯林医生大量的医学革新、实践和贡献。

穆罕默德·伊本·扎克里亚·阿-拉齐(محمد بن زكريا الرازي,865—930)在欧洲以"拉齐兹"(Razes)闻名,他是伊斯兰黄金时期杰出的波斯医生、炼金学家、化学家、哲学家和学者。公元9世纪,在出生地伊朗的拉齐和伊拉克的巴格达,他主管着很多家医院的外科医生。在巴格达的医院,他为精神疾病的治疗开设专门病房,他还被任命为当时的统治者哈里发的顾问。⑤ 他在整体医学和精神医学方面作出了开创性贡献,提倡从

---

① Pormann, P. E. & Savage-Smith, E. *Medieval Islamic Medicine*, Washington. D. C: Georgetown University Press, 2007, pp. 38—45.

② Salim, M. K. *Islamic Medicine*, London: Routledge & Kegan Paul Publishing, 1986, pp. 1—23.

③ Hamarneh, S. "Pharmacy in Medieval Islam and the History of Drug Addiction," *Medical History*, vol. 16(3,1972), pp. 226—237.

④ Saniotis, A., "Islamic Medicine and Evolutionary Medicine: A Comparative Analysis," *Journal of Islamic Medical Association of North America* (JIMA), vol. 44(1, 2012): 44—1—8780.

⑤ Ayad, A., " History of Medicine in the Islamic Civilization," Retrieved from http://www.onislam. net/english/health-and-science/faith-and-the-sciences/454994-history-of-medicine-in-the-islamic-civilization. html? the_ Sciences=; Karaman, H., "Abu Bakr Al Razi(Rhazes) and Medical Ethics." *Ondokuz Mayis University Review of the Faculty of Divinity* (30,2011), pp. 77—87.

整体上治疗和关心病人。这一整体治疗方式集中反映在他的著作《精神医学》中,在书中,他强调了心灵净化、伦理行为和道德品行在实现整个疾病的治疗过程中的重要性。① 由于他的医学威望和成就,医学界视他为伊斯兰医学之父,同时也视他为穆斯林世界最伟大的医生。② 他最重要的成就,是首次诊断和区分了现在被称为"天花"和"麻疹"的两种疾病的症状,在寻找治疗这两种疾病的方法时,阿-拉齐从纯医学的视角进行研究,并完成了第一部关于此论题的著作。1565 年,在意大利的威尼斯,这本书首次被译成古欧洲的学术语言拉丁语,此后,该书被译为希腊语和欧洲其他语言,并因此而散播于整个欧洲大陆。1848 年,该书的英译本出版于英国伦敦,标题是《关于天花和麻疹的论文》。③ 阿-拉齐最伟大的医学成就,汇编于九卷本《阿-哈维》中,它被译成拉丁语著作《全书》,直到公元 1395 年,它还被法国索邦大学用作医学教科书。另外,《阿-哈维》还是当时医学科学中的第一部百科全书,由于涵盖的内容庞大,在拉齐去世后的 930 年,该书才由他的学生们编纂完成。对于每一种疾病,他总是在书中先给出希腊、叙利亚、印度、波斯和阿拉伯作者们的观点,然后在自己临床观察的基础上进行解释,并得出最终的结论。④ 此外,阿-拉齐是首位倡导心理治疗的医生,并告诉病人频繁更换医生的副作用。他还强调平衡的膳食对保持健康的重要性,并在建造巴格达的医院时起到了关键作用。他在科学和医学领域成就不菲,例如化学、医学研究和临床护理。阿-拉齐还发现了化合物和化学制品的几种基本元素,其中包括煤油。作为一位炼金学家,阿-拉齐以对化学制品硫酸的探寻而著称。⑤ 英国著名的土木工程师和东方学家爱德华·格兰威尔·布朗(Edward Granville

---

① Ayad, A. , *History of Medicine in the Islamic Civilization* , Retrieved from http://www.onislam. net/english/health-and-science/faith-and-the-sciences/454994-history-of-medicine-in-the-islamic-civilization. html? the_Sciences=

② Karaman, H. , "Abu Bakr Al Razi (Rhazes) and Medical Ethics." *Ondokuz Mayis University Review of the Faculty of Divinity* (30, 2011) , ISBN 1300−3003, pp. 77−87.

③ *Mohammad Ibn Zakariya al-Razi* , Retrieved from http://www. crystalinks. com/al-Razi. html; *Muslim Contributions to Science* , Retrieved from http://www. islamawareness. net/Science/muslims_contributions. html

④ *Muslim Contributions to Science* , Retrieved from http://www. islamawareness. net/Science/muslims_contributions. html

⑤ *Mohammad Ibn Zakariya al-Razi* , Retrieved from http://www. crystalinks. com/al-Razi. html

Browne,1862—1926)认为,阿-拉齐或许是最伟大和最富有创新精神的医生,同时也是一位成果丰硕的学者和作者。

伴随着中世纪伊斯兰时期医院的增加和扩展,医学中的外部手术程序也得到了发展和进化,医学实践发展到了现在所知的外科手术方法。由于一些早期文本详细描述了这些程序,中世纪时期的医生已得以了解这些外科手术的方法。① 安达鲁西亚时期最著名的外科医生是阿布·阿-卡西姆·卡拉夫·伊本·阿-阿拔斯·阿-扎赫拉维(Abu al-Qasim Khalaf ibn al-Abbas Al-Zahrawi ,936—1013),他的拉丁语名字是"阿布卡西斯"。他出生于西班牙科多巴附近的阿-扎赫拉,当时的科多巴是伊斯兰帝国时期(711—1614)的一部分。扎赫拉维是一位医生、外科医生和化学家,但他最令人铭记的成就,是写作了一部医学百科全书《帮助那些缺少阅读大部头著作能力的人》,这本书更有名的标题是它的缩略语《简易法》(al-Tasrif)。这部医学百科全书在500多年的时间里,成为伊斯兰和欧洲医学的标准参考书。在欧洲,阿-扎赫拉维的百科全书包含了关于外科手术、矫形术、药理学、眼科学和营养学方面的章节,他还描述了300多种疾病及其治疗处方。② 不满于当时低效率的外科手术方法,他对大量手术程序提供了详细的解释,并解释了200多种外科器械的正确使用方法。在自己的实践和观察基础上,他发明了一些外科器械,并描述了它们正确的使用方法。12世纪,克莱蒙那的杰拉德(Gerard of Cremona)将他百科全书中最得到公认的外科部分翻译成拉丁语,自此,阿-扎赫拉维的百科全书在欧洲成为被广泛接受的标准医学教科书,一直发行到18世纪70年代。③ 在欧洲,阿-扎赫拉维的医学工作得到了医学界的广泛承认,这是由于他著述了几部可观的医学著作,其中,《简易法》是他的集大成之作,该书共30卷,是他长达50年的外科手术教学、研究和实践的结晶。篇幅最长的最后一卷"论外科手术"是中世纪外科领域最伟大的医学成就,该卷详细叙述了产科学、助产术、伤口处置、放血疗法和处理骨折等

---

① Boilot,D. J. ,"Al-Biruni (Beruni) Abu'l Rayhan Muhammad b. Ahmad,"*Encyclopedia of Islam*,vol. 1,(2012), pp. 1236—1238.

② Abu al-Qasim Khalaf ibn al-abbas Al-Zahrawi, Known as Albucasis(936—1013) (2012), *Brought To Life:Explore the History of Medline*,Retrieved from http://www.sciencemuseum. org. uk/broughttolife/people/albucasis. aspx

③ Ramen,F. Albucasis, *Abu al-Qasim Al-Zahrawi:Renowned Muslim Surgeon of the Tenth Century*,NewYork:Rosen Publishing Group. 2005,pp. 10—18.

不同的外科程序。通过对大多由自己发明的手术器械和技巧进行解析、配以图片和题字,他描述了外科临床操作的过程。① 阿-扎赫拉维对医学的一项重要贡献,是他将研究与理解人类解剖学、一般医学和关于医学研究的哲学写作,作为外科医生职业发展和训练的核心能力。②

11世纪,阿布·阿里·阿-海桑·伊本·阿-海桑·伊本·阿-海塞姆(أبو علي الحسن بن الحسن بن الهيثم, 965—1040)出生于伊拉克的巴士拉,他在西方以海桑("Alhazen""Alhacen"或"Alhazeni")闻名,在当时的人类视力学领域做出了基础性的新发现和开创性研究。阿-哈利利(2009)将伊本·阿-海桑形容为"第一位正确表述人类的眼睛如何看到物体的科学家",由于在人类视力学领域所作出的重要贡献,海桑被称为现代眼科学之父。阿-哈利利进一步解释道,伊本·阿-海桑通过实验,论证了所谓的投射理论(这一理论陈述了光从我们的眼中照射在我们看到的物体上)的真伪,柏拉图、欧几里德和托勒密这些伟大的思想家相信这一理论,但海桑却认为它是错误的,并建立了以科学为基础的现代概念。在他看来,人类能看见,是因为光经过镜像的方式,进入了我们的眼睛。在阿-哈里里看来,伊本·阿-海桑最广为人知的贡献,是发明了针孔照相机,并发现了折射定律。他还首次以实验方法,来观察光发散时所构成的色彩,并研究了阴影、彩虹和日(月)食。通过观察太阳光在大气中的衍射方式,他得以颇为准确地估算大气的高度,他发现大约是100公里(62英里)。③ 2007年,在斯蒂芬斯(Steffens)所写的传记作品中提到,在光学、解析几何物理学和天文学等数学和科学领域,伊本·阿-海桑是一位革新性的发现者。他关于光如何被大气折射的创新性的工作,后来得到伊萨克·牛顿(Isaac Newton)的发展。他还首次发现了运动法则,这比意大利物理学家伽利略(Galileo Galilei,1564—1642)的工作早了几百年。斯蒂芬斯还

---

① "Al-Biruni: A Master of Scholarship," *Lost Islamic History*, Retrieved from http://lostislamichistory.com/al-biruni/.

② "Al-Zahrawi: The Pioneer of Modern Surgery," *Lost Islamic History*, Retrieved from http://lostislamichistory.com/al-zawahri.

③ Al-Khalili,J.,"The 'first true scientist'," *BBC Science and Islam Series*, Retrieved from http://news.bbc.co.uk/2/hi/science/nature/7810846.stm; Kaf Al-Ghazal, S., "Al-Zahrawi (Albucasis) the Great Andalusian Surgeon," *Foundation for Science, Technology, and Civilization*, Publication ID 68. (2007) Retrieved from http://www.muslimheritage.com/uploads/Al-Zahrawi_Great_Andalusian_Surgeon.pdf.

描述道,他在假说、观察实验和田间试验的基础上,从事科学方法的实验。斯蒂芬斯认为,在保持古希腊时期最初发展起来的古典科学方法的活力与繁荣上,伊本·阿-海桑起到了关键作用。① 他的新理论解释了人类的视力是眼睛这一视觉工具作用的结果,这一假设与古希腊关于视力的观念相反。古希腊观念认为,眼睛传送了视觉的灵魂,这一灵魂使眼睛得以确认和阐释物体。伊本·阿-海桑的作品详细描述了人类的视力构成,这为他的形象形态理论奠定了基础,他通过光线经过不同密度的两种媒介之间的折射,解释了这一理论,进而通过对视觉构成的实验检测,又从根本上发展了这一新理论。他的作品《视觉书》(كتاب البصريات)在12世纪被译为拉丁语,直到17世纪,伊斯兰世界和欧洲仍然在学习这部著作。②

阿布·阿里·阿-胡塞因·伊本·西拿(پورسینا,980—1037)也以其拉丁语名字"阿维森那"闻名于欧洲。伊本·西拿出生于波斯,是一位博学通才,被认为是他那个时代最著名的医生和哲学家,同时,他也是一位天文学家、化学家、地理学家、逻辑学家、考古学家、数学家、物理学家、诗人和科学家,他还是一位伊斯兰"麦克塔布"(大师级)老师、神学家和心理学家,能背诵全部古兰经的伊斯兰学者。③ 他师从医生库石伊尔学习医学,还得到了医学、哲学、数学和解剖学的训练,他在亚里士多德哲学和医学领域所作出的贡献,尤其使他声誉卓著。④ 他是伊斯兰传统中最伟大和著名的哲学家,或许也是前现代时期最意义重大的哲学家。在他所处的时代,他的成就仅次于伟大的希腊哲学家亚里士多德,后者被认为是有史以来世界上最伟大的思想家,他还是亚里士多德作品最重要的译者之一。⑤ 他曾拜访位于布哈拉城的萨玛尼德宫,当时的统治者诺亚二世允许伊本·西拿使用自己设备完善、资源丰富的图书馆。伊本·西拿突出

---

① Steffens,B.,*Ibn Al-Haytham: First Scientist (Profiles in Science)*,Greensboro:Morgan Reynolds Incorporated,2007,pp.14—38.

② Rashed,R.,"Geometrical Optics,"*Encyclopedia of the History of Arabic Science*,Vol.2(1996) pp.643—71.

③ Marmura,M.E.(by Ibn Sina(Avicenna),*The Metaphysics of The Healing*,Provo:Brigham Young University,2005.

④ *Muslim Contributions in Medicine, Science & Technology*,Retrieved from http://faithforum.wordpress.com/islam-2/impact-of-islam-on-christianity-west/muslim-contributions-in-sciences/

⑤ *Muslim Contribution to Medical Science*,Retrieved from http://www.everymuslim.co.za/index.php/articles-menu/islamic-medicine-menu/1188-muslim-contribution-to-medical-science

的学术著作是《医学法则》(The Law of Medicine),该作以拉丁语"法典"而著称,是一部穆斯林医学法则的集大成之作和杰作。① 这是一部庞大的医学百科全书,描绘了影响人体各部分的760种不同的药物和疾病,尤其关注病理学和药典。12世纪时,专门将阿拉伯语科学书籍翻译成拉丁语的意大利译者克莱蒙那的杰拉德(1114—1187),将这部巨著译为拉丁语。② 该书得到欧洲医学界的广泛接受和普遍了解,在15世纪的最后30年,它被重印16次,在16世纪,它被重印20次,被译为多种欧洲语言。一位著名的欧洲作家曾将这部著作描述为"或许没有任何一部医学著作得到如此多的研究",杰出的印度历史学家加都纳·萨克尔(Sir Jadunath Sarkar,1870—1958)将伊本·西拿形容为"阿维森那是中世纪最伟大的知识分子巨人。"③伊本·西拿和阿-拉齐一起,将伊斯兰医学提升到世界一流的高度,他们的肖像至今仍展示和悬挂在巴黎大学医学院的大厅。④

伊本·西拿另外一项最重要的成就,是他撰写于1014年、出版于1027年的著作《治疗书》,著作中的术语"治疗"旨在"治愈"或"疗救"人们对"精神"的忽视,这一富有争议的观点,极大地冲击了中世纪的学术思想,引起了理论论争。尽管引起了争议,这部著作仍然是科学和哲学领域的一部重要作品,作出了重大贡献。在他的时代,《治疗书》被认为是一部科学和哲学的百科全书。⑤ 在心理学领域,伊本·西拿在著作中详细地论及人的意识,描述了身体与精神的关系、知觉和感觉,他深入论述了强烈而又不加控制的感情,会破坏一个人的性情,甚至会因为缺少知觉和反应力而导致死亡。他还将人的知觉分为五种内在感觉和五种外在感觉,并分别解释了人类智能对它们发生影响的方式。伊本·西拿富有洞察力地认识到,普通人类的意识就像一面镜子一样起作用,它能感知到智能的

---

① *Muslim Contribution to Medical Science*, Retrieved from http://www.everymuslim.co.za/index.php/articles-menu/islamic-medicine-menu/1188-muslim-contribution-to-medical-science
② Ibid.
③ Ibid.
④ Ibid.
⑤ *The Book of Healing*, Princeton: Princeton University Publication, 2013. Retrieved from http://www.princeton.edu/~achaney/tmve/wiki100k/docs/The_Book_of_Healing.html; Marmura, M. E. (by Ibn Sina (Avicenna), *The Metaphysics of The Healing*, Provo: Brigham Young University, 2005.

活动,并由此反射出一系列的思想。① 伊本·西拿在心理学、逻辑学、神秘主义和东方哲学、认知学与本体论等学科作出了决定性贡献,他各种作品的拉丁语译本通过西班牙和巴黎,流传于整个欧洲,在中世纪欧洲的影响无处不在。尤其是著作《医学法典》和他关于使用心脏病药物的论文,直到公元 1650 年,还是许多中世纪欧洲大学(例如法国南部城市蒙特培利尔、比利时中部城市卢万)的标准医学教科书。②

艾拉-阿-丁·阿布·阿-海桑·阿里·伊本·阿比-海姆·阿-卡什·阿-迪玛什奇(علاء الدين أبو الحسن عليّ بن أبي حزم القرشي الدمشقي, 1210—1288)以英语名字伊本·阿-那菲斯(Ibn al-Nafis)闻名。他是叙利亚的一位穆斯林医生,对促进 13 世纪医学知识和科学的发展作出了重大贡献,在解剖学、生理学、法学和政治研究等科学领域有所建树。③ 作为一名医生,伊本·阿-那菲斯最突出的成就,是发现了肺循环功能,重新检测了血液在人体内的循环作用。希腊医生盖仑(Galen,129—201)的作品曾解释了血液在人体内的运动,这一理论存在了一千多年的时间,伊本·阿-那菲斯不同意盖仑的观点,挑战了他一贯的科学原则和关于人类肺循环功能模式的描述。④ 当时,有一个悬而未决的问题:在血液经过循环系统进入体内以前,它是怎样从右心室进入左心室的?根据盖仑的解释,当血液进入心脏右侧,它首先必须要通过心脏隔膜中一些不可见的通道或毛孔,然后进入心脏左侧,与充满氧气的血液(生命精气)相混合,最后经过系统

---

① Hague, A. , "Psychology from Islamic Perspective: Contributions of Early Muslim Scholars and Challenges to Contemporary Muslim Psychologists," *Journal of Religion and Health*, Vol. 43, (No. 4, 2004), pp. 365—366.

② Durant, W. J. , *The Age of Faith: A History of Medieval Civilization-Christian, Islamic, and Judaic-From Constantine to Dante*: A. D. 325—1300, Alcoa: Fine Communications, 1997, pp. 120—121; Marmura, M. E. (by Ibn Sina Avicenna), *The Metaphysics of The Healing*, Provo: Brigham Young University, 2005.

③ Loukas, M. , Lam, R. , Tubbs, R. S. , Shoja, M. M. , & Apaydin. N, " Ibn al-Nafis (1210—1288): the First Description of the Pulmonary Circulation," *The American Surgeon*. 74 (5, 2008)), pp. 440—442.

④ Haddad, S. I. & Amin A. Khairallah, A. A. , "A Forgotten Chapter in the History of Circulation of the Blood," *Annals of Surgery*, 104(1, 1936), pp. 2—8; Meyerhof, M. , "Ibn An-Nafîs(XIIIth Cent.) and His Theory of the Lesser Circulation," *The University of Chicago Press*: The History of Science Society: Isis, Vol. 23, (No. 1, 1935), pp. 100—120; Masic, I. , "On Occasion of 800th Anniversary of Birth of Ibn al-Nafis - Discoverer of Cardiac and Pulmonary Circulation," *Medical Archives*, vol. 64(5, 2010), pp. 309—313.

循环,传送到身体的其他部分。① 而伊本·阿-那菲斯通过对次血液循环的观察和解剖学分析,得出结论:盖仑关于血液从右心室流向左心室的解释是错误的。② 伊本·阿-那菲斯发现,心室隔膜没有毛孔,血液不能从中穿过,因为那里缺少任何一种不可见的通道或毛孔。在这一新发现的基础上,伊本·阿-那菲斯得以从解剖学和逻辑学上得出盖仑假设的不成立。③ 在解剖学检测的基础上,伊本·阿-那菲斯发现,右心室流出的血液必须首先到达左心室,但左、右心室之间并没有直接的通道或毛孔,他还发现,心脏的厚隔膜并不像盖仑设想的那样,它既没有孔,也没有任何不可见的通道。因此,伊本·阿-那菲斯确信,从右心室流出的血液,必须经过肺动脉流向肺里,与氧气相混合(生命精气),然后经过肺静脉,到达左心室,从那里再经过血液循环系统,流进身体的其他部分。④ 他的发现

---

① Hehmeyer, I. & Khan, A., "Islam's Forgotten Contributions to Medical Science," *Canadian Medical Association Journal* 176(10,2007), P. 1467; Rafiabadi, H. N, *Saints and Saviours of Islam*, New Delhi: Sarup & Sons, 2005, p. 295; Akmal, M., M. & Ansari, A. H., "Ibn Nafis - A Forgotten Genius in the Discovery of Pulmonary Blood Circulation," *Heart Views*, 11(1,2010), pp. 26—30.

② Hehmeyer, I. & Khan, A., "Islam's Forgotten Contributions to Medical Science," *Canadian Medical Association Journal* 176(10,2007), P. 1467; Akmal, M., M. & Ansari, A. H., "Ibn Nafis - A Forgotten Genius in the Discovery of Pulmonary Blood Circulation," *Heart Views*, 11(1,2010), pp. 26—30; Meyerhof, M., "Ibn An-Nafîs (XIIIth Cent.) and His Theory of the Lesser Circulation," *The University of Chicago Press: The History of Science Society: Isis*, vol. 23, (no. 1,1935), pp. 100—120.

③ Hehmeyer, I. & Khan, A., "Islam's Forgotten Contributions to Medical Science," *Canadian Medical Association Journal* 176(10,2007)), P. 1467; Meyerhof, M., "Ibn An-Nafîs (XIIIth Cent.) and His Theory of the Lesser Circulation," *The University of Chicago Press: The History of Science Society: Isis*, vol. 23, (no. 1,1935), pp. 100—120; Masic, I., "On Occasion of 800th Anniversary of Birth of Ibn al-Nafis - Discoverer of Cardiac and Pulmonary Circulation", *Medical Archives*, vol. 64(5,2010), pp. 309—313.

④ Hehmeyer, I. & Khan, A., "Islam's Forgotten Contributions to Medical Science," *Canadian Medical Association Journal* 176(10,2007), P. 1467; Hamarneh, S., "Pharmacy in Medieval Islam and the History of Drug Addiction," *Medical History*, vol. 16(3,1972), pp. 226—237; Rafiabadi, H. N, *Saints and Saviours of Islam*, New Delhi: Sarup & Sons, 2005, p. 295; Meyerhof, M., *Ibn An-Nafîs (XIIIth Cent.) and His Theory of the Lesser Circulation*, The University of Chicago Press: The History of Science Society: Isis, vol. 23, (no. 1,1935), pp. 100—120; Akmal, M., M. & Ansari, A. H., "Ibn Nafis - A Forgotten Genius in the Discovery of Pulmonary Blood Circulation", *Heart Views*, 11(1,2010), pp. 26—30.

首次精确而又证据确凿地描述了人类的肺循环。① 直到1924年,伊本·阿-那菲斯关于血液循环的作品手稿,才由埃及医生穆尤·阿-丁·阿-塔塔维(Muhyo Al-Deen Al-Tatawi)的发现而为人所知,他在德国柏林的普鲁士国家图书馆发现了文稿"评论阿维森纳法典中的解剖学",这份手稿涵盖了伊本·阿-那菲斯关于解剖学、病理学和血液循环的生理学的详细研究,这是历史上最早描述肺循环功能的作品。② 之后,由于威廉·哈维(William Harvey,1578—1657)关于这个论题的独立研究,使这一关于肺循环的资料引起了公众的注意,同时也得到了医生和历史学家的进一步检验。③ 由于伊本·阿-那菲斯的发现,科学界承认:"肺循环在16世纪由欧洲科学家发现"这一观点是不准确的。医学界有一个假设,欧洲科学家必定已经拥有或阅读过伊本·阿-那菲斯血液循环理论的翻译手稿。20世纪30年代,德国医生马克斯·梅耶霍夫(Max Meyerhof)出版了伊本·阿-那菲斯所作实验的德语、法语和英语的精选译本,这些译本包括了伊本·阿-那菲斯关于肺循环理论的阿拉伯语文本的复制本。④ 充足的资料表明,伊本·阿-那菲斯对于解剖学和医学知识体系的发展,做出了不可估量的贡献,他是一位具有超凡才能的杰出穆斯林医生。

主要的科学贡献

穆斯林文明横贯多个大陆,它由中东扩展至西班牙乃至中国,自公元7世纪开始,来自不同地理位置和文化的穆斯林科学家、学者和发明家,

---

① Hehmeyer, I. & Khan, A., "Islam's Forgotten Contributions to Medical Science," *Canadian Medical Association Journal* 176 (10, 2007), P. 1467; Rafiabadi, H. N, *Saints and Saviours of Islam*, New Delhi: Sarup & Sons, 2005, p. 295.

② Haddad, S. I. & Amin A. Khairallah, A. A., "A Forgotten Chapter in the History of Circulation of the Blood", *Annals of Surgery*, 104(1, 1936), pp. 2—8; Meyerhof, M., "Ibn An-Nafîs(XIIIth Cent.) and His Theory of the Lesser Circulation," *The University of Chicago Press: The History of Science Society: Isis*, vol. 23, (no. 1, 1935), pp. 100—120.

③ Hannam, J., *The Genesis of Science*, Washington D. C.: Regnery Publishing, 2011, p. 26; Meyerhof, M., "Ibn An-Nafîs(XIIIth Cent.) and His Theory of the Lesser Circulation," *The University of Chicago Press: The History of Science Society: Isis*, vol. 23, (no. 1, 1935), pp. 100—120.

④ West, J. B., "Ibn al-Nafis, the Pulmonary Circulation, and the Islamic Golden Age," *Journal of Applied Physiology*, 105(6, 1985), pp. 1877—1880; Meyerhof, M., " Ibn An-Nafîs (XIIIth Cent.) and His Theory of the Lesser Circulation," *The University of Chicago Press: The History of Science Society: Isis*, vol. 23, (no. 1, 1935), pp. 100—120.

发展了引人瞩目的科学知识体系,这些知识成为当今整个世界的资源。伊斯兰黄金时期(8世纪中期—13世纪中期)的发现和发明,对西方和世界文明做出了持久的贡献。几个世纪以来,穆斯林科学家和学者做出了一千多项科学与技术的重大发明,其中有很多发明至今仍在世界各地使用,这些发明引起了我们时代的最伟大的科技进步。① 六百余年来,以西班牙的科尔多瓦、埃及的开罗、叙利亚的大马士革和伊拉克的巴格达等城市为中心,大量的科技知识产生并扩散到其他文明。从这些城市,伊斯兰重大的科学贡献不仅冲击了欧洲大陆,而且扩展到东南亚和南亚,尤其是印度次大陆②,下文在提及阿-贝鲁尼时将详细说明。

历史记载表明,由于古兰经和圣训清楚地提供了指导,伴随着伊斯兰的兴起和盛行,早期穆斯林和发明家在一些科学领域做出了突破性成绩,这些成绩尤其表现在物理学和自然科学领域。格林戈(Goeringer)曾直接引用《古兰经》并言,"为数不多的一些古兰经文,包含了对人类发展胚胎阶段较全面的描述,从没有资料通过分类、术语和表述,来如此明确和完整地记录人的形成,与传统科学文献中人类胚胎和胎儿发展不同阶段的记录相比,即使不是全部,大多数例子的表述早了几个世纪。"③

在这一部分,研究者将考察穆斯林科学家和学者在数学、工程学、天文学、地理学、早期医学、化学、物理学和人文学领域所做出的贡献。

在化学领域,阿布·穆萨·杰比尔·伊本·哈杨(أبو موسى جابر بن حيان,721—815)以其拉丁语名字"杰伯"(Geber)闻名,被认为是最有成就的实践炼金学家。他在伊朗的突斯出生并接受教育,迁居并卒于伊朗的库法。他在库法开始自己医生和药学家的职业生涯,除了是一位开创性的化学家,伊本·哈杨还是一位哲学家、工程师、天文学家、地理学家、占星学家、医生和药学家。④ 988年,伊本·阿-纳迪姆(Ibn al-Nadim)编撰了一本题

---

① Goeringer, G. C. , *Muslim Contribution to the World of Science* , 2008, Retrieved from http://scienceislam.com/scientists_quran.php

② Robinson, F. , *Islam and Muslim History in South Asia* , Delhi: Oxford University Press, 2004, pp. 231—232 & 239—242.

③ Steffens, B. , *Ibn Al-Haytham: First Scientist (Profiles in Science)* , Greensboro: Morgan Reynolds Incorporated, pp. 14—38.

④ *First observatory of the Ottoman Empire* , *Istanbul Observatory-Istanbul* , *Turkey* , 2013, Retrieved from Waymarking.com. http://www.waymarking.com/waymarks/WMGPAX_First_observatory_of_the_Ottoman_Empire_Istanbul_Observatory_IstanbulTurkey; Julian, Franklyn, J. , *Dictionary of the Occult* , Whitefish: Kessinger Publishing, 2010 , pp. 115—122.

为《索引》(كتاب الفهرست) 的阿拉伯语著作,伊本·阿-纳迪姆在书中记录了伊本·哈杨的几部关于逻辑学和哲学的作品。① 在中世纪化学科学领域,他位列最伟大的化学家之一,并以"化学之父"著称于世。与其他早期炼金学家相比,他更强调化学实验的重要性,并以其突出的成就,推动了化学理论和实践的发展。② 著名的阿拉伯穆斯林历史学家和编撰学家伊本·哈顿(Ibn-Khaldun,1332—1406)这样形容他:"化学领域的开拓者是杰比尔·伊本-哈杨",他甚至以哈杨的名字命名,称"杰比尔科学",并称"哈杨是一位集大成式的学者,写过七十本化学著作"。在伊本·哈杨之前,化学类工作还处于原始阶段,这几种工作散布于制革、采矿、织物染色、原油提炼和防腐(古埃及)等行业中。但杰布尔·伊本·哈杨通过发展意义重大的一系列理论、实践和科学知识,将地位低下的化学提升到高水平的科学层次。他为系统地阐释和处理化学物质打下基础,并创立了规则,他因而被认为是一位化学大师,是实验化学的创立者。③ 他所运用的化学方法,包括蒸发、蒸馏、结晶、升华、过滤、熔化、浓缩和溶解,他用实验的方法,来研究一些化学元素的属性,发现了合成的铵离子、铋和锑等化合物。④

在数学和代数学领域,阿布·阿布德拉·穆罕默德·伊本·穆萨·阿-花拉子米(أبي عبد الله الخوارزمي محمد بن موسى,780—850)在西方以拉丁语名字"阿格里兹姆"("Algorizm",现意译为算法)闻名,他奠定了代数学和三角学的基础,被称为代数学之父。他在数学、算法、代数学、微积分、天文学和地理学领域作出了开创式研究。他编制了天文图表,制成了最早的三角法图表;他还借入印度数字,并发明符号"0",后来这些数字变为阿拉伯数字。他与其他69位学者合作进行地理学研究,因而他被称为地理学的百科全书。⑤ 花拉子米出生于乌兹别克斯坦的花剌子模,生活于伊拉

---

① Julian,Franklyn,J., *Dictionary of the Occult*,Whitefish:Kessinger Publishing,2010,pp. 115—122.

② *Muslim Contributions to Science*,Retrieved from http://www.islamawareness.net/Science/muslims_contributions.html

③ Glick,T.,Livesesey,S. J. & Wallis,F.,*Medieval Science*,*Technology,and Medicine:An Encyclopedia*,Routledge:Taylor & Francis Group,2005,pp. 279—280.

④ Ibid.

⑤ *Muslim Contributions to Science*,Retrieved from http://www.islamawareness.net/Science/muslims_contributions.html

克的巴格达,是阿拔斯帝国时期"智慧屋"(دار الحكمة)的学者之一。我们现在所使用的代数学这个词语,反映了花拉子米对数学领域所作出的重要贡献,他发展了数学中的算法这一概念,"代数学"这一名称,派生自阿拉伯语词汇"al-jabr-,الجبر",是他用来解决二次方程式的两种数学运算方法之一。算法和阿拉伯数字系统(Algorism and Algorithm stem)来自于阿-花拉子米这一名字的拉丁语形式 Algoritmi。[1] 公元9世纪早期,阿-花拉子米进入巴格达的智慧屋,制成了一个早期图表,列出了2000多座城市的经度和纬度。由于对该领域所作出的深远贡献,他被认为是所有时代最有影响的数学家。他创新性的著作《综合与等式的计算》(*Calculation of Integration and Equation*)给数学领域带来了影响深远的变革。[2] 大约在公元820年,阿-花拉子米创作了自己最影响深远的代数学著作《代数学计算概要》(الكتاب المختصر في حساب الجبر والمقابلة),这部阿拉伯语著作是历史上第一部关于代数学方法论的科学手稿,它表明代数学是独立于几何学和算术的一门独立的数学学科。这一开创性的作品可以分为两个主要部分,其一,是关于代数学理论,其二,是关于遗产的计算。[3] 经过拉丁语翻译,他的数学和代数学作品闻名于欧洲,在西方文明的科学发展中留下了不可磨灭的印记。16世纪时,他的代数学著作逐渐发展成为欧洲大学的标准数学教材。此外,他的著作还谈及一些机械装置,例如时钟、星盘和日晷仪。他还发明了图表以展现三角函数、用几何方式精确表达圆锥截面和两个误差的计算。阿-花拉子米在科学领域的其他重要成就和贡献,包括《代数学》("代数"这一名称源自于此)、《论地理》《犹太日历》《编年史》和《日晷仪》。[4] 他还写了两篇重要的学术论文,一篇题为

---

[1] El-Sergan, R., "Jabir Ibn Hayyan. The Founder of Chemistry Science," *Quran & Science*: *Where Religion Meets Science*, 2010, Retrieved from http://www.quranandscience.com/index.php/quran-science/early-muslim-scientists/139-jabir-ibn-hayyanthe-founder-of-chemistry-science

[2] Daffa, A., *The Muslim contribution to mathematics*, London: Humanities Press, 1977, pp. 4–6.

[3] Shah, Z., "The Father of Algebra: Muhammad ibn Musa al-Khwarizmi," *The Muslim Times*, 2014, Retrieved from http://www.themuslimtimes.org/2013/09/muslim-heritage/the-father-of-algebra-muhammad-ibn-musa-al-khwarizmi; Rashed, R., *Al-Khwarizmi: The Beginnings of Algebra*. London: Saqi Books, 2009, pp. 9–12.

[4] van der Waerden, B. L., *A History of Algebra: From al-Khwarizmi to Emmy Noether*, New York: Springer Verlag, 1985, pp. 49–51; "Al Khwarizmi Biography," *Biography Base*, 2014, Retrieved from http://www.biographybase.com/biography/Al_Khwarizmi.html

《星盘的构造》,另一篇题为《星盘的操作》,主要论及一种希腊复杂的倾角罗盘器械"星盘"。①

阿布·阿-拉伊汗·穆罕默德·伊本·艾哈迈德·阿-贝鲁尼(أبو الريحان محمد بن أحمد البيروني,973—1048)同时还以其拉丁语名字"阿贝罗涅斯"(Alberonius)和英语名字"阿-贝鲁尼"(Al-Biruni)闻名。他来自中亚花剌子省,是一位成就卓著的波斯穆斯林学者和博学通才。他大部分时间在中亚西部和印度次大陆度过,在杰出的职业生涯中,阿-贝鲁尼成为很多领域的专家,并成为科学史上最伟大的学者之一。② 阿-贝鲁尼被尊为中世纪伊斯兰时期最有成就的科学家和学者,他活跃于几乎每个科学领域,主要有物理学、数学、天文学、比较宗教学和自然科学,同时,他还是一位声誉卓著的历史学家、编年史家和语言学家。虽然他的母语是波斯的花剌子模方言,但他的作品全部用阿拉伯语完成。③ 他不仅精通阿拉伯语和波斯语,还通晓梵语、希腊语、希伯来语和叙利亚语。1017年,阿-贝鲁尼旅行到印度次大陆,自此成为印度科学走向伊斯兰世界的最重要的中介者,他被认为是"印度学的创立者"和"第一位人类学家",他的门徒和同行称呼他为"乌斯塔"(al-Ustath,意为"大师")④。在声誉卓著的职业生涯中,他曾撰写一些意义重大的论文和一部著作,来解析古代文明的历史沿革,同时还分析帝国的沉浮盛衰。这部著作预示了他未来会成为多个学科的学者,这不仅仅是一部历史著作,还综合了历史、科学、天文学和文化研究,解释了过去发生的大量重要事件,这使阿-贝鲁尼成为10世纪中期卓越的知识分子。⑤ 除了是一位印度历史和文化的专家以外,阿-

---

① "Al Khwarizmi Biography," *Biography Base*, 2014, Retrieved from http://www.biographybase.com/biography/Al_Khwarizmi.html

② "Al-Biruni: A Master of Scholarship," *Lost Islamic History*, 2014, Retrieved from http://lostislamichistory.com/al-biruni/

③ "Al-Biruni: A Master of Scholarship," *Lost Islamic History*, 2014, Retrieved from http://lostislamichistory.com/al-biruni/; Scribner, C, *Al-Khwarizmi Complete Dictionary of Scientific Biography: Mathematics, Astronomy, Geography*, 2008, Retrieved from http://www.encyclopedia.com/doc/1G2-2830902300.html; Lindberg, D. C., *Science in the Middle Ages*, Chicago: University of Chicago Press, 1980, pp. 17-19.

④ Boilot, D. J., "Al-Biruni (Beruni), Abu'l Rayhan Muhammad b. Ahmad," *Encyclopedia of Islam*, vol. 1, (2012), pp. 1236-1238.

⑤ "Al-Biruni: A Master of Scholarship," *Lost Islamic History*, 2014, Retrieved from http://lostislamichistory.com/al-biruni/

贝鲁尼还作出了几项重要的发现。博览天下的他得以亲身观察各种不同的地理环境,并在这些观察基础上,对这些环境之间的关系和相互影响进行了理论阐释。通过分析印度恒河从源头到孟加拉湾的各种不同类型的土壤元素,阿-贝鲁尼构建了土壤侵蚀理论,并研究了陆地的形成过程,尤其是记录了水在陆地形成中的作用。在地理学领域,他首次收集、分析和整理了几百种金属和宝石,他能描述它们的特性、形成过程和开采位置。几百年来,他关于宝石的著作被用作鉴别和评估宝石的标准。[1] 他最著名的成就,是作品《古代国家年表》(Chronology of Ancient Nations)、《马苏迪法则》(The Mas'udi Canon,论天文学的主要论文)、《印度史》(A History of India)和《药物学》(On Pharmacology)。他在天文学领域所作出的一项重大成就,是检测了地球自西向东的自转,他在分析地球自转的基础上,精确地计算出了经度和纬度,并首次测定了地球的周长。在物理学领域,他运用静力水学的原则,详细描述了自然喷泉的形成,并准确地测量了18种宝石和金属的重量。在地理学领域,他的作品以研究为基础,证实了一个难题,即印度次大陆西北部的印度河谷曾是一个海盆。[2]在75年的人生旅程中,阿-贝鲁尼革新了很多方法,大量的科学论题得到观察、分析和解释。在1048年去世时,他创作了一百多部著作和论文,他的智识、对各种不同学科的掌握、熔铸不同学科以获得更好理解的能力,使他位列文明史中最伟大的穆斯林学者之一。[3]

1574年,苏丹穆拉德三世开始统治奥斯曼帝国,当时的首席天文学家和工程师塔齐·阿-丁雄心勃勃地要建造最大的天文观测台。塔齐·阿-丁因此事奏请穆拉德三世,成功地说服他资助这项大工程。这座被称为"新天文台"的工程完成于1577年,几乎是与此同时,大约在公元1576—1580年,塔齐·阿一丁的竞争对手、丹麦天文学家和炼金学家第谷·布拉赫(Tycho Brahe,1546—1601)在尤雷尼伯格(Uraniborg)建成

---

[1] "Al-Biruni: A Master of Scholarship," *Lost Islamic History*, 2014, Retrieved from http://lostislamichistory.com/al-biruni/

[2] *Muslim Contributions to Science*, Retrieved from http://www.islamawareness.net/Science/muslims_contributions.html

[3] "Al-Biruni: A Master of Scholarship," *Lost Islamic History*, 2014, Retrieved from http://lostislamichistory.com/al-biruni/

了丹麦天文观测台。① 塔齐·阿-丁·穆罕默德·伊本·穆拉夫·阿-沙米·阿-阿萨迪(Taqi al-Din Muhammad ibn Ma'ruf al-Shami al-Asadi) 1521年生于叙利亚的大马士革,卒于1585年。他在大马士革、开罗和伊斯坦布尔接受教育,创作了90多部著作,这些著作论题广泛,涉及天文学、占星学、工程学、数学、机械学、机械钟表、植物学、动物学、药学、眼科学、伊斯兰律法和自然哲学。② 其中,他尤其对天文学和机械器械兴趣浓厚,1571年,塔齐·阿-丁在开罗生活几年后,迁居伊斯坦布尔,并开始担任奥特曼帝国苏丹的首席天文学家。③ 按其设想,他要建成最大的天文观测台,但他所设计和建造的这个天文台,却和第谷·布拉赫建造的天文台有着惊人的相似。这座天文台的设计,是为了满足天文学家的需要,它涵盖了一座图书馆和一个工作间,以便于设计和制造天文工具和机械装置。④ 除了修建天文台,塔齐·阿-丁还发展了一个天文学目录,与文艺复兴时期的数学家、天文学家尼古拉斯·哥白尼(Nicholaus Copernicus)和竞争对手丹麦天文学家第谷·布拉赫所发展的同类天文学目录相比,这个天文学目录的准确度更高。塔齐·阿-丁还发展了"阿-齐吉"(al-zij, زيج),这一波斯语隐含着"准则"之意,它是伊斯兰天文学手册,运用制成图表的参数表,对行星、太阳、月亮和星星的宇宙位置进行天文学计算。他一生的科学成就斐然,著作等身。在他奥斯曼帝国的职业同行看来,他不仅是奥斯曼帝国最伟大的科学家,同时还是世界上最伟大的科学家。1551年,他出版了自己意义最重大的著作《机械灵性的发现》(High Road Machinery in Spirituality),塔齐·阿-丁详细描述了初级蒸汽发动机和蒸汽涡轮的机械原理,他在这一科学领域的发现,早于1629年意大利工

---

① Salim, S. T., 1001 *Inventions*: *The Enduring Legacy of Muslim Civilization*, Washington, D. C. :National Geographic,2012,pp. 85—115.

② *First observatory of the Ottoman Empire*, *Istanbul Observatory - Istanbul*, *Turkey*, 2013,Retrieved from Waymarking. com. http://www. waymarking. com/waymarks/WMGPAX_First_observatory_of_the_Ottoman_Empire_Istanbul_Observatory_IstanbulTurkey;"Taqi al-Din al-Shami," *New Science*: *History of Islam Science*, 2010. Retrieved from http://science-islamabdelkarim. blogspot. com/2010/02/history-of-islam-sciencestaqi-al-din-al. html

③ Ayduz,S., *Taqī al-Dīn Ibn Ma'rūf*: *A Bio-Bibliographical Essay*, 2008, Retrieved from http://www. academia. edu/2711296/Taqi_al-Din_Ibn_Maruf_A_Bio-Bibliographical_Essay

④ Ibid.

程师乔万尼·布兰卡（Giovanni Branca）发明的蒸汽发动机。① 塔齐·阿-丁还以发明泵缸而著称(1559)，他还发明了"微小时"的不同类型，包括第一个机械闹钟和天文表，第一个可以用分钟来计算时间的手表，第一个可以用分钟和秒来计算时间的钟表。②

埃及穆斯林科学家艾赫迈德·海桑·泽威尔（أحمد حسن زويل，1946—）以"飞秒化学之父"著称，他出生和成长于埃及的地中海海滨城市亚历山大，曾就读于亚历山大大学，1974年，他获得宾西法尼亚大学的博士学位，③他将科技和物理化学融汇为飞秒化学这一新的领域，由于这一开创性的贡献和他对基础化学反应的突破性探索，1999年，他荣膺诺贝尔化学奖。④ 他还是著名的莱纳斯·鲍林研究所（Linus Pauling Chair）的负责人，化学和物理学教授，美国加利福尼亚科技机构的超快科技物理生物学中心（Physical Biology Centre for the Ultrafast Science and Technology(UST)，California Institute of Technology）主任。⑤ 他将超短激光闪光运用于刻度发生反应的实际时间，至20世纪80年代末期，泽威尔所进行的一系列的实验，最终引发了飞秒化学这一新的研究领域的诞生。他采用一种能产生仅持续几十飞秒闪光的新的激光科技方法，来观察原子和分子的运动。所谓的飞秒光谱学过程，即是在一个真空管中，分子混合聚拢在一起，超速激光发射成两个脉冲，第一个脉冲为反应补充能量，第二个脉冲检测正在发生的反应，然后通过研究分子中典型的光

---

① *First observatory of the Ottoman Empire*, Istanbul Observatory-Istanbul, Turkey, 2013, Retrieved from Waymarking. com. http://www. waymarking. com/waymarks/WMGPAX_First_observatory_of_the_Ottoman_Empire_Istanbul_Observatory_IstanbulTurkey

② *First observatory of the Ottoman Empire*, Istanbul Observatory - Istanbul, Turkey, 2013, Retrieved from Waymarking. com. http://www. waymarking. com/waymarks/WMGPAX_First_observatory_of_the_Ottoman_Empire_Istanbul_Observatory_IstanbulTurkey; Salim, S. T., 1001 *Inventions: The Enduring Legacy of Muslim Civilization*, Washington, D. C. : National Geographic, 2012, pp. 85-115.

③ "Ahmed Zewail," *The Physical Biology Centre for the Ultrafast Science and Technology (UST)*, 2013, Retrieved from http://ust. caltech. edu/; *The Nobel Prize in Chemistry: Ahmed Zewail*, Retrieved from http://zewail. nobel-link. com/1. htm http://www.nobelprize. org/nobel_prizes/chemistry/laureates/1999/press. html

④ "Ahmed H. Zewail," *Encyclopaedia Britannica Online Academic Edition*, 2014, Retrieved from http://www. britannica. com/EBchecked/topic/656833/Ahmed-H-Zewail

⑤ "Ahmed Zewail," *The Physical Biology Centre for the Ultrafast Science and Technology*(UST), 2013, Retrieved from http://ust. caltech. edu/

谱,来检测分子结构的变化。泽威尔的新发现使科学家能够更强地控制化学反应结果,并能产生很多实际用途。① 这一科技包括用高速相机为正发生化学反应的分子拍照,同时,还在它们发生转变的过程中,捕捉到它们的图像。这种相机运用了几十飞秒的光速闪光的新激光科技,一粒分子中的原子振动所花费的时间,一般是 10 至 100 飞秒,一飞秒是 10^{-15} 秒,也就是说,是 0.000000000000001 秒或 10^{-15}(1 fs＝1.0×10^{-15} sec),这一物理化学领域被命名为飞秒化学。泽威尔对这一当代科技领域的贡献,引起了物理化学和物理学等其他相关科学领域的革命,他的科学发现对科学领域形成了巨大冲击,使化学家能最细致、快速地把握化学反应,促进了很多相关高科技领域的发展。泽威尔在科学发现中所使用的方法,被认为将会制成世界上速度最快的照相机,他的发明能巧妙地操作瞬间的激光闪光,能得出正同时发生的化学反应的时间刻度。瑞典卡罗林斯卡学院的诺贝尔委员会的评价表明了泽威尔的发现在无数科学实践中的运用:"全世界的科学家正在研究气体、液体和固体、表面和聚合体中的飞秒光谱学的过程。这些运用从催化功能和如何设计分子电子构成,到生命过程最精细的机械运作和未来医药的制法。"②

结　　论

在公元 610 年伊斯兰教产生以前,历史记载表明,希腊、印度、波斯、亚述人的叙利亚和拜占庭文明,在哲学、科学和医学领域做出了宝贵的发现和贡献。伊斯兰教产生后,由于《古兰经》和《圣训》明确鼓励信仰者追寻学问、获取知识,早在公元 7 世纪,穆斯林学者和科学家便开始研究和翻译代表以上文明成就的手稿。不可否认的是,在伊斯兰文明黄金时代的第一个阶段,通过收集和翻译其他文明的各种革新成果,穆斯林学者和科学家获得了大量的知识。然而,穆斯林学者并未完全将自己局限于翻译和模仿前代文明的革新与发现。一个同样不可否认的事实是,在伊斯兰文明黄金时期的第二个阶段,穆斯林学者为持续了六百多年的医学、物理学和自然科学的发展,做出了意义重大的革新、发现和补充。这不仅是

---

① "Ahmed H. Zewail," *Encyclopaedia Britannica Online Academic Edition*, 2014, Retrieved from http://www.britannica.com/EBchecked/topic/656833/Ahmed-H-Zewail

② Ibid.

一个求知的时代,还是一个在数学、天文学、地理学、科学和医学领域做出创新性的科学发现和开创性的技术革新的时代,其中大多数成果被翻译成拉丁语,汇入其他文明、尤其是欧洲文明。

  穆斯林学者、医生、哲学家和科学家的革新与发现,对西方文明产生了巨大冲击。正像早期穆斯林学者研究其他文明的发现,并将它们的手稿翻译成阿拉伯语和波斯语一样,伊斯兰黄金时期的学术著作大多数在12和13世纪被译成拉丁语,对14到17世纪始于意大利、扩展至整个欧洲的文艺复兴产生了重要影响。大多数重要的希腊科学年鉴和手稿被翻译成阿拉伯语并得到保存,从7世纪开始,穆斯林学者开始研究希腊哲学、数学、印度学、自然和物理科学文本,他们没有修改这些文本和科学的内容。然而,正是由于没有修改这些文本的基本框架和原初概念,这些翻译带来了大量有价值的贡献,在12—13世纪的欧洲文艺复兴早期,欧洲重新燃起对希腊知识的兴趣,这随后引发了14—17世纪的欧洲文艺复兴。在这一时期,欧洲科学家和学者为了获得希腊知识和科学手稿,开始关注伊斯兰的西班牙,由此兴起了将学术文本由阿拉伯语翻译成拉丁语的翻译活动,这对复兴西方文明中的希腊科学和知识做出了贡献,同时促进了欧洲、尤其是法国和西班牙大学的发展。在《文明的故事》这部著作中,美国作家、历史学家和哲学家威廉•杜兰特(William J. Durant,1885—1981)写道:"从公元700至1200年的五百年间,伊斯兰引领着世界的权力、秩序和统治的疆域,引领着高端的行为、学术和思想"[1]。几个世纪以来,伊斯兰对世界文明、尤其是西方所做出的贡献,发生和记载于医学、自然和物理科学、哲学、地理学、人类学、宗教学和思想探寻的其他领域。

---

[1] Durant, W. J., *The Age of Faith: A History of Medieval Civilization-Christian, Islamic, and Judaic-From Constantine to Dante: A. D. 325—1300*, 1997, Alcoa: Fine Communications, pp. 120—121.

菲律宾阿拉安人二元对立的精神世界[①]

史 阳

【作者简介】 史阳,北京大学外国语学院副教授。研究方向:菲律宾文学文化,东南亚民间文学。

阿拉安人是无文字民族,世代生活在民都洛岛北部的全岛最高峰——哈尔空山(Halcon)周围的广袤山地上,人口约 1 万。民都洛岛(Mindoro)位于菲律宾吕宋岛南方外海,是菲律宾第七大岛,面积 10245 平方公里,分为东民都洛和西民都洛两个省。一条西北—东南走向的中央山脉贯穿整个民都洛岛,广袤的山区占全岛近一半的面积。芒扬民族是山地土著民族,中央山脉及其附近的山区是他们世代生活的区域。芒扬民族一共分为八个部族[②],总人口约 10 万[③]。阿拉安是芒扬民族的一个部族,通常自称自己为"芒扬人",因为"芒扬"(Mangyan)一词在阿拉安—芒扬语中的意思是"人"。阿拉安人在热带丛林山地中从事刀耕火种的游耕农业、果实采集及狩猎,富有流动性的村社是基本的群体生活单位,他们的村社散布在广袤的山区中,由于轮耕的需要每隔数年就会迁

[①] 本项研究是北京市科学研究与研究生培养共建项目"优博论文"课题(编号:20121000108)和"北京高等学校青年英才计划项目"(Beijing Higher Education Young Elite Teacher Project)的阶段性成果。该研究的田野调查工作得到了菲律宾华裔青年联合会的大力支持。

[②] 按照居住地的地理分布从北到南分别为伊拉亚(Iraya)、阿拉安(Alangan)、塔加万(Tadyawan)、巴达安(Batangan)、布西德(Buhid)、班沃(Bangon)、哈努努沃(Hanunóo)和拉达格农(Ratagnon)。其中,巴达安(Batangan)又称作道布西德(Taubuhid),有时也拼作为 Tau-buid 或 Tawbuid。布西德(Buhid)人,又称作 Buid。班沃(Bangon)是约十年前才独立划分出来的部族,此前一直被划入了巴达安(Batangan)/道布西德(Taubuhid)人,长期作为巴达安人中较为独特的一支而存在。

[③] 当地教会组织、人类学家较为一致的公认是芒扬人占民都洛总人口的比例维持在 8% 到 10%,今天民都洛岛总人口已达 110 万,所以现在芒扬民族的人口具体大约在 9 万到 11 万人。

移。随着社会的发展和外界平地民族的影响,现在不少阿拉安人来到山脚及其附近的平地定居,逐渐建立起大型的村落,在这些山脚村社中又新增了给平地民族做雇农、拾稻穗等谋生手段。

一、阿拉安人的宇宙观和神灵信仰

1. 宇宙观

阿拉安人的创世神话和宇宙观是围绕着至高神、创世神灵安布奥(Ambuao)展开的。在遥远的过去,创世神灵安布奥创造了天空、大地、人类和自然界的万事万物。他创造了水,他用手指在土地上面一划,就变成了河流;他用手把土堆成堆,然后就变成了山。安布奥最重要的职责之一就是大地的背负者,他用手把世界顶在自己的头上,托举着整个大地,就好像头上顶了一个巨大的盘子,地震、台风、下雨、打雷、闪电等等自然现象都是安布奥造成的。安布奥洗澡之后梳头,头发落下来就成了大雨,于是雨季就来临了。他会用手扇风,于是世界上就刮大风,甚至是发生强大的风暴①。如果他用手拍头或者敲头,那么就会打雷。他眼睛一瞪,露出自己的眼白,就会有闪电。整个大地就像是一个巨大的盘子,在盘子里海水环绕着的一些陆地,民都洛岛在世界的中心。岛上的布卡亚干(Bukayagan)山是世界最高的山,它位于世界的正中心,另外还有第二高山沙尔当山(Siyaldang)。盘子的边缘就是世界的尽头,在那里有个地方叫布鲁旦(Bulutan),那里有一个洞,走过去时可能从洞口掉下去。所以布鲁旦就成为了世界尽头的分叉路口,一个方向通过道路往上,另一个方向通过洞口往下。在布鲁旦洞口往下是大地的下方,那里是无边的深渊,叫做杜由安(Tuyungan),是阿拉安人信仰中的地下世界。布鲁旦的洞口还有一个重要的功能就是全世界的出水口,世上所有的江河湖海里的水都会流到那里,再通过洞口往下流到杜由安中,所以杜由安里面其实是黑暗、无边的大水。在布鲁旦那里躲过洞口,沿着道路往上走,就来到了大地的上方,那里是天际,称作为巴拉巴干(Parakpagan),是阿拉安人信仰中的天上世界。最初巴拉巴干距离大地很近,就在世界最高峰布卡亚干山上面一点,是人类世界的尽头,是神灵生活的地方。那里完全是另一个世界,有着成片肥沃的旱田(agay),也有树林、河流、村社等,人们可以随

---

① 即过境的台风,菲律宾群岛多台风,每年6至12月是民都洛岛的台风季。

意地刀耕火种,有无数的高地稻米、肉、薯蓣、树薯、芋头等食物可供享用,那里没有饥饿和疾病,非常快乐、美好、富足。人是有灵魂的,叫做abiyan,本文译作"阿比延"或"灵魂阿比延"。巴拉巴干是所有善良人的灵魂阿比延应该去的地方,人死后,灵魂阿比延就会离开人体往上飞,到巴拉巴干那里舒服地居住。

阿拉安人的信仰是"万物有灵"式的,他们认为自然界中的各种草木、山石、溪水等等都有其主人,而这个"主人"就是神灵,阿拉安语称之为"kapwan"(主人),阿拉安人信仰中的善灵、恶灵、至高神等就是各种各样的"kapwan"。阿拉安人关于创世神灵、大洪水、灵魂、善灵、恶灵、巫医治疗的各种信仰是合在一起的一套完整体系,即一整套以至高神安布奥为中心的信仰体系。这套信仰体系是阿拉安人的宇宙观,是他们精神世界中的思想和哲学,而且是他们核心的意识形态。因为安布奥神是一切的创造者和守护者,在精神思想的层面,信仰中出现的各种要素都与他有关;在实践的物质层面,所有仪式中出现的各种要素也大都与他有关,或者是可以追溯到他。这套神灵信仰体系通过口头表述出来,就是阿拉安人的神话、传说等。在田野调查中,笔者为了了解阿拉安人的神灵信仰体系,通过访谈和观察搜集了大量文本。每一位报告人对于神话的具体讲述、信仰的具体内容、仪式的具体过程、祈祷的具体语言,都会与他人有一些不同之处。虽然每个报告人的具体讲述不一样,但仍可以发现在所有阿拉安人心中,其实存在着一个永恒、共同的想象文本,它是阿拉安原住民关于本民族起源、发展、生存策略等的集体记忆,涵盖了安布奥创世、世界不断演化发展、人既受神灵影响又利用神灵力量的全过程。

2. 恶灵

阿拉安人世界观的核心是一个善灵和恶灵二元对立的体系,这个体系是由一系列的创世神话、洪水神话、始祖传说、史诗吟唱所奠定的,这些讲述和吟唱详尽地说明了善灵、恶灵的起源和彼此间的关系;各种巫术占卜和治疗仪式都是这一世界观的实践,巫医或者其他人可以利用巫术仪式,调集善灵的力量,来对抗恶灵的伤害,从而保护个人的人身安全和村社的福祉。阿拉安人相信,自然界中存在着各种各样的邪恶的精灵——即恶灵。恶灵包括很多种类,它们栖身在不同地方,攻击、侵害、残杀人类的方式各有不同,有些还有一些迥异的特质,阿拉安人把所有的恶灵统称为"麻冒"(mamao)。恶灵麻冒按照来源区分,大体上可以归为两类:一、来自于死者灵魂阿比延的亡灵"卡布拉格"(Kabulag);二、其他栖居在大自然中各个地方的恶灵"麻冒"(mamao)。

第一种亡灵"卡布拉格"来自于死者的灵魂"阿比延",人死后有些阿比延没有升天,而是变成的恶灵回来侵害人类,这就是亡灵"卡布拉格"(Kabulag)。阿拉安人认为,人是有灵魂的,人的灵魂叫做"阿比延"。人的身体中有两个阿比延,一个在眼睛里,一个在心脏中。人死了以后,眼睛里的那个阿比延会升天,而死者心里面的那个阿比延则会到地下世界去。人死后,灵魂阿比延就会飞着离开人的身体,它们都想飞到天上世界,但有一些阿比延会从布鲁旦洞中跌落入地下世界杜由安无尽的深渊中。这些落入杜由安的阿比延如果再回到人类世界中,就会成为亡灵"卡布拉格"。卡布拉格是伤害人的邪恶精灵,阿拉安人把它归入为恶灵"麻冒"的一种,而且是恶灵中极为常见的。卡布拉格会经常回到人们周围,它寻机摄取人类的阿比延,尤其是死者生前熟识的家人和亲属。第二种恶灵"麻冒"来自于自然界,森林深处、泉水旁、巨石上、大树上、山洞里等等各种幽静偏僻之地都居住着害人的精灵,它们是自然界中的各种妖魔鬼怪。麻冒只是这些恶灵的总称,阿拉安人依据其来源地、害人方式有一系列的具体称呼,包括 Bandilaos、Libodyukan、Languayēn、Tikbalang、Epēr、Panlibutan、Tagayan、Ulalaba 等,都是指称某一具体类型的麻冒。阿拉安人相信,恶灵栖身在大自然中各种地方,包括高山顶上、大森林中、洞穴中、高大的石头上、高大的树木上、泉水的源头、溪流中、湖泊中等。平时他们在这些地方守候着,有时候也会来到人类的村社周围游荡,伺机攻击人类,摄取受害人的灵魂阿比延,并把人的阿比延带走。阿拉安人说,恶灵"就像是我们打猎一样伺机猎捕我们芒扬人"。在调查中,关于上述恶灵麻冒的形象、名称、行为特征等细节,巫医们和其他报告人的描述非常多样,甚至有些内容是一个人一个说法;不过,巫医们关于精灵的基本性质的认识是一致的,但关于它的具体特征通常都是个性化的描述,充满了个性化的想象,彼此间又有不少差异,这实际上表现出了巫医们的想象力和再创造。

各种恶灵在侵害人类的方式方法上基本一致。恶灵麻冒从连接地下世界杜由安和人类世界的洞之中钻出来,然后从世界尽头穿过一片片的大森林,来到人们的村社周围。恶灵平日会在人们生产生活的各个地方——包括村社、森林、山峰、巨石、道路、溪流、泉眼等地游荡;一旦它遇到人类,就会伺机摄取人的阿比延;当它摄取了人的阿比延之后,人们就会发现受害者生病了。病人生病的同时,麻冒会挟持着病人的阿比延,一同返回到通往布鲁旦的那个洞口,以便它最终能回杜由安去。如果麻冒能够带着病人的阿比延顺利地从洞口进入杜由安,病人就会死去。所以,对于麻冒导致的疾病,必须依靠巫医"巴拉欧南"(balaonan)采取呼唤善灵驱逐恶灵的阿格巴拉欧仪式等巫术方法治疗,因为"人类很弱,打不过麻冒,只有巴拉欧南召唤来的善灵卡姆鲁安才能对付它们"。治疗时,要求巫医尽快召唤到自己所掌控的善灵卡姆鲁安,赶在病人的灵魂阿比延被麻冒挟持到洞口之前截住它们,并逼迫麻冒把病人的阿比延交出来,阻止其带走。"如果麻冒带着阿比延落入洞里的话,就彻底没救了"。巫医在阿格巴拉欧等巫术治疗中,都必须反复嘱咐善灵卡姆鲁安去四处搜寻麻冒的行踪,去追踪它所挟持的病人的阿比延。一旦卡姆鲁安把病人的阿比延找回来,病人便会痊愈。

3. 善灵

在阿拉安人二元对立的世界观中,善良力量的代表是各种各样的善灵。阿拉安人把这些善良的精灵统称为善灵"卡姆鲁安"(kamuruan),本文中用"善灵""卡姆鲁安""善灵卡姆鲁安"来称呼。这些善灵栖居在最高的山巅之上,平时昼伏夜出在山上、天上四处游荡,一旦听到人类的呼唤,就会从高处下来,来到人们身边,按照巫医或其他人们的指示,帮助人们打败恶灵,抢回病人的灵魂阿比延。

虽然善灵卡姆鲁安也有多个种类医治不同疾病、对付不同难题,阿拉安人也给它们冠以多个名称,但它们的具体职责大同小异,主要是负责驱赶恶灵,治疗各种疾病,始终在治疗第一线上"工作"。它们是阿拉安人对抗恶灵的直接力量。人自己是没办法与恶灵直接抗争的,只有善灵才能够发挥自己的神力去与恶灵斗争。恶灵麻冒和善灵卡姆鲁安是不共戴天的对头,于是人们要想驱赶、战胜恶灵就必须召唤来善灵来与之斗争。但是人不是随随便便就能把善灵请来的,通常要通过"阿格巴拉欧吟唱"(agbalaon)的方法进行召唤,善灵才能前来;召唤的时候,人必须向善灵祈祷,说出要求善灵做的具体事情,让善灵知道,某地的某人正在受到恶灵的侵扰,请求善灵能够前来相助驱赶恶灵;这个过程就是召唤善灵、举行治疗仪式,专门从事这种事情的人就是巫医。

卡姆鲁安中有一类特殊的善灵,被称为巴德巴丹之灵"Tagabadbadan",其字面意思是"从巴德巴丹山上来的人",本文译作"巴德巴丹之灵"。这个名字完全符合阿拉安人对于各种善灵卡姆鲁安的命名。巴德巴丹之灵是众多善灵卡姆鲁安中极其特殊的一个。因为它不直接参与治疗，而是专门充当信息传递的使者——"信使"。巫医在为病人举行阿格巴拉欧吟唱和治疗时，需要的是能直接前来治病的善灵，所以呼唤的是普通的卡姆鲁安，不包括巴德巴丹之灵，也不需要呼唤其他更高级别的神灵。在向神灵发誓的阿格班萨沃德仪式、各种班素拉占卜仪式中，巫医呼喊的正是巴德巴丹之灵，而非普通的卡姆鲁安，因为人们想呼唤至高神安布奥，把自己的请求告诉他，而巴德巴丹之灵是安布奥专门的信使，于是人们以祈祷的方式，把自己的请求先传递到巴德巴丹之灵，由它转告安布奥神，最终安布奥神会命令善灵卡姆鲁安前来帮助人们。安布奥神不是人可以随便呼唤的，它也不会随意地答应人们的请求，所以在阿格班萨沃德和班素拉仪式中，人们提出请求的同时，还要向安布奥神许诺，事成之后会用什么来报答，阿拉安语把这个过程叫做"piyagikawan"，即做出承诺。巫医或其他人在仪式中呼唤巴德巴丹之灵，告诉他人们的请求和承诺，巴德巴丹之灵把这两者都转达至安布奥，安布奥神会对人们的请求做出决定——即是否应允人们的请求，并且用神谕的形式把决定的信息反馈回来，阿拉安人会通过占卜获得神谕、知道神的决定。这是一个完整的信息发出、传递和反馈的过程，在这个过程中，巴德巴丹之灵充当了重要的中介作用，如果没有他，人们的请求和许诺都不会被安布奥神所知。

"卡姆鲁安"一词是善灵的总称，具体可以分为很多种。阿拉安人认为，安布奥创造了万事万物，他是神圣的神；卡姆鲁安是山上的精灵，源自于安布奥的创造，它们的数量很多，有不同的类型，它们自己知道各自能治好什么病。每个巫医都掌握着几个善灵，在阿格巴拉欧治疗仪式的祈祷中，他会根据病情因地制宜地呼唤不同的卡姆鲁安，请他们来给人治相应的病。因为阿拉安人相信善灵栖居在自然界中各种各样的地方，包括天上、河流、旱田、山坡、山谷、山峰和森林等，所以阿拉安人称呼善灵时，是根据它们各自的来源地区来命名。每个巫医掌握的善灵各不一样，分别来自各个具体的地方，所以巫医们会对自己所掌控的每个善灵都各起一个具体的名字，于是善灵几乎没有重名的。最常见名字就是直接按照善灵所居住的山林、水流、土石的名字，然后区分一下该善灵是男是女，名字就是来源地和性别合在一起的表述，通常都是"从某片山地的男子""来自某片森林的女子"之类。在所有卡姆鲁安中，有一种善灵不同于其他卡姆鲁安，它名叫 bibuyēn，是善灵中本领最强大的那一种，是善灵们的首领，其他的卡姆鲁安都听从它的指示去与恶灵麻冒对抗。巫医把"比布用"（bibuyēn）称作"善灵之王"，它负责与巫医联络沟通，在巫医梦中对巫医说话的就是它。善灵之王比布用从不随便听从人们的要求，只有经验丰富、水平很好的巫医，才能够把比布用呼唤出来，给人治病。这就是为什么高水平巫医的疗效要更好、更快，阿拉安人举行班素拉占卜治疗等各种仪式时，也都尽可能去请这样的巫医。各种卡姆鲁安可以治疗不同的疾病，有的负责治肚子疼，有的负责头疼，有的负责腰疼等等，即每个卡姆鲁安都是"专科医生"，有自己擅长之处。巫医在呼唤卡姆鲁安时，也会根据病人的病情，呼唤特定的卡姆鲁安前来治疗。

善灵卡姆鲁安和巴德巴丹之灵合在一起构成了善恶二元对立的体系中的善良的力量，它们发挥各自的作用，帮助人们对抗恶灵，治疗疾病，驱邪禳灾。不过，很多种情况下巫医的治疗会失效，归根结底，全都是因为神灵没有发挥作用。巫医或其他人祈祷时，巴德巴丹之灵不是每次都能听到，如果祈祷人——比如巫医——的能力不够，说出来的祈祷就听不到，安布奥也不会派善灵来救治，所以人会病死或者社区会罹难。有时巴德巴丹之灵的态度不够认真，按阿拉安人的说法是"神灵傲慢了"，它自己没注意听到，或者安布奥神没有把事情放在心上，或者善灵没有积极出动，总之如果卡姆鲁安、巴德巴丹之灵和安布奥神这三者中如果有人没有发挥作用，那么恶灵就不会被善灵赶走，病人还是得不到救治。还有时候，各个环节都没有问题，善灵按照安布奥的旨意来了，但是恶灵实在是太强大了，善灵根本斗不过恶灵，最终善灵被打败、逃走了，病人还是会死去，个人或村社遭遇的厄运就还是无法结束。所以，要想巫术治疗发挥作用，就必须几个环节都配合得天衣无缝。

二、神灵与巫术治疗

在阿拉安人中，巫医是负责治疗由于所谓的"超自然力量"——包括各种非人的神灵——而导致疾病的人，他的治疗方法也是借助于"超自然力量"。阿拉安人把人遭受的疾病或意外，以及村社中的危机分为两类，即第一类与"超自然力量"无关的，和第二类与"超自然力量"有关的。所谓的第二类与超自然力量有关的疾病，就是指由于各种恶灵作祟而导致的疾病，如果一个村社里好几个人都生病或者发生其他不幸，就是恶灵集体作祟导致的危机或灾祸。阿拉安人认为每个人都有灵魂阿比延，如果人的阿比延被某种恶灵摄取的话，人就会生病，如果阿比延被恶灵彻底带走的话,病人就会重病而死。此时就需要采取巫术治疗的办法,将受害人的阿比延及时找回来。阿拉安社会中,专门履行这个呼唤善灵、帮人治病的职责的专业人士就是巫医,阿拉安语叫"balaonan",本文译作"巴拉欧南",意思是"向神灵祈祷的人"。这个词得名于动词 agbalaon,因为阿拉安人的巫术治疗主要依靠吟唱和祈祷的方式,"agbalaon"就是阿拉安语中专门表述这种吟唱和祈祷动作的词,本文译作"阿格巴拉欧",本文中出现的巫医、巴拉欧南、巫医巴拉欧南指的都是它。巫医专门治疗各种与"超自然力量"有关的疾病或危机,他平时掌控着一些善灵卡姆鲁安,给人治病或被除灾祸时,他可以运用自己所独有的巫医技能,采用阿格巴拉欧祈祷等巫术治疗仪式,呼唤自己的善灵前来,告诉善灵,让它们把侵扰人类的恶灵赶走,把恶灵摄取的病人灵魂阿比延抢回来,从而让病人康复,或者被除掉灾祸和危机。巴拉欧南作为巫医,他能够治疗疾病,但并非是直接使用医术治疗,他的特异能力并不是医治,而是可以与神灵进行沟通,借助"超自然力量"进行巫术治疗——巫医通过呼唤神灵,请善良的神灵来驱赶走邪恶的神灵。人生病是邪恶神灵侵害所致,所以一旦恶灵被赶走,病人就能康复。这是阿拉安人巫术治疗的核心逻辑。

  巫医达到治疗疾病的目的,是通过善灵与恶灵的对抗。阿拉安人所说的"善灵与恶灵的对抗"并非是善灵与恶灵之间的打斗或战争,而是当善灵追上挟持着病人灵魂的麻冒时,善灵会与麻冒谈判、商讨,谈判中谁赢了,病人的阿比延就跟谁走。通常,在病人的灵魂阿比延被麻冒等恶灵挟持着一起返回巴拉巴干的过程中,恶灵挟持着病人的灵魂一步步往前走,速度较慢,可能需要几天时间,也就是说病人几天之后才会真的病死。如果巫医的能力足够强大,那么他派出去的善灵卡姆鲁安就能够行动地非常快,直接飞过去,追赶上恶灵。一旦善灵追上了挟持着病人阿比延的恶灵,通常善灵只需开口对恶灵说几句话,就能把病人阿比延抢过来并带回去,恶灵也不会阻拦。巫医德尼休(DeonicioRambunay)解释说,这是因为恶灵是偷偷地来摄取人的阿比延,"它是小偷,会害怕,(所作所为)不光彩",所以正义的卡姆鲁安在谈判中通常能赢;而且善灵的力量一般都比恶灵大,恶灵想阻止也阻止不了。德尼休是一位经验丰富的巫师,他曾仔细地向笔者描述了善灵卡姆鲁安和恶灵麻冒在遭遇之后对话的过程:

  善灵说:"Kabatangkaoataiwa?"你为什么要到这里来?

恶灵说:"Andapiyakuawa."我要拿走这个(即病人的阿比延)
善灵说:"Yēwēdmaalpiyanggat."(他)不能(和你)一起走
"Kangaydaanpiyag-abol."我也是来(把他)拿走的
恶灵说:"Piyagpaanggatwadaananda."那就让给你,他(和你)一起回去吧

这种情况下,善灵卡姆鲁安与恶灵麻冒之间也不会发生争吵或战斗,善灵追上恶灵,赢得谈判并带回病人的灵魂不是难事。

但巫术治疗不是总有效的,在有些情况下也会失败。第一种,如果善灵没能够追上,那么恶灵几天之后就把病人灵魂直接带走了,那么几天后病人病死,治疗宣告失败。善灵没能追赶上,通常是因为巫医的能力不够,他派出的善灵就会在途中迷路,到处乱绕分不清方向,最终不能在恶灵抵达巴拉巴干之前找到他们,无法找回病人的灵魂阿比延,所以这样的巫医就治不好病。第二种,善灵虽然追上了恶灵,但是恶灵不愿意直接乖乖顺从于善灵的意志,它会坚持不放所挟持的病人阿比延,它对善灵说道:"我就要拿走它,(它)是我的了。"这时候,善灵就要与恶灵激烈争辩,如果善灵争不过恶灵的话,善灵只能是空手而归,回来告诉巫医说自己输掉了,没法把病人的阿比延带回来,于是病人仍会病死。

巫医能够治病是因为他掌握了一些善灵,他有独特的技能可以与神灵沟通、交流,这个独特的技能就是阿格巴拉欧祈祷(agbalaon)。巫医的巫术治疗,主要就是指阿格巴拉欧。阿格巴拉欧是一种巫医进行巫术治疗的仪式,巫医采取吟唱的方式向神灵祈祷,祈祷的内容就是呼唤善灵,让善灵来帮助人们治病。笔者记录了老巫医巴多罗梅在阿格巴拉欧仪式中的一段祈祷辞。巴多罗梅说,整个阿格巴拉欧的过程中,都是在尽力呼唤自己所掌握的那些善灵卡姆鲁安时,他会这样呼唤道:

Inkamuruan, ay tindēgan,
山上的善灵们哦,到我巫医这里来,
agkasamangbabalingling
叫你们赶紧起床,
patubang in mangyan sa latayan.
到巫医身边的恶灵这里来吧。
Isagkamongitan in tampalasan
你们马上就要看见恶灵了

makalamwamanimbrang.
病人也就会康复了。
Madaliwamabrang.
(人的病)很快就会好。
Inmangyankamuruan
善灵卡姆鲁安啊，
babalinglingpatubang.
(你们)醒来吧，过来吧。

Magirēmtayariyansalangitkagwaraan,
卡姆鲁安像天上星星一般成群结队，
magirēmtayariyan in maskit sa bilugan
成群结队的卡姆鲁安来到病人的身上，
maurawmakurang.
这样就能有效地治疗(病就会好了)。

Noinatampalasan,
如果那是恶灵(作祟)，
sakuripaspagsimbram,
只消到第二天白天，
makalamwamabrang.
病就会立刻变好。

Taga-langittukuan
你们都来自于天的尽头，
sumaray sa ariyēman.
穿过了天边的大黑暗。

Noatampalasan
被恶灵弄生病的人，
tuloywamaprang.
赶快不断康复吧。

这里巫医表示，希望卡姆鲁安能够成群结队地从远处的高山之上来到他的身边，帮助人们治病。其中出现了 ariyēman 一词，意思是"无边无际的黑暗"，在这里指的是在世界的尽头那里有地下世界杜由安，那里无比黑暗，恶灵麻冒就在那里；而善灵卡姆鲁安平时栖居在高山之巅，非常接近于世界的尽头，那里紧靠着恶灵的领地地下世界杜由安，只有布鲁旦作为分叉路口，所以善灵前来时需路过黑暗的杜由安。这在阿拉安人的神话中有明确的解释，善灵和恶灵其实都起源于洪水灾难后幸存的同胞兄妹，它们都跑到了世界的尽头，但是有的变成了助人的善灵，有的变成了害人的恶灵，直至今天，它们的住地也很接近，都是世界的尽头，只不过恶灵是在那里的布鲁旦的洞里往下，去了地下世界杜由安，善灵则在上面的巴拉巴干，在那里的山上和天上。

　　为了让巴德巴丹之灵、安布奥和善灵卡姆鲁安能够更好地配合在一起，让它们更加有效地帮助人类与恶灵做斗争，人们就需要通过多种多样的具体仪式，反复多次进行祈祷、发出誓言，请求这些神灵能够开恩帮助人类。于是阿拉安人就发明了一系列的仪式来向神灵祈祷、发誓，目的在于多用几种不同方式，以便提高成功率、争取更多的治疗机会，并且在祈祷时献上牺牲作为祭祀，表明自己的诚意，恳请神灵们开恩。在人们祈祷、发誓、祭祀之后，安布奥也会采取一些办法给人们反馈意见，告诉人们这一次善灵是否可以战胜恶灵，人们遭受的厄运和灾难是否能够被除，病人的生命是否能够得救。安布奥把这一消息反馈给人们的办法就是通过仪式中的神谕，神谕分很多种，有些是与祭祀时候用的牺牲有关，就是祭祀用的鸡或猪的占卜结果，阿拉安语叫"班素拉"（Pansula），有些则是巫医以及其他人的梦兆进行占卜，阿拉安语叫"阿格巴纳伊那普"（agpanaynēp），还有些是通过其他事物表现出来的征兆，总之阿拉安人相信，安布奥总是会采用某种方式告知人们祈祷和发誓的结果。由此可见，阿拉安人的基于善恶灵二元对抗的巫术治疗体系，其机制是"祈祷发誓——治疗——神谕反馈"，在这个的模式中，存在着一套"巫医——信使巴德巴丹之灵——主神——善灵卡姆鲁安"的信息传导过程，确保各个巫术治疗、被除仪式能够正常、有效的开展。

　　在人类学、民俗学中，治疗是一个含义广泛的术语。从文学人类学的角度，治疗其实是文学最基础的功能之一。在当今的文艺学理论中，文学是西方现代性知识体系所构建出的一个独立学科，它拥有"某种贵族化的文学经典尺度和以书写文本为前提的文学史概念"，通常是重视和强调

"文学的认识作用、教育作用和审美作用",而"忽略了文学最初的也是最重要的作用:包括治病和救灾在内的文化整合与治疗功能"。① 文学的治疗功能尤其鲜明地体现在一个民族的口头传统、民间文学之中。如果我们把阿拉安人的神话传说及其所蕴含的宇宙观和精神信仰归入文学的范畴,那么他们的巫术和仪式无疑正是这种治疗功能的明确体现。本文中所谓的"治疗"不仅仅限于现代医学采用药物、手术等方法去诊治疾病这一范畴,而是指阿拉安人在实际的日常生活中,运用"班素拉"(pansula)等多种具有巫术性质的仪式,试图预测事物发展的方向,并藉此来改变事物发展的趋势,把事物的发展由人们所不愿意的"不利"状态,改变或引导成为人们所希望的状态。阿拉安人在具体施行中,要采用巫术式的动作、咒语性质的语言以及一些仪式用的道具和献祀的祭品。这类"治疗"可以分为两个层面。第一层是狭义的"治疗",是具体意义上治疗人身体的疾病,救助病痛中的人,这与现代医学中"治疗"的范畴相似,但是采取的方法和途径不同,阿拉安人治疗疾病主要依靠巫术、仪式,草药只是辅助手段。本文所讨论的就是这一层面上对于疾病的占卜和治疗。第二层是广义的"治疗",是抽象延伸意义上的禳灾祛祸,这就超越了现代医学"治疗"的范畴,是原住民通过巫术和仪式,去解决生产生活中的难题、祓除灾祸和危机、改善各种不利的事物和境遇。阿拉安人的采用多种巫术和仪式进行治疗,既包括狭义上的治疗身体疾病,又包括广义上的祓除灾祸和危机,因为阿拉安人把身体疾病和灾祸危机的起因都归结到了恶灵作祟这件事上来。于是治疗的核心思想就是利用善灵的力量,打败作祟的恶灵,从而让人祛病康复、让社区免受灾祸侵扰。

三、结语

阿拉安人精神信仰和实践行为的核心,是一套二元对立的宇宙观、世界观。阿拉安人认为世界上有善和恶两种灵魂或精灵,善灵叫"卡姆鲁安"(kamuruan),恶灵叫"麻冒"(mamao),人间发生的各种幸运或不幸、健康或疾病等无法找到明确原因的意外事件都是他们之间争斗和对抗的结果。有人患病或者社区中出现了危机,就是恶灵作祟所致。此时就有必要进行巫术治疗,巫术治疗的核心内容在于:由巫医"巴拉欧南"等人作

---

① 叶舒宪:《文学人类学教程》,北京:中国社会科学出版社,2010年,第220页。

为灵媒——人与神灵之间的媒介,采取巫术的方式,以神灵的使者作为具体交流渠道,与至高神安布奥进行联系,向善灵求助、呼唤善灵来到人们身边,与恶灵对抗、斗争,以争取病人能得以康复或者社区能够安然度过危机。

在阿拉安人的口头叙事中,上述这一套善灵与恶灵二元对立的宇宙观以及其中的各种神灵,是在至高神安布奥在世界最初创世以及大洪水再次创世的过程中确定的。这一整套世界观的可以直接溯源到阿拉安人的口头民俗——神话传说之中,或者说,阿拉安人的神话传说等口头叙事承载、蕴含着这些精神信仰。在阿拉安原住民自己看来,这些并非是简单的信仰,而是神话中讲述过的曾经真实发生过的历史,并且这一历史仍不断体现、重演于日常的现实生活中。阿拉安这套神灵创世、善灵与恶灵二元对立的宇宙观,通过阿拉安人的神话、史诗、传说等口头传统表述出来。阿拉安人根据这套善恶二元对立的信仰,形成了一套完整的使用巫术和占卜来医治疾病、禳灾避祸的仪式体系,作为精神信仰的实践操作。阿拉安人的口头传统是与巫术、占卜等治疗实践密切结合在一起的,口头传统在阿拉安社会中有了明确的治疗功能,极具应用性、现实性。阿拉安人的史诗、神话、传说结合起来,共同构成了一套内容完整、情节丰富、逻辑清晰的地方性知识,以口头传统为载体,全面而深入地解释和表述了阿拉安人关于神灵创世、善恶二元对立的宇宙观。

"功能"作为功能主义人类学的特定术语,指的是各种文化事项在人类社会中的实际作用和用途。人类在社会生活中,作为个体的人要按照集体的一定的社会规范来行事,在这样一个过程中,人往往会遭遇心理上的挫折与忧虑,这是就需要文化来帮助人类在心理上进行调适,安慰人们的忧愁和苦闷,让人们顺利度过挫折和苦难。在人类的文化中,除了宗教、艺术、文学,各民族的民间文学、口头传统也明显带有这种功能。[1] 对于很多族群而言,口头传统都是非常重要的,有多种极具实用价值、现实意义的功能。通过该族群的口头传统,该族群的人们在顺利、成功之际,可以表达、抒发自己的愉悦、欢乐,从而在一定程度上达到社会集体的欢腾;在遭遇挫折和苦难的时候,口头传统变得更为重要,它往往可以成为该族群用来对抗逆境的武器,抚慰人们遭受伤害的

---

[1] 参见李亦园:《文化生态中的文学与人》,载叶舒宪:《文学与治疗》,北京:社会科学文献出版社,1999年,第2页。

心灵,振奋精神,鼓励人们战胜困难,继续生活下去。阿拉安人的口头传统正是在原住民的社会中发挥着这样的作用,成为抚慰和振奋人心、缓和矛盾、团结族人的纽带,所以说阿拉安人的口头传统具有鲜明的、广义上的治疗功能。

北尼日利亚殖民地文学局的流变①

孙晓萌

【作者简介】 孙晓萌,北京外国语大学亚非学院教授。研究方向:非洲文学与文化。

非洲本土文学的发展很大程度上取决于宗主国的殖民地文化政策,20世纪欧洲向殖民地传输文化的重要途径是设立具有强烈"意识形态"色彩的文学局。宗主国实施文化宰制的一个重要特征是"语言的控制",英国在北尼日利亚实施"间接统治"政策,在语言方面体现为将英国的行为准则、思维方式、文化价值观等内容通过非洲本土语言豪萨语塑造为"知识"并灌输给殖民地,在此过程中,殖民地文学局担负了本土语言知识"具化"的任务,进而构建了殖民地"软权力"并体现出明显的"文化霸权"②特征。

语言与权力③在社会、文化和政治各个方面产生关系,是人文社会学科关注的重要问题。本文从语言与权力的角度对北尼日利亚殖民地文学

---

① 本文是参加2014年5月15—17日在北京大学召开的"对话·视野·方法:东方学研究方法论"国际学术研讨会上的发言,全文已经在《外国文学》杂志2014年第1期发表。

② "文化霸权"(cultural hegemony)理论最早出现在葛兰西所著的《狱中札记》。文化霸权也可以叫做文化殖民,是指文化强势方通过意识形态、生活方式、价值观等的渗透,利用文化方式对文化弱势方的控制,从而取得政治霸权、军事霸权和经济霸权所不能达到的效果。

③ 关于语言与权力的研究,学术界做过长期深入的思考,洪堡特、尼采、葛兰西、阿尔都塞、哈贝马斯、吉登斯、佩奇尤克斯、哈里斯等著名哲学家、社会学家以及语言学家都进行过不同的论述。传统的权力分析中很少涉及权力、语言与话语的联系,认为权力呈现为一方对另一方的控制,权力以暴力手段为基础,经不同程度的合法化,使不公正或不合理的支配为被支配者所接受。从后殖民主义理论的角度出发,语言不仅是人们进行交流的主要工具,而且体现了一种权力结构,强调通过对文本的分析来研究权力支配关系,指出权力政治的现实始终是由文本和一定的再现方式所构成。社会学的权力观摆脱了权力——支配二元对立范式,从而出现了权力关系研究的转向。本文探讨的"语言"是作为非洲本土语言的北尼日利亚豪萨语,"权力"是指殖民统治权力。

局的流变进行阐释,解构殖民地"软权力"及文化霸权的实施,并就殖民地文学局对非洲本土文学发展的影响进行梳理。迄今为止,国内外学界对殖民地文学局的研究基本处于空白阶段,因此本文兼具一定的理论与现实意义。

一、北尼日利亚殖民地文学局的嬗变

"文学局"的概念形成于19世纪,其思想基础深深植根于基督教自身的"文明使命"。作为服务殖民地新生受教育阶层、满足其识字与教育需求的机构,文学局倡导和鼓励适合本土语境的阅读与写作,具有灵活性、响应性和创造性等特点。

20世纪前半程,非洲传教团主要进行《圣经》的"本土化",并由此催生出殖民地文字教育,传教团纷纷建立翻译局、编写课本和出版识字初级读本。其次是非洲教堂的"本土化",许多教堂在非洲沦为殖民地之前已经历经了本土化过程。殖民地社会由此产生出"领袖阶层",其知识与权力皆通过读写能力获取,并成长为第一批使用非洲本土语言创作的作家。由传教士建立的翻译局、文学委员会和图书发行网络演变为非洲"自给"图书贸易的基础。与此同时,殖民当局则无法满足"翻译"和"本土化"对本土语言产生的需求。

20世纪30年代,殖民当局开始加入建立文学局的行列,截至20世纪50年代中期,7个英联邦文学局分布在东非、西非、刚果、苏丹、南非和利比里亚等地。作为殖民地协调文化体系中组织性最强的机构,文学局为文化传输提供了丰富的空间,被视为协助宗主国将"可行文化体系"传输到殖民地的"过渡机构"。经济与文化产业的联姻是文学局具备的典型特征。[①] 但它并未被视为出版文学作品的永久机构,而是商业出版机构出现前的一种过渡方式。相比于自身承担全部功能,文学局更倾向于选择利用当地现有出版商、印刷厂和零售商。

殖民地文学局的建立是为了将殖民地本土语言书写"传统"演变为

---

① Evelyn Ellerman,"The Literature Bureau: African Influence in Papua New Guinea," *Research in African Literatures* vol. 26. 4 (1995):p.208.

"体系",从而实施永久性文化控制。① 文学局十分强调意识形态、组织力量和信息网络,通常设立在不具备西方知识体系的地区,自身具有先锋性特征。文学局还兼具矛盾性,在殖民地从事传教和文学活动的同时,其自身成为殖民体系内兼任全部角色的"专家",从而篡夺了殖民地本土文学发展的权力。1959 年,联合国教科文组织曾发出警告,文学局旨在激励殖民地本土文学发展并为其提供建议,给予技术和经济支持,而非演变为"殖民地本土文学发展体系"本身。② 因此,文学局的角色定位始终是"协调者",与其"努力构成本土知识体系"进行的活动有本质区别。

(一) 翻译局

随着北尼日利亚现代教育的发展③,殖民地教育机构面临教材匮乏的难题。为了出版教育用途的本土语言教材、强化拉丁化豪萨文在殖民地的推广和使用,殖民当局教育部于 1929 年成立了翻译局(Translation Bureau)④。1932 年,伊斯特(East)博士⑤接手管理后,与豪萨学者合作,将具有欧亚文化特点的文学作品译介为豪萨语,如阿拉伯语作品《一千零一夜》(*Dare Dubu da Daya*)和《过去与现在》(*Labaruna Da danaYanzu*),从英语译介的作品包括《七则利欧·阿非利加乌斯故事》(*LittafinaBakwaina Leo Africanus*)、《豪萨戏剧六部》(*Wasan Kwaikwayo Guda Shidacikin Hausa*)、《热带国家健康丛书第一册》(*LittafinaFarkonaKiwonLafiya a cikinKasashenmasuZafi*) 等。⑥ 尽管"从其他语言译介可以丰富语言自身的词汇、文学和文化",相比于将丰富的文学遗产赋予非洲土著,翻译局成立的动机更多是基于"使殖民地官

---

① Lindsay Barrett,"Gaskiya Corporation:a Living Piece of History",50 *Years of Truth*: *The Story of Gaskiya Corporation Zaria* 1939—1991 (1991):p. 79.
② Bruce Roberts, "The Organization and Administration of a Literature Bureau", *The Provision of Popular Reading Materials* (1959):p. 96.
③ 伊斯兰教在尼日利亚拥有悠久的教育传统,1000 年前众多伊斯兰学者汇集到博尔努,卡诺、卡齐纳和扎里亚也先后发展为学习中心。19 世纪,索科托发展为伊斯兰教育的主要中心。据卢加德统计,北尼日利亚在 20 世纪初约有 20,000 所古兰经学校,218,618 名学生。
④ 翻译局最初的负责人是惠廷(Whitting),办公地址起初设在卡诺"豪萨人之家"(Gidan Dan Hausa),1931 年永久搬迁至扎里亚(Zaria)。
⑤ 伊斯特同时担任卡奇纳师范培训学院(Katsina Teachers' Training College)的教师。
⑥ Ibrahim Y. Yahaya, *Hausa a Rubuce*. Zaria:Northern Nigeria Publishing Company, 1988,pp. 93—94.

员的豪萨语沟通更加流利"。①

(二)文学局

1933年,翻译局更名为文学局,标志着其功能从单一的作品翻译拓展到各类豪萨语书籍的出版。② 为了满足地区内受教育人群的阅读需求,文学局出版了更多具有"创作性"的豪萨语大众文学作品。③

本土语言报纸是文学局的重要工作之一,1933年创办的《北尼日利亚报》(*Jaridar Nijeriya ta Arewa*)是第一份定期出版的豪萨文报纸,使用豪萨语、阿拉伯语和英语三种语言,每年四期,一直持续到1939年第二份豪萨文报纸《真理报》(*Gaskiya ta fi Kwabo*)的诞生。阿布巴卡尔·伊芒(Abubakar Imam)担任《真理报》首任编辑,顾问是欧洲人L. C. 贾尔斯(Giles),最初为月刊,印数5000份,在北方各州出售。1941年10月,报纸印数增加到15,000份,改为半月刊,编辑工作全部在扎里亚完成,乔斯的尼日尔出版社和卡杜纳政府出版社负责印刷,并从两地发往北方各州的225个城市。④

除《真理报》外,文学局还出版具有时事性的新闻报刊《话匣子》(*Suda*),与《真理报》轮流出版。20世纪30和40年代,文学局出版了大量豪萨语教科书和阅读材料,还承担政府法案翻译、豪萨语言考试等日常官方功能。⑤

(三)真理公司

1945年,与半官方机构翻译局和文学局关系密切的真理公司(Gaskiya Corporation)成立,⑥意图是从殖民当局角度出发,解决"北方知识分子持续增长的不安定因素",给予其正确指导并提供自我表达的合理

---

① Ibrahim Y. Yahaya, *Hausa a Rubuce*. Zaria: Northern Nigeria Publishing Company, 1988, p. 80.

② Ibid., p. 95.

③ A. H. Hayatu, "NORLA and the Story of Publishing in the Former Northern Nigeria," *50 Years of Truth: The Story of Gaskiya Corporation Zaria*, 1939—1991 (1991): p. 56.

④ R. M. East, "Recent Activities of the Literature Bureau, Zaria, Northern Nigeria," *Africa: Journal of the International African Institute* vol. 14 (1943): pp. 71—72.

⑤ Ibid., p. 76.

⑥ 1945年3月31日,殖民政府签署正式法案,真理公司成为法人实体。

方式；其次是为非洲本土文学作品创作奠定良好基础、平衡图书出版与盈利间的关系。① 伊斯特被任命为真理公司董事会主席，伊芒担任《真理报》豪萨语编辑，成为公司最高层职员。

据真理公司年度报告记载，公司成立的宗旨是建立一个由非洲人和欧洲人合作、共同为北尼日利亚各民族出版健康文学作品的实体，既非公共关系办公室，也非独立出版公司，而是非洲青年的据点和诞生正确思想和书写方式的摇篮。② 其成立意图看似是基于欧洲人与非洲人、殖民者和被殖民者之间的平等关系，实则不然。在强调殖民地欧洲人和非洲人"精神"平等、尊重和友谊的同时，却保持二者生活方式的差异。"正如卢加德爵士所言，精神上必须完全平等，但物质上允许差异。我们（欧洲人）必须按照习惯的方式单独生活，需要一处'精神汇集地'让欧洲人和非洲人相互学习、彼此理解、为真诚的友谊奠定基础。"③

真理公司使北尼日利亚的本土文学创作更为多元化，在历史悠久的阿拉伯语文学和豪萨阿贾米文学以外产生出更多的拉丁字符豪萨语书籍和报纸，公司的困境在于图书出版和经济利益间的平衡。④ 真理公司也说明"文学局"中暗藏的权力关系，其所构想的雇主与雇员、欧洲人与非洲人、殖民者与被殖民对象间的和谐关系过于理想化，殖民体系内建立的文学机构始终无法摆脱殖民统治体系的束缚，转而成为非洲本土文学发展机构。但不可否认的是，真理公司在豪萨语本土文学发展与北尼日利亚文化普及方面发挥了重要作用。

（四）北方地区文学局

1953年，北方地区文学局（Northern Region Literature Agency）成立。主要是为了满足当时成人教育部（Adult Education Department）对于阅读材料持续增长的需求，北方地区文学局接管了真理公司的全部图

---

① G. Furniss,"On Engendering Liberal Values in the Nigerian Colonial State: The Idea behind the Gaskiya Corporation,"*The Journal of Imperial and Commonwealth History* vol. 39 (2011): p. 109.

② RHO. MssAfr s. 597,*Annual Report of the Gaskiya Corporation* 1947—49, p. 198.

③ G. Furniss,"On Engendering Liberal Values in the Nigerian Colonial State: The Idea behind the Gaskiya Corporation,"*The Journal of Imperial and Commonwealth History* vol. 39 (2011): p. 85.

④ Ibid., p. 113.

书出版业务及《真理报》和《尼日利亚公民》(Nigerian Citizen)两份最畅销的报纸。此外,它吸收和拓展了"文学局"的工作,出版学校用书、成人教育课程用书及其他"扫盲运动"①的拉丁化豪萨文和阿贾米阅读材料。②

北方地区文学局多数职员来自文学局成立之初,擅长文字和编辑工作,出版物内容丰富,包括各领域书籍、各州报纸、宣传歌曲、日历和交通法规等。用于扫盲的多数书籍使用富拉尼语、卡努里语、努佩语、提夫语和约鲁巴语等北方各州语言翻译出版。作为官方机构,政府为北方地区文学局提供充足资金用于雇佣职员和购置印刷设备,多数书籍在真理公司印刷。此外,它出版了长达19页的书籍目录,大体涵盖6类出版物。③

1953年至1959年期间,北方地区文学局出版了大量作品,在教育启迪、发展豪萨语本土文学作品和扫盲等方面作出了突出贡献。因为得到政府全力资助,出版物只象征性地收取费用,免费发放成人教育教材和报纸,耗费了殖民当局大量财政资源,最终使其不堪重负。1959年3月地方自治政府成立后,北方地区文学局出版的各州报纸停止发行,土著当局的编辑返回各州工作。文学局于1960年倒闭,图书出版业务交由真理公司负责。④

二、本土文学创作比赛

欧洲殖民统治时期,在闯入非洲的所有文学体裁中,小说从许多方面来讲都是最纯粹的欧洲产物。⑤ 殖民地本土作家挪用小说这种外来的、

---

① 1953年,精通豪萨语和富拉尼语的北方总督布莱恩·沙伍德·史密斯(Bryan Sharwood Smith)成立扫盲委员会(KwamitinYaki da Jahilci)。旨在推广现代教育,并为课堂教学提供更为便捷的教学方式,编写拉丁化豪萨文和阿贾米图书、编写富拉尼语、卡努里语、努佩语、提夫语、伊多玛语和约鲁巴语等北方多语言书籍、教授英语等。为响应以上提议,各州相继成立了扫盲部门。1953年,阿赫马杜·库马西(Ahmadu Kumasi)被任命为总负责人。1954年,各州也分别任命了负责人。

② A. H. Hayatu,"NORLA and the Story of Publishing in the Former Northern Nigeria," 50 Years of Truth: The Story of Gaskiya Corporation Zaria,1939—1991 (1991):pp.55-57.

③ 即成人班初级读本、阅读报刊、教育用书、阿拉伯语书籍和豪萨阿贾米书籍、诗歌、散文五类。

④ A. N. Skinner, "NORLA:an experiment in the production of vernacular literature. 1954—1959," Revue des LanguesVivantes vol. 36. 2 (1970):p.59.

⑤ A. A. 马兹鲁伊主编:《非洲通史:1935年以后的非洲》,北京:中国对外翻译出版公司,2003年,第402页。

异质的叙事手段,使之与非洲语境"混杂"进行创作,从而建构了殖民地文学话语。在短短的几十年内,社会基础发生了根本的改变,速度极快,因而到处都产生了极为复杂的道德、世界观和其他方面的冲突,这些冲突就成为非洲作家描写的对象,他们的创作因此具有不可估量的社会文献价值。①

1933年,本土文学创作比赛由北方教育局长汉斯·费舍尔(Hans Vischer)②提议举办,旨在向有阅读能力的非洲人提供可以负担的读物,并以此提高其阅读兴趣、为非洲本土文学发展奠定基础。费舍尔认为,本着创立本土文学宗旨的作品必须由非洲人自己创作、而非欧洲人,书籍必须进行销售。③ 此后,费舍尔走访豪萨各主要城镇,尽可能将知识分子集中起来进行讲解,并邀请他们从事创作。他面临的首要难题是说服毛拉阶层,19世纪初的宗教复兴使北尼日利亚原创作品多为纯宗教题材,或是带有强烈的宗教动机,多数用阿拉伯语书写,如同中世纪欧洲的拉丁文,阿拉伯语被认为是比母语更有价值的语言,因此非洲人毫不具备本土语言文学创作经验。本土作家们面临的另一困境是缺少创作范本,对于创造的理解局限于非洲传说故事和有限的阿拉伯语书籍。费舍尔则乐观地认为,作家和艺术家的产生并非遵循教育的常规路径,尤其在非洲,所以仍然有发现天才的机会。④

对于多数持"抵触情绪"的豪萨传统作家而言,通过小说创作、推广的拉丁化豪萨文书写方式及豪萨世俗文学并不具备吸引力。因其既不具备宗教功能,也未记录重要的历史事件,散文小说及其他异质写作方式皆被视为与传统文学范式的对立。北尼日利亚和整个西非地区都有"讲故事"传统,豪萨传说(Tatsuniya)尤其盛行,但只具备单一的娱乐功能,故事的内容亘古不变,"讲故事"的人不能随意更改内容,措辞稍有不同都会受到听众指责。对于持有传统阿贾米认识论的穆斯林知识分子而言,真实与

---

① 尼基福罗娃等:《非洲现代文学》(上),刘宗次等译,北京:外国文学出版社,1980年,第2页。

② 费舍尔的父亲是亲英派瑞士人,将其送到英国接受教育。1900年,费舍尔开始为英国圣公会差会的洛科(Loko)和洛科贾(Lokoja)站服务。1902年从英国圣公会差会辞职,1903年任北尼日利亚殖民地助理驻扎官,1906年从的黎波里穿越撒哈拉沙漠到达乍得湖。1908年任职于北方教育部,1909年担任北方教育局长。

③ R. M. East,"A First Essay in Imaginative African Literature,"*Africa: Journal of the International African Institute* vol. 9. 3 (1936):p. 351.

④ Ibid., p. 354.

虚假相混合的文学创作是不忠诚的表现,扎里亚翻译局推行的"新文学"与豪萨文化领域无法和谐共融,原因是书面记录的真实世界与虚构的、富有想象力的故事之间相互对立。

此外,语言选择对非洲本土文学创作至关重要。殖民地将英语作为教育媒介用语的诉求导致学校高年级教学中本土语言被迫向英语让步,从而导致在使用欧洲语言进行的密集思维训练后,无法使用本土语言从事创作。"天赋"在早期就被引入了背离本土语言发展的道路,非洲人自此丧失了最重要的自我表达方式。正如法农指出,殖民者的语言包含着殖民主义的价值观,它制约了殖民地土著对自我的表达,促成了其文化的自卑和自毁情结,殖民主义是在种族和文化优越感与文化霸权掠夺的掩盖下出现的,为现代帝国主义和资本主义经济利益服务的文化心理压迫模式。①

被誉为"非洲文学之父"的作家齐诺瓦·阿契贝(Chinua Achebe)把非洲文学归纳为民族文学(national literature)和种族文学(ethnic literature),并指出,只有以作为通用语言的英语写成的作品才是民族文学,而用数量众多的本土语言写成的作品只能是种族文学。② 选择何种语言与非洲文学的属性之间没有必然的逻辑关系,但语言背后有着更为本质的问题,如权力、意识形态等因素对话语进行宰制。最典型的非洲文学是用民族语言书写的,即部落语言;非民族语言的非洲文学源于非洲与欧洲的接触;非洲文学需源于并反映非洲社会状况和非洲的历史经验;非洲文学因此具有"政治性",很少是纯粹为艺术而艺术的表达。③

1933年到1934年期间举行的本土文学创作比赛,标志着豪萨本土文学世俗化的开端,五部作品从比赛中脱颖而出,树立了拉丁化豪萨文创作的豪萨当代文学作品风格。获奖者全部来自伊斯特亲自执教的卡奇纳师范培训学院,五部作品分别是阿布巴卡尔·伊芒(Abubakar Imam)的《一潭圣水》(RuwanBagaja)、贝洛·卡加拉(Malam Bello Kagara)的《历险记》(Gandoki)、阿布巴卡尔·塔法瓦·巴雷瓦(Abubakar Tafawa

---

① 阮建平:《话语权与国际秩序的建构》,《现代国际关系》第5期,2003年5月20日,第31—32页。
② 姚峰:《阿契贝的后殖民思想与非洲文学身份的重构》,《外国文学研究》第3期,2011年,第122页。
③ A. J. Shelton, ed. *The African Assertion: A Critical Anthology of African Literature*. New York: The Odyssey, 1968, pp. 2—3.

Balewa)的《谢胡·乌玛尔》(Shaihu Umar)、穆罕默德·瓜尔左(Malam MuhammaduGwarzo)的《提问者的眼睛》(IdonMatambayi)、约翰·塔菲达(Malam John Tafida)与伊斯特博士联合创作的《身体会如实告诉你》(JikiMagayi)。① 费舍尔认为文学比赛的初衷已达到,五部作品得以出版,每部篇幅50页左右,以6便士的价格在殖民地不同规模的城镇市场出售。伊斯特认为,图书销售的目的是说服普通民众,书籍不单纯是由白人免费派发的"新政权的无聊发明",从而使图书的真正价值被非洲人了解。②

豪萨学术传统中强调毛拉阶层的作用,这个现象在流行文学中依然清晰可见,小说由具有深厚伊斯兰宗教与学术根基的阿布巴卡尔·伊芒等学者创作。伊芒的创作才华尤其受到伊斯特的青睐,他建议殖民当局聘请伊芒加入殖民地文学局工作。文学创作比赛也同时揭示了豪萨传统作家与接受西方文学熏陶作家之间的差异,前者继续使用阿贾米书写方式或阿拉伯语写作,尽管有更多世俗散文问世,但仍归属"非虚假"范畴;后者则将小说和戏剧等元素融入文学创作之中。文学创作比赛通过其鲜明的世俗取向和对更为传统的书面文学中缺失主题的补充,掀开了豪萨文学崭新的一页,包括罪恶与惩戒、爱情与憎恨等情感话题、犯罪、嗜酒、淫秽等社会议题等。主题,情节和欧洲教化下的豪萨语小说表征在植根于豪萨伊斯兰教育、道德说教紧密地结合下的现实与幻想、充满想象力的世界中发展。

马兹鲁伊认为,对西方文学的借鉴并不是单方面的被动吸收,而是积极的相互作用:外国文学能够作为一种智慧的源泉,改变欧洲文学使之符合非洲土语说话的规律。③ 处于基督教表征的殖民者文化与本土伊斯兰教表征的被殖民者的"混杂"的情境中,作家如何选择文学创作的语言,如何对语言的形式加以改写,不仅为了解构西方殖民话语,也是反思和批判本土文化,使得非洲文化生成新的意义,旨在建构当下的"非洲性"(Africanness)。④ 因此,拉丁化豪萨文构成的当代豪萨文学流派既不是

---

① Ibrahim Y. Yahaya, *Hausa a Rubuce*. Zaria: Northern Nigeria Publishing Company, 1988, p. 95.

② R. M. East, "A First Essay in Imaginative African Literature," *Africa: Journal of the International African Institute* Vol. 9. 3 (1936): pp. 356—357.

③ A. A. 马兹鲁伊主编:《非洲通史:1935年以后的非洲》,第406页。

④ 姚峰:《阿契贝的后殖民思想与非洲文学身份的重构》,《外国文学研究》第3期,2011年,第121页。

欧洲文学形式的翻版,也不是传统伊斯兰豪萨文学的拉丁化形式,成为了汇集多种文学传统影响下的独特表达形式。

三、殖民地本土语言风格的蜕变

文学局也高度关注自身对殖民地本土语言发展的影响,北尼日利亚殖民地文学局的流变通过殖民地本土语言风格蜕变得以体现,即"伊斯特语言""伊芒语言"和《真理报》语言"。

1932年,伊斯特开始管理翻译局后,殖民地出现了"伊斯特语言"(Istanci),他致力于各时代作品的豪萨语译介和出版。翻译局只具有部分鼓励本土语言文学发展的动机,倾向于为殖民地官员提高豪萨语沟通能力服务,主要译介精心挑选的作品,从而使这个时期豪萨语文学发展呈现出"伊斯特语言"特征。

1935年出版的五部文学创作比赛获奖作品中,最优秀的是阿布巴卡尔·伊芒的《一潭圣水》,与其他四部具有明显的豪萨背景作品相比,伊芒小说的情节元素和主题结构显然不是来源于豪萨传说。伊芒创作《一潭圣水》的灵感来自艾勒-哈利利所著的《麦嘎玛特》[①],"《麦嘎玛特》中的阿布·扎伊度(Abu Zaidu)和哈里苏(Harisu)两个人物试图用诡计击溃对方。我的作品同样设置了两个人物,使用豪萨生活方式展现阿布巴卡尔(Abubakar)如何击溃祖尔基(Zurke)。"[②]这种"灵感"成为受英国殖民当局策划、豪萨本土作家负责实施的"外来文学大众化"根基。《一潭圣水》也标志着殖民地从作品直译的"伊斯特语言"过渡到将各国文学融入到豪萨心态蜕变的"伊芒语言"。伊芒的文学蜕变技巧由伊斯特亲自传授,他因此成为"伊芒式蜕变"的缔造者。

"伊斯特教会了我许多注意事项,例如在任何虚构故事中绝不允许有欺骗或欺诈行为的恶棍战胜正面人物,即使他在开始阶段似乎要赢,创作时也一定要以失败结尾。在翻译方面,如果有人用英语、阿拉伯语或其他语言进行表述,在翻译成豪萨语的过程中不应受制于内容本身,而应像翻译《古兰经》或《圣经》一样,充分了解其所叙述的内容,展现自身的母语天

---

① مقامات‌الحريري, Muqamat Al Hariri,为1225年至1258年蒙古人攻占巴格达城前出现的手稿的细密插画,代表阿拉伯绘画中巴格达画派最精美的作品。

② N. Pwedden, "The Abubakar Imam Interview," *HarsunanNijeriya* XVII (1995): p. 87.

分。伊斯特博士将多样化的写作技巧传授给我,直到我全部掌握。"①

1936年,伊芒在扎里亚耗时半年创作了《话语是财富》(*Magana Jari Ce*)三卷本,1937年出版。② 作品包含了印度、希腊、波斯、阿拉伯等多国文学元素,由80个故事组成,主要由"鹦鹉"面向不同听众和场景讲述。伊芒对于鹦鹉的运用和讲述技巧来自波斯故事《鹦鹉之书》(*Tuti-Name*),讲述方式与《一千零一夜》雷同,因此也被誉为豪萨文版的《一千零一夜》。作者巧妙地将借用的文学技巧与豪萨故事传统讲述方式相融合、以娴熟的表现手法展现非洲现实生活题材,作品试图说明知识与智慧会超越任何权力。

英国殖民者创造的"大众文学"模式也适用于非洲其他地区。例如,英国殖民当局在东非采取了与北尼日利亚相似的教育发展政策。1919年,坦噶尼喀成为英帝国殖民地时,教育系统随即现代化,1925年至1930年期间斯瓦希里语历经了标准化过程,斯瓦希里读物的需求随之涌现,主要来自阅读方面和语言作为英国殖民地现代生活方式传播的媒介。1923年,达累斯萨拉姆教育部门发行了《今日事务》(*Mambo Leo*)月刊,包括各种类型的新闻和娱乐性文章,以及以连载形式刊登的外国文学作品译介。

四、语言、权力与北尼日利亚殖民地文学局

北尼日利亚殖民地权力结构的解构与重构同话语实践紧密联系,话语权力所形成的真理机制把知识和权力连接在一起形成了话语霸权。殖民统治时期豪萨语在北尼日利亚的运用是以语言为中介固化权力等级结构,从而使宗主国有关"真理""秩序""现实"等概念在殖民地得以确立。

本土语言与殖民地权力之间的关系通过"知识"作为媒介构建,殖民地文学局担负了本土语言知识"具化"的任务,将殖民统治者的认知通过本土语言和本土化方式进行表述,从而合法地将其转化为殖民地本土"知识"。通过"知识"自身形式和传播方式的转变,对殖民地原有的社会文化生活进行侵蚀,将内容严格固化、带有强烈伊斯兰宗教动机的文学题材转变为真实与虚假混合的文学创作题材、将口头文学传统和口耳相传的传

---

① N. Pwedden,"The Abubakar Imam Interview,"*HarsunanNijeriya* XVII (1995):p. 87.

② A. H. Hayatu,"NORLA and the Story of Publishing in the Former Northern Nigeria," *50 Years of Truth:The Story of Gaskiya Corporation Zaria*,1939—1991 (1991):p. 56.

播方式转变为阅读文本和图书发行,按照殖民统治者的方式向被统治者进行意识形态输入,从而引发殖民地社会文化生活的重大变革。

殖民地"知识"制造过程的流变通过"伊斯特语言""伊芒语言"和《真理报》语言"的演变过程得以体现。从"伊斯特语言"到"伊芒式蜕变"标志着从作品直译过渡到将各国文学融入到豪萨心态的转变。伊斯特作为"伊芒式蜕变"的缔造者,充分利用了豪萨语作为象征性权力具有的"隐蔽性"特点,使豪萨人产生了对本土语言表述的"知识"拥有所有权的幻觉,从而自发地认同其合法性。《真理报》在殖民地社会领域内的合法性和权威性的建立是通过将"《真理报》语言"塑造为"树立标准拼写规则和制定出版物语言风格"的典范,将豪萨学者伊芒置于与欧洲雇员同等重要的地位,从而将真理公司和豪萨编辑伊芒分别塑造为殖民进程中"代理机构"和"代言人"角色。通过殖民地语言风格的蜕变,殖民地文化资本披上了"合法性"外衣,在貌似民主和文明的表象下面,支配与被支配、统治与被统治的权力关系以更为微妙的方式运作,文学局成功地充当了殖民地卫道士的角色,使各种政治和经济上的不平等关系遮蔽起来。

在殖民地意识形态传输过程中,当局采取欧洲与非洲本土合作的方式,试图用一种本土化方式诠释"知识",并在殖民者与被殖民者之间构建一种看似公正合理的"关系假象",以此加强其"知识"在殖民地的合法性与权威性。自此,殖民地权力通过文学局制造本土语言语法书、词典、课本等在内的"知识",全部成为"话语的构成"并定义了殖民地认知空间,从而将知识的本土形式转化为殖民地权力本体的组成部分。这些知识同时说明,殖民地本土知识分子占有的知识空间遭到殖民统治者入侵,使其自身和所具备的本土知识同时沦为殖民统治工具。这些本土语言的语法书、词典、课本等出版物以"权威身份"指导殖民地本土知识分子进行书写和阅读,从而以极其隐蔽的方式完成了殖民者意识形态的传输过程。

结　　语

豪萨人在心理、精神和文化方面是从事非洲研究者必须了解的一种典型,而非洲本土语言文学像文献一样精确地描绘现代非洲人,对这一典型的特点表现得最为鲜明,为其他任何资料所不及。[①] 北尼日利亚殖民

---

① 尼基福罗娃等:《非洲现代文学》(上),第418页。

地文学局是英国向殖民地进行文化传输、实施文化霸权的重要途径。通过翻译局、文学局、真理公司和北方地区文学局等一系列官方、半官方文学机构的发展演变,以及殖民地"伊斯特语言""伊芒语言"和"《真理报》语言"风格的蜕变,解构了北尼日利亚殖民地"软权力"及文化霸权的实施。文学局在豪萨文学现代体裁的形成、题材的改变、语言的现代化等方面产生了无可限量的影响,其流变过程体现出殖民地对非洲本土文化、文学本体反思及对宗主国文化的抵制、接受和适应。在殖民地文化语境中混杂元素影响下,文学局改变了非洲本土语言文学发展的原始风貌,演变为殖民统治者留给非洲最为深远的文化遗产。

丹德拉黄道表达的古埃及来世观念

田 天

【作者简介】 田天,北京大学历史学系研究生。研究方向:古埃及宗教和墓葬。

一、绪论

(一) 丹德拉黄道的发现和"丹德拉事件"

"丹德拉黄道"(Dendera Zodiac 或 Denderah Zodiac)浮雕原为埃及丹德拉哈托尔神庙中的天花板浮雕,于 1799 年拿破仑远征埃及期间被德塞上将(Général Desaix)发现。"丹德拉黄道"被发现后,随即得到了随军学者的重视,画家兼雕刻家德农(Vivant Denon)以速写的方式记录了黄道浮雕的大致内容,并在回国后整理为雕版画,在 1802 年将其刊印在自己的《下埃及和上埃及之旅》(*Voyage dans la Basse et la Haute Égypte*)一书中①,尔后又刊印在由"埃及科学艺术委员会"主编的《埃及记述》(*Description de l'Égypte*)第四卷中(见图一、图二)②。1821 年,丹德拉黄道被切割和运送到了法国,其现身在当时的法国学术界掀起了一股学术热潮,许多数学家、天文学家和人文学者都试图在在这一热潮中一展身手。这一热潮后被称为"丹德拉事件"(Dendera Affair)。

---

① Vivant Denon, *Voyage dans la Basse et la Haute Égypte, pendant les campagnes du général Bonaparte*, Paris : Imprimerie de P. Didot L'aine, 1802. pl. CXXXI, pl. CXXXII.
② Commission des sciences et arts d'Égypte, *Description de l'Egypte, ou, Recueil des observations et des recherches qui ont été faites en Egypte pendant l'expédition de l'armée franÉaise*, Antiquitiés, Paris : Imprimerie de C. L. F. Panckoucke, 1822. vol. 4 p. 21.

图一　藏于卢浮宫博物馆的丹德拉黄道浮雕　　图二　《埃及记述》中描绘的丹德拉黄道

　　傅里叶(Jean Baptiste Joseph Fourier)是较早参与这股研究热潮的学者,他将注意力集中在黄道十二宫本身,因此傅里叶的回忆录和平面图中仅描述了十二个黄道星座符号①,他将丹德拉黄道同埃及其他神庙中的天象浮雕相比较②,继而提出黄道十二宫起源于埃及或迦勒底地区,后被引入希腊。③ 不久,更多数学家和天文学家开始研究丹德拉黄道,他们坚信通过对这一天象的研究可以确定丹德拉黄道的具体时间,从而为《圣经》断代提供线索。其中,巴拉维骑士(Charles Hippolyte Paravey)的观点影响了之后两个世纪里对丹德拉黄道的研究方法。巴拉维认为丹德拉黄道是天体投影图,换言之,丹德拉黄道是对真实天象的刻画。然而,因为缺乏古代史知识,巴拉维的观点牵强附会的色彩浓重,他认为丹德拉黄道描绘的是东亚的天象,甚至将黄道中的豺犬和木锄形象意会为中文"陈""勾"二字,强行地将丹德拉黄道和东亚地区联系在一起。在断代上,巴拉维的观点也十分激进。他认为黄道雕刻有 3000 多年的历史,并将其和大洪水等圣经神话联系在一起④。随后的两位学者,法兰西学院院士、

---

① Jean Baptiste Joseph Fourier, *Premier mémoire sur les monumens astronomique de l'Égypt*, *Description de l'Égypte, ou, Recueil de observations et des recherches qui ont été faites en Égypte pendant l'expédition de l'armée franÉaise*, Paris：Imprimerie Royale, 1818, p. 87.

② Ibid, pp. 71—83.

③ Ibid, pp. 84—85.

④ Jed Z. Buchwald, Diane Greco Josefowicz, *The Zodiac of Paris：How an Improbable Controversy over an Ancient Egyptian Artifact Provoked a Modern Debate between Religion and Science*, Princeton：Princeton University Press, 2010, pp. 275—276.

物理学家毕奥（Jean-Baptiste Biot）和天文学家阿拉戈（Francois Aragó）在巴拉维的假设基础上寻找北极星和天轴，二者互有攻讦①。1822年，埃及学的奠基人商博良（Jean-François Champollion）也加入了这场洪流。自幼厌倦数学计算的商博良避开复杂的数学计算，主张将丹德拉黄道看做一个整体，直取丹德拉黄道断代的核心——王名环②。他将前不久自己已推演成熟的埃及文阅读方法运用于黄道浮雕的王名环上，释读出了罗马统治者的名字，从而认定丹德拉黄道并非想象中的那样古老，而是罗马时期的产物。商博良还纠正其好友毕奥的谬误，认为毕奥判断星体位置所用的星星图案实际上是埃及语中的"限定符号"，表示该词是星星的名称，而非实际的星体位置③。这些观点在后世学者的研究中都被证明是正确的。商博良从埃及文字出发，对丹德拉黄道进行解读，实际上开创了从人文学科的角度研究该黄道浮雕的方法。商博良反对将丹德拉黄道从原有的奥赛里斯祠堂中移出，认为这使该房间内的其他浮雕和天花板受到了毁灭的威胁④。这一言论虽然出于文物保护的目的，却无意间暗示了后世学者的研究方法：将被割裂出来的丹德拉黄道置于神庙整体大环境之下研究。

（二）现有研究成果和研究趋势

学界对丹德拉黄道的研究持续了将近两个世纪，研究成果层出不穷。不断有学者尝试和挑战这一难题。天文学家和数学家的贡献尤为突出，经过几代学者的努力，丹德拉黄道上的许多天文符号已经得到了辨认和证实，丹德拉黄道的断代方法也得到了发展。其中苏联数学家莫洛佐夫（Nikolai A. Morozov）在20世纪20年代在这一方面取得了阶段性结果，他在检查和验证埃及学者对天文符号的解读成果，纠正其错误，并通过大量计算得到了较为可信的时间。莫洛佐夫之后的学者，诸如科林（N. S. Kellin）和德尼申科（D. V. Denisenko）在20世纪90年代完善了莫洛佐夫

---

① Jed Z. Buchwald, Diane Greco Josefowicz, *The Zodiac of Paris: How an Improbable Controversy over an Ancient Egyptian Artifact Provoked a Modern Debate between Religion and Science*, Princeton: Princeton University Press, 2010, pp. 286–289.

② Ibid., p. 321.

③ Ibid., p. 323.

④ Ibid., p. 319.

的计算方法,进而得到了更为精准的断代结果①。安纳托利(Anatoly T. Fomenko)等人的著作《古埃及天宫图:解密隐藏的日期》(*Ancient Egyptian Horoscope：Deciphering the hidden dates*)对以上成果做了近乎完备的总结和分析,并公布了自己的断代结果②。

在埃及学界,当前丹德拉哈托尔神庙研究领域的权威是法国学者科维尔(Sylvie Cauville)。科维尔著有多部有关丹德拉哈托尔神庙的作品,影响较大者有《丹德拉神庙:考古指南》(*Le Temple de Dendera：Guide archéologique*)③和《奥西里斯的黄道》(*Le zodiaque d'Osiris*)④。此外,科维尔用多年时间记录和集结丹德拉神庙中的铭文,并编订成《丹德拉》(*Dendera*)⑤丛书,自1997年开始连续出版,详细地注音和翻译了丹德拉神庙中的铭文和浮雕,为丹德拉神庙的研究提供了全面而丰富的材料,也助推了对丹德拉黄道的研究。不同于以往的埃及学家和天文学家,科维尔在丹德拉黄道断代和内容研究上都取得了里程碑式的成绩。在其著作《奥西里斯的黄道》中,科维尔在前半部分简明扼要地叙述了丹德拉黄道上出现的星体和相关的天文学知识,在后半部分则着重论述丹德拉黄道同奥西里斯复活神话的联系。他将天文知识和古埃及神话有机结合起来,推敲奥西里斯复活节日和仪式的天文学意义,这一观点独树一帜,为古埃及奥西里斯崇拜研究提供了新视角,也打破了丹德拉黄道研究领域天文学断代成果"一统天下"的格局。科维尔对丹德拉黄道的断代虽然遭到阿纳托利等天文学者的诟病,但仍为学界所承认。

从巴拉维到科维尔,丹德拉黄道引发的研究热潮逐渐冷却,研究重心则开始从天文学研究向埃及学研究移动。丹德拉黄道作为古埃及重要文物,埃及学者对其宗教内涵和功用的研究却为数寥寥,天文学家反而几乎独占了这片领域。然而近些年来,以科维尔为代表的埃及学家的努力之下,埃及学研究开始进入这一领域。这同埃及学和丹德拉神庙研究的发

---

① Anatoly T. Fomeko, Tatiana N. Fomenko, Wieslaw Z. Krawcewicz and Gleb V. Nosovskiy, *Ancient Egyptian Horoscope：Deciphering the hidden dates*, New Chronology Publications, 2010, pp.33-36.

② Ibid., p.38.

③ Sylvie Cauville, *Le Temple de Dendera：Guide archéologique*, Caire：Institut français d'archéologie orientale le Caire, 1990.

④ Sylvie Cauville, *Le Zodiaque d'Osiris*, Louvain：Peeters Pub & Booksellers, 1997.

⑤ Sylvie Cauville, *Dendera*, Louvain：Peeters Pub & Booksellers, 1997.

展不无关系。在19世纪商博良解读埃及文字尚未成功时,对古代埃及的断代全凭对丹德拉黄道的断代研究。埃及文字释读成功后,虽然有大批的纸草和铭文得到了解读和研究,但是丹德拉黄道因为被孤立于神庙整体,使得埃及学家无法对其功用和内涵做更深入的研究。然而,随着埃及史断代的不断完善,丹德拉黄道的断代失去了以往的重要性,愈加复杂的天文计算也令许多学者望而却步。相反,随着科维尔对丹德拉神庙铭文的整理陆续面世,埃及学者可以借此得到丹德拉黄道周围的"神庙语境",从而使这一领域的历史和宗教研究变为可能。

(三) 丹德拉哈托尔神庙和神庙语法

丹德拉哈托尔神庙(以下简称丹德拉神庙)位于东部沙漠与红海的交叉路口上[1],是古埃及神庙建筑的典范。神庙的修建肇始于古王国,后屡经重建。如今保留下来的丹德拉神庙是希腊—罗马时期的建筑,也是该时期现存的最为完整的神庙之一[2]。该神庙以哈托尔为中心,供奉包括奥西里斯和荷鲁斯在内多位埃及神祇。除了古埃及神庙常见的柱厅和祭坛,丹德拉神庙的地下和屋顶分别建有窟穴和祠堂。屋顶的6间奥西里斯祠堂因其中的丹德拉黄道而闻名于世。

和埃及大多数神庙一样,丹德拉神庙中的浮雕和铭文十分丰富,占据了几乎所有墙壁、立柱和天花板。为古埃及历史和宗教提供了珍贵的材料。这些数量庞大、保存完整的铭文并非随意分布在神庙内的,它们的内容和位置被经过精心地安排,遵循着一定的规范。这一规范被科维尔称为"神庙语法"(grammaire du temple)[3]。神庙语法同神庙职能有关,是一种象征性的表达方式。科维尔在其文章中列举了大量繁杂的神庙语法,如神祇的位置和国王的装扮等。这些神庙语法与本文讨论的内容无关,不在此详述。本文的讨论是以更为简单的神庙语法为前提的。这一神庙语法的实质是令神庙的装饰和铭文构成一个完整的宇宙,并通过铭文和浮雕让宗教仪式持续不断地进行下去。

---

[1] Donald B. Redford, *The Oxford Encyclopedia of Ancient Egypt*. Oxford: Oxford University Press, 2001, vol. 1, p. 381.

[2] Richard H. Wilkinson, *The Complete Temples of Ancient Egypt*, New York: Thames & Hudson, 2000, p. 149.

[3] See Sylvie Cauville, "Une règle de la 'grammaire' du temple," *Bulletin de l'institut français d'archéologie orientale*, 83, 1983, pp. 51—84.

神庙的职能是将现有的世界转化为另一个独立存在的世界①。神庙的每一个房间都被浮雕装点为一个宇宙。墙壁底层的水波图案象征着原始之水,纸草形的柱子象征着水中生长的植物,而天花板上则镌刻着鸟类或星空,代表天空②。宗教仪式则在这一独立的空间中举行。许多情况下,神庙墙壁上镌刻的仪式画面和知识已经不为祭司所知。故一些学者指出,这些浮雕不代表真实的仪式,而象征着仪式被不断地举行下去③。古埃及人认为浮雕和语言是具有魔力的,这些语言和画面描绘的动作可以变为现实。因此,神庙成为了保留古埃及宗教仪式和知识的载体。在丹德拉神庙这类希腊—罗马时期的神庙中,这一功能被发挥到了极致。在这一时期,埃及本土文化受到外来文化的冲击,祭司阶层为保留逐渐消失的知识,将大量神学、宇宙学、地理学和与祭司有关的铭文和图像雕刻在神庙中,使得神庙成为一本巨大的百科全书④。每一篇铭文和浮雕同一段话和插图在文本中的地位一样,是不可缺少的一部分。同样,这些铭文和浮雕也拥有自身的"神庙语境"(Temple Context)。这些铭文和浮雕一旦脱离这一语境,其阐释的内容就会发生变化。是故在讨论神庙的部分浮雕和铭文时不能将其同神庙语境割裂开来。

二、丹德拉黄道与古埃及来世观念

(一) 丹德拉黄道的神庙语境

丹德拉黄道位于丹德拉神庙奥西里斯祠堂中的天花板西侧。该祠堂修建于神庙顶层,与地面有楼梯相接。祠堂共有 6 个房间,沿中央柱厅分布,东西各 3 间。为方便叙述,按照奥西里斯仪式的排列顺序,以东侧最南边的房间为第 1 号房间,由此按逆时针方向编号,直至西侧最南边房间,即第 6 号房间。6 个房间中布满浮雕文字和图像,内容均与奥西里斯复活仪式有关。如上文所述,若要考察丹德拉黄道在整个奥西里斯仪式中的象征,乃至其象征的来世观念,必须先考察此祠堂铭文中的内容。

---

① Donald B. Redford, *The Oxford Encyclopedia of Ancient Egypt*, Vol. 3, p. 363.
② Ibid., p. 372.
③ Ibid.
④ Jan Assmann, *Cultural Memory and Early Civilization*, Cambridge: Cambridge University Press, 2011, pp. 161—162.

1号房西墙铭刻的"荷阿克节"(Khoiak festival)神话是整个奥西里斯复活仪式的指南，统领整个祠堂。"荷阿克节"是纪念奥西里斯死而复生的节日，丹德拉神庙的奥西里斯祠堂会在节日期间举行一系列的宗教仪式来模拟奥西里斯的复活，从而祈求整个世界的复苏和新生。该节日从"荷阿克"月的第 12 天开始，一直持续到第 30 天。这 18 天中，祭司每天都要举行特定的仪式。这些庞杂的仪式中的核心部分是为"谷物奥西里斯"浇水并将去年的"谷物奥西里斯"埋葬(见图三)。该仪式很早便引起著名人类学家弗雷泽的重视，他在《金枝——巫术与宗教之研究》中详述了这一仪式的前后过程。弗雷泽认为该仪式同其他民族埋葬麦穗和为种子浇水的巫术一样，均表达了对枯萎生命的哀悼和对自然恢复生命力的祈求①。根据该铭文叙述，在节日之前要将麦粒和泥土混合，分为四份，其中两份被金质模具翻制成一个长一肘的、戴有白冠的奥西里斯雕像，剩下的两份被制成奥西里斯尸首的各个部分②。同时，用片岩制作一个"申塔伊特花池"(Cuve-jardin de Chentayt，$hsp\ n\ šnt\ ɜ̣t$)③，底端有四个支脚，内壁雕刻有保护神的图样④。为了承接花池中流下的水，又需要用粉红色花岗岩制作一个大盆，置于花池底端。花池和花岗岩盆配有雪松木盖子⑤。从第 12 天开始，祭司把"谷物奥西里斯"和"奥西里斯的尸块"置于花池中，每天为其浇水，直至第 23 天取出晒干⑥。一些铭文中还提及将"尸块"拼凑到一起并包裹起来⑦。次日在神庙"圣池"中举行为期 1 天的"航行仪式"，该仪式中需要 34 艘航船，船上总共载有 365 盏灯⑧。翌日，祭司将去年的"谷物奥西里斯"取出装入棺椁并在第 30 日埋葬。至此，"荷阿克节"的核心仪式结束。奥西里斯祠堂的 6 个房间均为"荷阿克节"仪式举行的地方，每一个房间均有自己的职能。

---

① J.G.弗雷泽：《金枝——巫术与宗教之研究》，北京：商务印书馆，2012 年。第 596—603 页。

② Sylvie Cauville，*Le temple de Dendera les chapelles osiriennes transcription et traduction*，Caire：Institut français d'archéologie orientale le Caire，1997，p. 24.

③ hsp 一词在古埃及语中本意是"花园"。《金枝》中称其为"苗圃"。本文根据法语译文意译为"花池"。

④ Sylvie Cauville，*Le temple de Dendera les chapelles osiriennes transcription et traduction*，p. 15.

⑤ Ibid.，p. 15.

⑥ 根据另一处铭文的记载，"谷物奥西里斯"在第 22 日取出，每个部分被敷上干没药后晒干。

⑦ Sylvie Cauville，*Le temple de Dendera les chapelles osiriennes transcription et traduction*，p. 25.

⑧ Ibid.

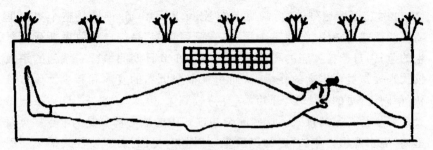

图三　1号房间浮雕中描绘的谷物奥西里斯模子

2号房是丹德拉黄道所在的房间,该房间很可能是仪式期间放置花池和浇灌"谷物奥西里斯"的地方,因为该房间东北侧和西侧两处铭文中描述了申塔伊特和普塔用伊西斯的魔法保护和催生大麦的职责[1];西侧另一处铭文则叙述克努姆($hnmw$)为"谷物神像"浇水[2]。这里的"大麦"即是已经被杀害的奥西里斯。在房间的其他部分镌刻着集合奥西里斯尸身的仪式。传说奥西里斯死后,尸身被其兄弟赛特分割为若干块,分置于埃及各地。铭文叙述奥西里斯的尸块有42块,其实质为埃及42诺姆的首府,由国王将这些"首府"献给奥西里斯,使其合而为一[3]。随后42诺姆的守护神将奥西里斯身体的各个部分献给奥西里斯[4]。由于申塔伊特是在邪恶力量横行的夜晚工作的[5],因此需要77位保护神担负其保护奥西里斯的重任[6]。同时,上下埃及诸位诺姆神也保护奥西里斯,驱赶和击杀赛特及其邪恶的同党[7]。靠近天花板的铭文记录一组名哀悼仪式,祭司们从日落开始,每过一个小时举行一部分仪式,直至第二天日落[8]。丹德拉黄道位于该房间天花板西侧,其东侧浮雕表现了太阳从黎明到黄昏的航行(见图四)。两个浮雕中间是天空女神努特(nwt)的形象。

---

[1] Sylvie Cauville, *Le temple de Dendera les chapelles osiriennes transcription et traduction*, p. 40.

[2] Ibid, p. 45.

[3] Ibid, pp. 41—44.

[4] Ibid, pp. 41—45, 46—50.

[5] Sylvie Cauville, *Le Temple de Dendera : Guide archéologique*, p. 72.

[6] Sylvie Cauville, *Le temple de Dendera les chapelles osiriennes transcription et traduction*, pp. 52—63.

[7] Ibid., pp. 64—69.

[8] Ibid., pp. 69—79.

图四　2 号房间天花板东侧浮雕

3 号房是浇灌"谷物奥西里斯"仪式的结束地①,"谷物奥西里斯"很可能在第 23 天被晒干前放置于此室。奥西里斯在这一阶段接受国王的 4 次"浇祭",并被献上盛在罐子里的香料②。神祇还为奥西里斯献上了织物③,这些织物中有些用于木乃伊制作。因此可以断定,此房间的铭文对应的是制作木乃伊前的准备阶段。此时,奥西里斯的尸体已经被集合,等待被拼接和制成木乃伊并复活。铭文还描述了"奥西里斯圣棺"、哀悼的队伍以及"荷阿克节"上的"航行仪式"用船④,然而前后仅叙述了 14 条船⑤。这一房间的天花板非常特别,其中央部分被开凿出一个天窗,使阳光照进室内。天窗内侧四面雕刻着平卧在床上的奥西里斯。一旁的铭文描述了太阳神拉的光芒和奥西里斯的木乃伊结合⑥。天窗西侧的天花板雕刻着部分北方星空的星座、36 颗"值星"(decan)和 14 位神祇,象征着从

---

① Sylvie Cauville, *Le Temple de Dendera:Guide archéologique*, p. 75.
② Sylvie Cauville, *Le temple de Dendera les chapelles osiriennes transcription et traduction*, pp. 93—95.
③ Ibid, pp. 116—117.
④ Sylvie Cauville, *Le Temple de Dendera:Guide archéologique*, p. 77.
⑤ Sylvie Cauville, *Le temple de Dendera les chapelles osiriennes transcription et traduction*, pp. 125—127,128—131.
⑥ Ibid.,p. 139.

新月到满月的 14 天。东侧则刻画着猎户座和天狼星等星体在天空女神努特身体上航行的画面。

4 号房间记录了将奥西里斯制作成木乃伊的过程。奥西里斯的尸身被清洗后移去内脏并敷以各种膏油,之后被四种布料包裹[1]。同时,图特神念诵使奥西里斯复活的咒语[2],申塔伊特为奥西里斯哭丧[3]。此外,铭文还详细记录了 104 个保护奥西里斯的护身符[4]和膏油的成分。与木乃伊的制作呼应的仪式是"谷物奥西里斯"被晒干、敷上膏油并同护身符一同包裹[5]。该房间的天花板上依然雕刻着天空女神努特的形象。西侧的浮雕中,努特的身体分裂成三个,可能是 3 号房天花板浮雕的延续。东侧的浮雕则表现了 14 个神祇攀登通往满月的台阶以及猎户座同天狼星在天空中航行的场景[6]。

5 号房间被学者定义为"高级陵墓",在第 23 天被晒干的"谷物奥西里斯"很可能就在第 24 天被放置在这间屋子里。去年的"谷物奥西里斯"会在这里被解掉布带并放入木棺,该木棺可能放置于两侧的神龛中[7]。铭文还记录了奥西里斯木乃伊在这里接受的贡品和"开口仪式"。祭司们用纯碱、香料和水净化木乃伊[8]。该房间中最引人注目的是镌刻在两侧壁龛内壁和外壁附近的《亡灵书》第 144、145、146、147 和 149 节片段[9]。这些片段均同冥界和坟墓中的"门"和"山"有关,实际上勾画出了一幅冥界的地理画面。这些画面同古埃及墓室壁画中描绘的冥界有一定的对应关系。靠南的两个门框和墙壁上方刻有 12 位保护神,每位神祇保护夜间的 1 个小时,这些小时以星体标示,内容有类于《冥界之书》[10]。天花板上的图案仍为努特女神,但是其下方出现了正在做某种跳跃动作的大地之

---

[1] Sylvie Cauville, *Le temple de Dendera les chapelles osiriennes transcription et traduction*, p. 219.
[2] Ibid., pp. 210, 213—216.
[3] Ibid., p. 224.
[4] Ibid., pp. 216—217.
[5] Sylvie Cauville, *Le Temple de Dendera: Guide archéologique*, p. 78.
[6] Sylvie Cauville, *Le Temple de Dendera: Guide archéologique*, p. 79.
[7] Ibid., p. 80.
[8] Sylvie Cauville, *Le temple de Dendera les chapelles osiriennes*, pp. 183—185.
[9] Ibid., pp. 186—189, 189—191, 197, 201.
[10] Ibid., p. 171.

神盖布(gb)①。

6号房间是最后一个房间,整个"荷阿克节"的仪式在这里画上句号。该房间中的铭文主要记载了埋葬"谷物奥西里斯"后竖立其"杰德柱"(Pillar-Djed)②,宰杀象征赛特的红色公牛③以及"保护神船"仪式④。这些都标志着奥西里斯已经复活,他的敌人已经被消灭,"荷阿克节"也接近尾声。

丹德拉黄道所在的奥西里斯祠堂中的铭文十分丰富,篇幅巨大,上述"神庙语境"仅仅是对其最为粗略的概括。但是它们已经足以勾勒出丹德拉黄道所处的环境。显然,丹德拉黄道是整个奥西里斯复活仪式中不可缺少的一部分,在仪式中发挥一定功用。同时它也因处于奥西里斯仪式中,而被赋予了更为深刻的内涵。奥西里斯仪式是对古埃及来世观念的一种表达,挖掘丹德拉黄道在其中的功用和内涵既可得知其表达的来世观念。

(二)丹德拉黄道对来世时空的表达

丹德拉黄道表达了奥西里斯复活的空间,同时表达了循环往复的时间。这种循环的时间体现在一系列天体活动和自然现象中,是对奥西里斯复活的表达。时间和空间合一,即为奥西里斯复活的时空概念,也是丹德拉黄道表达的内容。在论述这一部分之前,需要重新审视丹德拉黄道的内容和实质。

丹德拉黄道浮雕最具吸引力之处是其对黄道十二宫的描绘。这些为人熟知的图案在其被发现不久后便成为了古代天文史关注的焦点,学界也习惯称其为"丹德拉黄道"。然而,这一名称具有误导性,因为黄道十二宫的图案仅仅是这一浮雕的一部分。丹德拉黄道的中心部分描绘了北方星空,围绕以全年36颗值星。此外,通过上文对丹德拉黄道神庙语境的描述可知,丹德拉黄道并非整个奥西里斯祠堂唯一的星象浮雕。在3、4和5号房间中也有雕刻有值星和北方星空图案的天花板浮雕,这些浮雕同埃及其他神庙的天花板浮雕在神庙语法中均表达同一个内容——天空。因此,丹德拉黄道并非"黄道",也非纯粹的"星象图",其实质是对"天空"这一宇宙空间的表达。这一推论也得到了丹德拉黄道周围围绕的文

---

① Sylvie Cauville, *Le Temple de Dendera :Guide archéologique*, p. 79.
② Sylvie Cauville, *Le temple de Dendera les chapelles osiriennes*, p. 159
③ Sylvie Cauville, *Le Temple de Dendera :Guide archéologique*, p. 81.
④ Sylvie Cauville, *Le temple de Dendera les chapelles osiriennes*, pp. 160—161.

字的支持;这一圈文字以被重复两次的"金色的天空"一词开篇①,足见这一浮雕所描绘的是"天空"。

天空是奥西里斯复活的空间。在3号房间中央场景中明确地描绘了"申塔伊特花池"的外观。根据1号房间"荷阿克神话"铭文的描述,"花池"有四个支脚。而在3号房间的浮雕中,这四个支脚被描绘成了支撑天空的四个女神:阿哈伊特($ʿhʿjt$)、柯西伊特(hjt)、法伊特($fʿjt$)和图阿伊特($twjt$)的形象(见图五)②。这和丹德拉黄道浮雕中的四位女神相同③。然而,在3号房间的四位女神托举的并非天空,而是"申塔伊特花池"的盆:

阿哈伊特:其属于南方……其站立着,站立并托举"花池"的盆……。

柯西伊特:(其属于东方)……其抬举,站立并托举申塔伊特的盆。她将其举过头顶,其双腿在原始之水中,毫无差错。

法伊特:其属于西方……其在"金色神庙"中将申塔伊特的盆托举过头顶,她的双腿在原始之水中,毫无差错。

图阿伊特:其属于北方……其在"金色神庙"中将"花池"的盆托举过双臂,她的双脚紧紧地踩在大地上④。

四位女神既是天空的托举者,也是"花池"或"花池的盆"的托举者。这无形中将天空同"花池"等同了起来。根据上文对"谷物奥西里斯"仪式的叙述。"谷物奥西里斯"在"花池"中被浇灌和成长。这一过程实际象征了奥西里斯的起死回生,因此可以说"花池"是奥西里斯起死回生、走向来世的空间。而这一空间在自然界的表达便是"天空"。3号房间铭文中一段《奥西里斯颂》同样为这一推论提供了十分可信的支撑:

奥西里斯,西方主宰……你的母亲努特孕育了你,她在其腹中照料你的胚胎,她协调地塑造你的筋骨,她令你的身体(尸骨)返老还童,她赋予你肢体上的皮肤以生命,她扩大你的血管以承接你的鲜血……她把你从模子中取出,在大地上重新塑造你……她令你的尸

---

① Sylvie Cauville, *Le temple de Dendera les chapelles osiriennes transcription et traduction*, p. 90.

② Sylvie Cauville, *Le Temple de Dendera : Guide archéologique*, p. 75.

③ Sylvie Cauville, *Le temple de Dendera les chapelles osiriennes transcription et traduction*, p. 90.

④ Ibid., p. 105.

身返老还童,你返老还童,她在一年中你的时间里令你恢复青春①。

从上述颂歌可以得知,奥西里斯是在天空女神努特的腹中孕育的,也是在其腹中复活的。文中"把你从模子中取出来"这一片段同"谷物奥西里斯"仪式中用模子塑造奥西里斯神像和将其从模子中取出来晒干这两个环节相印证。说明"花池"即是努特的腹部,象征奥西里斯的"谷物奥西里斯"在"花池"中发芽,而真正的奥西里斯在天空中返老还童。这一来世观念在古埃及葬俗中也有所体现。自新王国时期开始,许多墓室顶部绘制有星空图案。这种星空图案一方面将墓室转化为一种宇宙空间——地面为大地、天花板为天空,一方面则试图营造出死者在努特的"腹中"的情形。拉美西斯四世墓室天花板上直接绘制了对称的努特。不列颠博物馆收藏有两件罗马时期索特(Soter)家族木棺②,棺盖内也绘有努特(见图六)。不同于早期壁画中着重对天空女神侧面的描绘,这些棺内的天空女神面向死者,双手自由伸举,双腿并拢,身体充满整个棺盖,周围还配有黄道十二宫等天象图案。丹德拉黄道西侧的努特形象同这些棺中的形象完全吻合,故2号房间的天花板实际上表达的是努特的腹部,同仪式中放置在该房间中的"花池"相呼应,将"谷物奥西里斯"置于努特的腹中,完成了对上述神话的仪式性表达。丹德拉黄道浮雕作为这一天花板的一部分,同样象征了努特的腹部。

图五 丹德拉神庙浮雕中描绘的申塔伊特花池

(图片来源:Sylvie Cauville,*Le Zodiaque d'Osiris*,p.47.)

---

① Sylvie Cauville, *Le temple de Dendera les chapelles osiriennes transcription et traduction*,

② 见于不列颠博物馆藏62-63号展室,藏品号:EA 6705,EA 6706。

图六　索特棺盖中的天空女神和黄道十二宫图案

丹德拉黄道也表现了"冥界"的空间。古埃及人相信人死后会进入被称为"杜阿特"($dw3t$)的空间,有类于"冥界"这一概念。在这一空间中死者要通过若干道大门,接受冥界中魑魅魍魉和恶劣环境的考验。这些想象中的内容都被诸如《亡灵书》(The Book of Coming Forth By Day 或 Book of the Dead)和《冥界之书》(Book of that which is in the Underworld 或 Amduat)之类的丧葬文书记录了下来。5 号房间窗框上镌刻着夜间 12 个小时的 12 道门和保护神的名字[1],这一内容同新王国时期丧葬文书《冥界之书》的内容十分相似。《冥界之书》将死去的国王定义为奥西里斯或太阳神拉,描述了太阳神在夜里穿过 12 个小时的 12 道大门。门的数量同《亡灵书》中的 7 道门和 14 道门完全不同[2]。可见,《冥界之书》将冥界空间中的门同时间联系到了一起。在埃及语中,"门"和"星"

---

[1] Sylvie Cauville, *Le temple de Dendera les chapelles osiriennes transcription et traduction*, p. 171.

[2] Donald B. Redford, *The Oxford Encyclopedia of Ancient Egypt*, vol. 1, p. 196.

同音，这不由引人猜想天空中的星体是否与冥界中的门有关，天空就是冥界空间所在。仔细查考 5 号房的铭文可以发现，一些"门"字在书写时使用了一个特别的限定符号①。这一符号是把"被眼镜蛇把守的门"（）②中的眼镜蛇换为"星"（★）③。这一符号的使用承认了在这一语境内星星是门的守护者，星体同门在一起。12 道门的守护者的名字也同丹德拉黄道上描绘的图案吻合。如第 5 道门的保护神是"站在纸草上的荷鲁斯"（ḥr-ḥrj-wḏꜣ=f），这一形象在丹德拉黄道中心偏上的位置可以看到（见图七）。再如最后一个小时的保护神是"凯普利"（ḫpr），在古埃及宗教中指初升的太阳。这同夜间第 12 小时这一时间相对应。由此可以推断，这 12 道门在天空中。然而，仅凭 5 号房间一篇铭文不足以证明埃及宗教中的冥界杜阿特就在天空。一直以来，学界认为杜阿特是地平线以下的空间，因为《冥界之书》和《亡灵书》中均描述太阳落山后要在黑暗的地下航行 12 个小时再升起。一些学者如康曼（Joanne Conman）在其文章《关于时间：古埃及宇宙观》④大胆质疑这一推论。他引用大量埃及宗教文献，最后得出结论：杜阿特并不在地下，而在天空中。古埃及语中杜阿特一词可以写成一个被圈住的星星的符号（✪）⑤，也暗示着天体同杜阿特的联系。然而西方学界始终称杜阿特为"地府"（underworld）。这一名称强调杜阿特在地下。事实上，古埃及人相信杜阿特是地上世界在地下世界的翻版，也有一个天空，称为奈努特（nnwt），太阳落山后便在这个"地下天空"中航行⑥。因此杜阿特不在地下的结论未免过于激进。地上的天空和地下的天空相印，二者并不矛盾，可以同时存在，在一定条件下可以合而为一，共同表达杜阿特。故天空和地下都是对杜阿特的表达。环绕

---

① Sylvie Cauville, *Le temple de Dendera les chapelles osiriennes*, Caire: Institut français d'archéologie orientale le Caire, 1997, p. 317.

② Alan Gardiner, *Egyptian Grammar, Being an introduction to the study of hieroglyphs*, Oxford: Griffith Institute, 1957, p. 494.

③ Alan Gardiner, *Egyptian Grammar, Being an introduction to the study of hieroglyphs*. pp. 487.

④ Joanne Conman, "It's about Time: Ancient Egyptian Cosmology," *Studien zur Altäyptischen Kultur*, Bd. 31 (2003), pp. 33—71.

⑤ Alan Gardiner, *Egyptian Grammar, Being an introduction to the study of hieroglyphs*, p. 487.

⑥ James P. Allen, *Middle Egyptian: An Introduction to the Language and Culture of Hieroglyphs*, Cambridge: Cambridge University press, 2010, p. 22.

丹德拉黄道周围的铭文中有"伟大的神祇是他们的星斗"①一句,而奥西里斯被比为猎户座,每天在天空中出现②,在其母亲努特的腹中游荡③。星体的运行和在杜阿特中的航行是一致的,因此天空很自然地被比作杜阿特。丹德拉黄道浮雕位于2号房天花板的西侧,而西方是亡灵的居所,奥西里斯是"西方主宰",因此,丹德拉黄道象征着西方亡灵的世界,这和杜阿特十分接近。如同前文所述的努特女神的腹部和"花池"的关系,复活的空间是可以被多种事物象征的。杜阿特也并非绝对的、独一的空间;其可以被许多空间象征,天空和地下都是表达杜阿特这一空间的方式。因而丹德拉黄道是可以作为对杜阿特空间的一种表达的。

图七　丹德拉黄道上的"站在纸草上的荷鲁斯"形象

丹德拉黄道表达了奥西里斯复活的时间。这一时间并不是具体的某一时刻,而是"时间"这一概念。这种时间是仪式中的黑夜,也是绵延不绝且不断循环的时间。这种循环往复的时间表现在斗转星移和草木枯荣中,这些现象也象征了奥西里斯的复活。

丹德拉黄道同2号房间的哀悼仪式相关。该仪式为期24小时,仪式从黑夜的第1个小时持续到白天的第12个小时。每一小时,仪式祭司都

---

① Sylvie Cauville, *Le temple de Dendera les chapelles osiriennes transcription et traduction*, p. 90.
② Ibid., p. 91.
③ Ibid., p. 140.

要宣读特定的经文,其他祭司要扮作相应的神祇为奥西里斯哀悼①。天空最容易表达黑夜和白天。丹德拉黄道和其东侧描述太阳运行的浮雕很好地完成了对时间的表达。太阳运行的画面从夜晚最后一个小时开始,直至第二天夜晚的第一个小时、白天的最后一个小时②。丹德拉黄道则表现了星斗密布的夜空,代表"夜晚"。对"夜晚"的表达仅仅是丹德拉黄道在仪式功用上的表达,其他房间的天花板浮雕也同该房间的仪式相关。如 4号房间举办制作木乃伊的仪式,而其天花板上雕刻有 14 位神祇登上 14 节通往满月的台阶,象征着奥西里斯的尸身已经和月亮一样完整③(见图八)。

丹德拉黄道通过描绘天体运行实现了对普遍时间概念的表达。天空中的星斗被描绘为各种神祇走兽的模样,这些形象虽然各不相同,但是都做出了朝着一定方向运动的姿态。比如一些形象手持拐杖并迈步行走,没有拐杖和双腿的形象则面冲移动的方向并向前倾斜。这些形象为观者呈现出了一幅斗转星移的动态画面。在北方星空的最外围围绕着 36 个值星,这些值星本是在在夜间判定小时所用的星体④,如今分布在星图周围,也做着行走的姿态,更加强调了丹德拉黄道对时间的表达。星体运动也正是奥西里斯的复活的天文表达。在奥西里斯祠堂中,将奥西里斯比作天体的铭文十分常见:

> 重新站立起来……左眼以奥西里斯-月亮的名义;你的身体每 30 天因你月亮般的神秘显现而欣喜……你的外貌在新月之日返老还童……⑤

> 向你致敬,奥西里斯,永恒之主!你作为拉出现在天空。你作为神圣的月亮,(周期性地)恢复你(原有的)形体。⑥

---

① Sylvie Cauville, *Le temple de Dendera les chapelles osiriennes transcription et traduction*, pp. 69—79.
② Sylvie Cauville, *Le Temple de Dendera : Guide archéologique*, p. 72.
③ Ibid., p. 79.
④ R. A. Parker, *Ancient Egyptian Astronomy*, *Philosophical Transactions of the Royal Society of London*, Series A, Mathematical and Physical Sciences. vol. 276, no. 1257, The place of Astronomy in the Ancient World, May 2 1974, p. 61.
⑤ Sylvie Cauville, *Le temple de Dendera les chapelles osiriennes transcription et traduction*, p. 38.
⑥ Ibid., p. 80.

奥西里斯,西方主宰……其像拉一样出现在他的太阳船上……①。

奥西里斯可敬的魂灵……天空中的猎户座,每日活着,从未从天穹中消失。你的形象在新月那天返老还童,你在月亮内恢复青春……你的姊妹,耀眼明星(天狼星),她驱赶你的敌人以保证你前进。你能为你的儿子,上下埃及之王带来天狼星年。②

从上述铭文中可以归纳出奥西里斯复活的天文学表达共有三种:太阳的升降、月亮的圆缺和猎户座的运行。这些天文现象均为循环往复的自然现象。日升日落是埃及来世观念最古老和最常见的天文表达。早期的金字塔铭文和较晚的《亡灵书》都描绘了太阳日落后进入杜阿特,战胜邪恶力量后重新升起。太阳的重新升起和在杜阿特中的胜利被引申为生命对死亡的胜利和世界的重生③。奥西里斯与太阳有着相同的特点,他战胜了死亡而复活。因此奥西里斯长久以来便和太阳神拉同时出现在丧葬文书中。有些文本中,奥西里斯从太阳光中获得复活的力量;而在另一些版本中,太阳和奥西里斯合为一体,获得了复活的力量,在太阳船上航行过黑暗的夜晚,在新的一天升起。无论版本如何,古埃及人都试图将日升日落这种循环不断的现象同来世和复生联系在一起。月亮从新月到满月的变化象征了奥西里斯身体的重聚。神话传说中,奥西里斯被肢解的尸身是在阿努比斯和图特神的帮助下得以合一的。图特是文字和医药之神,也是古埃及的月神。奥西里斯在图特帮助下得以重聚肉身,很好地对应了"在月亮中恢复青春"等与月相有关的天文表达。在奥西里斯祠堂中,满月被表现为一个带有"乌加特之眼"($wd_{\underline{t}}$)的圆盘,圆盘置于纸草之上,图特在它的右边为其祝福。举行木乃伊制作仪式的 4 号房间,其天花板上镌刻神祇登上通往满月的台阶的图案对应的也是奥西里斯尸体的重聚④。除了以日月表达奥西里斯的复活外,古埃及人还用天空中的猎户座和天狼星阐释奥西里斯的起死回生。猎户座是天空中较容易被观察到

---

① Sylvie Cauville, *Le temple de Dendera les chapelles osiriennes transcription et traduction*, p. 140.
② Ibid., p. 91.
③ Rosalie David, *Religion and Magic in Ancient Egypt*. New York: Penguin USA, 2003, p. 208.
④ Sylvie Cauville, *Le Temple de Dendera: Guide archéologique*, p. 79.

的星座,总是和一旁的天狼星(大犬座α)同时升起。古埃及人将这对组合比为奥西里斯与他的姊妹和妻子伊西斯。在丹德拉黄道中,猎户座被描绘为昂首阔步的奥西里斯,其姿势同猎户座的星体排列有几分相似。天狼星则被描绘为跪坐在船上的牛,紧随奥西里斯(见图九)。奥西里斯之所以能通猎户座联系到一起,并不是因为猎户座的形象威武雄健,而是因为紧随其后的天狼星。天狼星在古代埃及是重要的计时星体,它的偕日升标志着古埃及新一年的开始。故奥西里斯可以为国王带来"天狼星年"。"天狼星年"开始于天狼星偕日升和尼罗河水泛滥的那一天。这一天之后,埃及进入泛滥季,一个新的农业周期开始。因此,猎户座和天狼星组合标志着一个"一年"的时间循环。这一循环同尼罗河水泛滥、农业的播种和收割和植物的枯荣相对应。而植物的枯荣继而又与"荷阿克节"中的"谷物奥西里斯"仪式相呼应。故奥西里斯的复活也得以具备了一个为期"一年"的循环时间。太阳、月亮和猎户座、天狼星的运行通过其本身的周期性诠释了一个循环的时间。这将时间和奥西里斯的复活紧密地联系在了一起。丹德拉黄道描绘的斗转星移表达了这种循环的时间,与整个奥西里斯仪式交相辉映。

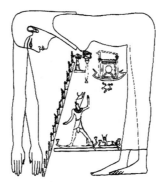

图八　4号房间天花板描绘的月相周期

(图片来源:Sylvie Cauville,*Le Zodiaque d'Osiris*,p.75.)

图九　丹德拉黄道中的猎户座(奥西里斯)和天狼星的形象

三、结语

丹德拉黄道表达了奥西里斯复活的时空,通过漫天繁星诠释了循环往复的时间。许多学者都曾提出古代埃及来世观念的核心是不断循环的时间[1]。丹德拉黄道切实地证明了这一理论。古埃及的来世观念并非奥西里斯的死后复生,而是永不止步的时间。奥西里斯的神话及其各种象征是对这一观念的表达。为了能够将这种高度抽象的表现出来,埃及人用各种自然现象阐述它。描绘天空则是其中一种阐述方法。古埃及的丧葬习俗提供了大量范例。哈特谢普苏特宠臣森穆特(Senmut)的墓室天花板上绘制了最早的墓室星图。这一星图中包含了许多丹德拉黄道中的元素,如北方星空和 36 个值星。天花板南侧还绘制了"星钟"(Star Clock)和 12 个 24 等分的圆,代表 1 年 12 个月[2](见图十)。

图十 森穆特墓室天花板的星钟

拉美西斯四世的墓室顶也绘制了近似的星钟[3]。这些星图和星钟都试图表达流动的时间。丹德拉黄道被创作时,水钟被引入埃及,以值星来判定时间的星钟已经失去了计时的职能,却成为象征时间的符号[4]。布

---

[1] Jan Assemann, *Death and Salvation in ancient Egypt*, New York: Cornell University Press, 2005, p. 183.

[2] A. Pogo, *The Astronomical Ceiling-Decoration in the Tomb of Senmut (XVIIIth Dynasty)*, Isis, vol. 14, no. 2, Oct. 1930, pp. 301–325.

[3] R. A. Parker, *Ancient Egyptian Astronomy*, p. 58.

[4] Ibid., p. 61.

满繁星的天空也因其转动不息的特点成为了对时间的表达。丹德拉黄道则是它们中的佼佼者。同其他天象图相比,它更客观真实地描绘了天空的模样,给人以感官上的震撼。若进一步对比其与奥西里斯祠堂中其他天花板的区别,可以发现丹德拉黄道是整个"荷阿克节"仪式中首先出现的夜空形象。它将复活的时间和空间合为一体,在整个复活仪式的最初阶段为人们展示了天空的形态,为奥西里斯仪式提供了宏大的背景和强烈的象征意味。墓室和前文提及的棺内天空图案也具有同样的功用,其象征死者被置于努特的腹中,像奥西里斯一样重现生机;无限循环的时间在狭小的空间里包围着逝者,让他们像这一时间中的万物一样经历生死往复。古埃及宗教中的来世观跨越宏大的空间和时间,以丹德拉黄道斗转星移的画面表现出来。来世观念这一宏大概念是整个埃及葬俗和死亡哲学的基石,表达方式十分丰富。而丹德拉黄道仅仅是众多表达中的一个。这些表达方式随着古埃及文明的发展而呈现出多样性,同埃及文明的政治和文化状况息息相关。在丹德拉黄道所在的房间中还刻有 42 个诺姆之神献上 42 块奥西里斯尸块的铭文。奥西里斯尸身的统一和复活同埃及的统一联系到一起。从神庙语法的角度来看,位于天花板的丹德拉黄道是来世观念的天空表达,而四壁上描述诺姆统一的铭文则是这一观念在大地上的表达,二者构成了完整的宇宙。一些学者认为,托勒密时期埃及文明受到外来政治和文化势力的威胁,这一铭文中的 42 个诺姆像奥西里斯一样重新统一和复活表达了埃及人"医治"国家分裂和威胁的愿望[1]。由此可见对来世观念的表达是依现实中的政治和文化状况而不断变化和增加的。

  丹德拉黄道所反映的来世观念揭示了古代埃及宗教中的高超智慧。丹德拉黄道的雕刻反映了古埃及人高超的天文观测技术和想象力。而对来世观念和奥西里斯复活的种种天文表达则归功于古埃及人对大自然敏锐的观察。从循环往复的自然现象抽象出循环时间和生命循环的来世观念则标志着古埃及宗教哲思达到的高度。古埃及宗教不仅是巫术和原始宗教的集合,也是一个与自然环境和古代科学技术息息相关的古代宗教。

---

[1] Jan Assemann, *Death and Salvation in ancient Egypt*. p. 395.

附

本文相关名词中西文对照

一、本文相关中西人名对照表

西文名	中译名	备注
Louis Charles Antoine Desaix	路易·德赛	拿破仑埃及远征军上将
Dominique Vivant Denon	多米尼克·德农	法国艺术家、考古学家
Jean Baptiste Joseph Fourier	约瑟夫·傅里叶	法国数学家
Charles Hippolyte Paravey	夏尔·巴拉维	法国学者
Jean-Baptiste Biot	让-巴蒂斯特·毕奥	法国物理学家
François Aragó	弗朗索瓦·阿拉戈	法国物理学家、天文学家
Jean-François Champollion	让-弗朗索瓦·商博良	法国埃及学家
Nikolai A. Morozov	尼古莱·莫洛佐夫	俄国天文学家

二、本文相关专有名词对照表

西文名	中译名	古埃及语	古埃及语注音
Dendera(h) zodiac	丹德拉黄道		
Grammaire du temple	神庙语法		
Les Chapelles Osriennes	奥西里斯祠堂		
Khoiak festival	荷阿克节		$3bd\,4\,3h.t$
Corn Osiris	谷物奥西里斯		
Cuve jardin de Chentayt	申塔伊特花池		$hsp\,n\,šnt\,3jt$
Pillar-Djed	杰德柱		dd

续表

西文名	中译名	古埃及语	古埃及语注音
Osiris	奥西里斯		wsjr
Isis	伊西斯		ꜣs.t
Ptah	普塔		ptḥ
Khnum	克努姆		ẖnmw
Seth	赛特		stḥ/stš
Nut	努特		nwt
Ra	拉		rꜥ
Thoth	图特		ḏḥwtj
Anubis	阿努比斯		jnpw
Âhâyt	阿哈伊特		ꜥḥꜣjt
Khyt	柯西伊特		ḫjt
Fayt	法伊特		fꜥjt
Touayt	图阿伊特		twꜣjt
Soter	索特		
Book of Deads	《亡灵书》		prj m hrw
Book of that which is in the Underworld	《冥界之书》		jmjdwꜣt
Duat	杜阿特		dwꜣt
Horussur son papyrus	站在纸草上的荷鲁斯		ḥr-ḥrj-wḏꜣ=f
Khepri	凯普利		ḫpr
Udjat	乌加特之眼		wḏꜣt
Decan	值星		
Senmut	森穆特		snmwt
Star Clock	星钟		
Inundations season	泛滥季		ꜣḥt
Nomes	诺姆		spꜣt

东方的文化建构与身份认同

虚构与建构之间
——浅论小说《虚假的事实》

张 婧

【作者简介】 张婧,北京大学外国语学院南亚系博士生。研究方向:南亚伊斯兰文化,印度近现代文学。

《虚假的事实》是"当代最有造诣的印地语小说巨匠之一"①耶谢巴尔(1903—1976)最有分量的作品。小说分为两卷:《故乡和祖国》以及《国家的未来》,全方位展现了印度自1942到1957这十五年间所发生的重要历史事件,深刻透视了印度自独立以来,社会、文化等方方面面所经历的重大转型与改革。《虚假的事实》意为"用虚构的方式写出事实",小说中的人物(包括历史人物)、历史事件、故事情节均为虚构,作者耶谢巴尔也强调,这只是小说,而非历史,但小说"企图尽可能通过历史事实描述当时国内的政治状况"②。《虚假的事实》出版于1960年,其时不管是作者还是印度读者无不对刚刚过去的这15年存有最鲜活的记忆和最深切的体验,甚至小说涉及的很多事件都还处于"进行时状态"。从这个角度来说,还原历史的血肉无疑并非小说写作的主要意图,以主体意识介入到历史建构的进程,在模仿历时性的再现中凸现共时性的深层肌理才是作者更重要的考量。由于"虚构化行为再造的现实是指向现实却又超越现实自身的"③,小说的主要意旨在于通过文学的虚构叙述来对现实进行重新构筑,以虚构、重述历史向读者渗透及传达小说所试图表达的现实话语。考察整部小说可以发现,其"现实"所指涉的即是印度的未来发展,作品试图

---

① 《印度现代文学》,黄宝生等译,北京:外国文学出版社,1981年,第92页。
② 耶谢巴尔:《虚假的事实》上卷"必要的说明",金鼎汉译,上海译文出版社,2000年版。
③ 沃尔夫冈·伊瑟尔:《虚构与想象:文学人类学疆界》,陈定家、汪正龙等译,吉林人民出版社,2003年,第16页。

探讨的问题是:独立后的印度该何去何从？如何在民族矛盾、政党矛盾、劳资矛盾与国家建设等多重现实问题的角力中完成民族精神的重建？可见作者传达的"现实话语"实际上是他对民族国家未来的建构和思考。因此,对于《虚假的事实》来说,书写历史是为了关照现实,虚构更是为了参与到建构的话语中来。

一

1947年8月15日,印度摆脱了英国近两个世纪的殖民统治而宣布独立,然而重获新生的印度同时也必须面临和巴基斯坦分治的"断臂之痛"。分治引发了愈演愈烈的教派冲突,最初的骚乱和恐慌最终演变为大规模的仇杀,生活于分界地区的居民不得不离开家园、抛下财产匆忙逃难。据不完全统计,短短几个月内就有数十万乃至上百万人死于这次人为灾难,1200万人流离失所,这让印巴两国的历史新篇章在揭开伊始就被重重地写上了数不尽的苦难和鲜血。

作为一部以印巴分治为题材的小说,《虚假的事实》用格外深沉的笔调和人道主义情怀描绘了这场动乱给人民带来的灾难和伤痛。耶谢巴尔巧妙地将故事聚焦在宗教矛盾最为尖锐、动乱最为严重的旁遮普首府拉合尔市,以波拉邦泰胡同为支点,撬动了教派冲突从萌芽到造成人民生灵涂炭、哀鸿遍野的完整历史。在小说总体的历史再现中,分治暴乱是叙述的时间轴上最为关键的一个事件。小说的构思之一便是以分治引发的人间惨剧为鉴,更好地建设国家的未来。因此对分治灾难的再现和反思是建构现实话语不可或缺的一步。

小说一开篇,作者便有意呈现了不同教派的民众间相互交往时的融洽场景,然而最初的团结和睦随着各种因素的冲撞而一点点现出缝隙,最终酿成了印度教教徒与穆斯林的仇视和决裂,灾难还是不可避免地发生了。在小说逐步的叙述和历史场景的搭建中,不难看出作者反思的结果。首先,作者认为印巴分治的幕后推手是英国殖民统治者。为了利于自己在印度的统治,更好地镇压民族主义运动,英国殖民政府在印度采取"分而治之"的政策,拉拢穆斯林来对抗印度教教徒。1906年穆斯林联盟在英国的支持下成立,以后英国一直贯彻教派分化原则,利用穆斯林联盟牵制、要挟国大党,大大助长了穆斯林分离主义的倾向。"英国人其所以要插手搞分治是为了实现对他们有利的分治",以及复苏"他们快要断气的工业"①。英国当局的策略正是通过挑拨离间来达到"鹬蚌相争,渔翁得利"的目的,因此作者借总督顾问布兰博士之口直斥英国的野心:"官僚们是不会害怕教派冲突的。冲突只会削弱国大党和穆斯林联盟的力量。"②作者同样看到,国大党和穆斯林联盟的领导人对事件的发生也有不可推卸的责任。由于印度沿袭了英国的民主选举制度,本来就存在重重矛盾的印、穆两派为了选票和席位更加强调所谓的群体性和自主权利。面对唾手可得的统治权,这些政治领袖们将印巴分治看作其争权夺利的绝佳机会,不惜残忍而自私地将百姓的利益乃至生命砌作了向上爬的阶梯,作者对此进行了不留情面的抨击。

其次,一些宗教极端主义者对群众民族感情的大肆煽动也是造成教派冲突恶果的重要原因。小说中的一段场景颇为典型地体现了宗教势力团体以及别有用心的暴徒对民众的挑唆和影响。宗教矛盾激化初期,爱好和平的人士自发组织游行,倡导印度教和穆斯林联合起来,建立人民内阁,反对分裂国家的行为。某个暴徒袭击了游行队伍中的妇女后,被志愿人员抓了起来。

>这个家伙大声嚷道:'救命啊!救命啊!穆斯林打人!穆斯林打人!'
>另外一个人嚷道:'穆斯林打人?走吧!咱们跟他们干!'
>旁边又有人叫:'打吧!打这些混账印度教徒!'
>人们纷纷乱跑。有动手打人的,也有逃走的。棍子到处飞舞,脚步声响成一片。③

在对历史片段的虚构和整合中,小说清晰地梳理出印巴分治发生始末的内建时序:在民族矛盾逐渐恶劣的情况下,民众敏感的民族主义神经极易被挑动起来,尽管对很多人来说,冲突并非他们的原意,但由于上述群体的挑唆和破坏,民众很容易将少数人的恶意行为指涉到整个对方教派群体,致使两派的敌对情绪转化为更严重的仇恨。随着局势的升级,很多无辜的百姓惨遭杀害,此刻多数的人为了自卫便不得不选择对抗,如此的恶性循环自然导致冲突的不可逆转。

---

① 耶谢巴尔:《虚假的事实》上卷,第281页。
② 同上书,第80页。
③ 同上书,第89页。

此外，小说描写道，国家遭遇动乱之际，很多出版机构根本不把号召人道主义精神作为第一要务，反倒利用媒体的力量带给民众不良的舆论导向，大肆鼓吹民族主义情感。正直的记者没有说真话、表真情的自由，新闻出版业俨然已经成为民族党派之争的第二战场。这些媒体甚至与一些政治人物沆瀣一气，充当了他们政治利益的传声筒。小说通过虚构布里和甘娜格在报社工作的经历，深刻揭示出当时的新闻出版业黑暗肮脏的乱象，尖锐地指出这些机构早已直接涉入政坛的权力之战，对民族教派冲突的爆发起到了难辞其咎的推波助澜作用。

作者清楚地看到，导致国家动乱的本质原因，还是印度教与伊斯兰教由于历史、文化的长期作用而形成的内在矛盾。从教义来看，两派最大的差异在于印度教信仰多神且有偶像崇拜，而伊斯兰教只信仰真神安拉，不崇拜任何偶像。宗教信仰的错位深深影响并渗透进印度教和伊斯兰教思想、生活的方方面面。比如，印度教强调种姓差异，严格遵守不同种姓间不能通婚的教规，而印度教教徒也常常将穆斯林视为不可接触者，两派不能进食、不能通婚，更较少来往，对此作者一针见血地指出，印巴分治的种子是"在把穆斯林们看作是非雅利安人和不可接触的人之日起才播下的"[①]，由此这一传统也成为横亘在两派人民之间难以跨越的鸿沟。

早在创作《虚假的事实》之前，耶谢巴尔就在作品中谴责过印度的种姓制度和宗教多神论。在这部作品中，他的思考和批判无疑更加深入了：不同教派之间的信仰差异真的那么重要吗？仅仅出自对神的不同理解和盲目追随，就可以引发如此骇人听闻的人间惨剧，这一切究竟值不值得？耶谢巴尔对抛出的这些问题并没有直面回答，然而从整部作品看来，他的态度也相当明确。随着国家的独立和时代的进步，僵化的清规戒律和传统的宗教习俗早已成为阻碍民族前进的绊脚石，应予以坚决摒弃。真正值得推崇的是"心灵的宗教"，即不用笃信神灵，不用恪守教规，心灵的至善和纯洁最为重要。同时，信仰不同宗教的群体之间应该互相尊重，彼此忍让，多多交流，这样才能最大化地保障国家的稳定。总之，倡导对待宗教理性、科学的客观态度是耶谢巴尔通过回顾分治的历史，为新生的民族国家开出的第一剂良方。

[①] 耶谢巴尔:《虚假的事实》下卷，沈家驷译，上海译文出版社，2000年，第507页。

二

　　印巴分治期间,近十万名妇女遭到掳掠和强暴,更有难以计数的妇女无辜死去。众多妇女忍受着肉体和心灵的永久伤痛,成为冲突斗争的牺牲品,扮演了最不幸的角色。然而正如致力于分治问题的学者布塔丽娅所说:"我们所掌握的关于分治的资料都是一些宪法历史、政府间的争论,还有尼赫鲁、甘地和真纳之间的协议与分歧,以及国大党和回教徒联盟之间的日益扩大的矛盾——总之都是这场游戏中的'政治'因素。"①印度女性群体在当时的不幸遭遇一直被掩埋在历史的尘埃中,无人问津。耶谢巴尔一生的创作一直贯穿着关注印度女性命运的主题,这部《虚假的事实》更是挖掘出妇女被侮辱、被损害的历史,凝聚着他对分治期间女性悲惨境遇的深切同情和沉痛思考。由于历史、宗教等原因,印度的女性一直生活在社会的底层。分治期间,发生在无数女性身上血淋淋的事实令耶谢巴尔痛心疾首,他用浓墨重彩的笔调在小说中对此进行了大量描写。

　　小说用血泪之笔钩沉出妇女在当时饱受迫害的历史画面:无数妇女被肆意地虐杀、强暴、侮辱,被迫成为异教徒的妻子甚至沦为妓女,有的妇女被当作商品和玩物,被拍卖、裸体游行以及当众羞辱……灾难激发了人性极恶的一面,很多人以异教徒为借口,把妇女作为纵欲的工具,赤裸裸地放纵兽性,达拉被穆斯林流氓强暴便是一例。万千家庭被活生生地拆散,民族的灾难最终演变为对妇女的掠夺、屠杀。不仅如此,灾难发生期间,很多妇女为保住贞洁而选择自杀,而那些"失去贞洁"的女性返回家庭后却不为家人所容。"女人不仅身体受摧残,更被家人、社群视为污秽之身,使家、国蒙羞,受害者成为被责难者。这种屈辱难以言说。"②本蒂的例子最为典型。动乱期间,本蒂也像其他妇女一样饱受了身心的重创,在暴徒的威胁下与家人分离。然而历尽千辛万苦找到家人后,本蒂却因曾被强暴无法保持贞操而被婆婆和丈夫拒之门外。最终她绝望地自杀了。小说最为残酷、最撼动人心地揭示出事实的不合理。火难最大化地暴露了印度社会尤为严重的妇女问题,作者在此严肃、激愤地提出自己的控

---

① 陈顺馨,戴锦华选编:《妇女、民族与女性主义》,北京:中央编译出版社,2004年,第99页。
② 刘健芝:《沉默·家国历史·女人》,选自布塔利亚·乌瓦什著,马爱农译:《沉默的另一面》,北京:人民文学出版社,2001年,第6页。

诉,从而指出社会存在的弊端。

《虚假的事实》使妇女问题重新浮出地表,这无疑体现了耶谢巴尔对印度社会问题全面的思考与关注。虽然小说的虚构笔法无法将历史事实一一表现,也不可能将历史原貌全景扫描,然而它对分治历史,尤其是女性历史遭遇的书写蕴含着作者无处不在且始终如一的人文关怀。但如前所述,作品并没有止步于再现历史,它的目标和传统现实主义小说的历史观念一样,"不但要记录历史上可预期的主题,如战争、政治、动荡、人为或自然的灾难,更要记录人们在特定时代所表现出的心理转化与行为变迁。"①在作者看来,印巴分治这场浩劫在给人民带来厄运的同时,也在强烈冲击、震荡着过去那些落后、陈腐的思想传统,从而给人一丝新生活的希望和曙光。就像小说中写的那样,"分治带来了极大的毁坏,然而那些把社会束缚得紧紧的陈习陋俗也就这样地被摧毁了,正如囚禁在某个监狱里的人在地震中虽然受了伤,但是监狱围墙的倒塌却使他们获得了自由。"②因此,小说并不打算刻意突显分治的沉重感,而是首先用更大的热情展现出新生国家可喜的变化和崭新的气象。表现在小说中,妇女问题便是印巴分治后出现的重要转机。

分治前,小说中的女性没有恋爱、婚姻自主权,受教育权也经常遭到剥夺。小说最主要的人物达拉,爱上了穆斯林男孩阿瑟德,因为信仰的差异,他们的恋情注定没有结果。在家人施加的压力之下,达拉放弃了种种抗争,嫁给了家里早已给她安排好的丈夫索姆拉杰。因为索姆拉杰不能毕业,达拉想继续读书的想法也遭到家人的反对。制约达拉自由恋爱和受教育的不仅是她的家庭,更是其身后那个陈腐不堪的社会传统,千百年来深深地禁锢住人们的思想,造成广大印度女性可悲的从属地位。而分治以后,很多人的观念转变了,人们开始说:"现在姑娘们自己在寻找对象!……六年前,人们听到这种话都还要捂耳朵。"③达拉与纳特博士,甘娜格与吉尔,甘金与纳罗德姆等情侣都是自由恋爱,完全不存在家人或社会的干预。社会在进步,封建时代曾扼杀无数女性的贞操观在印巴分治后已经变得不甚重要,男女真心相爱才是婚姻的前提。在婚姻关系中,男

---

① 王德威:《写实主义小说的虚构:茅盾,老舍,沈从文》,上海:复旦大学出版社,2011年,第15页。
② 耶谢巴尔:《虚假的事实》下卷,第673—674页。
③ 同上。

女之间的天平正在逐渐趋于平衡。此外,小说写道,妇女的受教育权在分治后也得到了更好的保障。与此同时,很多妇女纷纷走上工作岗位,经济更加独立,达拉成为政府官员的情节设置表明女性的政治影响力也在逐渐加大,这些都使得女性的社会地位日益提高。家庭不再是她们唯一的生活重心,工作岗位和环境大大拓宽了她们的生存空间。

不只妇女卑下的社会地位得到提高,经过分治的洗礼,暗潮奔涌的新思想和旧观念已不再像分治前夕那般激烈冲撞,很多问题得到了日臻完善的解决:人们不再一味遵循老传统,逐渐接受了新时代的生活方式;百姓的民主意识增强了,他们懂得要捍卫自己的权利,敢于发出自己的声音,不再只是默默地忍受愚弄与剥削;分治大大增强了印度人民的民族情感,人们由于有相同的宗教信仰和国家认同感而变得更加团结,民族凝聚力空前提升。小说所表现的这些新变化从某种意义上说,正是分治所带来的,是分治促成了国家的蜕变。

耶谢巴尔曾说:"我关心的是进化,我喜欢称这种进化为革命;这是我们人类的品性。只要人类有理性地活着,对于进化的渴求与努力都将继续。你可以说这是我的执着、我的野心和我的梦想。"①作为印度现代进步主义文学的领军人物之一,耶谢巴尔对革命的热忱和对共产主义的信仰使他有一种乐观向上的进步观念。虽然小说花了很大篇幅描写印度重建后所面临的重重问题,作者更难掩对国大党政府贪污腐败现象的气愤、失望,但小说对历史事件的虚构却有一条清晰可见的"进化"线索。从整体构思来看,小说以分治造成的动乱为分水岭,潜在地形成了"过去"和"现在"的时间划分,划分的标志便是小说的达拉、布里、甘娜格等主要人物由于分治灾难被迫从拉合尔迁往德里、贾朗达尔等城市。分治以后,小说的人物在新的环境展开了全新的生活,独立后的印度社会也被重新洗牌,作者的叙述眼光便由历史的层面跃至现实的语境。尽管现实语境下的事件依然属于虚构的范畴,但作者对未来的建构却随着灾难表述的逐渐终结而悄然形成。可以说正是灾难部分的表述充当了小说从过去到现在的摆渡人,直接构成了小说向现实话语转化的重要契机,至此小说完成了从虚构到建构的内在转变。

---

① 转引自石海峻:《二十世纪印度文学史》,青岛出版社,1998年,第131页。

三

《虚假的事实》所描绘的15年在印度现当代历史上,正是殖民统治解体,印度社会、文化面临激烈动荡和重大转型的关键时期。小说以现实主义笔法全景展现了这一阶段所经历的包括英国撤出印度、分治暴乱、印度独立、甘地被刺、制定第二个五年计划、印度大选等在内的重大历史事件。小说时间跨度长达15年,地理空间的铺设范围辐射到拉合尔、勒克瑙、德里、贾朗达尔等城市,更以形形色色的人物串联起从议会到街巷,从城市到农村,从难民营到寻常人家的广阔社会背景,撑起了一幅波澜壮阔同时又惨痛深重的历史画卷。宏观地看,《虚假的事实》具有辨识度很高的"史诗"特征,很显然,耶谢巴尔的创作构思是将作品打造成一部"现代印度史诗"。小说通过在宏阔的历史框架中加入虚构情节,来模拟史诗的格局。作者清楚地认识到,对于一个摆脱了英国殖民统治,刚刚经历印巴分治的劫难,重新起步腾飞的新印度而言,民族精神的重建更为重要。由于史诗是"一个民族的'传奇故事''书'或'圣经'","表现全民族的原始精神"[①],小说所借用的正是这一表现形式便于凝聚民族性的特征,以实现对民族精神的重新把握。因此,《虚假的事实》虚构叙述的终极目标即是完成对民族精神的建构。

如黑格尔所说,史诗是"一个民族和一个时代的本身完整的世界密切相关的意义深远的事迹。所以一种民族精神的全部世界观和客观存在,经过由它本身所对象化成的具体形象,即实际发生的事迹,就形成了正式史诗的内容和形式。"[②]由此,这可以体现民族精神的"意义深远的事迹"投射在《虚假的事实》中,就是小说涉及到的那些重大历史事件,而印度独立和分治暴乱的情节设置更成为史诗中"导致冲突"并使整个民族动员起来的关键情境(这一角色在真正的史诗中通常是由战争扮演的)[③]。具体来说,"印度独立"这一历史事件所代表的意义在于从殖民统治中分离出"民族自我"概念,而以印、穆两民族的冲突矛盾及民族大迁徙为标志的分治暴乱情节,则使文本指涉的独立印度的范围得到正式划定,作者强调的

---

① 黑格尔:《美学》第三卷下册,朱光潜译,北京:商务印书馆,1996年,第108页。
② 同上书,第107页。
③ 同上书,第125—126页。

民族精神也进而有了确切的边界。因而印度独立和分治灾难的情节共同构成了"史诗"凝聚民族向心力的核心导源事件,由于二者时间上的重合,他们叠加在一起更形成共振效果,最大限度地突出小说的主旋律——独立自主的印度民族精神,激活作者对民族国家的建构话语。

史诗通常都有一个统领全诗的英雄人物,这个人物将史诗的"事迹"集于一身,是整个民族信仰和崇拜的对象,更是民族文化性格和民族精神的最高体现。如果说史诗格局只是小说外部的建构,那么从内容看,《虚假的事实》作为一个史诗性的长篇巨著,它对民族精神的建构也是通过塑造一个类似史诗英雄的人物来完成的,这一人物就是小说中的主人公达拉。达拉的遭遇几乎与国家的浮沉同步:分治前,达拉的生活环境使她无力为自己的权利抗争,曾经成为传统婚姻观念的牺牲品,其不幸的过去所代表的正是国家在独立前夕所背负的苦难以及僵死的传统对社会的限制。分治灾难爆发时,她历经磨难,身体和心灵都为这场灾难付出了沉重的代价,她所受到的侵害也象征了民族冲突给国家留下的伤痕。而分治过后,达拉断然抛弃过去,重获新生,她凭借高尚的道德和智慧的头脑成为新生国家的政府人员,参与着新生国家的未来建设,为人民谋取福利。达拉崭新的现在同样印证了独立后的印度民族不断发展的轨迹,她的全部经历不仅"包含了对整个集体本身的经验的艰难叙述"[①],同时也可以作为国家过去的缩微和未来的寓言。总结起来,品德高尚、自尊自立、坚忍不拔、勤政廉洁、不畏强权……达拉身上的种种特质糅合了印度传统民族美德和人类文明优秀品质的菁华。透过这个理想的人物典型,作者倡导的民族精神也由此折射出来,其内涵正如学者总结的那样:"苦难后的觉醒、团结、平等、理性、奉献、自力更生、民众本位"[②]。因此,达拉这一形象作为这部小说史诗构形的一部分,寄寓着作者最高的社会理想,是作者对国家未来建构行为的集中体现。

小说塑造的另一个理想人物布兰·纳特博士,同样浓缩了作者对国家未来和民族精神的美好想象与寄托。布兰身上的睿智、自信、理性等特质自不待言;就小说赋予他的身份来看,也不难发现作者的深层用意。布

[①] 弗雷德里克·詹姆森:《处于跨国资本主义时代的第三世界文学》,张京媛主编:《新历史主义与文学批评》,北京大学出版社,1993年,第251页。
[②] 黎跃进:《东方现代民族主义文学思潮发展论》,北京:中国社会科学出版社,2011年,第378页。

兰是经济学领域的天才,曾在英国获得民族经济学博士学位;独立前他曾做过殖民总督的顾问,国家独立以后,他又成为新政府的计划委员会顾问,直接参与五年计划方案的制定。由于印度独立之后,"最紧迫的任务是迅速恢复因分治而打乱了的经济秩序,大力发展生产,抑制通货膨胀,改善人民处境"①,因此布兰在经济上的领导才能和其德高望重的品质反映出作者对国家重建工作的重视。如果说达拉的形象意义指向偏于内在和抽象的精神空间,那么布兰的形象象征的无疑就是侧重物质的实际层面上的国家建设,他们的最终结合使小说着力强调的民族精神内涵更加全面也更为完善了。

从小说内部的结构看,《虚假的事实》主要围绕达拉和布里两条故事线索展开。布里的形象作为"史诗英雄人物"的对立面,与达拉的故事线索交错出现,达拉的逐渐觉醒对应的正是布里的堕落,二者互为映衬。布里是达拉的哥哥,在独立以前是一个充满正义感的知识分子,曾因参加反英浪潮被捕入狱。分治暴乱期间,他因在报纸上发表正义的言论而失业后,立场开始转变了。独立以后,他更是被权力冲昏了头脑,做了苏德先生的走狗进而跻身政坛,从一个充满人道主义关怀的知识分子变成欺骗百姓的无耻政客。以布里、苏德先生为代表的知识分子在小说中指涉的是殖民话语体系中的民族主义精英群体。在民族解放斗争中,这些知识分子曾经为了反抗殖民统治、争取民族独立付出过巨大代价。然而当民族真正独立时,从殖民者手中接过政权的他们却也在复制、模仿着殖民者独权专断、压制百姓、歧视妇女的伎俩。用萨义德的话说,他们其实是在"重复、扩大并且制造新形式的帝国主义"②,其对国家的领导模式与殖民统治无异,甚至"英国统治时期比现在要强。"③小说倾注了很多笔墨描写国大党政府的政要议员在国家独立后,贪污受贿、结党营私、无视民众疾苦,不计一切谋取私利的恶劣行径,作者满怀激愤地揭露出国大党内部腐败黑暗的状况。相对应地,以达拉、布兰为代表的知识分子则是真正属于独立印度的政治精英,他们一心向民,能够全心全意为人民服务,是给国家带来生机和希望的建国栋梁。达拉和布里相交出现的结构设置体现的

---

① 林承节:《独立后的印度史》,北京大学出版社,2005年,第63页。
② 爱德华·W.萨义德:《文化与帝国主义》,李琨译,北京:生活·读书·新知三联书店,2004年,第390页。
③ 耶谢巴尔:《虚假的事实》下卷,沈家驹译,上海译文出版社2000版,第386页。

正是两方知识分子阵营的内在交锋。在小说最后写到的印度大选中,苏德阵营以惨败告终,他们的没落不仅显示了新型知识分子的崛起和"民族自我"的最终生成,更使小说完成了一次隐性的"去殖民化"过程,从另一个侧面夯实了作者对民族精神的建构。

诚然,正如小说结尾所写:"人民并不是死气沉沉的,人民也不是永远默不作声的。国家的未来并不掌握在领袖们和部长们的手里,而是掌握在全国人民的手里。"①印度大选情节突出的还有人民群众摧枯拉朽般的强大力量,正是他们的觉醒,才能推动国家走向美好的明天。尽管耶谢巴尔对印度独立后的现状不无忧虑和担心,但他还是以无比乐观和欢欣鼓舞的情绪表达了他所有的希望,因为人民给予了他这样的期许和信念。从文本的角度上说,小说对民族未来的建构也由于人民的加入而最终完整了,其整体的建构工作也至此画上了完美的句号。

印巴分治给人民带来的伤痛是深刻的,《虚假的事实》有意淡化了这种伤痛,迅速投身到对民族未来的建设和探讨中来。通过对历史事件的虚构,小说完成了对民族未来的建构过程,二者在相互的转化中逐渐实现了民族精神的生成和升华。小说尽管有些理想化,但对于从1942到1957年这一历史巨变走出来的印度而言不失为一次很好的思想总结和精神探索。

---

① 耶谢巴尔:《虚假的事实》下卷,第792页。

托勒密埃及的官方族群划分

戴 鑫

【作者简介】 戴鑫,华中师范大学历史文化学院讲师。研究方向:希腊罗马时期的埃及社会和文化。

托勒密王朝统治埃及时期,大量移民涌入埃及。根据拉达的统计,公元前3世纪初期,希腊语和世俗体埃及语文献中出现的族群名称超过170个。① 其中,不少人来自昔兰尼、小亚细亚(Asia Minor),尤其是伊奥尼亚(Ionia)、卡利亚(Caria)以及庞菲利亚(Pamphylia),克里特(Crete)以及阿提卡(Attica)等地区,另有叙利亚人(Syrians)、犹太人(Jews)以及阿拉伯人(Arabs)等也加入了新定居者的行列。② 托勒密国王对埃及的族群进行了官方界定,族群的划分情况被记录在纸草文献中。通过分析一些个体居民的背景信息,可发现托勒密政府并不严格按照真实族群身份划分居民群体。国王赋予少数"族群"不同的特权,"族群"划分成为国王吸引移民和地方精英支持的一个重要工具。

一、族群名称的形式

文献中的族群名称可分为两种形式:第一类族群名称是以复数形式出现,指某人或某一群人,并冠以非特定名称,例如 nA a (.wy).w nA Wynn.w,字面翻译是"希腊人的房子"(the houses of the Greeks)。③ 但

---

① C. A. La'da, *Foreign Ethnics in Hellenistic Egypt*, Leuven, 2002.
② K. Mueller, *Settlements of the Ptolemies: City Foundations and New Settlement in the Hellenistic World*, Dudley: Peeters Publishers, 2006, pp.168—173.
③ *P. dem. BM* 10750.5; W. Helck, E. Otto and W. Westendorf, *Lexikon der Agyptologie* IV, Wiesbanden: Otto Harrassowitz, 1982, pp.750—898;本文所使用纸草文献均采用缩写形式,参见缩写列表:http://library.duke.edu/rubenstein/scriptorium/papyrus/texts/clist.html

在官方文献中,族群名称通常以单数形式出现,直接关联个人姓名。最为常见的是"标准"分类是从希腊语直译而来,如:$ISwr$ 叙利亚人(Syrian);①IgS 库希特人(Kushite);②$Wynn$ 希腊人(Greek),实际上初指伊奥尼亚人(Ionian)后泛指希腊人;③Mdy 波斯人(Mede);④NHs 努比亚人(Nubian)。⑤

还有一些较为复杂的情况,即族群名称加上"出生于埃及"(ms n Kmy)的后缀。如,Wynn ms n Kmy,译为,出生在埃及的希腊人(Greek born in Egypt)。⑥ 另有 Blhm ms n Kmy,生于埃及的布莱米人(Blemmy born in Egypt)⑦和 Mxbr ms n Kmy,生于埃及的麦加巴人(Megabarian born in Egypt);⑧Mdy ms n Kmy,生于埃及的波斯人(Persian born in Egypt)。⑨

另一种组合形式是 rmT+(n)+地名,某地之人,如 rmT Pr-iy-lq,斐莱人(man of Philae)。⑩ 在这种形式的基础上,发展出一种更为复杂的表达,rmT+(n)+地名+ms n Kmy,例如 Rmt Pr-iy-lq ms n Kmy,生于埃及的斐莱人(man of Philae born in Egypt)。⑪ 目前所知唯一表述妇女的族群身份的范例为 sHm. t Wynn,希腊妇女(Greek woman)。⑫

一般来说,判断族群身份的一个重要标准是参考希腊人或埃及人的父名(patronymics)。所有希腊人名和希腊人父名一起出现的情况均出现在公元前 150 年之前,而埃及人名和埃及人父名一起出现的惯例则是在这一时期之后。文献反映了个体名称登记的变迁,学者认识到,在分析族群时必须更加谨慎,一些所谓的族群标签不宜简单地从字面意思寻找对应的族群,如,"生于埃及的希腊人"(Wynn ms n Kmy)并不能直接与

---

① *P. dem. Louvre* E 3266.5Q.
② *P. dem. BM* 10425.6.
③ *P. dem. BM* 10828.2.
④ *P. dem. Cair* 50099.1.
⑤ *P. dem. Ryl.* 26.4.
⑥ *P. dem. Adl* 6.4—5.
⑦ *P. dem. Ryl* 16.5.
⑧ *P. dem. Hausw* 15.1.
⑨ *P. dem. Lille* 3 script. ext. 4.
⑩ *P. dem. Heide* 778a.5.
⑪ *P. dem. Ryl* 23.2.
⑫ *P. dem. Heide* 739a.5.

希腊人划等号。此外,学者们也发现,有些人登记了非希腊名字,其父亦然,却被冠以希腊人(Wynn)族群标签。有人登记着传统的埃及名,却被记寻为斐莱人(rmT Pr-iy-lq),埃及出生的波斯人(Mdy ms n Kmy),或是努比亚人(NHs)等。这些族群名称大多对应的是其职业身份,是政府拉拢地方武装人员的一项措施。

实际上,托勒密政府使用族群标签来划分群体(*ethnos*),赋予其不同内涵,主要涉及三个方面。一是,获得免税特权的群体;二是,特殊军人群体;三是,司法上的群体。官方在划定"族群"时,可能并不考虑个体真正的族群身份,我们需要结合具体的案例进行分析。

二、税单中的族群

一般认为,托勒密二世在位时,对埃及进行了税制改革,引入新的人头税。托勒密二世第 22 年,即公元前 264 年,政府开始向居民征收盐税(Salt Tax)和奥波尔税(Obol Tax),而王朝初期征收的牛轭税(Yoke Tax)则从文献中消失。① 相比而言,牛轭税仅对男性居民征收,而盐税的征收对象也包括女性居民,纳税标准为男子的一半。新人头税的税额在不同时期有所变化,共分为三个阶段,第一阶段 A(264—254BCE),男子缴纳 1 德拉克马 3 奥波尔(1 drachma 3 obols),女子为 1 德拉克马;第二阶段 B(254—231BCE),男子纳税金额减至 1 德拉克马,女子则只需 3 奥波尔,第三阶段 C(243—217BCE),税额进一步减少至 4 奥波尔和 1.5 奥波尔。② 奥波尔税一般附在盐税单中一起登记,税额是每年一个奥波尔,大约相当于普通工人一天劳动所得,征税的对象仅为男性。奥波尔税最早出现于公元前 3 世纪中叶,在希腊语和世俗体埃及语文献中都有记录,但是均没有相关记录单独列出的情况。

人头税征收的过程中,政府划定税区,并对居民进行登记。托勒密国王对居民族群身份的划分即体现在税单之中。在官方记录中,登记为希腊人(*Hellenes*,世俗体埃及语 Wynn)的居民,每年只需缴纳盐税 1 德拉

---

① B. P. Muhs, *Tax Receipts, Taxpayers, and Taxes in Early Ptolemaic Thebes*, Oriental Institute Publications, vol. 126, Chicago, 2005, pp. 8—9.

② W. Clarysse and D. J. Thompson, *Counting the people in Hellenistic Egypt*, vol. 2, Cambridge Classical Studies. Cambridge: Cambridge University Press, p. 45.

克马,免于缴纳奥波尔。除此之外,这些希腊人也被免于徭役。① 希腊人一般排列在税单最前列。在希腊人之后,是波斯人(Persians,世俗体埃及语 Mdy)和阿拉伯人(Arabs,世俗体埃及语 Hgr),他们同样被免除了奥波尔税。相比希腊人而言,后两类群体人数少很多。

希腊人明显成了税收改革的受益人,他们在税收体系中得到了减税或是免税的优待。威利·克拉瑞斯(Willy Clarysse)和多萝西·汤普森(Dorothy Thompson)将他们称为"免税希腊人"(Tax-Hellenes)。② 这种特殊身份的确立,很可能是托勒密王室开发法雍地区计划的一部分。根据汤普森的推算,在托勒密国王统治早期,埃及的居民中约10%的人口来自希腊世界,加上希腊军人,希腊人在埃及人口所占比例接近20%。③ 费希尔-布维特(Christelle Fischer-Bovet)认为希腊移民的比例应该更低,大约为5%。④ 则而新开发的的阿尔西诺省,税单中登记的希腊市民多达16.5%,算上士兵,希腊人大约占到当地人口的29%。⑤ 相比而言,上埃及的希腊人就要少很多。⑥ 从人口比例来看,托勒密政府的"移民政策"取得了明显成效。

奥波尔税的征收明显体现出政府对居民身份的态度。实际上,托勒密政府所征收的奥波尔税极少,其象征意义远远超过实际经济意义,⑦政府可能以此区分居民的身份,官方注册的族群身份似乎标志着政府对希腊人和埃及人区分对待,前者确立了经济特权地位。

值得注意的是,一部分登记为希腊人的居民,实际族群身份为犹太人。⑧ 而这种案例在官方文书中多次出现。对于这种现象,一般认为,官

---

① UPZ II 157. 32, 242－241BCE; D. J. Thompson, "Hellenistic Hellenes: the case of Ptolemaic Egypt." In *Ancient perceptions of Greek ethnicity*, edited by I. Malkin, 301－322, Cambridge: Mass, 2001, pp. 308－311.

② W. Clarysse and D. J. Thompson, *Counting the people in Hellenistic Egypt*, vol. 2, pp. 138－139.

③ D. J. Thompson, "Hellenistic Hellenes: the case of Ptolemaic Egypt."

④ C. Fischer-Bovet, *Counting the Greeks in Egypt: Immigration in the First Century of Ptolemaic Rule*, Princeton/Stanford Working Papers in Classics Paper No. 100701, Stanford University, 2007.

⑤ W. Clarysse and D. J. Thompson, *Counting the people in Hellenistic Egypt*, vol. 2, p. 140.

⑥ K. Mueller, *Settlements of the Ptolemies*, pp. 60－64.

⑦ D. J. Thompson, "Hellenistic Hellenes: the case of Ptolemaic Egypt."

⑧ W. Clarysse, "Jews in Trikomia." In *Proceedings of the XXth International Congress of Papyrologists*, 193－203. Copenhagen, 1994.

方文书中登记的族群,并不指代真正的族群身份。因此,古德里安不承认希腊人因其族群背景在埃及享有特权,托勒密政府也没有基于族群背景制定管理政策。他更进一步指出,族群划分的问题不应从司法和行政领域入手解决。① 拉达也认为,官方族群身份实际上关联的是职业。② 克拉瑞斯和汤普森认为,税单中的希腊人实际上是为征税而设立,并称之为"免税希腊人"。③ 学者们否认或有意淡化族群身份在政府政策制定中的影响。然而,事实是否如此? 官方划定族群身份的管理策略是否与居民的族群背景完全无关?

实际上,托勒密埃及大多数的希腊人都是移民,他们在公元前3世纪大量涌入,且在法律文献中都登记了各自出身。④ 公元前2世纪新移民人数开始减少,但有希腊人移居埃及,移民潮到公元前1世纪才告终止。那些来自希腊世界的移民各自登记原籍,或是雅典人(Athenian)、科林斯人(Corinthian)、昔兰尼人(Cyrenean),又或是更宽泛的阿卡迪亚人(Arcadian)或马其顿人(Macedonian)。⑤ 希腊人的出生地对于其身份的确认十分重要,⑥是法律档案中确定个人身份的一项必备内容,同时政府也严格监控姓名和出身等相关信息的更改。⑦ 在托勒密王朝统治之初,政府就已经实施人口普查工作,官方无疑已经掌握了居民的出身背景信息。从实际操作的可能性来说,这个由马其顿——希腊人上层集团掌控的国家,完全可以依据居民登记信息,以族群为标准将所有希腊人都纳入经济特权阶层。

税单反映的情况也是如此。在埃及的希腊人中,那些追随托勒密的马其顿——希腊军人无疑是托勒密王朝的重要支柱,他们理所应当的成

---

① K. Goudriaan, *Ethnicity in Ptolemaic Egypt*, Amsterdam, 1988, p. 9.

② C. A. La'da, "Ethnicity, Occupation, and Tax-Status in Ptolemaic Egypt." In *Acta Demotica*: *Acts of the Fifth International Conference for Demotists*, Pisa, $4^{th} - 8^{th}$ September 1993, 183—189, 1994, Pisa: Giardini.

③ W. Clarysse and D. J. Thompson, *Counting the people in Hellenistic Egypt*, vol. 2, p. 138.

④ E. Bickermann, Beiträge zur antiken Urkundengeschichte I, *Archiv für Papyrusforschung* 8, (1927): 216—239, pp, 220—223.

⑤ C. A. La'da, *Foreign Ethnics in Hellenistic Egypt*.

⑥ J. M. Hall, *Ethnic Identity in Greek Antiquity*, Cambridge, 1997, p. 25.

⑦ BGU VI 1213. 3; F. Uebel, *Die Kleruchen Ägyptens unter den ersten sechs Ptolemäern*, pp. 11—13; D. J. Thompson, "Hellenistic Hellenes: the case of Ptolemaic Egypt," pp. 301—322.

为了免税特权群体,在税单中也被单独列出。① 军人集中驻扎的特点,也使得他们的身份容易从税单中辨别。一般来说,所有成年居民,不分性别都登记注明,而奥波尔税只针对成年男子征收,有些时候不登记女性。阿尔西诺地区(254—231BCE)的税单显示,②在3472个成年男子中,3418人只缴纳1德拉克马盐税,另有54人(*laika prosgegrammena*)缴纳奥波尔税。这份税单极有可能记录着一支军队的税赋缴纳情况,而免税者的压倒性数量优势则是希腊军人享受的经济特权的体现。

此外,大量希腊军人被授予土地,成为封地军人(cleruchs),继续效忠王室。③ 公元前7世纪受雇于法老普萨美提克(Psammetichus)的希腊雇佣军,定居于三角洲以及孟菲斯,其后人以希腊人的身份重新活跃起来。④ 至少在公元前4世纪和公元前3世纪,税单上的军人基本都来自希腊世界。尽管托勒密王朝统治早期的移民身份和职业十分复杂,如希腊城邦公民、海盗、冒险者、商贩、诗人以及工匠等定居于希腊人聚居的城市如亚历山大里亚和瑙克拉迪斯(Naukratis),甚至是孟菲斯的希腊人区(Hellenomemphites),⑤能够追溯和确认希腊出身背景的移民往往也被纳入免税名单,登记希腊人身份。例如,为财政大臣阿波罗尼奥斯(the dioiketes Apollonios)管理地产的芝诺(Zenon)来自小亚细亚希腊城邦考诺斯(Kaunos)。且不论政府没有明确的族群政策,很显然,托勒密政府使用"希腊人"这个头衔本身即明示这是一个移民群体,⑥这些移民是托勒密早期"免税希腊人"群体的最主要成员。

那么,在这种粗略的归类下,其他"免税希腊人"的情况又如何呢?就出身而言,一些"免税希腊人"已经被证实为埃及人。例如,在柯尔克奥西里斯税区,士兵巴斯克勒斯(Pasikles son of Nehemsesis,)⑦和狄奥多罗

---

① P. Count. 1,32—58.
② P. Count. 1.40—45.
③ P. Tebt. I 247=IV 1107.279,一些登记为"希腊农夫"的人很可能也是封地军人,参见 Crawford, *An Egyptian Village in the Ptolemaic Period*, Cambridge Classical Studies. Cambridge,1971,pp.148—154.
④ Herodotus II 152,154.
⑤ Herodotus II 178; D. J. Thompson, *Memphis Under the Ptolemies*, Princeton,1988,pp. 95—97.
⑥ W. Clarysse and D. J. Thompson, *Counting the people in Hellenistic Egypt*, Vol. 2,p. 155.
⑦ P. Count. 4.114—116.

斯(Diodoros son of Paos)①虽然登记着希腊人的名字,并且注册为希腊人,实际上却来自埃及家庭,而家族名单之中也只有他们两人拥有希腊名字。同一个家族的兄弟登记着埃及名字,尽管也是士兵,却需缴纳全额盐税和奥波尔税,两个有希腊名的兄弟只负担盐税。汤普森认为这些埃及家庭出身的"免税希腊人",正是由于接受了希腊教育,而后在政府中供职因而获得改名和免税的奖励。② 公元前3世纪的一份法律档案辑录了身份和姓名的变更,③可能意味着这种现象并不新鲜。当然,居民在官方文书中登记的族群身份和姓名也受到政府的严格管理。公元前2世纪,即有地方官员因擅自篡改居民相关身份记录而被处以死刑的案例。④ 另一些"免税希腊人"则被追加登记为埃及书吏,如塞米斯托斯区(Themistos meris)的佩特克西斯(Petechonsis),⑤虽然他已经成为政府公职人员,也获得了"免税希腊人"身份,享有经济特权,却坚持使用自己的埃及名字。学者由此得以发现他的族群背景。在公元前2世纪后期,同样的情况再次出现。上埃及柯尔克奥西里斯(Kerkeosiris)的书吏门克斯(Menches son of Petesouchos),在文献中登记为"本地希腊人"(Hellēn enchōrios)。⑥ 与埃及人通婚的希腊人组成的家庭则体现出较为复杂的情况,由于出现在埃及人聚居的地区,他们可能因此被误认为是希腊化了的埃及人。在柯尔克奥西里斯的税单中,摩尼莫斯(Monimos son of Kleandros)和埃及妻子埃索艾丽斯(Esoeris)、女儿德莫特丽雅(Demetria)以及女奴索斯特拉特(Sosterate)组成的家庭混在许多埃及名字中。⑦ 根据皮特里纸草集中的遗嘱档案的记录,⑧摩尼莫斯是封地军人(cleruch),其父克里安多洛斯(Kleandros son of Monimos)则是亚历山大里亚公民,证实了其希腊人出身。这份税单中,"免税希腊人"的身份经过对比更为明显,生活在同一个地区,埃及人除了缴纳1德拉克马的盐税,还需缴纳1个奥波尔的人

---

① *P. Count.* 4.140—142.

② D. J. Thompson,"Literacy and the Administration in Early Ptolemaic Egypt." In *Life in a Multi-Cultural Society*: *Egypt From Cambyses to Constantine and Beyond*, edited by J. H. Johnson,323—326,Chicago,1992.

③ *BGU* VI 1213.

④ *BGU* VI 1250.

⑤ *P. Count.* 4.42—44.

⑥ *P. Tebt.* 164.5—10.

⑦ *P. Count.* 4.61—64,254—231BCE;*P. dem. Lille.* III 101.

⑧ *P. Petrie* II.55—56,237BCE.

头税。

还有其他一些特殊群体,如,犹太人(Jews)和色雷斯人(Thracians)也在文献中登记为"免税希腊人",获得了免税特权。特里克米亚(Trikomia)地区的税单显示一些居民可能为闪米特和色雷斯移民。[1] 从纸草文献中出现的人名来看,埃及的色雷斯移民迅速的希腊化或者接受了埃及的生活方式。档案中色雷斯人出现的频率逐渐减少,提到色雷斯人的87份文献中,有52份为公元前3世纪的,接下来的一个世纪为21份,到了公元前1世纪只有4份,另有10份时间不明。[2] 同样,可以确认的色雷斯人使用希腊人的名字所占比重也逐渐增加,到了公元前1世纪,仅发现1例色雷斯名字,同一份文献中的其他6个色雷斯人均使用希腊名字。色雷斯人倾向于融入统治阶层代表的文化和社会,自身特色逐渐消失,使得这个族群渐渐从历史中消失。引人注意的是,在公元前1世纪的柯尔克奥西里斯(Kerkeosiris),一个色雷斯人登记了埃及名字奥尔赛鲁菲斯(Orsenouphis),这意味着一些色雷斯人可能接受地方习俗埃及化了。[3] 使用希腊名字的色雷斯人很可能也像埃及人一样,通过接受希腊文化教育或从事相关职业等方式获得免税特权。

公元前3世纪的税单中,并没有单独的犹太人分类,他们通常被直接列入"免税希腊人"中。已知的已出版文献中,仅有一份文本将非埃及人区分为希腊人和犹太人,[4]尚未出版的皮特里纸草残片中有一例分类列出犹太人、波斯人和阿拉伯人。[5] 公元前2世纪的文献表明,一些犹太人在埃及小规模聚居,形成了共同体并设有独立的社会管理机构(*politeuma*)和职员,[6]很可能犹太人早在公元前3世纪就开始有聚居地,因而他们被单独列在地方税单中。例如在佩赛尼尼斯(Psenyris),希腊人和犹太人就被分开征税0.5德拉克马。[7] 虽然一些犹太人被单独登记

---

[1] *P. Count.* 26, 254—231BCE.

[2] K. Goudriaan, "Ethnical Strategies in Graeco-Roman Egypt." In *Ethnicity in Hellenistic Egypt*, edited by Per Bilde, T. Engberg-Pedersen, Lise Hannestad, and J. Zahle, 74—99, Studies in Hellenistic Civilization 3, Aarhus: Aarhus University Press, 1992.

[3] *OMich.* 734; K. Goudriaan, "Ethnical Strategies in Graeco-Roman Egypt."

[4] *CPJud* 33.

[5] W. Clarysse, "Jews in Trikomia."

[6] *P. Polit. Jud.*

[7] W. Chrest. 55.

征税,这并不影响犹太人维持有的免税身份。① 这也明显体现出托勒密政府对于不同身份群体的倾向性政策。实际上,特里克米亚的犹太人已经高度希腊化,这里犹太人占总人口的近五分之一,很多人使用希腊名,或是犹太名转写的而成的希腊名。从语音上来说,犹太人名有些和希腊名很接近,如西蒙 Simon(Σίμων)等同于希伯来语中 Shime'on,而当地的官员(epistates)西蒙实为犹太人。② 名单中只发现了5例埃及人名,但是这些人也都登记为希腊人。克拉瑞斯指出,亚历山大里亚涉及到公民权问题,情况相对特殊,然而,在科拉(Chora)地区,相对于埃及人,犹太人被看做希腊人共同体的一支。③

可见,享受经济特权的"免税希腊人"在某种程度上与纳税人的希腊背景相关联,他们或是在法律档案中登记了原籍的大量希腊移民和后裔,或是广义希腊世界的移民(如犹太人),或是接受希腊教育或在托勒密王朝国家机器中供职获得了官方奖励的个人。实际上,托勒密二世还曾颁布法令,教师、教练、狄奥尼索斯节日祭仪相关人员以及获得赛会优胜的运动员都可免于缴纳盐税,④国王对希腊文化的鼓励可见一斑。

根据税单记录的情况来看,波斯人数量较少,不过分布较为集中。⑤至于波斯人如何获得特权,目前尚不得而知。哈蒙德指出,托勒密王朝官方划定的波斯人是波斯国王贴身护卫(apple-bearersa)的后裔,曾经与马其顿军人共同出任亚历山大大帝的宫廷护卫,后来护送其灵柩至埃及并

---

① W. Clarysse and D. J. Thompson, *Counting the people in Hellenistic Egypt*, vol. 2, pp. 147—148.

② *P. Ent.* 33.

③ CPR XXX 1,2; W. Clarysse,"Jews in Trikomia".

④ 公元前259年,国王托勒密二世(Ptolemy II Philadelphus)的内务大臣(dioiketes)阿波罗尼奥斯(Apollonios)给多伊奥斯(Zoilos)写了一封信,强调教师、体育教练(paidotribai)、迪奥尼修斯(Dionysus)节相关工作者、亚历山大里亚城竞技冠军等被免除盐税,不仅如此,他们的家人也享受同等待遇。"阿波罗尼奥斯致多伊奥斯,你好。根据国王的法令,所有学校教师、体育教练、所有从事狄奥尼修斯祭仪相关人员,以及亚历山大里亚赛会竞技冠军,其中包括王朝运动会和托勒密节日运动会,他们自己以及家庭成员均免于缴纳盐税。再见,[ ]年。" *P. Hal.* 1,1 260—265.

⑤ 以公元前3世纪中叶的阿尔西诺省为例,这里波斯人仅占总人口的0.3%,即便是在波斯人相对集中的吕西玛吉斯村(Lysimachis),也仅占当地人口的4.8%。希腊人在该省的人口的比重则高达16.5%,参见:W. Clarysse and D. J. Thompson, *Counting the people in Hellenistic Egypt*, vol. 2, p. 160.

定居下来。① 而纸草文献中所提到的波斯人，多有军事背景，如出任军团指挥（taxiarch）。② 波斯人获得特权可能与他们所从事军人职业相关。

在税单中的族群分类中，阿拉伯人排在波斯人之后，是最后一个特殊分类。他们在世俗体埃及语和希腊语税单中都出现过，分别被记为 Hgr 和 Arabes。阿拉伯人也和"免税希腊人"以及波斯人一样，无需缴纳奥波尔税。他们被授予特权的原因并不明确。阿拉伯人通常担任警卫工作，或许因此得到政府重视。

三、军队中的族群

公元前 3 世纪，托勒密国王曾按照族群名称建立起五个骑兵队（hipparchies），分别是：马其顿人（Macedonians）、色雷斯人（the Thracians）、米西亚人（the Mysians）、波斯人（the Persians）以及"帖萨利和其他希腊人"骑兵队（the hipparchy of the Thessalians and other Hellenes）。③ 公元前 4 世纪晚期和公元前 3 世纪早期，军人的族群身份相对容易辨认。对于政府来说，通过人口普查和盐税的征收，确认居民族群身份也非难事。然而，军队中的族群身份也并不完全等同于真正的族群身份。其中，马其顿人可能在 2 世纪成为一种身份的代名词。如，公元前 2 世纪中叶的纸草文书中，来自同一希腊家庭的两兄弟出现了不同的族群身份。托勒迈（Ptolemaeus）表明自己的身份为希腊人，他的弟弟阿波罗尼乌斯（Apollonius）则自称是马其顿人。④ 公元前 3 世纪，国王的亲卫队必须由马其顿人担任，⑤ 使得马其顿人身份显得格外特殊。弟弟很可能继承了父亲的身份，而希腊人在这个案例里显得稍低一等。在军队族群身份中，最引人注意的是波斯人。托勒密政府将一些军人划入波斯

---

① Diodorus. 18. 27. 1; N. G. L. Hammond," Alexander's non-European troops and Ptolemy I's use of Such troops" *BASP* 33,1996：99—109.

② *PSI* v 513.11,252/251 BCE; C. A. La'da,"Ethnicity, Occupation, and Tax-Status in Ptolemaic Egypt."

③ D. J. Thompson, "Hellenistic Hellenes: the case of Ptolemaic Egypt." In *Ancient perceptions of Greek ethnicity*, edited by I. Malkin,301—322,Cambridge：Mass,2001.

④ *UPZ* I 7.21—22; *UPZ* I 15.16—17; *UPZ* I 14; N. Lewis,*Greeks in Ptolemaic Egypt: case studies in the social history of the Hellenistic world*. Oxford：Clarendon Press, 1986, pp. 84—86.

⑤ P. M. Fraser,*Ptolemaic Alexandria*,Oxford,Clarendon Press,1972,p. 69.

人"族群",给予他们独特身份,换取他们的忠诚。

在托勒密埃及的官方文书中,波斯人(Περσαι)和波斯人后裔(Πέρσης τῆς ἐπιγονῆς)这一术语在公元前3世纪和公元前2世纪分别指代不同的对象。在公元前3世纪的税单中,它指的是获得了免人头税特权的某一少数人群体,另有波斯人后裔属于次等特权者,需缴纳人头税,他们的族群身份至今仍是个谜。① 但是,到了公元前2世纪,波斯人以及波斯人后裔在帕塞里斯的文献中多次出现,而波斯人后裔(Πέρσης τῆς ἐπιγονῆς)在世俗体埃及语中常常对应为"出生在埃及的希腊人"(Wynn ms n Kmy)。②

奥阿特(J. F. Oates)等学者认为,波斯人这一术语用于描述那些希腊化的埃及人。③ 这或许也可以解释波斯人后裔(Πέρσης τῆς ἐπιγονῆς)何以被称为"出生在埃及的希腊人"。实际上,在公元前2世纪的官方文书中,这一名称实际上与职业和特权挂钩。卡特琳·范德普(Katelijn Vandorpe)指出,在公元前2世纪和公元前1世纪,上埃及的波斯人指的是领受军饷的当地半职业军人。波斯人后裔则是享有波斯人军人资格,但不在服役状态者。④ 这种解释目前已经为学界接受。

最典型的案例来自帕塞里斯。在上埃及多次发生暴乱之后,托勒密政府于公元前165年开始在底比斯(Theban)地区驻扎军队。⑤ 底比斯总督 *strategos* 则负责指挥这支以克罗克迪洛波利斯(Krokodilopolis)为集结中心(hypaithron 或称为 hApjtrs)的驻军。⑥ 大约同一时期,托勒密政

---

① 许多学者们反对将"波斯人"直接看做真正的族群名,认为文献中的头衔指的是一种与经济特权挂钩的社会身份,参见 J. F. Oates,"The Status Designation:Περσης,Της'Επιγονῆς,"in *Yale Classical Studies* 18,1963,pp. 1—130; P. W. Pestman,*Les archives privées de Dionysios, fils de Kephalas*,Leiden,1982,p. 58.

② C. A. La'da,Ethnicity,Occupation,and Tax-Status in Ptolemaic Egypt.

③ J. F. Oates, The Status Designation; P. M. Fraser, Ptolemaic Alexandria, p. 58; R. Taubenschlage,*The Law of Greco-Roman Egypt in the Light of the Papyri from 332 B. C.— 640 A. D.*,Warszawa,1955,p. 531.

④ K. Vandorpe,"Persian Soldiers and Persians of the Epigone. Social Mobility of Soldiers-herdsmen in Upper Egypt." In *AfP* 54 (2008):87—108.

⑤ J. K. Winnicki,*Ptolemaerarmee in Thebais*,Archiwum Filologiczne 38,Warszawa,1978,pp. 68—80.

⑥ W. Clarysse,"Greek loan-words in demotic,"In *Aspects of demotic lexicography. Acts of the second international conference for demotic studies*, edited by S. P. Vleeming, *Leiden*,19—21 *September* 1984,Leuven,1987:9—33.

府在帕赛里斯和拉托波利斯(Latopolis)建立起以本地士兵为主的分遣队(ochuro-ma 或 rsj. t)。① 国王在上埃及的军事部署中，依然沿用了传统的雇佣兵 misthophoroi 驻守模式，帕塞里斯的地方武装即以"雇佣军"的身份效忠国王，世俗体埃及语称之为"受饷之人"rmt iwf sp hbs。这些军人每月领取一定额度的薪金，住在军营中，在文献中登记自己的头衔和驻扎单位，通常为"克罗克迪洛波利斯军营的注册受饷军人"。通过帕赛里斯的家族档案，我们可以发现上埃及传统士兵"徐奈人"(men of Syene)登记注册为"受饷军人"的现象。② 比如，帕纳斯(Panas，希腊名Hermokrates)在公元前164年仍挂着"徐奈人"的头衔，③三年之后登记为帕赛里斯军营的"受饷军人"。④ 同样的案例多次出现，"徐奈人"霍洛斯(Horos son of Nechouthes)在公元前95年前后也成为了"受饷军人"。⑤

帕赛里斯的这些"受饷军人"还被编入国王军队 philobasilistai，甚至直接参与了公元前2世纪末的"权杖战争"。⑥ 帕赛里斯和拉托波利斯的受饷军人在文书记录中也被登记为"波斯人"(Περσαι)，而一旦国王停止发放俸禄，则身份转为"波斯人后裔"(Πέρσης τῆς ἐπιγονῆς)，如果需要可以再次激活。

这些所谓波斯人无疑是当时上埃及社会的一个特殊群体。有些人还

---

① R. K. Ritner, "A Property Transfer from the Erbstreit." In *Grammata demotika*: *Festschrift für Erich Lüddeckens zum 15. Juni 1983*, edited by H.-J. Thissen and K.-Th. Zauzich, 171—187, Würzburg, 1984, pp. 171—187.

② 上埃及还有被称为"斐莱人"(men of Philae)和"徐奈人"(men of Syene)传统士兵，他们从事全职或者兼职的军事工作。参见：Pros. Ptol. X, p. 309—310; C. A. Lada, Ethnicity, Occupation and Tax-status in Ptolemaic Egypt; C. A. Lada, "The Demotic Designations rmt Pr-iy-lq, rmt Yb and rmt Swn," In *Akten des 23. Internationalen Papyrologenkongresses. Wien*, 22.—28. *Juli* 2001 (Papyrologica Vindobonensia 1), edited by H. Harrauer and B. Palme, 369—380, Wien 2007.

③ P. Dryton 10; U. Kaplony-Heckel, "Das Getreide-Darlehn P. Haun. Inv. Demot. 2 in Kopenhagen." In *Acts of the Seventh International Conference of Demotic Studies. Copenhagen, 23—27 August 1999* (Carsten Niebuhr Institute Publications 27), edited by K. Ryholt, 229—248, 2002, p. 244, no. 8.

④ R. K. Ritner, "A Property Transfer from the Erbstreit." In *Grammata demotika*: *Festschrift für Erich Lüddeckens zum 15. Juni 1983*, edited by H.-J. Thissen and K.-Th. Zauzich, 171—187, Würzburg, 1984, pp. 171—187.

⑤ P. Adler dem. 15; P. Adler dem. 16.

⑥ P. War of Sceptres, pp. 44—48.

拥有希腊名字,如前文帕纳斯,希腊名为赫尔墨克拉特斯(Hermokrates)。他们是否与公元前3世纪的"波斯人"有所联系尚不得而知,另外,我们注意到,无论"波斯人"是否与族群直接相关,该头衔可以传之子女,(在希腊语文献中,女儿继承头衔为波斯人希腊语阴性名词,儿子则注册为波斯人后裔)。那么,获得参加军队资格,并通过服役获取经济报酬可算是个人的一项殊荣和特权,文书中对个人官方头衔的登记,也显示出身份的特殊。对国王来说,这项举措不仅扩大了兵源,并且可以根据情况对军队规模进行适当调整。比如帕赛里斯分遣队的"波斯人"参与的两次战争——"权杖战争"(103—101BCE)和狄奥斯波利斯米克拉(Diospolis Mikra)战役(96—95BCE),①国王很可能激活了不少"波斯人后裔"协同作战,如霍洛斯(Horos of Nechouthes)。同时,通过以发放军饷的形式将王室收入进行再分配,既笼络了上埃及传统武装力量还能稳定治安,可谓一举两得。"波斯人"和"波斯人后裔"具体头衔则显示出"受饷军人"的状态,也显示出国家对于特殊群体信息掌控的细致程度。

从帕赛里斯典型的波斯人家族情况来看,这些"波斯人"或者"波斯人后裔"主要的职业可能为"牧民"。如,在Peteharsemtheus(Panobchounios之子)档案中,Panobchounios,和他的儿子Peteharsemtheus,前者头衔为"波斯人",后来改为"波斯人后裔",后者的头衔为"波斯人后裔"(世俗体埃及语文献中为希腊人后裔Wynn ms n kmy),但是在公元前94年则直接登记为"牧人"。② 家族档案中大量的绵羊税收据显示畜牧业很可能是"波斯人"家庭的一项主要收入。

尽管这些"波斯人"的军人身份并不十分稳固,而军饷也非家庭主要收入,但从结果来看,托勒密国王拉拢地方精英的目的似乎取得了不错的效果。公元前88年,当底比斯地区再次反叛时,帕塞里斯的军人保持了对国王的忠诚。③

---

① M. Chauveau, "Nouveaux documents des archives de Pétéharsemtheus fils de Panebchounis." In *Acts of the Seventh International Conference of Demotic Studies Copenhagen 23—27 August 1999* (CNI Publications 27), edited by K. Ryholt, Copenhagen 2002: 45—57.

② *P. Strasb.* 44.

③ *P. Bour.* 11.

四、司法领域的族群划分

托勒密政府在司法领域严格规范了居民的族群身份。公元前3世纪,埃及的居民主要被分为希腊人和埃及人两大群体,又根据希腊人身份的不同而进一步划分群体。城市公民有一定的司法独立特权,其公民身份也受到严格限制。如果公民与非公民通婚,后代不能继承公民身份。①军人和希腊人相比普通埃及人都有一定的特权,可免于徭役之苦。②居民发生纠纷之后,须在对应的法庭,依据相应法律接受仲裁。因而,居民须标明自己的族群和身份等信息。法律规定,签订法律契约时,当事人必须登记自己的族群身份(patris)。具体内容为:"在军中任职者,必须交待其族群背景、所属部队、军阶。市民则要呈报父亲的名字和他们注册的德莫 deme;如果市民也在军中服役,则他们也必须写明所属部队和军阶。其他人必须登记父亲的名字和族群背景,并且申明各自身份。"③

与划分居民族群和身份所对应的是复杂的司法体系。至少在托勒密国王统治埃及的前一百多年时间里,埃及存在着城市法庭、王室法庭 chrematistai、希腊人正义法庭 dikasteria、埃及法庭 laokritai、处理希腊人和埃及人纠纷的公共法庭 koinodikion、外邦人法庭以及市场公证机构 agoranomeia 等正式的审理机构,不同的法庭应对不同的居民群体。④可以肯定的是,官方对于居民身份的掌控和划定是司法审判的前提条件。居民被托勒密政府划为不同层级的群体,以身份、特权和族群等为依据区别对待,进行群体隔离管理。在司法审判方面,这种对普通居民的群体的划分,可能并非垂直层级,不同群体相互独立,法律地位和特权也不相同。

此外,三大希腊城市都有独立的司法体系和法庭,希腊城市公民的法律独立地位正是来自城市的自治,他们只接受城市法庭仲裁。不过,城市的司法活动也无法摆脱国王的影响。亚历山大里亚城法庭的审判长

---

① P. Fraser, *Ptolemaic Alexandria*, pp. 71—72.

② R. Taubenschlag, *The Law of Greco-Roman Egypt in the Light of the Papyri from 332 B.C. - 640 A.D.*, pp. 595—598.

③ BGU XIV 2367; P. Hamb. 2.

④ See H. J. Wolff, Das Justizwesen der Ptolemäer, *Münchener Beiträge zur Papyrusforschung und antiken Rechtsgeschichte* 44. Munich: Beck, 1962.

archidikastes 即由国王指派。① 值得一提的是,公元前 3 世纪的亚历山大里亚城除了有独立的城市法庭,还存在着外邦人法庭(ξενικὰ δικαστηρια),可能主要负责特殊身份(如军人)外来居民的法律案件。法律规定,如果两个获得亚历山大里亚城公民权的军人(外籍)发生财务纠纷,则案件移交外邦人法庭审理。②

尽管政府设立了公共法庭 *koinodikion*,专门处理希腊人和埃及人的纠纷。埃及语的契约文书直到公元前 2 世纪下半叶才得到政府承认,涉及埃及人和希腊人司法纠纷时,希腊人相对于埃及人具有一定的优势。

到了公元前 2 世纪晚期,埃及人取得了与希腊人相对平等的法律地位。公元前 118 年,托勒密八世(Ptolemaic VIII)颁布大赦法令,其中涉及到跨族群司法纠纷的仲裁。③ 法令规定,如果希腊人和埃及人达成契约后发生纠纷,依照签订契约的语言来决定仲裁法庭。与希腊人达成协议并签署了希腊语契约的埃及人,将在希腊巡回法庭 *chrematistai* 接受仲裁;而那些依照埃及方式签订埃及契约的希腊人,则在地方法庭 *laokritai* 依据地方法接受仲裁。

汤普森(Dorothy J. Thompson)认为,官方没有在法令中对希腊人和埃及人这两个术语进行解释,暗示政府已经对这两大群体有明确划分。④ 韦罗斯(M. Vierros)在否认此时埃及有真正的族群的基础上,强调语言是此类案件审理的核心所在,甚至可能出现获得了希腊人身份的埃及人,因为签订了希腊语契约而接受巡回法庭 *chrematistai* 仲裁的情况。⑤ 无论政府如何划分希腊人和埃及人的身份,这一时期,司法体系中的族群划分显然意义甚微。

结　　论

公元前 3 世纪的官方族群划分情况明显体现出国王对希腊人和希腊军人的依赖。但那些愿意接受希腊化、与政府合作的其他族群个体也被

---

① P. Fraser, *Ptolemaic Alexandria*, pp. 107-115.
② P. Hal. 1.155.
③ P. Tebt. I 5, L. 207 ff.
④ D. J. Thompson, "Hellenistic Hellenes: the case of Ptolemaic Egypt."
⑤ M. Vierros, *Bilingual Notaries in Hellenistic Egypt: A Study of Language Use*, Helsinki University Press, 2012, p. 45.

纳入希腊人等"族群"中,享受一定的特权。实际上,国王不仅需要希腊人的支持,也需要埃及人的效忠。这一点在公元前2世纪更加明显,随着越来越多的埃及人加入到政府的行政管理体系,甚至编入军队,进而也在法律上取得了与希腊人同等的地位。通过效忠国王,许多埃及人的身份得到改变。官方划分的希腊人以及波斯人等身份将外来移民和特殊群体区分出来,这种"族群"身份在各类官方文书中固定下来,既带有实际意义,使群体内的人获得种种特权,又是一种声望和象征性身份。或许后者更为重要。通过官方族群划分,国王给予效忠他的臣民——尤其是埃及本土精英一种身份的认可,吸引更多人进入国家管理和安全体系。个体则因为不同层级的"族群"身份,而在家中地位突出,甚至可能在地方上显得高人一等。

尽管官方族群划分在公元前2世纪晚期已经意义不大,但许多埃及人以其他族群身份出现在文献中,本身已经说明政府的"族群"政策取得了相当的成效。

"他者"视域下看"开罗三部曲" 阿拉伯文化身份认同

安 宇

【作者简介】 安宇,天津外国语大学比较文学研究所研究生。研究方向:东方文学,比较文学。

阿拉伯世界第一位诺贝尔奖获得者——埃及现实主义作家、纳吉布·马哈福兹创作的"开罗三部曲"是部社会小说,但却包含着明显的政治意味,爱国主义和民族主义构成了它的精神内核,马哈福兹将小说背景放置于两次世界大战之间,1914年英国宣布埃及为其"保护国",开始了在埃及七年的殖民统治。外族侵略在埃及历史上并不少见,公元前525年波斯帝国侵占埃及,公元前332年马其顿王亚历山大大帝推翻波斯王朝,彻底终结法老文明,之后埃及这片古老的土地就先后被阿拉伯人、土耳其人、法国人等异族占领。而20世纪的埃及人已大多同化为阿拉伯人,因此马哈福兹选取的这段时期不仅是埃及人民的痛苦记忆,也会唤起阿拉伯民族对百年来西方殖民者侵略阿拉伯世界的集体共鸣。然而独特的是,虽然小说的背景是战争时期,时间跨度长达几十年,跨越几代人的生活,但作者始终把场景设定在几家人居住的相邻街道,活动范围仅局限在开罗这个城市。"开罗三部曲"没有像战争小说一样表现元首的英明决策和战士的浴血奋战,却为我们撕开了埃及的一角,从里面展露出的是浓厚的阿拉伯风情,用一个家庭映射出整个埃及。

虽然马哈福兹与流散作家不同,他并不兼具他国国籍,也从未离开过他生长的土地,但是埃及所处的时代也同样接受着传统与现代,东方与西方的考验。此时的开罗与现代主义笔下的西方一样,面临着人性的堕落、信仰的背离,较西方不同的是,还遭受着来自于异民族的侵占。因此,借助文学作品表达对伊斯兰文化的身份认同,唤起人们对祖国的热忱,寻找解决社会矛盾的方式,成为"开罗三部曲"的核心内容。斯图亚特·霍尔(Stuart Hall)曾说:"身份认同建立在对某些共同起源,对与他人或他群体、某种理念以及建立在此种基础之上的团结和效忠的天然封闭观念的共同特征的认可的背景之上",并且他认为身份认同"是一种构建,一种永远不会完成——一直'在进行'的过程。"①因此可以认为,身份认同的核心内容"要么由共同的起源或者共同的结构决定,要么由经时间变化而形成的具有连续性的形似经历决定"。②王宁在《文学研究中的文化身份问题》中也指出:"文化身份(cultural identity)又可译为文化认同,主要诉诸文学和文化研究中的民族本质特征和带有民族印记的文化本质特征"。③借助陶家俊对身份认同的分类,可以认为马哈福兹叙写的是对阿拉伯民族的集体身份认同,即"文化主体在不同两个文化群体或群体之间进行抉择。受不同文化影响,文化主体须将一种文化视为集体文化自我,将另一种文化视为他者。"④

一个民族的文化身份认同,是通过该民族文化在人们日常生活中的反复渗透得以实现的。"一种民族文化只有通过自己文化身份的重新书写,才能确认自己真正的文化品格和文化精神。这种与他种文化相区别的身份认同,成为一个民族的集体无意识和精神向心力。"⑤小说用大量的篇幅讲述伊斯兰文化对于嘉瓦德一家三代人的影响,这些文化元素深深烙印在每个家庭成员身上,指引他们的生活乃至人生抉择。

马哈福兹自幼研读《古兰经》,终生对这部经典推崇备至。纳贾乌·纳高什的《纳吉布·马哈福兹回忆录》记录下了马哈福兹对《古兰经》的感情,马哈福兹曾坦言:"我一生中没有哪本书是读过一遍以上的,但是《古兰经》例外。我从小就读它,而且坚持每天读,哪怕只是一小部分。"⑥对《古兰经》的熟悉使得马哈福兹对伊斯兰教教义深谙于心,也使得他的文

---

① Stuart Hall, "Introduction: Who Needs 'Identity'?" in Stuart Hall and Paul du Gay (eds.), *Questions of Cultural Identity*. London, Thousand Oaks, New Delhi: Sage Publications, 1996, p. 2.
② 王晓路等:《文化批评关键词研究》,北京:北京大学出版社,2007年,第283页。
③ 王宁:《文学研究中的文化身份问题》,《外国文学》第4期,1999年8月,第48—51页。
④ 陶家俊:《身份认同》,赵一凡编:《西方文论关键词》,北京:外语教学与研究出版社,2006年,第465页。
⑤ 王岳川:《后殖民主义与新历史主义文论》,济南:山东教育出版社,1999年,第147页。
⑥ 陆怡玮:《积极入世的宗教观——从〈三部曲〉看马哈福兹的伊斯兰教信仰》,严庭国编:《阿拉伯学研究》第1辑,上海:华东师范大学出版社,2009年,第143页。

学语言染上独特的民族风格。因此他选择以宗教作为核心来表现阿拉伯—伊斯兰文化。

除了"六信""五功"①在文中多有涉及,清真寺文化也得到清晰展现。侯赛因清真寺成为小说中伊斯兰文化的一个符号。人们除了每日五次定时礼拜外,每周五的聚礼日居住在一个城市或相邻地区的人都要聚到某个大寺礼拜,听伊麻目②演讲。而在开斋节和宰牲节两大节日,会礼也会更加隆重,与会人数更多。童年时代的马哈福兹经常陪同母亲去朝拜侯赛因陵墓,"每次陪她前往侯赛因陵墓,一进清真寺,她就让我诵读《古兰经》的'开端章',并且亲吻圣陵,这些事情让我心中涌起庄严与敬畏的感觉。"③他将对这座清真寺的感情寄托在小说之中,侯赛因清真寺不仅作为背景多次出现,也成为艾米娜和凯马勒母子最为向往、交流情感的地方。书中写道:"凯马勒多少次站在陵墓前浮想联翩,要是自己的目光能穿过陵墓,瞻仰到侯赛因端庄的遗容有多好。"他"每天早晚都要路过侯赛因清真寺,这使他特别激动的心情稍许平静了一点,但是只要一看到这座清真寺,他就会为侯赛因念开端章,即使一天里路过多次也照诵不误"。④因此当凯马勒听说侯赛因清真寺里面什么都没有时,他不敢相信,第一次感到自己的信仰受到打击。母亲艾米娜对清真寺的向往则更为强烈,"能够到这里来瞻仰足以使她陶醉了","她的脚刚踏上寺内的地面,立即感到自己的肉体融解在温顺、同情和怜爱的感情之中,灵魂升腾而起,在天空中展翅飞翔,神圣和灵感的光辉把天空照得透亮。"而"当她发现自己身不由己地被推拥着离开清真寺时,真有种失魂落魄的感觉。"⑤

马哈福兹以自己的视角将身为传统穆斯林的嘉瓦德一家普通的家庭生活场景表现得淋漓尽致,直观地为读者展现了伊斯兰—阿拉伯文化;而另一方面,因其身处现代埃及的动荡时期,正值东西方思想文化的激烈碰

---

① 六信:信真主安拉、信天使、信经典、信使者、信前定、信末日审判。五功:念功、拜功、斋功、天课、朝觐。

② 也称伊玛目,原是阿拉伯语中的"领袖",逊尼派中该词亦为此意,是伊斯兰教集体礼拜时在众人前面率众礼拜者。在什叶派中,伊玛目代表教长,即人和真主之间的中介,有特别神圣的意义,《古兰经》中的隐义,只有通过伊玛目的秘传,信众才能知其奥义。

③ 陆怡玮:《积极入世的宗教观——从〈三部曲〉看马哈福兹的伊斯兰教信仰》,严庭国编:《阿拉伯学研究》第1辑,第143页。

④ 纳吉布·马哈福兹:《两宫间》,陈耀中、陆英英译,上海:上海译文出版社,2003年,第41页。

⑤ 同上书,第141—142页。

撞,他也通过他所塑造的人物传达出对"他者"的态度和看法,以及对本土文化的坚守。

"他者"(Other)的概念是相对于"自我"出现的,这与西方二元对立的哲学渊源有直接关系。笛卡尔提出"我思故我在",主、客体被分离,客体逐渐成为与主体对立的"他者"。黑格尔的"主奴辩证法"(dialectics of master and slave)通过奴隶主和奴隶之间矛盾却互为依存的关系,论证了他者是自我意识完成所不可缺少的。"他者"至此才被概念化。此后,德里达基于对近代哲学二元对立的不满,创造了"解构"这一颠覆性方法,目的是以去中心化的方式揭示传统哲学对立项中的不平等关系。以往作为客体的意识对象不再是依存于意识而产生的结果,而是意识过程的参与者,与主体互为依存。而个人的意识势必与他人的意识产生互动,构成共同体,这种主体之间的互动或共同体称为"主体间性"。而萨特在《存在与虚无》中设想自己通过锁孔窥视他人,此时我的凝视对象是他人,他人是我的意识对象;但是如果我听到脚步声,立刻会意识到他人也会注意到我,随即产生羞耻感,羞耻"向我揭示了他人的注视和这注视终端的我本身,使我有了生命"。[①] 也就是说,只有在别人的注视下,我才可能体验到"我"的存在。

"他者"最原初的概念,是"自我"的对照物,后现代主义者将其广泛应用于文化研究,赋予它文化意义上的概念:"人们将一个人,一个群体或一种制度定义为他者,是将他们置于人们所认定的自己所属的常态或惯例(convention)的体系之外。于是,这样一种通过分类来进行的排外的过程就成了某些意识形态(ideological)机制的重要组成部分"[②]。由此可知,"他者"的确立实质是为确立自我身份。他者指涉何人?一般来讲,是处于二元对立中弱势的一方,作出划分的是强者。无论是男权社会中的女性,还是文化归属上处于劣势的东方,都是意义上的"他者"。实际上,从西方国家普遍进入资本主义,对东方进行殖民掠夺开始,东西方交流的不止是政治与经济,更深层次的是文化的碰撞。当一种文化对异文化产生想象,就产生了他者形象。这种东西方关系的描述被后殖民理论广泛应用于殖民者与被殖民者的关系。正如萨义德(Edward W. Said)在《东

---

① 萨特:《存在与虚无》,陈宣良等译,北京:生活·读书·新知三联书店,1987年,第338页。
② Jeremy Hawthorn, *A Glossary of Comtemprary Literary Theory*, London, New York, Melbourne : Routledge, Chapman and Hall,1994, p. 207.

方学》中所说,帝国主义是一种西方优越论的话语建构。援引当时的英国外交大臣亚瑟·詹姆斯·贝尔福(Arthur James Balfour)的话:"西方民族从诞生之日起就显示出具有自我治理的能力……显示出自身的长处……。我们可以看一看那些经常被人们宽泛地称作'东方'的民族的整个历史,然而你却根本找不到自我治理的痕迹"①。

在后殖民理论背景下的"东方学"(Orientalism)中,东方是落后愚昧、暴虐独裁的代名词,与西方世界的文明进步相距甚远。在西方人眼中,

> 东方人或阿拉伯人容易受骗,"缺乏热情和动力",大都沦为"阿谀奉承"、阴谋和狡诈的奴隶,对动物不友好;东方人无法在马路或人行道上散步(他们混乱的大脑无法理解聪明的欧洲人一下子就能明白的东西:马路和人行道是供人们散步用的);东方人对谎言有顽固的癖好,他们"浑浑噩噩,满腹狐疑",在任何方面都与盎格鲁—撒克逊民族的清晰、率直和高贵形成鲜明对比。②

而马哈福兹借笔下的人物反驳了西方学者的观点,在他的笔下,我们看到阿拉伯人民恪守"安拉"的教诲,对待邻居、朋友热情好客,处处表现出谦虚谨慎,以防遭到别人的"独眼"。怜惜动物,宰鸽杀鸡时,要念诵'以真主的名义',并恳求真主宽恕,然后才动手杀它,并将其归于大恩大惠的真主慷慨赐予其奴仆的权利。他笔下的嘉瓦德先生、亚辛这些传统穆斯林,虽然行为放荡,贪图享受,但他们仍然具备阿拉伯民族慷慨、大方的性格,对待亲人感情真挚,因此读来让人备感温暖,这也流露出马哈福兹对他本族人民的由衷喜爱。

相对而言,马哈福兹作为一个东方人,西方殖民者就成为了他的对立面,也就是"他者",面对西方的殖民者和先进文化,如何看待西方人,如何对待西方文明,如何努力在西方文化侵蚀中寻找自我身份,是其小说的应有之义。在"三部曲"中英国殖民者的形象寥寥无几,多在人物之间的谈话或从人物旁观的角度出现,但却随情节的展开有所改变,也更为丰富,人物对他们背后所代表的西方文明也有了更为深入的思考。

1. 因人而异的"他者"

作为一部颇具政治色彩的小说,面对"他者",不同阶层不同身份的人

---

① 萨义德:《东方学》,王宇根译,北京:生活·读书·新知三联书店,2007年,第40页。
② 同上书,第48页。

都有各自的看法。马哈福兹将不同类型的人集中在嘉瓦德家,还原了当时的社会现实。法赫米就读于法学院,热衷政治,他参与游行、散发传单无疑是其爱国主义的明确表现,他用自己的牺牲证明了他对自己民族身份的认同。在他心里,作为"他者"的英国人,是埃及人的敌人,要坚决将其驱逐出境。而传统的穆斯林,如嘉瓦德先生和艾米娜,他们关心政治但对政治并无了解或置身事外。嘉瓦德先生作为一个商人,他虽然爱国,可以在全民委托书上签字,但更看重维护自己平稳的生活,因此决不允许自己的儿子参加革命。即使在法赫米牺牲后,他也依然认为就是因为儿子不听从他的命令才会白白送命。伊斯兰传统文化中父权占有绝对权威,嘉瓦德先生坚守这一理念,因此面对自己老去子女都不再服从自己时颇感气愤但却无奈。在艾米娜身上我们可以看到伊斯兰妇女的善良但却封闭,"她对这些事情颇感兴趣,尽力想搞明白,一有机会还会毫不迟疑地插入几句,并不在乎她的观点常常让儿子们同情地笑她无知。"她不知道伦敦是何处,对于要求英国撤出埃及的请求,她表示不解,因为英国已经在埃及待了多年,"我们做邻居生活了这么多年,讲'人情'也不该跟他们过不去,怎么可以跑到他们的国家公开对他们说:'你们从我们那里滚出去!'"而对于维多利亚女王,她也依然按照普通的伊斯兰妇女来看待,认为她终究是个女人。"女人的心肠总是软的。只要他们好好跟他说说,懂得如何讨好她,她会抚慰他们的……",①而此时维多利亚女王早已去世了。对于艾米娜来说,让她相信"为祖国冒险是一种责任"那比登天还难。在她的眼里,祖国就像剪下的指甲那样无足轻重。"英国人统治我们这么长时间了,我们不是照样活着吗?你们几个不都是在他们统治下出生的吗!孩子,他们既不杀人,又不捣乱清真寺,穆罕默德的民族一直过得挺好的嘛!"②诚如林丰民先生所说,一定意义上,"在西方读者/评论家的眼里,作品所表现出的阿拉伯人的淫荡、性变态,无序的政治运作、漠然麻木的民众,正好符合了他们对他者东方的想象。"③

此外,欣赏也是对"他者"的态度之一。马哈福兹曾坦言,他那个时代的作家普遍有种"洋人情结",即认为阿拉伯文学本身没有多大成就,比不

---

① 纳吉布·马哈福兹:《两宫间》,第 256—257 页。
② 同上书,第 295 页。
③ 林丰民:《阿拉伯现当代作家的后殖民创作倾向》,《国外文学》(季刊)第 2 期,2004 年 4 月,第 13—21 页。

上欧美作家。① 这类人在《两宫间》中则化身为如亚辛和凯马勒,他们对西方怀有疑惑、好奇抑或喜爱。小说写道,英国人在嘉瓦德家居住的街道驻兵,家里人一片慌乱,凯马勒第一次见到这些士兵时的本能反应不是恐惧,而是自语道:"他们的脸长得真好看!"而且对哥哥表示"非常喜欢,我原先以为他们都长得像魔鬼呢。"② 有人时的表现更为极端,他借给英国兵火柴得到感谢,"他高兴得如同喝醉了酒似的走回家中。今天他多么幸运啊!一个英国人——不是澳大利亚人或印度人——对他微笑,向他道谢!在他的想象中,英国人是人类完美的典型。也许他表面上也像所有的埃及人一样憎恨英国人,但他内心深处却尊敬和崇拜他们,甚至认为英国人是用与其他人种不同的泥土做成的。……他怎么能相信他们会做出人们指责的那些野蛮行为呢?""围困"的凯马勒时,亚辛却出面阻止,只是虚惊一场。凯马勒对待英国人的态度,也与法赫米完全相反。他给他们唱歌,夸赞他们长得好看,法赫米却深感忧虑,尤其是听到英国人问及家里有没有女孩子时。面对凯马勒对英国人的欣赏,他深表遗憾,说弟弟是个"叛徒","一块巧克力就把你收买了"。③ 友善对待殖民者的人屈指可数,也不能被埃及广大民众所接受。马哈福兹就以嘉瓦德家的遭遇表现了当时人民对于英国人的痛恨。亚辛在跟随父亲去清真寺做主麻礼归来时,亚辛被爱资哈尔大学的青年学生指认有几次在宫间街与英国人亲密交谈,认定是卖国贼,幸得法赫米的解救。而法赫米心仪的姑娘玛丽娅更因与英国人朱利恩有私交,引起了艾米娜的不满,因为玛丽娅的行为与伊斯兰妇女不得私下约会男子的准则相违背,何况这个男子还是个外族人,故而法赫米的订婚愿望落空。这些细节也表现了当时传统阿拉伯人对"他者"的厌恶、排斥,但是作为知识分子代表的凯马勒在少年时期却已不自觉地表现出对西方世界的欣赏与喜爱。

2. 带有"他者"符号的想象对象

在第二部《思慕宫》中,作为"他者"的西方殖民者形象隐退为带有西方符号的阿拉伯人,他们虽是阿拉伯人,但多在欧洲生活过一段时间,回到埃及也仍保留着原有习惯,明确表示居住地优于本国,并且希望能定居

---

① 林丰民:《阿拉伯现当代作家的后殖民创作倾向》,《国外文学》(季刊)第 2 期,2004 年 4 月,第 13—21 页。
② 纳吉布·马哈福兹:《两宫间》,第 316 页。
③ 同上书,第 342 页。

欧洲的人。这类人在小说中的代表是凯马勒的好友侯赛因、哈桑以及他的梦中情人、侯赛因的姐姐阿依黛。侯赛因梦想去巴黎,在那里"不用守规章制度或考试的限制,过上崇高美好的生活"①,甚至讥讽埃及"最伟大的古迹就是坟墓和干尸","也许在法国比在埃及更热爱它"。他反感凯马勒的爱国主义,认为那是"世界通病",所以他"喜欢法国,喜欢法国人一些与爱国主义不相干的特点"。②虽然这种话让人难受和遗憾,但凯马勒并没有发火,不管侯赛因怎样,他都会对他满意。有一部分的原因是因为侯赛因是阿依黛的弟弟,"阿依黛已经习惯讲法语了,这一方面是为了冲淡他偏爱民族语言的热情,另一方面是对他的鉴赏力施加影响,让他知道讲法语是上层女生的一个标志。"凯马勒面对美景感叹"赞颂全归伟大的真主",侯赛因取消他"在任何事情中发现的不是真主就是赛阿德·宰格鲁勒",这句话将两个友人明确的划分开来,一个是坚定的穆斯林并热衷政治,而另一个嘲讽政治和宗教。而凯马勒心里清楚,

> 侯赛因对宗教几乎毫无兴趣,而这位女神显然更不如她弟弟,她有一天不是曾经说过,她在梅尔迪雅上过基督教教义课,到教堂做过礼拜并唱过圣诗吗?可她却是一个穆斯林!尽管她对伊斯兰教一无所知,但总归是一个穆斯林呀!……我爱她,爱到崇拜的程度。我还爱她的宗教,尽管我的心感到针刺般的痛苦。我不能否认这些,真主啊,宽恕我吧!③

得知凯马勒想成为作家,阿依黛就推荐她看法国作家的作品。她和侯赛因一起劝说凯马勒尝尝猪肉,别做那种拘泥呆板的清教徒。侯赛因他们的父亲依然会遵从老规矩,隆重地庆祝斋月,但是两个孩子却已打破了惯例,不再坚持斋戒。因为他们的保姆是个希腊人,对基督教的教义比对伊斯兰教知道得多。凯马勒对阿依黛的迷恋,甚至为有违自己的信仰而深感自责,这样的关系设立隐喻当时的知识分子想要接触并进一步深入了解西方文化的社会现实,但又对传统的伊斯兰文化无法割舍的矛盾心情。而阿依黛最终和哈桑结合,移居外国,凯马勒的幻想终于破灭,则象征着东西方文化之间的关系无法平等,西方不可能真正接纳东方。阿

---

① 纳吉布·马哈福兹:《思慕宫》,陈耀中、陆英英译,上海:上海译文出版社,2003年,第134页。
② 同上书,第166—167页。
③ 同上书,第162页。

依黛最终回到埃及,并且后来夏达德家族的没落则预示着放弃本国传统,一味追求西化并不能长久。

3. 坚守信仰,正视"他者"

在师范学校就读之后,凯马勒接触到了更多的西方先进思想,这也进一步加深了他内心对于宗教和科学的抉择,凯马勒相信了以"进化论"为代表的科学,而这遭到了代表传统穆斯林的父亲的不满。艾哈迈德老爷在报纸上无意看见自己的小儿子凯马勒署名的文章,内容涉及对达尔文《物种起源》的介绍,父亲对此勃然大怒,痛斥"达尔文离经叛道,中了魔鬼的圈套","是不折不扣的库夫尔",不断地指责儿子为什么要写这种题目,"妄图迫使儿子为了捍卫神话而去攻击科学"。连一向温顺柔弱的母亲也忍不住发话:"指明那些反对真主言词的人的错误太容易了!你告诉这个不信真主的英国人:真主在尊贵的《古兰经》里说,阿丹是人类的始祖。你的外公就是个宣传《古兰经》的人,你应该走他的道路"。① 马哈福兹选择"进化论"有其深意,这一冲击"上帝造人"的现代理论曾在欧洲掀起轩然大波,现今埃及也同样面临着传统与现代的激烈冲突。"《三部曲》的构架也可以明显地看出进化论在其中所起的作用"。②

马哈福兹对苏菲主义的关注由来已久,对于凯马勒的困惑,他也选择用苏菲主义来化解。虽然神话、迷信已经从他的头脑中消逝了,但他无法放弃他的宗教,"我不是叛教者,我依然信奉真主。"他立志将自己的一生奉献给哲学研究,坚信"献身于思想的生活,才是最高尚最伟大的生活"③,为此,他不屑做一名法官出人头地,他的崇高追求无疑代表着苏菲主义的价值取向。然而他用"哲理学和伦理学"的方法来"研究真主的特质,以及真主的形迹和万物的实质"④,陷入虚无中,这种消极避世,寻求解脱的思想,也有着苏菲派"遁世灵修"的影子。马哈福兹对苏菲主义的认同,首先在于他们的修炼方式,即对安拉的探寻。"对苏菲教徒来说,安拉不是以逻辑推理得出的普通结论,也不是由研究社会状况而获得的思想,他是我们内心深处所感受到的高尚内容。经过冥想和净化的艰苦努

---

① 纳吉布·马哈福兹:《思慕宫》,第311页。
② 陆怡玮:《积极入世的宗教观——从〈三部曲〉看马哈福兹的伊斯兰教信仰》,严庭国编:《阿拉伯学研究》第1辑,第145页。
③ 纳吉布·马哈福兹:《怡心园》,陈耀中、陆英英译,上海:上海译文出版社,2003年,第65页。
④ 同上书,第66页。

力,我们为能有如此感受而幸福无比。"①

虽然马哈福兹深信以科学为基础的社会主义会将人们引向光辉的未来,但也担心传统伊斯兰社会可能会因失掉宗教信仰而重蹈西方现代文明崩溃的覆辙。因此他并不赞同苏菲派的静修,"一个人最好经常考虑他心里的梦想。既然有梦想,遁世绝俗就是一种逃避……人总的责任是永远革命,那就是坚持不懈地去实现生活的目的,使生活向着最高的目标发展。"②小艾哈迈德走上了社会主义的道路,阿卜杜·蒙伊姆加入了兄弟会,凯马勒也走出了书斋,投身到生活的洪流中。马哈福兹并没有交代结果如何,但是我们可以看出马哈福兹试图将伊斯兰文化与社会主义结合,将科学与信仰结合。这样的入世宗教观对原教旨主义来说无疑是"离经叛道"的,却更具现实意义。

结　语

赛义德阐述东方学时"一方面强调要恢复东方社会的民族语言和民族文化,另一方面强调要打通东西方民族文化间的藩篱,主张东西文化间的共荣共生。"③"开罗三部曲"虽借鉴西方写作技巧,但依然可见传统影响的烙印之深。马哈福兹将文化冲突内化为本土情结,将东西方文化的碰撞转换为对本民族文化的忠诚和热爱,寻求多元文化和谐发展。坚持本民族书写,让西方更多地了解东方,才有助于东方文学进一步走向世界。

---

① 李琛:《阿拉伯现代文学与神秘主义》,北京:社会科学文献出版社,2000年,第170页。
② 纳吉布·马哈福兹:《两宫间》,第285页。
③ 张其学:《非殖民化中的文化抵抗与民族主义——对赛义德非殖民化思想的一种分析》,《学术研究》第6期,2004年6月,第67—70页。

戈迪默文学中黑人与白人的身份认同问题
——以《朱利的族人》《我儿子的故事》《贝多芬是 1/16 的黑人》为例

杜冰卉

【作者简介】 杜冰卉,天津外国语大学比较文学研究所研究生。研究方向:东方文学。

1991年诺贝尔文学奖得主是来自南非的纳丁·戈迪默。作为生长于南非的欧洲移民二代,文化的跨越和混合使得她对发生在这片土地上的事情有着更为敏锐而深切的体悟。正如萨义德对移民作家优势的赞扬:"当我'流放'的时候,我并不意味着某些悲伤或被剥夺的东西。相反,属于帝国分界线两边确保你更容易理解双方。"戈迪默对种族隔离制度影响下黑人和白人的生存境遇都有所关注,并通过文学作品对他们所面临的问题加以思考和探索,身份的认同与建构问题就是其中显要的一个。

身份认同是后殖民文化研究中的一个重要概念,主要表现两种或两种以上文化并存时,个人或群体对其中某一种文化集体的归属性选择。多表现为通过种族、阶级、性别等具有高辨识度的方式来确认自己在社会中的文化身份,并期望得到别人的认同。伴随着帝国文化与殖民地文化之间的相互作用,不可避免地出现了文化的流动与杂糅,个体身份问题也不断面临着颠覆与重构。本文将借助后殖民主义理论,以戈迪默从种族隔离到后种族隔离时期的三部代表性作品《朱利的人民》(1981)、《我儿子的故事》(1990)、《贝多芬是 1/16 的黑人》(2007)为例,分析她笔下的黑人和白人在不同时期的身份认同与建构状况。

一、戈迪默和她写作中的身份视角

戈迪默的文学作品带有浓厚的政治气息，再现了种族社会的病态特征，思考并探索了受时代、种族影响的黑人和白人身份认同问题。她对身份问题的敏感和关注与她的个人经历不无关系。

戈迪默父母是来自欧洲的犹太人，她出生在南非的一个多有犹太人和黑人居住的斯普林斯小镇，1923年出生的她历经并见证了南非种族隔离制度的推行与瓦解，黑白两个人种的争斗以及弱势人种的痛苦给她留下了深刻的印象。戈迪默的文化教育也是在南非完成的，从小喜欢阅读的她深受美国左翼作家厄普顿·辛克莱的影响，意识到殖民者推行的种族隔离制度对黑人和白人自身都带来了危害。虽然属于帝国流散群体，但作为受到传统欧洲文化和移民地文化双重影响的移民二代，她并没有表现出白人的优越感以及对帝国文化的完全认同。相反，戈迪默反对白人推行的种族隔离制度，选择以南非为自己的祖国，希望建立一个黑人、有色人种和白人身份地位平等，各色人种能够和谐共处的新南非。特殊的身份和生活环境使得她对受殖民主义和种族隔离制度影响的黑人与白人的身份问题有着深入的感触和思考。

戈迪默认为文学应该而且能够在历史的变革中发挥作用，具有强烈社会责任感的她决心用文学创作反映自己国家。长久以来，她的作品都以一种介入的姿态反映着南非的社会现实并对生活在那里的人们所面临的身份认同问题进行思考和探索。诺贝尔文学奖在给戈迪默的授奖词中提及了她的这一创作宗旨："戈迪默以热切而直接的笔调描写了她所生活的环境中那极为复杂的个人和社会关系。同时，由于她感受到一种政治上的卷入感——并在此基础上采取了行动——她却不允许这种感觉侵蚀她的写作……她的文学作品提供了对这一历史进程的深刻洞察，并帮助塑造了这一进程……她的获奖是因其壮丽史诗般的作品使人受益匪浅。"①

复杂的个人和社会关系在戈迪默的文学作品中主要表现为伴随着不同种族、性别和阶级之间的文化碰撞而来身份认同问题，在强弱文化的更迭以及相斥和杂糅中，无论是黑人还是白人都面临着文化选择和身份认

---

① 纳丁·戈迪默：《我儿子的故事》，莫雅平译，南京：译林出版社，1993年，第261页。

同的问题。拒绝政治上的卷入感使得戈迪默无论是面对种族隔离时期的白人当政还是后种族隔离时期的黑人掌权,她都不会让政权左右自己的写作,而是以人性和对个体生命的尊重为基点保持着个人的价值判断,这也为她赢得了"南非的良心"的美誉。但同时,我们要意识到的是虽然戈迪默拒绝政治上的卷入感侵蚀她的写作影响她的价值判断,但这并不代表她的作品摒弃了政治元素。南非的特殊历史使戈迪默生活在充满政治的社会氛围中,无论是社会秩序还是生活方式都为政治所决定,根本不存在人们愿不愿意卷入其中的问题,而是本就生活在政治之中,政治元素也就无可规避地进入到了受时代环境影响的文学创作中。

总体来说,戈迪默的文学书写是个人化地对待南非政治和历史的表现。她的个人化既是指她不受政权影响的来源于自己内心的独立价值判断,也是指独特的人生经历为她带来的个人化的关注视角。她曾说:"我开始写作是出于对生活的惊奇,想发现其中的奥秘,这是我探寻生活的方式,我想所有的艺术家都是这样。我不认为哪个真正的作家是因为政治因素而写作的。"① 也就是说她的写作是展现她对生活的个人化认知和探索。库切也曾评价戈迪默说她的创作是在探索她个人的历史处境和历史角色,也就是对她个人身份归属的探讨。这一评价敏锐而到位,戈迪默身份的特殊性使她对生活在两种文化之中的人的身份问题有着深刻的体悟,她的作品记述了很多像她一样受殖民主义影响而面临身份认同困境的人,不仅有受殖民文化影响的黑人也有受到殖民地文化影响的白人。随着政权和经济权的更迭,个体在强势文化和弱势文化之间进行集体身份选择时面临着身份的变异和精神的磨难,本文将要分析的三部小说对此有着鲜明的呈现。

二、黑人与白人身份的消解与重构

后殖民理论家霍米·巴巴认为,宗主国和殖民地文化并非是截然的二元对立,而是相互作用的关系,既有相互排斥的部分,也有相互融合杂糅的部分,杂糅带来的是对两种文化的消解以及新文化的重建。身份认同主要表现为个体或群体对某一集体文化的认同,文化的变动不可避免地影响到身份的确定性。在他看来,身份并不是一种固定的属性,而是一

---

① 纳丁·戈迪默:《我儿子的故事》,第295页。

种具有功能性的结构,具有临时性的特征,来自于各种差异的相互妥协。纵观戈迪默的文学作品,可以发现她笔下的黑人和白人的身份文化特征处于一种不断地变化之中,并在互为他者的过程中通过模拟的方式相互消解和重构。下文将以戈迪默从种族隔离时期到后种族隔离时期代表性的三部作品为例,将她对黑人与白人身份认同问题的描述和思考做历时性地分析。

《朱利的族人》(*July's People*,1981)是戈迪默获得诺贝尔文学奖的扛鼎之作。这个作品的创作背景正如戈迪默在篇首引用的安东尼·葛兰西《狱中札记》里的一段话:"旧的正在死亡而新的还未能诞生;在这个空位期,产生了大量病态的征兆。"①当时南非黑人革命运动和解放运动此起彼伏,白人政权面临危机,种族隔离政权行将崩溃。所谓空位期指的也是两个政权交替的时期,此时黑人与白人所表现出的身份文化特征是过去种族隔离制度的结果,也是未来身份走向的新起点。这部小说以前瞻性的视角描写了黑人和白人的未来前景,被称作是一部带有预言色彩的小说。戈迪默对当时黑人身份认同问题的探讨体现在主人公朱利身上。黑人朱利来自远离白人居住中心的边缘乡村,在城中毕恭毕敬地为斯迈尔斯一家服务了十五年。他把自己定位为白人的"奴仆",虽然巴姆和莫琳一直拒绝他喊他们为"主人"。出于工作需要,朱利学习了白人的语言也就是英语,但他所掌握的也只是实用的命令应答类的语言,而非是情感交流性的语言。白人的生活方式和居住环境也一直是朱利对自己村人吹嘘的内容,这也从侧面反映了他对白人文化的向往。在逃离城市来到乡村脱离了种族歧视的大环境后,朱利依然以仆人的身份为斯迈尔斯一家服务,种族隔离制度推行的黑白高下有别的意识形态已经为他所内化,内心的殖民化使他面对失去了种族隔离制度和歧视性的法律保护的白人依旧把自己当成仆人。

与黑人朱利相映照的是白人斯迈尔斯一家。男主人巴姆和女主人莫琳是带有人文主义思想的白人,声称不歧视黑人,对黑人采取平等的态度,多次拒绝朱利称呼他们为主人,但当莫琳发现朱利对他们态度没有以前那么顺从时,主人地位的淡化使她觉得自己是受到了侮辱。同时莫琳在与朱利村中的黑人相处时表现出了无所适从,身份失落和转变让她变得焦虑。因此这所谓的平等也只是在黑人不触犯白人利益和地位时的同

---

① 纳丁·戈迪默:《七月的人民》,莫雅平译,桂林:漓江出版社,1992年,第4页。

情,地在潜意识中认同的依旧是白黑/主奴这样一种关系模式。

《我儿子的故事》(My Son's Story,1990)是一部以黑人革命者的成长为主题的小说。伴随着黑人自我意识的觉醒和白人政权的瓦解,戈迪默开始思考黑人与白人谁才是南非的拯救者、怎样才能建构一个真正意义上的新南非。小说中的索尼一家是当时黑人身份状况的一个缩影。索尼最初是一名小学教师,也是他们家族第一个学业有成的人,做有意义的事是他的人生信条。在工作中,索尼尽心尽责,除了认真地教好自己的课外还努力地帮学校和学生争取利益,同时他选择通过白人的文化来改善黑人孩子的教育,大胆地走入白人社区,向"扶轮会""狮子社"等白人慈善组织求助,彬彬有礼地请他们派出医生、律师、业余戏剧团和音乐团到学校礼堂演说或演出。在生活上,他模拟着白人中产阶级的生活方式和价值观,狂热地崇拜莎士比亚,家中唯一的一套藏书就是莎士比亚作品集,他不仅自己经常阅读将内容熟烂于胸,也让自己的儿子阅读和背诵,同时他支持妻子通过函授学习知识,提升自己的文化修养,后来自己也参加了函授学校继续学习。索尼对白人文化的认同在他们一家的进城日也有鲜明的表现。每逢周六索尼一家进城买东西,开始是坐公共汽车,后来是他们省钱买小汽车像白人一样开车到城里。在装束上他们也带有模仿白人的痕迹,索尼的儿子威尔同他穿着一样的长裤猎装,他的女儿贝比则穿着有白色褶边的短袜。在城里,他们选择分期付款买家具,索尼会给孩子买点奶油冰糕或花生米,而自己则排长队在酒吧另一边和白人隔开的地方享用几杯难得的啤酒。黑人索尼的白色面具使他在黑人群体中显得与众不同并且得到了极大的尊敬。但此时他对种族隔离政策依旧习惯化地默认,黑人种族没有资格享受白人一样的待遇的观念在他内心被习惯性地认同。在餐馆里,他们没有坐在桌边就餐的资格,吃完食物,他和妻子会小心地把沾满醋的食品包装揉成一团扔进当局设在路边的垃圾篮里;如果想要上厕所,他们会远远地奔向火车站旁为他们专设的厕所;索尼和妻子艾拉拉着孩子的手走过城里两家电影院和图书馆时,他们也不在意他们无权进入。内心的殖民化以及对处于中心地位的白人文化的认同使他们对这些不公平的规则保持认同没有反抗。但可惜的是索尼带着他的家人复制的只是白人中产阶级生活方式的外壳,却并没有抓住白人价值观中的自由和平等。对白人文化的模仿既是对自己原属文化纯粹性的消解也是自我的他者化过程。后来从事革命活动获得一定社会地位的索尼将家从黑人居住区搬到了灰区,和白人杂居在一起。对原属文化和生活的主动分离进一步表明了黑人文化身份的异化。

这部小说中的白人主人公是汉娜是一个帮助黑人革命的白人形象。她以国际人权组织观察员的身份进入索尼的生活,并成为了他的亲密战友和情人。艾拉只能在家庭生活上与索尼合拍,但汉娜不仅能在肉体上给予他满足,而且还能成为索尼社会革命事业的得力助手,并且在精神上给予他安慰和支持。我们可以从为国际人权组织服务的汉娜身上看到部分白人对殖民行为的理性反思以及改变。汉娜和索尼的情人关系也说明了黑人与白人有对话沟通以及友好相处的可能性。

《贝多芬是 1/16 的黑人》(*Beethoven Was One-Sixteenth Black*, 2007)是戈迪默最新出版的一部小说集。此时的南非已从种族隔离时代过渡到后种族隔离时代,在这部小说集中戈迪默通过 11 篇故事延续了对身份问题的关注,考量了后种族隔离时代的身份问题。虽然这些故事中的主人公身份、时代背景、故事情节都截然不同,但都表达了一个共同的主题,即是对身份能够得到认同有所归属的渴望,这里我们主要关注其中一篇与集子同名的小说。在这篇小说里,作者将视角聚焦在了新南非大背景下的黑人与白人的身份转变以及由此带来的心理上和精神上的变化。南非取得独立后,黑人掌握国家大权,颁布了一些对黑人有益的政治经济政策,并对白人原来拥有的权利和享受的利益进行缩减。黑人翻身成了社会的主宰者,经济政治地位得到了极大的提高,从边缘走向了中心。而与黑人相对的白人则随着白色神话的消解从中心滑移到了边缘地位。这次戈迪默小说的一号主人公是处于边缘地位的白人。莫里斯是一位在大学教授生物学的白人,在种族隔离时代,他是白人中的左翼激进派,与黑人朋友一起反抗政府的种族歧视政策。莫里斯曾"扛起大旗,举着标语上街游行""挨警察的揍,好几次被关起来""往墙上刷颠覆政府的宣传画"[①]。一系列的反政府运动使莫林斯失去了在白人群体中立足的根基,当时的他唯有留守在与他和他的少数黑人同志建立起来的小片圈子里。随着莫里斯之辈的反政府运动,种族歧视最终破产,但像他一样与黑人站在一边的白人因自己的肤色、黑人复仇心理和狭隘的民族主义而面临着岌岌可危的身份危机。莫里斯在物质消费上保持着低调,也不敢表现出对热点时事的关心,怕会引起人们对他的注意,否则"那又将引起

---

① 纳丁·戈迪默:《贝多芬是 1/16 的黑人》,叶肖译,南京:南京大学出版社,2008 年,第 8 页。

另一轮争论,一轮关于他的争论"①。如果说,在种族隔离时代,放弃与当权白人政府的文化保持认同的莫里斯在他的黑人同志群体里寻找到了身份归属,那么在后种族隔离时代,游离于黑人与白人之外的莫里斯则失去了自己身份的归属。无所适从的生物学教授莫里斯想出了一条出路,既通过与黑人产生血缘关系来使自己获得黑人集体的认可。当年黑人参加革命斗争,为的就是人类不再以血液进行区分,不再有种族歧视。可是革命获得成功后,黑人又以血液来区分自己和白人,将白人边缘化,出现了新的种族歧视。在白人莫里斯对白人群体的背弃和黑人群体的选择中我们看到了他身份的消解与重构,身份的滑动也为他带来了精神的磨难。戈迪默还在这篇小说中提及了当下黑人身份的状况,曾经参与革命的黑人同志不少都挤入了更高的社交圈,有的进入了内阁。曾经是廉价矿工,只能被白人矿主剥削压榨的黑人们,如今却在自由自在地享受现代生活。黑人学生们则大胆地针砭时弊,自由组织团体运动。整个南非一派黑人翻身做主人的新气象。随着黑人对政治经济权的掌握,他们在殖民时期的奴仆身份逐渐消解,重新建构成了社会主宰者的身份。而黑人与白人的关系则面临着重现种族隔离时期等级化二元对立的危险。

在这三部小说中,处于两种文化之间的戈迪默以她灵活而广阔的视角既关注到了黑人也关注到了白人。随着政权的更迭,环境的变化,黑人和白人的身份也处在不断地消解和重构之中。在白人殖民时期,黑人面对政治经济权的失落以及种族优劣意识的影响,自卑感油然而生,他们觉得自己不如白人,好像是白人的"他者"一样,处于弱势文化的他们出于经济或者政治的原因,对强势的白人文化从不情愿的接受逐渐走向了内在化的认同,有色人种低于白人人种的观念在后天的不断灌输中逐渐内化成了一种集体无意识。一方面出于对政治经济利益的追寻,另一方面出于内心自卑感的作祟,弱势的黑人不断地向强势的白人文化妥协靠拢乃至认同,身份定位也在文化的不断选择和异化中消解又重构。小说中,深受种族隔离制度影响的黑人朱利学习白人的语言,是出于经济利益的需求,为了能谋得一份能挣钱的工作;对自己同村人夸白人的生活方式,既是从内心认同白人比自己优越也是从另一个方面表明自己比那些没有接触过白人的黑人优越;毕恭毕敬地为白人服务,当白人失去了政治的依靠时依旧不自觉地把他们当成主人,内心的殖民化使他即使在殖民者缺席

---

① 纳丁·戈迪默:《贝多芬是1/16的黑人》,第11页。

的情况下依然把自己摆在低微的奴仆地位。从朱利身上我们不仅看到了黑人对白人语言文化的机械模仿也看到了他们平等自由意识的缺乏以及自我意识的淡化,黑人在白人强势文化的侵袭下面临着自我身份的消解与新身份的建构。

如果说朱利身上表现出的是黑人内心的殖民化以及对白人文化的机械模仿,那么戈迪默笔下十年后的新主人公索尼则代表了黑人对白人文化的深层认同以及对自我价值的发掘。索尼对白人文化的认同不仅限于命令式单词掌握和对白人生活方式的羡慕,他完成了教育并且极其热爱莎士比亚,不仅表现出了对白人价值观的认同也身体力行地模仿着白人中产阶级的生活方式。与朱利相比,他对殖民文化的接受更深一层,内心也同样被殖民化。自我的异化来自丁对他者文化的认同,索尼内心认为白人优于黑人,主动地认同模仿白人文化,并且想着搬离黑人居住的黑区到黑人白人杂居的灰区,在认同他者文化的过程中逐渐脱离原有的文化环境,将自我主动地他者化,黑人身份在索尼身上得到进一步的消解和重构。在黑人与白人关系的呈现上,索尼和朱利有着很大的不同。朱利与白人是主仆的关系,沟通上多是命令服从式,缺乏情感上的交流;而索尼与白人是情人的关系,这代表黑人与白人关系的缓和以及情感交流的可能性。这也从侧面反映出了白人的高高在上的殖民者身份的消解与重构。

黑人与白人的身份随着黑人自我意识的觉醒和政权的更迭而改变,在白人政权瓦解进入到后种族隔离时代的南非,身份的认同也随着时代和环境而变,面临着新一轮的消解与重构。戈迪默新作中的主人公白人莫里斯开始向曾经处于弱势地位现在处于强势地位的黑人文化寻求认同,而黑人则成为国家政权和经济权的主导者,黑成为了在这个国家生活的一种优势,白人成为了被边缘的他者,黑人致力于消除的种族主义在南非重新上演。面对着社会地位的转换,白人面临优越感失落的无所适从以及文化选择的焦虑,而黑人则面临着传统文化随着长久的殖民或失落或异化的危险,身份认同面临着新的困境。

这三部小说反映了黑人与白人从种族隔离时期到后种族隔离时期的身份变动以及二者关系的转变,在黑白两种文化的相互作用中,黑人与白人的身份不断地被消解和重构。与此同时,他们身上带有多重文化交织的痕迹,打破了原属文化的纯粹性,在自我的他者化过程中表现出了混合性身份认同的特点。混合性的文化身份使人们处于一种两者都属于又都不属于的状态,生活在各种属性之外,同时又生活在各种属性之中,所拥有的从不完整,但又不止一个。文化的重叠使同一身体中"存在两种灵魂,存在着两种思想,两股相互冲突的力量,两种矛盾的理想"[①],文化集体选择的困惑使身份认同陷入困境。

三、对身份认同危机出路的探寻

戈迪默的文学不仅再现了发生在南非这片土地上的故事,还为生活在南非的白人和黑人的身份认同危机做了出路的探寻。身份认同多是对文化的认同,斯图尔特·霍尔曾经对"文化身份"这一概念做出过言简意赅的界定。在霍尔看来,"文化身份"有两种含义。一种是把"文化身份"看作是一种共有的文化,一个共同的、隐藏在众多表层的或人造的"自我"之下的"真正的自我";另一种含义则把"文化身份"看成是一种"成为"和"存在"("becoming" as well as "being")。[②] 这一概念的第二种含义表明了身份的不确定性,在二元文化鲜明对立的情况下,文化身份模糊性使文化重叠的夹缝人受到两个中心主流文化的排斥和边缘,在每个文化阵营都得不到信任和认可,这为身份的认同和归属带来了危机。同时,随着强势文化对弱势文化挤压,弱势文化经历着变异和消亡,在自我的他者化过程中面临着失去自我的危险。

从上文对戈迪默三部作品的分析可以看出,黑人的身份认同危机一方面指的是传统民族文化的失落,比如语言文字、宗教信仰和习俗,另一方面指的是难以消解的内心的殖民化。白人的身份认同危机一方面指的是处于夹缝中的白人既得不到白人主流文化的认可,也得不到黑人的完全接受,集体归属感的缺失使他们变得焦虑压抑;另一方面指的是面对时势的改变,中心地位的失落,他们面临着身份的迷失以及对自我重新定位的挑战。

戈迪默在对黑人与白人的身份认同危机进行展现的同时也进行了思考和探索。对于身份困境的出路,她通过小说的情节安排给做出以下几

---

① Paul Gilmy, *The Black Atlantic*, Cambridge, Massachusetts: Harvard University Press, 1993, p.126.

② Stuart Hall, "Cultural Identity and Diaspora," in Patrick Williams and Laura Chrisman edts. *olonial Discourse and Post-Colonial Theory: A Reader*, New York: Columbia University Press, 1994, p.393—394.

种探讨。

一是白人主动抛弃特权思想和种族优越感,以平等的态度对待黑人。面对身份地位的跌落,巴姆选择了主动与黑人交朋友,喝他们递过来的酒,微笑地看着他们用自己不懂的语言评论自己,教他们使用自己的枪支,把打猎得到的肉拿来与他们分食,努力融入到黑人的生活中去,与他们做朋友,获得新的身份归属。与巴姆相对的是他的妻子莫琳,她难以适应主体地位的失落,对黑人文化的表示抗拒。莫琳在与黑人妇女的相处过程中无所适从,黑人妇女对有着白皮肤的她怀有敌视和防卫心理,而她也不愿意与黑人妇女做朋友。面对孩子们对黑人生活方式的接受和模仿,莫琳觉得十分难堪和尴尬。生活在黑人世界里的莫琳固守着对白人文化的认同,身份归属感的缺失使她倍感孤独感和焦虑,最终选择了对村庄的逃离。巴姆和莫琳在黑人处于主导地位的环境中的不同表现,隐喻性地暗示了当黑人处于主导地位时,白人在南非这片土地上继续生活的最好方式是主动放弃特权思想和种族优越感,抛开肤色,从同为南非人的角度与黑人友好相处。如果像莫琳那样抗拒身份的转变排斥接受文化的多元化,那么伴随固步自封而来的可能是集体归属感的失落和精神上的焦虑,同时莫琳的逃离也暗示了文化的相斥将会导致黑人与白人无法长久共处,如此这般,那种族问题在未来的新南非将依旧难以改善。

二是黑人提高对自我价值的认识和肯定,逐渐消除内心的殖民化。内心的殖民化对黑人的影响是无形而又深远的,这影响能延续到殖民者已经离场的后殖民时代。内心的殖民化不仅影响到黑人主体意识自我意识的觉醒,还使他们处在不停地异化当中。索尼对白人生活方式和趣味取向的模仿表明了他对白人文化的认同,内心的殖民化使他不断地向白人文化靠拢,并且认同了白人对黑人的隔离和限制,同时他也丢弃了本民族的一些文化和价值观,不经常出席家族的宗教活动就是一个例子。小说中的索尼是一个不断成长中的人物,他从个人生活走向社会公共生活,参与革命并且成为了一名优秀的革命演说家,带领一批黑人为解放运动而斗争。自我意识的觉醒和自我价值的肯定使黑人不再接受白人的不公正待遇,努力为自己民族的权益而奋斗。在戈迪默看来,黑人自我意识的觉醒和对自我价值的肯定既有利于祛除内心的殖民化,也有利于黑人当政的新南非的建设。

三是黑人与白人抛弃狭隘民族主义,以"南非人"为共同的身份归属。狭隘的民族主义是一种比较极端的民族主义,表现为自身民族感情的过度膨胀,从而变得忽视或敌视其他民族。狭隘的民族主义主要有两种倾向,要么更封闭要么更具侵略性,这是对南非人民一直想破除的种族主义延续,既给处于弱势地位的民族带来了身份危机,也给平等和谐的新南非的建设带来了阻力。戈迪默笔下的莫里斯是一位受到黑人狭隘民族主义影响的白人。纵使莫里斯曾经与他的黑人朋友站在一起反对白人政府的不公正待遇,帮助黑人争取权益,但革命成功后,他却被黑人朋友遗忘了,并且因为白肤色而被周围的黑人孤立边缘。恰如当年他无法仅仅因为自己的肤色就认同建立在种族隔离之上的白人主流社会,当今黑人解放之初的狭隘民族主义使白肤色的他也无法融入黑人主导的社会。当初黑人为了人类不再以血液成分来做区分而斗争,而今这一理念不知被翻身的喜悦遗忘到了何处。无论是黑人还是白人,抛弃狭隘的民族主义,从都是生活在南非的人的角度来平等共处,而非以肤色、种族来做区分,"南非人"这一身份定位或许能包容各色人种、实现种族间的和谐平等,并且顺应现状重新建构南非的文化共同体。"南非人"是一个带有国族色彩的身份认同走向。本尼迪克特·安德森将民族看做是一个拥有共同历史经历的"想象的共同体",构成民族的关键性因素是文化认同,是在各个小文化单位相互融合又相互扩散中形成的事物。生活在南非的人民有着共同的历史经历,加上不同种族间文化的相互尊重和包容,或许能产生一个各种族共属的集体文化。

　　戈迪默的文学对黑人和白人身份认同问题做出了以上描述和探讨。经历了南非种族隔离和后种族隔离时代的她,文学创作中也带有深深的历史感和无法规避的政治色彩,再现了南非社会中复杂的人物关系和身份困境。强烈的社会责任感使她以积极的姿态通过创作对时代发言,她的书写和思考也多是出自于一个有道德感的知识分子的独立判断,她的作品随着时代的脉搏而动,再现了每个"当下"的白人与黑人的生活和思想状况,并孜孜不倦地为他们的身份认同问题寻找出路。"介入的文学"使我们看到了戈迪默为实现南非的种族自由和平等所作的努力,无论是她的人还是她的文学作品,都当得起人们的敬意。

库切流散写作中的旁观者视角

刘 骏

【作者简介】 刘骏,南开大学文学院博士生。研究方向:东方文化与文化传媒。

伴随着全球性的流散现象,一大批跨民族、跨文化的知识分子在另一民族的文化土壤中进行着文学写作,这正是本文所要讨论的流散写作。流散写作最重要的两支包括了第三世界知识分子在发达国家的文学写作和原宗主国移民后代在原殖民地的文学写作。第二支的流散知识分子也往往被称之为"帝国流散者",库切经常被归为此类。但即使在"帝国流散者"当中,库切也显得十分独特。由于从小特殊的生长环境和复杂的文化身份,库切在写作中常采取一种十分独特的视角,本文称之为"旁观者视角"。它具体是指作家写作的文本中包括了多种角度和立场,作者本身不参与其中而让他们相互映衬和矫正,最后把评判权留给读者。在这种视角下作者仿佛是一个旁观者拒绝发声,所以称之为"旁观者视角"。

一、主动流散与旁观者视角的形成

流散可以分为主动流散和被动流散,库切离开南非去往英国的经历属于主动流散。库切的这一段流散经历是他写作中"旁观者视角"形成的原因之一。那么为何库切要选择主动流散呢?

首先,南非种族冲突的怪圈是他选择主动流散的原因之一。库切的父亲是阿非利卡人(荷裔南非人),母亲则具有阿非利卡人和德国人双重血统。从血统上来说库切的家庭是正统的阿非利卡人家庭,但他们家的生活方式却完全是英国化的。家里的对话都是用英语来进行,孩子们也上英语学校。这一切使得这个家庭在阿非利卡人聚居区显得如此另类。库切的家庭之所以会有这样的选择和南非的种族冲突史有关。1652年荷兰入侵南非,荷属东印度公司占据好望角鼓励移民。大部分白人移民成为自给自足的田园主,这些人就是阿非利卡人的祖先。阿非利卡人和南非土著因为土地问题多次冲突,这在库切的《幽暗之地》中有所描写。小说中库切的先祖雅各·库切因为布须曼人偷走和残害布尔人农场羊只称他们为"迥异的生番,是充斥着野性的兽类"。① 拿破仑战争之后,英国取代了荷兰在南非的殖民地位。阿非利卡人移居南非北部,成立了两个较大的共和国,分别为德兰士瓦共和国和奥兰士自由国。由于觊觎两个共和国的矿石与金矿,英国发动了入侵共和国的布尔战争。这场战争从1880年一直持续到1902年,最后以布尔人投降,两个共和国并入英帝国而告终。在战争中约7000名布尔士兵战死,更为惨痛的是英国人在布尔战争中实行集中营制度,更有多达28000名阿非利卡人死于非人道的集中营里。正是由于英国的血腥屠杀,阿非利卡人在二战期间选择支持德国法西斯来打击英国。二战之后,阿非利卡人的阿非利卡民族主义思想不断膨胀,为了确立本民族在南非的主体地位开始推行种族隔离制度。遭受了英国人迫害的阿非利卡人没有与南非土著和平共处,却用种族隔离制度来迫害他们。南非的历史就不断陷入这种种族冲突循环的怪圈之中。库切父母选择成为说英语的阿非利卡人并不单纯是仰慕英国文化,更重要的是表达反对种族冲突的立场。库切父母的选择影响到了作家库切,培养了他从小反对南非种族冲突的态度,也是因为反对种族冲突的怪圈他逃离南非。

其次,南非存在的宗教信仰霸权是使他选择主动流散的原因之二。南非大约80%的人信仰的是基督教,虽然南非鼓励宗教自由,但是由于宗教本身具有的排他性,宗教信仰的霸权现象在南非是存在的。库切的自传体小说《男孩》中就有关于宗教信仰的叙述。主人公约翰入学的第一天在学校的大礼堂被问及他的宗教信仰,老师只给了他三个选择:基督教、罗马天主教和犹太教。出生在一个没有宗教信仰的家庭,小约翰仅是因为崇拜古罗马英雄霍拉提乌斯而选择了罗马天主教,但就是这个选择使他面临着在学校被排挤的局面。"很显然他犯了一个错误,正确的选择应该是基督徒"②,宗教信仰竟然也有正确和错误之分。在一个以基督徒为主体的国家,其他宗教的教徒就不可避免的陷入边缘地位,这是因为宗

---

① 库切:《幽暗之地》,郑云译,浙江文艺出版社,2007年,第75页。
② 库切:《男孩》,文敏译,浙江文艺出版社,2006年,第18页。

教已经成为一种认同方式。宗教认同指的是具有同一信仰的人群的自我确认和与抱有其他信仰人群的相互区别。基督教徒、罗马天主教徒和犹太教徒各有自己固定的圈子,而由于基督教徒的压迫,三股力量处于互相敌对的状态之中。约翰没有宗教信仰却谎称自己是罗马天主教徒不久即被识破,使得自己脱离于三个圈子之外。这一切虽给他的童年生活带来了无比的孤独,但却让他能够看清楚宗教信仰的实质。库切对宗教信仰的批判在《伊丽莎白·科斯特洛:八堂课》借伊丽莎白之口得以大胆展示,"也许我们创造神明,就是为了能够把自己的过失转嫁到他人头上。他们许可我们吃肉。他们许可我们玩弄不干净的东西。这不是我们的错,而是他们的错。我们只是他们的孩子。上帝说:凡活着的动物都可以作你们的食物,这很方便。上帝告诉我们这样做是允许的。"①在这里,库切质疑宗教只是人类开罪的托辞,这开始于童年关于宗教信仰的记忆。宗教信仰的怪圈使得他逃离南非。

最后,对自身恋母情节的抗拒是使他选择主动流散的原因之三。恋母情结又称作"俄狄浦斯情节",是指儿子亲母反父的复合情节。库切的父亲是一个懦弱无能的人,母亲则是家里的顶梁柱。父亲因为嗜酒,胡乱借钱而导致负债,母亲则出外兼职把债务还清。父亲在家里没有地位,母亲则对库切十分溺爱,这无疑就是一个培养恋母情节的温床。他从来没有经受皮肉之苦,从来没有试着光脚走路,"突然之间,他成了孤零零的一他,他身后,是他母亲。"②库切对母亲的这份溺爱抱着又爱又恨的感情,出于对恋母情节所造成性格扭曲的恐惧,他常常通过轻微的伤害使自己与母亲能保持一定距离。他从来只以维拉相称,而不会喊她母亲;甚至有一次他很极端的问她:你什么时候会死?库切在《童年》中自白到,"如果他尚有选择的余地,那也许就会转身投入她的呵护,自己的生命由她摆布算了。可他知道自己没有退路,他很清楚母亲对他的监护之严,所以他要尽力抵御她,永远也不会松懈自己的防卫,永远也别给她机会。"③出生在这样父母地位不平衡的家庭,为了维护自己独立健全的人格,他必须要与母亲的溺爱做极力地抗争。恋母情结的怪圈使他必须逃离家庭,逃离南非。

---

① 库切:《伊丽莎白·科斯塔诺:八堂课》,北塔译,浙江文艺出版社,2004年,第86页。
② 库切:《男孩》,第10页。
③ 同上书,第36页。

种族、宗教与恋母的怪圈迫使库切不得不做出主动流散的选择,因为他不想陷入其中任何一个怪圈之中。库切在1987年耶路撒冷授奖致词中这样说道,"在一个有主人与仆人的社会中,没有谁是自由的。仆人不是自由的,因为他不是自己的主人;主人也不是自由的,因为没有仆人,他什么都做不了。多年来,南非就是这样一个社会。现在,在这片土地上,仆人公开反抗;而主人混乱不堪。南非的主人们组成了一个封闭的等级体系。每一个白种人,生下来就属于这样的世袭阶级。因为没有办法改变你生下来的肤色(豹怎能改变身上的斑点?),你没有办法从这个等级中退出来。你可以想象自己退出来,你可以象征性地退出来,而除了离开这片土地,你别无他法。"[①]从这个颁奖词中可以看出,库切认为想要摆脱因等级而产生的怪圈就必须离开等级所在的那片土地。只有作为一个旁观者,才不会受其困扰,才能认清实质。

后殖民理论先驱法农认为殖民首都是圣龛、终极知识的源头。对于来自帝国各地的精英人士来说,去源头之旅犹如一场共同的典礼,将作家们结合在一起。[②] 对于成长在英国式教育下的库切来说英国就是他的文化之根,而1962年去往伦敦不啻为一场文化朝圣之路。可是这次寻根之旅却从一开始就注定会失败,伦敦的现实与他的想象截然不同。在电脑公司找到的职员工作只够解决他的温饱问题,而没有工作就没有签证的规定则使他的艺术之梦一再被搁置。更为重要的是他察觉到新土地对于他这个来自原殖民地的流散者的态度不是很友善,他在这里没有家的感觉,他有时甚至会想起南非。这决定了库切不得不再次走上流散之路,这次他选择的是自居为自由世界领袖的美国。他在美国确实享受着一定程度的自由,他的文学创作准备期也是在美国开始的。但是当他选择把美国当做自己的家园的时候却遭到拒绝,"我的签证要求我离开美国,用我在美国学到的知识为我的祖国效力。但是我不想离开美国,特别是我已经有了两个孩子,他们都是在美国出生的。我申请移民入籍希望继续待下去,第一次被拒,被再次申请,如此反复,持续多次。"[③]他的自由之梦之所以破碎是因为曾经参加反对越南战争的游行,这个颇有讽刺意味的理

---

① J. M. Coetzee, *Doubling the Point: Essays and Interviews*, David Attewell edt., Cambridge, MA: Harvard University Press, 1992, p. 96.

② 艾勒克·博埃默:《殖民与后殖民文学》,盛宁、韩敏中译,辽宁教育出版社,1998年,第150页。

③ J. M. Coetzee, *Doubling the* Point, p. 336.

由使他深刻认识到这个世界不存在绝对自由的国度。

库切无奈只能重返南非,初回南非他表现了一些热情写了一些关于南非社会的文章。可是等他深入观察之后发现,南非因等级而产生的怪圈没有消除也不会因为他的参与而消除。库切无奈地承认,"我太书生气了,太不了解真实生活的人,根本不能充当解说者,更不要说去评判他们的生活了。"①经过长时间身体流散的库切发现没有任何地方可以称之为他的家园,他是一个真正的"无家可归者"。"对于一个不再有故乡的人来说,写作成为居住之地",②在现实中无法找到家园的库切,只能投身到文学创作中把文学当做自己的精神家园。

库切旁观者视角的成熟则来自于对巴赫金复调理论的借鉴。巴赫金关于复调理论的论述主要集中在《陀思妥耶夫斯基诗学诸问题》这部理论专著中。复调理论的精髓主要包括以下三点:第一,复调小说的主人公不只是作者描写的客体或对象,他并非是作者思想观念的直接表现者,而是表现自我意识的主体;第二,复调小说中并不存在着一个至高无上的作者的统一意识,小说不是按照这种统一意识展开情节、人物命运、形象性格的,而是展现有相同价值的不同意识的世界;第三,复调小说由互不相容的各种独立意识,各具完整价值的多重声音组成。库切在开普敦大学任教之时给学生们上过陀思妥耶夫斯基的课,他本人对复调理论的理解也十分深刻。在《陌生的海岸》中有一段专门针对复调理论的论述,"巴赫金及其作品《陀思妥耶夫斯基诗学问题》(1929年发表,1963修订再版)确立了目前对陀思妥耶夫斯基研究的主调。巴赫金为评论界引入了对话的概念。在一部完全对话体的小说中没有主导的、中心权威的意识,因此不会有任何一方声称是真理或权威,有的只是争论的声音与对话。在巴赫金看来,陀思妥耶夫斯基是对话小说的发明者(或者再次发明者)和伟大的实践着,他的作品综合了各种各样、特别是社会底层的创作形式:侦探小说、歹徒题材、圣人的生活以及受刑前的忏悔。"③库切关于陀思妥耶夫斯基小说有一个核心观点与巴赫金不一样,他认为"陀思妥耶夫斯基小说的对话不是意识立场问题,更不是小说创作技巧问题,而是一种最为激进的

---

① J. M. Coetzee, *Doubling the Point*, p.104.
② 萨义德:《知识分子论》,单德兴译,北京:生活.读书.新知三联书店,2002年,第53页。
③ J. M. Coetzee, *Strange Shore Essays 1986—1999*, London: Vintage, 2002, p.144.

知性的,甚至是灵魂的勇气。……只有远距离才可模仿的。"①库切作为一个"无家可归者",他的主动流散生涯使得他具有这样一种远距离立场,自然旁观者视角也成为文学创作的自然选择。

二、旁观者视角对流散写作的意义

关于流散这个问题,后殖民理论家萨义德的论述比较具有代表性。在《流亡的反思》中,他认为流亡"是强加于个人与故乡以及自我与其真正家园之间不可弥合的裂缝:它那极大的哀伤是永远也无法克服的"。萨义德的这段话是针对被动流散来说的,其实主动流散者也面对着一个自我与真正家园的问题。萨义德本身作为第三世界裔知识分子跻身美国学术主流位置的经历又启发他认为流亡并不是单纯负面的,"流亡者存在于一种中间状态,既非完全与新环境合一,也未完全与旧环境分离,而是处于若即若离的困境,一方面怀乡而感伤,一方面又是巧妙的模仿者或秘密的流浪人。"②这个中间状态是只有流亡者所能体验的,所以可以称之为他们专属的特权。流散者因为能同时兼具原主国与所在国的文化传统,使得他们能够用"双重视角"来看待事情,占据非流散者无法进入的"阈限空间"。霍米巴巴继承了萨义德关于流散的观点,他认为只有"离家"的作家才能创造真正的后殖民文学,他甚至认为歌德的世界文学梦想可以在一个流散写作的文学世界中得以实现。

后殖民理论家对于流散写作的重视与褒奖是基于流散写作对于文学创作的独特贡献,而流散写作的价值则是不可否认的。但是不可忽视的是,当前流散写作面临的最大问题就是文化身份问题,其实简单来说文化身份问题,也就是原主国与所在国文化冲突时的立场问题。如果把原主国与所在国用第一世界和第三世界做简单区分的话,那么通常会出现两种情形。第一种情形是在在文化选择上倾向于第一世界的流散者,一方面以一种启蒙者的角色对第三世界进行文化启蒙享受着在第三世界所谓权威的地位,另一方面通过嘲弄和妖魔化处理第三世界形象以期获得西方主流文化的认可。这方面比较突出的代表就是诺贝尔文学奖获得者奈

---

① J. M. Coetzee, *Strange Shore Essays* 1986—1999, London: Vintage, 2002, pp. 145 – 146.
② 萨义德:《知识分子论》,第 45 页。

保尔。奈保尔从小接受的就是西方教育,在潜移默化中他就接受了西方个体价值、民主、平等、权利、自由、正义及理性主义等文化观念。在"印度三部曲"中他用西方的文化观念批判地看待印度,由于隔离感他对印度产生极为复杂的情感:失落、痛苦、嘲讽、厌恶、愤怒,同时又夹杂着同情和关心。在《幽暗国度》中他写下如下一句话,"在这一年中,我并没有学会接受印度的现实。我认到的是,在印度我是一个异乡人、一个在殖民地长大的印裔特里尼达人,没有过去,没有祖先。"①奈保尔内心缺乏对印度的认同感,甚至曾经生活在印度的祖先在他的内心也是陌生,他内心只想成为英国人。但是讽刺的是,只有当奈保尔2001年获得诺贝尔文学奖时,当时的英国驻瑞典大使才勉强承认这位出生在特立尼达的获奖者为自己的同胞并发来祝贺。这说明来自第三世界的流散者要想真正被认可成为第一世界的一员,不只是要完全接受西方的文化和价值观还要成为某一方面的精英才会被接受和认可。对于第三世界来说,这群流散者则无疑是一群文化的背离者,变相地成为第一世界压制第三世界的工具。另一种情形则是在文化选择上倾向于第三世界的流散者,他们或者以"民族主义者"自居努力为第三世界发声,或者是成长于西方教育中却关注着第三世界并对第一世界的文化进行反思。具有民族主义倾向的代表人物以美籍黎巴嫩阿拉伯诗人、作家、画家纪伯伦为代表,以他为中坚的"叙美派"是阿拉伯第一个文学流派。纪伯伦作为一个基督徒主张人们应该放弃世间权力,这样一切国家和民族的区分能够消失。虽然这是纪伯伦在为受到民族压迫和文化歧视的本民族发声,但是因为远离国土脱离本民族的实际生活,他的主张只能归为一种乌托邦幻想。

相较于以上两种流散写作所面临的困境和尴尬,库切的旁观者视角就凸现出自己的独特性和意义。他在写作中始终处于一个旁观者的位置对历史、文明进行着反思和解构。库切研究者大卫·阿特维尔指出"库切的小说位于历史与文本的连接处;也就是说它们是在探究这两个极点间的张力。"②诚如这位研究者所言,库切的历史观主要体现在他对文本与历史关系的思考。18世纪英国现实主义小说之父丹尼尔·笛福的成名作《鲁宾逊漂流记》经历过无数次的改编,库切的《福》与这部小说大有渊

---

① V. S. 奈保尔:《幽暗国度》,李永平译,南海出版公司,2013年,第379页。
② David Attwell, *J. M. Coetzee: South Africa and the Politics of Writing*, Berkeley, Los Angeles & Oxford: University of California Press, 1993, pp. 2−3.

源。小说的名字"福"是作家笛福真实的姓名,而笛福则是为了表示自己的贵族头衔而改的。作品《福》中的主人公是一个寻找女儿的女士名叫苏珊·巴顿,她流落到鲁宾逊和星期五所在的小岛,后来他们一起被营救,但是鲁宾逊不幸死在归途中。苏珊找来作家福,想让福把她所经历的整理成一本小说。但是福不仅篡改了苏珊的故事,并且把这位主人公从她的小说中完全删去。联系其小说的书名,库切想要表达的是历史的叙述是受作者控制的,所以是不全面的,一些历史的真实被掩盖了,历史被小说化了。库切的文明观是他小说中所着重表现的,首先表现为他的帝国文明观。在《等待野蛮人》中,他对帝国做了以下分析,"帝国注定要存在于历史之中,并充当反历史的角色。帝国一门心思想的就是如何长治久安,苟延残喘。在明处,它到处布下他的爪牙,处心积虑追捕宿敌;暗地里,它编造出一些假想敌:城邦被入侵,民不聊生,尸骨遍野,赤地千里,并以此来巩固自己存在的合理性。"①文明与野蛮正是一种自我与他者的关系,文明需要野蛮这个他者的在场来证明自己的存在。但是所谓帝国文明的统治却需要酷刑来维护,小说中对于酷刑的描写正是对这种帝国文明的绝妙讽刺。库切文明观的另一个重要表现在于动物权利的维护上。《伊丽莎白·科斯特洛的八堂课》中的第三和第四课就是关于动物权利的,伊丽莎白把人类屠杀动物与纳粹屠杀犹太人作类比。之所以会有这个类比出现,是因为两者都体现了隐藏在文明中的霸权思想。纳粹之所以屠杀犹太人是因为坚信雅利安人是优等人种,人类可以任意屠杀动物也是因为坚信自己是优等物种,天生具有这样的权力。人类之所以会践踏动物的权利,正是由于人类自我中心主义,而库切对动物权利的维护正是建立于对其的批判中。库切正是因为有了旁观者视角,才能看清历史与文明的实质。

库切的旁观者视角决定了他的流散写作不会面临文化选择的立场的问题,而这正是阻碍当前流散写作发展的最大问题。萨义德说过,"流亡的知识分子回应的不是惯常的逻辑,而是大胆无畏;代表着改变、前进,而不是固步自封。"②如果流散作家能够跳脱文化身份问题的束缚,用一种旁观者的眼光去看待和关心所关注的问题,那么流散写作必将能得到进一步的突破,而这正是库切流散写作中的旁观者视角能给予当下的启示和意义。

---

① 库切:《等待野蛮人》,文敏译,浙江文艺出版社,2004年,第131页。
② 萨义德:《知识分子论》,第57页。

附 录

"东方学研究方法论"2012年项目研讨会实录

曾 琼

第一次研讨会

【研讨会时间】 2012年5月25—26日
【地点】 外文楼206会议室
【外请专家】 刘家和　北京师范大学历史学院教授、北京师范大学中外古史比较研究所所长
　　　　　　薛克翘　中国社科院亚太所研究员、北京大学外国语学院南亚学系兼职教授
【主要参加人员】 项目组全体成员和相关学科部分师生

2012年5月25—26日,"东方学研究方法论"项目组系列学术活动中的第一次研讨会在北京大学外文楼206会议室举行。本次研讨会的重点是就"东方学研究方法论"中的"方法论"这一关键词,请我国东方学研究领域的专家结合自身的研究经历和研究成果,从学术研究的方法论这一角度,与项目组成员分享他们的研究心得,并提出建议。本次研讨会包括"专家讲坛"与"项目研讨"两个部分,这也将是之后本项目此类研讨会的固定组成部分,"专家讲坛"由外请专家进行讲座,"项目研讨"是项目组成员结合该次研讨会进行主题发言。本次研讨会"专家讲坛"邀请的两位专家分别是北京师范大学历史学院刘家和教授和中国社科院亚太所薛克翘研究员。项目组两位指导教授刘曙雄教授和颜海英教授分别在"项目研讨"部分进行了主题发言。项目组全体成员参与了此次活动,此外还有外国语学院、历史学系的老师、研究生等40余人前来聆听讲座。

刘家和教授长期从事世界古代史与中国先秦秦汉史研究,尤其擅长

中外古史比较研究,研究成果在国内外均产生了重要影响。他此次的讲座题目为"中外古史比较研究方法谈",但所谈的方法论实际上并不仅适用于古史比较研究。刘先生结合自己治学的经验指出,做学术一定要做前沿:一是制高点的前沿,即巅峰的前沿,一个是现实的前沿。制高点的前沿即要对自己研究领域的经典性著作有清楚的把握和了解,这样即便是年轻的学者,那么其学术的起跑点也将是有高度的,是在巨人的肩膀上的。但仅站在制高点的前沿还不够,对这个基础上,还应该有全局的眼光,发现当前自身研究领域中的前沿问题,去研究和解决问题。这两个前沿是相辅相成的,了解了前人的高度,具有自己的眼光,便能在研究中有自己的判断,而不是随波逐流,并对自身所研究问题的价值、高度,研究的可能性、可行性都有较为准确的判断。刘先生指出,对于中国学者,尤其是年轻学者做东西方的比较研究以及东方学研究,首先应该具有中国传统文化的知识和积淀,并以此来反观西方在研究中国文化中的问题。中国传统文化是中国学者的基点,是中国学者的"根",有了这个"根",中国学者才能在与西方学者的交流中具有平等的地位。传统文化之根在国际学术交流中能赋予中国学者以自尊心,刘先生再三强调了这种学术自尊心的重要性,并指出在东方学研究中,中国学者完全可以从中国的角度,看到西方学者所没有看到的东西。其次,我们也应该了解西方。不了解西方,就无法研究东方,特别是当代东方。我们应该在体验西方已经走过的道路的基础上,发现西方的优点和特点。但最重要的,是在了解了中国和西方的基础上,形成自身的独特的视角。刘先生指出,所谓的"纯客观的"、"绝对中立"的研究是不存在的,年轻学者在充分占有客观资料的基础上,其发挥的主观能力越高,发现和提出问题的可能性和价值就越高。刘先生最后提出了"效率"的问题,他指出年轻学者不能死做学问,应当是将时间的利用效率最大化。年轻的学者不追求起步的时候最快,基础要打牢,但要做到在起步之后,能在之后的研究中越来越快。学术本身,每个人都有自己的点,因此年轻学者要有意识地自我设计,为自己找到最适合的方法,将自己的学术效率最大化。刘先生虽然已经年逾80,但思维敏捷、谈锋甚健,其讲座广涉中外古今、深入浅出、充满学术的激情,他直率、幽默、充满了逻辑思辨性的话语不时引起笑声和思考。

薛克翘研究员长期从事东方文学文化的研究,主要学术专长是印度文学文化和中印文化比较研究。在这场题为"学山问路——东方学研究方法谈"的讲座中,他首先简要地梳理了东方学从16世纪兴起到20世的发展脉络,指出 20 世纪东方学研究中的一个重要现象是东方国家学者的增多,其中也不乏中国大家、学者,并认为东方文明必然在当今的世界中发挥重要的作用。针对近年来他所接触到的大部分年轻学者的研究成果,薛克翘研究员重点阐述了他对人文社会科学领域学术方法的认识。他指出,研究方法及其运用能力是学术大家的标志之一,而人文社科领域研究的根本方法不外乎三种:分析法、比较法、综合法。分析法的重点在于具体问题具体分析,在一定的时代背景下,在事物发展的动态过程中进行个案研究。比较法是通过比照分析,探究事物的本质特征,它既是方法论,又是本质论。如,近代语言学的兴起,就是东西方语言比较研究的结果。通过比较研究,既可以澄清一部分原本存疑的问题,还可以解决本学科之外的问题。但要想让这个个案研究上升到理论层面,具有普遍的指导意义和阐释功能,还需要更进一步,还需要进行后半部分的工作。这后半部分工作,就是要进行综合研究。综合研究是一个从个体到本体、从初级到高级的研究过程,它要求在整体的层面之上,经过研究者的思考和整合提出问题,综合研究同时也是研究者综合能力的锻炼和提高。对于如何才能更好地运用研究方法,薛克翘研究员提出四点必要的条件:第一,掌握好国学知识;第二,要掌握至少一门外语;第三,要能坐得住、沉得心、多看书;第四,要端正学风,必须严谨。薛先生自己的研究即注重从小处着眼,在材料的爬梳钩沉中见微知著,他的讲座也正是从自身的研究出发进行总结,令在座的青年学者收益良多。

两位专家在讲座中不约而同地强调了东方学研究中,作为中国学者掌握中国传统文化的重要性,指出这是中国学者在世界学术舞台上确立自身主体性的必要且重要的基础。两位学者更以自身的研究说明,年轻学者在学术研究中必须保有对学术的热情,这才是学术研究中最重要的。

在"项目研讨"部分,两位指导教授颜海英、刘曙雄分别先后做了题为"东方学研究的新思路"和"东方学研究方法论之内涵"的主题发言。颜海英教授从中国的中国史研究如何进入世界古代史研究舞台这一问题谈起,再次提出了中国学者如何在世界学术领域确立自身主体的问题。她从横向和纵向两个维度扼要地梳理了近代以来国际史学研究领域的发展概况,指出从横向来看,中国学者在中国史研究领域有固有的文化优势,但语言沟通能力的欠缺是不足;在古代近东文明的研究中,中国学者与西方学者相比,有更客观、独特的视角,能发现西方学者的学术盲区。从纵向来看,国际史学研究乃至西方学术史在二战后都出现了一个转折,此前是以欧洲为核心,此后美国在学术界地位逐渐重要。概括而言,欧洲的传统学术研究以考据见长,美国则偏重于模式(或曰"范式"、"理论模型")的建构。作为中国学者,我们应该在了解两派的长短之后,建立自己独特的立场和研究视角,借鉴学术界之前的经验和教训,如日本学术界追随欧、美而学术创新成果有限,褪却欧洲学术界的暮气,汲取美国学术快速成长的经验,发挥自身所长,充分利用中国丰富的文字史学资料,以独立的姿态出现在国际学术舞台上。颜教授还强调,对于年轻学者来说,在学术研究中,一定要有清醒的学术意识,强烈的学术好奇心、进取心,以及充足的学术热情。

刘曙雄教授的发言包括"东方学的定义""东方话语体系""东方学研究方法论之内涵""东方学研究方法论之目标"四个部分。他简要回顾了东方学产生的历史和以北京大学东方学研究为代表的 20 世纪中国东方学研究学术史,并指出,当代的"东方学"一词,实际上已超出了早期"东方学"注重知识(knowledge)的层面,更多的是一种话语体系而非知识体系,这一话语体系不是认知的客体,而是认知的手段和方法,属认知的主体范畴。作为话语体系的东方学具有三个特征:它揭示的是自 20 世纪四五十年代以来在东方国家的民族独立运动过程中产生和发展起来的,在东方国家起主导作用的意识形态之一;它既是西方思想传统的逻辑性继续,又跨出了沿着西方思想传统演进的轨道,为认识世界的多元文化提供了一个新的出发点,成为一种既分辨东西方思想、又使东西方思想紧密联系的思考方式;在东方各国和各民族间,虽然存在民族文化的差异,但是,以一种经过差异整合的话语体系作为文化的一元进入了多元的世界文化。刘教授特别强调了我们平时所说的"东方",实际上是具有差异的庞大的东方,这些差异甚至可以导致二元或三元,东方话语体系必定是经过整合这个差异才能形成。而"东方学研究方法论"这一项目的内涵,其重点在于,在发掘和表达"东方学"这一话语体系时,作为项目整体应注重中国学者对东方的研究,这也是一个话语体系,它重视了东方的差异性,突出了中国学者对东方的了解、认知、诠释和表达。对中国学者在东方学知识的研究中形成的话语体系的探究、归纳和描述,是本项目所设定的方法论的理论目标。项目要做的,不仅仅是比较中国学者与世界其他学者研究方法的不同,更重要的是要发现中国学者在思维方式、在方法论上的独特之处。项目的研究要力图在梳理、研究、整合中国东方学研究者成果的基础上,探究或者促进中国学者探究他们在研究中的特点,发现中国学者独有的视角与方法,让中国学者能在国际东方学舞台上发出自己的声音,形成中国学者的话语体系。

专家讲座和项目指导教授的发言引起了项目组成员和在场师生的极大兴趣。在每场发言之后都有人,尤其是年轻学者和研究生踊跃提问。不同学科、不同学术背景、不同知识体系在研讨会上得到了互相碰撞的机会,知识的跨界和灵感的火花在其后的讨论中频频迸现,研究会现场的气氛在自由讨论环节达到了一个高潮。不少前来参加的同学在会后表示,这种不同学科领域的碰撞和讨论对开拓视野、丰富认知而言,尤为有益。研讨会后,项目组成员及部分前来参加研讨会师生与专家合影留念。

第二次研讨会

【研讨会时间】 2012 年 6 月 7 日 9:00—18:00
【地点】 外文楼 206 会议室
【外请专家】 梅维恒　美国宾夕法尼亚大学教授,著名汉学家
　　　　　　 王向远　北京师范大学教授,中国东方文学研究会会长
　　　　　　 林少华　中国海洋大学外国语学院日语系教授,兼任中国日本文学研究会副会长
【主要参加人员】 项目组全体组员

"东方学研究方法论"项目第二次研讨会包括以海外汉学、中国与日本的东方学研究为中心的一系列专家讲座和项目组的内部研讨两部分。本次研讨会专家讲座的专家分别是著名汉学家、美国宾夕法尼亚大学梅维恒教授(Professor Dr. Victor. H. Mair),中国东方文学研究会会长、北京师范大学文学院王向远教授和中国日本文学研究会副会长、中国海洋大学日语系林少华教授,3 位教授的讲座关注了东方学研究中不同领域,侧重点各有不同。梅维恒教授与王向远教授对目前东方学研究中的一些关键性概念进行了学理上的辨析,并进而对学术方法进行了理论探讨;林少华教授则结合自身的研究与翻译实践,对当前学者应具有的文化态度和学术素养进行了论析。由于各位外请专家的时间难以协调,因此其讲座时间不完全一致。

2012 年 6 月 7 日下午 3 点,梅维恒教授应项目组邀请在民主楼 208

会议室为北京大学的师生作了题为《汉学的往昔与今日：方法与目标》的讲座。为了解释何为汉学、汉学家、国学、国学家，他首先从中国的一些国学、汉学研究机构的中英文名称入手，指出我们在"国学"和"汉学"的名称使用上，存在概念不清的问题。通过辨析汉语词汇"国学"、"汉学"与英文 Sinology 一词在词源上出现的先后顺序，梅维恒教授提出，历史上汉语中的"汉学"原是以训诂学为基础，而"国学"则是指学校。到了 20 世纪，"国学"则指国民教育。汉学专门指称外国人研究中国的学问。梅维恒教授非常关注日本在国学方面的成果，并回顾了中国在现代接受日本文化的影响情况。他举例指出古汉语中的一些词汇在现代的使用中发生了词义变化，是受日本的影响。这些"回译词"（round trip word）从中国产生，到了日本又产生了新的意义，之后又以新的意义返回中国。如现代汉语中的"博士""经济"等词汇。对于如何成为一名汉学家，梅维恒教授认为需要艰苦的努力。他指出很多汉学家都掌握了多门语言，足见语言在汉学研究中的重要性，因此学习好古汉语、日语等东方语言，是成为一名优秀汉学家的重要条件。但是这对于西方学者是一个很大的挑战，由于语言背景的差异，例如像中文中"词"的概念就很难理解，这就需要借助如《辞源》《辞海》等词典来获得理解。随后，梅维恒教授向大家阐释了他新近的研究成果，即对汉语"格义"一词的探究。认为"六法"与"格义"这两个概念在现代存在误读的现象。谢赫的"六法"是中国绘画美学标准的重要原则，但因为语法和文化史等原因，常被误解。"格义"在六朝早期曾作为一种不重要的注解方式使用过，而现代学者却将其误认为是解释佛教与道教早期交融的重要概念。梅维恒教授通过对佛典、道藏等传世文献中"格义"一词的检索，分析了"格义"在中国佛教史上的出现及发展，从而认为"格义"与佛典翻译无关。作为长期从事汉学研究的西方学者，梅维恒教授的研究处处体现出与中国学者不同的视角。讲座结束时，不少听众，包括项目组成员纷纷向梅教授提出了不同问题。因此，这次讲座也是项目组在寻求中西学者对话过程中的一次成功实践。

王向远教授和林少华教授的讲座则于 2012 年 9 月 24 日在民主楼 208 先后举行。王向远教授长于东方文学尤其是中日比较文学的研究，具有开阔的学术视野和高度的理论素养，他的讲座《中国"东方学"：概念与方法》也是他在"东方学研究"这一课题领域内长期积累和思考的结果。王教授首先回顾了中国学界目前关于"东方学"的研究现状，指出尽管我国已经有了丰厚的东方学的传统和积累，但直到现在还没有与欧美的"东方学"及日本的"东洋学""东方学"相对应的"东方学"的学科建制与普遍的学科自觉。在这种情况下,长期以来,各个分支学科的研究,就相对缺乏"东方学"的整体感和学科归属感。在当代世界学术强调科际整合、学科交叉的大潮流中,中国"东方学"的各个分支与各个方面,亟须以"东方学"这一学科范畴加以统合。从学科建设和学术文化建设的角度来看,现在的当务之急,是以"东方学"这一学科概念,将已经有了丰厚积累的东方各国问题的研究,及东方研究的各个分支学科统合起来,使各分支学科突破既定学科的视阈限制,打造能与世界"东方学"接轨的更宽阔的学问空间和学科平台,使中国的"东方学"与中国的"西方学""国学"三足鼎立,形成一个完整的、协调的、而不是顾此失彼或厚此薄彼的学科体系。这样,中国的"东方学"才能与21世纪中国与东方各国新型的国际关系与文化关系相适应,才能与英、法、美等发达国家的"东方学"并驾齐驱。在如何建构中国的"东方学"方面,王向远教授认为,除了区分"东方学"与其平行学科的概念,还涉及到学科内部的相关概念,主要是"东方主义""东方观"及"东方观念"。他敏锐地指出,"东方学"与"东方观""东方观念"之间,具有相当的联系性,又有很大的区别。区别在于,"东方学"是一个学科概念,"东方观念"是一种思想概念。"东方学"与"东方观念"之间的关系,是学术研究、学科与思想形态之间的关系。更进一步加以区别的话,"东方观"与"东方观念"也有不同,"东方观"是零碎的、片断的、个别的,而"东方观念"则有一定的系统性、普遍性。当"东方观"积累到一定程度、形成了一套固定的、流行的或主流的看法之后,便发展到了"东方观念"。在这段论述中,王向远教授还特意指出并追根溯源地剖析了在国内流行的萨义德 Orientalism 一书书名的翻译(台湾译为《东方主义》、大陆译为《东方学》),实际上误导了国内学界对"东方学"一词的理解运用。充分阐释了在中国建立"东方学"学科的必要性和迫切性。厘清了与"东方学"学科密切相关的"西学""国学""东方学"以及"东方学"内部的相关概念之后,王向远教授提出了他认为的进行"东方学"研究的3种基本方法。他指出,当"东方学"这门学科在19世纪的英、法等国开始兴起的时候,所采用的主要是考古学、民俗学、语言学三种基本方法。但随着学术研究的发展,我们今天的东方学研究,与19世纪的东方学,其历史阶段、学术环境和研究宗旨都发生了很大变化。对于今天的中国东方学研究,应该采用的3种基本方法分别是:第一是翻译学的方法、第二是比较研究的方法、第三是区域整合和体系建构的方法。翻译学的方法是东方学研究的基本方法,也是其基础性工作。在翻译的基础上,研究者应当有意识地进行跨文化、跨文明的比较研究和考察,并通过区域整合来揭示研究对象之间的事实联系,通过体系建构来从整体上对研究对象和研究成果进行理论构拟,将"东方学"这一学科提升到一门学科所应具有的理论高度。通过这3种尤其是后2种方法,研究者将不仅仅能发现和论证已有的东方美学、东方文化的内涵,更能通过自身的研究为这两者添加进新的内容。王向远教授的整场讲座充满了概念辨析、理论思辨、逻辑论证,其中既有对中国学术界现状的准确把握,又有对学科发展的洞见和前瞻性思考。对项目组来说,这场讲座对各位成员从理论上的梳理、把握和探究"东方学"及其方法论大有裨益。

林少华教授既进行日本文学研究,也长期从事日本文学翻译,他是日本当代著名作家村上春树的作品在中国最主要、最权威和最受欢迎的译者,在其讲座《当下性:"象牙塔"与大众之间——我的治学路径与取向》中,他剖析了自己从事翻译、研究的目的和动机,以及他在学术研究中最注重的方法。林教授对村上春树的翻译始于20世纪80年代,他坦言,自己从最初并自始至终致力于村上文学翻译研究的根本着眼点,就是看它能给当下中国社会带来什么。他指出,无论是作为研究者,还是作为翻译者,做学问,都应当具有:"国际视野、中国立场、人文情怀、问题意识"。针对学术论文的写作,林教授认为,写论文的过程应该是精神受到洗礼、灵魂不断攀升的过程。也只有这样才能产生撰写的冲动或激情,成为一种精神享受。与此同时,如果可能,还应该力争让自己的论文对国民有一点启示性。对于研究生而言,最初的论文的选题应是自己学术生命、精神生命的出发点,而不能一开始就把自己逼入自说自话的死胡同。就广泛意义而言,这既是一种治学方法,又未尝不是一种精神格局。应该说,学问格局在很大程度上取决于精神格局。有大一些的精神格局,有高一些的精神境界,有相对开阔的精神气象或胸襟,才会把学问往大处做,才会更有助于社会进步和人的幸福。说到底,学术研究的终究目的,肯定是为了人的幸福、人类的幸福。在研究与翻译之外,林少华教授还从事散文、随笔、杂文的创作。在谈到自己的这些创作活动时,他再次重申,他在《羊城晚报》《时代周报》《东方早报》《齐鲁晚报》等广州、上海和本地若干报刊上开辟定期或不定期的文化专栏,目的是让自己进一步走出"象牙塔"、走出校园,在学术与大众之间搭建一道桥梁。针砭时弊,激浊扬清,启迪民智,以济时需,让学术成为天下公器。在学术研究的方法上,林教授谦称自己并没有形成系统的理论体系,而他相当注重的一点是学术表达的文体或文学性、修辞性问题。他对文学性和修辞性的注重,既与个人成长的环境等有关,还与中国文化传统有关。中国古人非常注重辞章之美——"言而无文,行之不远",可以说是历代文人墨客心目中的金石之论。因此林少华教授认为,如果可能,任何学者都最好首先是一个文人,这既是历朝历代古之传统,又是民国时期大部分学人的身影。或许,只有这样,才能在说得有理之前说得有趣,有说服力之前有感染力。而感染力来自激情,来自修辞,来自美。林少华教授的讲座就如同他的译文,幽默诙谐而又优美动人,在引人一笑的同时也发人深思,他对文学当下性的注重、强调和思考更是体现了一位中国知识分子固有的文化人格。

本次研讨会的项目研讨部分,项目组成员何晋副教授和翁家慧副教授分别进行了主题报告。何晋老师的报告《中国古代简策编连方法略论——以北大简〈妄稽〉为例》,以他重新编订一批新出土的竹简,尤其是记载《妄稽》这一故事的竹简为例,提出并分析了当今中国学界恢复和编连中国古代简策的方法。何老师在报告中首先阐述了简策编连在我国古代史乃至古代文化研究方面的重要性,作为中国文献书写时间最长的载体形式,简策承载了大量的中国古代文化的信息,是进行相关学术研究宝贵的第一手文献材料。但由于各种原因,保存至今的简策其顺序往往已经十分混乱,内容也多有残缺,因此,对简策进行恢复原貌的重新编连就是对其进行研究的第一步;由于这一步直接关系到对简策解读的准确与否,因此它也是极其重要的一步。何老师以他整理《妄稽》的实例,归纳了简策编连的 7 个基本方法。它们分别是:(一)内容比勘、(二)归纳分组、(三)重点词及词频、(四)特殊固定词汇的不可拆分、(五)音韵、(六)时间、(七)分段(章、节)及其符号。在编连散乱的简策时,综合运用这 7 种方法,通过将简策记载内容与考古发掘的已有相同或相近文献内容进行对比,对其中记载内容以相同或相似主题进行归纳分组,对其中的重点词汇、特殊固定词汇进行分析和确认,再辅之以遵从内容在逻辑上应该有的时间先后顺序、对行文音韵韵律的考量和对古代汉语中固有的分段(章、节)及其符号的重视,能较为有效地确定简策的编排顺序。以上这七个方面是着眼于竹简的文义和内容,可以称之为内在原则。竹简的物理形态和形制,同样也是编连时的重要参考和有益指导。以《妄稽》简的整理为例,在其简策背后发现的有规律的斜直划痕,后来证明是用来标识简序的,直接和编连相关,简直可以在某种程度上被视为中国古代简策的页码！何老师更进一步指出,《妄稽》简背划痕的发现,似乎目前在简牍学界尚属首次,其于简策编连的重大意义毋庸置疑。这种方法,已经迅速被国内学界同行应用。也就是说,简背划痕为我国学界在简策编连时增添了一种具有重大指导意义的新依据。何老师对简策编连方法的论述引起了项目组成员的极大兴趣,尤其是简策背后划痕这一方法,与古代埃及石板的编排方法似有异曲同工之妙。这种巧合的发现正是得益于项目组讨论中跨学科的碰撞与对话,也为学术的发展拓宽了道路。

翁家慧老师的报告《"文本的空间空间的文本"——浅议日本文学中的"都市空间论"》着重介绍了日本文学批评理论中具有特色的一种理论"都市空间论"。"空间理论"的探讨和应用是近年来在文学批评界颇为流行的一个课题,但绝大部多数的"空间理论"阐述都以西方尤其是索亚的"第三空间理论"为依据和主要对象。翁老师则向大家介绍和阐述了日本独有的"都市空间论"。她指出,这一理论在日本文学评论界的流行大约是在20世纪70年代中期,尤其是以前田爱为代表的文艺评论家们,对文学中的都市和都市中的文学之间的关系产生了浓厚的兴趣,他们试图利用空间理论去寻找文学与都市之间的某种联系,并由此产生了一系列具有划时代意义的论著。这种理论与西方的结构主义、空间理论、符号学等固然有相似之处,但其不同点也是明显的。日本的"都市空间论"植根于日本本土文化之中,因此在面对相同概念时,这一理论与欧洲的相关理论存在着思想意识上的巨大差异。翁老师为列举了几个有代表性的概念:"内部"和"外部","边界"与"中心"等来辨析了其中存在的不同。为了使大家更好地理解日本的"都市空间论",翁老师还着重介绍了这一理论最著名也是最有代表性的学术著作前田爱的《都市空间中的文学》,并翻译了其中的一部分与项目组成员一同进行探讨。这部著作目前尚未有汉语译本,因此,这种新鲜的、具有前沿性的第一手资料尤显可贵。经过阐释和论述,翁老师最后提出,都市空间论的诞生为文学作品解读提供了一个新的视角,尤其是对以时间为轴的文学史而言,是一个具有颠覆性意义的理论。以前田爱为代表的文艺理论家们尽管是受到了西方文艺理论如符号学、现象学等的直接触发而产生了建设都市空间论的想法,但是他们始终坚持立足于日本文学的本土特征,力图在空间论基础上重述文学史的努力却是该理论得以发展和成长的重要推动力。

何晋老师与翁家慧老师的报告,主题不同,但其旨趣却有相通之处。两人的报告都透露出一种"新意",这种新意是研讨内容的新鲜,也是研究方法的创新。这种新意,不但丰富了项目组成员的知识,更激活和激起了大家的思考、讨论、争辩。"东方学研究方法论"项目的活力,也正是由此更加旺盛和迸发。

第三次研讨会

【研讨会时间】 2012 年 10 月 19—20 日

【地点】 民主楼 208 会议室

【外请专家】 尚会鹏 北京大学国际关系学院教授,北京大学亚非研究所亚太研究室主任

姜景奎 北京大学外国语学院教授,北京大学南亚学系主任

刘 建 中国社会科学院亚洲太平洋研究所研究员,《南亚研究》常务副主编

【主要参加人员】 项目组全体组员

"东方学研究方法论"第三次研讨会主要围绕印度以及南亚地区的东方学研究展开,会议邀请了三位国内的南亚研究专家、教授进行了讲座,项目组成员曾琼、张幸分别就南亚东方学研究相关领域进行了研讨发言。本次研讨会因各位外请专家时间较难协调,因此分为了两次进行。

2012 年 10 月 19 日下午,尚会鹏教授以《心理文化学与印度国民性新论》为题在进行了本次研讨会的第一场讲座,本项目的资助人曾宪章博士也饶有兴致地参加了本次活动。心理文化学(Psycho-culturology)是从心理人类学分离出来的,以许烺光(Francis L. K. Hsu)倡导的心理与文化相结合的视角和方法,主要从事大规模文明社会比较的学问,在我国尚属新兴学科。尚教授长期从事比较文化、文化与国际关系研究,尤其擅长印度、日本社会与文化研究,他的《心理文化学——许烺光学说的研究与应用》(合著)是目前国内鲜有的相关理论著作之一。尚教授首先开门见山地强调要在社会科学研究中确立中国学者特有的视角,他指出目前主流社会科学的局限性在于其中分析的方法深受自然科学的影响,西方社会与东方社会在实际上也并不相同,因此,西方的社会科学研究理论绝不能直接照搬到中国和东方的社会科学研究中。而中国学派建立的瓶颈则在于缺乏新的理论和学科借鉴,因此迟迟不能提出新的研究范式和模

型。随后尚教授对心理文化学这一研究方法进行了扼要的梳理和介绍。他指出心理文化学的特点在于：能从整体把握"心物交互多维动态平衡体"的囫囵人；考虑了非西方社会的经验；其中所应用的比较研究的方法非常适用于社会科学研究。它的学术源流从最初的文化与人格研究发展而来，中经国民性研究和心理人类学，最终演变成心理文化学。这一方法的核心概念（新范式）为心理—社会均衡（Psycho-Social Homeostasis/IPSH），这一概念旨在建立起描述人的心理、行为与文化的模型。人的生存系统即人与亲密圈子（生命包）的互动模式，基本人际状态的类型可分为"个人"（the individual）和"间人"（the contextual）："个人"强调人的个体性，弱化人的相互性，"间人"强调人的相互性，弱化人的个体性。西方社会以强调"个人"，东方社会的"间人"更加突出。间人的亚类型包括：中国人："伦人"，日本人："缘人"，印度教徒："阶序人"。在介绍基本理论的基础上，尚教授在讲座上展示了他的最新研究成果，即用心理文化学对印度的国民性进行具体的分析和研究，并同时与中国的国民性进行了对比分析。他指出，印度教教徒的"基本人际状态"就是阶序人（the Hierarchicus），所谓阶序，就是"依照宗教原则将一个整体中的各个要素排列等级"。阶序人主义的关键词：Brahman（宇宙终极实在）、Atman（灵魂）、Dharma（"法"，达摩）、Maya（幻）、Mokasha（解脱），反映的是超自然中心取向，重点解决人与超自然关系。而中国人的"基本人际状态"就是伦人，伦人主义的关键词：仁、义、礼、孝、忠、信，反映的人伦中心取向，重点解决人与人的关系。从阶序人的角度，尚教授对印度社会中的亲属集团、种姓制度、乞讨与施舍等诸多问题和社会现象进行了分析，指出印度与中国在社会、文化方面大相径庭，如印度社会的交换维度是单惠型交换，这是基于人与神单惠型的关系而形成的一种文化，即人向神祈祷，神会赐给人一切，而人却不必对神还报。因此印度教徒在处理人际关系时，具有一种不去使"责任"与"报酬"达到平衡的倾向，人与人交换的平衡，是通过那个无所不包的超自然之"法"达到的。而中国的伦人的交换维度是"信用借贷型交换"、个人的"交易型交换"，因此也就形成了一种讲究相互回报的文化。尚教授在讲座最后提出了中国如何看待印度文化的问题。他认为，印度在古代是中国知识分子心目中的圣地，当今的中国太过于物质主义和浮躁，应当注重重新认识印度文化所具有的精神价值。尚教授的讲座运用心理文化学这一新的理论，并对已有的问题提出了新的、合逻辑的阐释和分析，这是向项目组生动地展示了一名中国学者该如何确立自己既不同于西方、又不同于研究对象自身的立场,而是形成一种中国学者的视角,并对问题进行独立而有价值的思考。这是一场充满了创新思维的讲座,项目资助人曾宪章博士在尚教授发言后,也进行了精彩的即兴演讲,他结合自己的亲身经历,对尚教授的理论进行了说明和阐发,引发了全场的讨论热潮。

本次研讨会的另外两场讲座,刘建研究员的"东方与西方:二元对立或光影交互"与姜景奎教授的"印度经典文献翻译漫谈"则于 11 月 19 日下午先后举行。刘建研究员在讲座开始便指出,项目组从事的东方学研究问题,无论对于总结我国东方学的理论与实践,还是对于中国未来崛起进程中的文化和文明走向,无疑具有非常重大的意义。他的讲座主要包括东方学的概念、各种中心论与全球视野、东西方二元对立的观点、印度和中国文明的衰落始于何时与复兴前景、东西方文明的前途:和谐共生、研究对象:思想与制度、相关文献问题与研究中的指导思想等 8 个问题。刘研究员首先梳理了"东方学"这一概念的沿革与演变,指出东方与西方的界定在不同时期是不同的。东方与西方可以是地理概念,也可以是政治概念,还可以是文化概念。它们的内涵是不断变化着的。东方学与西方学术,存在着巨大的交互影响和互动。东方学是相对于西方学的学术研究,而且借助了西方的许多方法。东西方成为政治概念,主要是在 20 世纪出现的,特别是在冷战时期。治东方学的人,必须对西方学有一定的了解。各大民族、各大地区,都曾产生过各种中心论。欧洲中心论,是在近代出现的。中国在历史上也曾长期有中国中心论。各种中心论都不利于对他者的发现和了解,也不利于对自身的反省和认识。刘研究员指出,从事东方学研究的人必须破除各种中心论的藩篱,否则难以实现学术创新。对于东西方文明的关系,由于殖民史和冷战,形成了一种根深蒂固的二元对立认识,将东方文明与西方文明,东方世界与西方世界,看成二元对立的关系。现在看来,这种观点和认识是片面的、阶段性的,但其影响将长期存在。如今,随着对西方文明了解的增多,我们实际上进入了一个和平发展的时代。地球村面临着许多共同的根本性的问题,只能走和平共存、和谐共生之路,否则人类文明就有可能整体灭亡。因此,我们不是要刻意寻找差异和对立,而是要寻觅共同之处。东方文化的前景也并不悲观。东方文化的出路,在于自新,而不在于抱残守缺;在于学习和融合西方文化,而不在于故意标新立异,无端与西方文化对抗。在当代,我们已经看得非常清楚,东西方文明各有千秋,各有所长;它们的关系不是对抗和消灭对方，而应当是互相学习，互相借重。产生于东方的非暴力思想，已经逐渐为整个世界所认同。刘研究员还认为，在研究东方文明之时，包括研究传统东方文明的发展时，不可忽视对相关政治制度和思想发展的研究。但这一点，在以往的研究中并没有得到应有的重视。学术的研究离不开对已有成果的借鉴和反思，在东方学研究的文献方面，刘建研究员提出，现当代出版的不少外文著作的中文译本并不可靠，因此真正的学者应当争取阅读原著。对于任何存疑的问题，至少应当查阅三份不同来源的文献资料。例如，如果是探讨印度问题，那么就不仅要看印度学者如何论述，还要查看中国学者和西方学者的看法。同样，对于中国问题，也不能单凭中国大陆文献论断，不妨看看印度、日本、西方以及港台学者的看法。这样，我们就可以避免片面性。文献来源则多多益善。中国、印度、日本、欧美、苏俄的学术见解都应重视。他还着重强调，在进行东方学的研究时，研究者应当不存先入之见，怀抱求真知、求真相、求真理的态度，这样才能达到学术创新，绝不人云亦云。刘建研究员知识丰富、观点犀利，他在讲座中对于东方学相关知识如数家珍，同时对目前东方学研究中存在的很多问题提出了尖锐而中肯的评断，既展现了一位学者的学识，又体现了一种当下弥足珍贵的学术批评精神。

姜景奎教授是国内知名的印地语专家，他的讲座名为"漫谈"，实际上是对印度经典文献在中国的翻译进行了既有广度、又有深度的评论，同时他还结合目前自己正在从事的翻译工作，对印度经典文献在当代的汉译提出了富有创见的建议和实行方法。经典文献的翻译为什么具有重要性？何谓"印度经典文献"？姜教授在讲座中首先论述了这些问题。他指出，经典文献具有权威性、超越性，影响深远且长盛不衰，是某一文化的集中体现和最佳代表。印度是一个宗教国家，它的经典文献主要包括两个部分，即文学性的宗教经典和宗教性的文学经典。这两部分经典文献是印度文化的载体，它们既是对印度文明的诠释，也是印度文明的体现。我国对于印度经典文献的翻译具有悠久的历史。传统的印度文献经典翻译主流是以佛教文献翻译为主，并在历史上曾涌现了一大批杰出的佛教文献翻译家，如鸠摩罗什、真谛、玄奘、义净、不空等。同时，一部分印度教的文献，如《十车王传》《阿育王传》等也以佛经的形式介绍到中国。但近代以来，我国对于印度经典文献的翻译出现了转变，即佛教文献减少，其他文献主要以文学形式出现。姜教授还提出了一个引人深思的"巧合"，即在13世纪初期，伊斯兰文明取代印度本土的印度教成为占统治地位的文明,同期,在中国,作为外来文明的元朝也取代了一直以来在中国占统治地位的以汉族文化为主体的文明。姜教授还通过例举当代不同时期的主要杰出翻译家,对于中国当代的印度文献翻译进行了扼要的说明。他同时指出,在当代的印度经典文献翻译中,还存在很多不足,许多重要的文献,如古典时期的梵语经典、现代的各语种经典均没有得到汉译。姜景奎教授目前正在带领一支翻译团队从事印地语文学经典《苏尔诗海》的翻译工作。《苏尔诗海》是印地语文学史上的重要诗集,是印地语虔诚派诗歌的代表作之一。姜教授以自己对这部诗集的翻译为例,对如何翻译印地语诗歌乃至印度古典诗歌提出了方法上的思考和创新。如何在翻译中既能体现印地语古典诗歌原有的形式、音韵、语言之美,保留原诗固有的意象,使之充分体现印度文学和文化的特点,同时又使得这些诗歌能为中国读者所理解和欣赏,真正实现文学和文化交流的目的,是姜教授在翻译中追求的目标。他的对译、散译方法的提出也获得了在座其他专家、教授、学者的高度认可,他所展示的译作也引起了项目组成员的极大兴趣。

在专家之后,项目组成员张幸和曾琼分别在"项目研讨"部分进行了发言。张幸研讨的题目为"加尔各答华人的佛教信仰"。加尔各答作为旅印华侨的主要聚居地,从18世纪末期开始有华人移民定居,在20世纪上半叶达到高峰。这个移民群体把源于印度的佛教信仰又从中国传回到印度,在印度各佛教圣地建造华人佛寺的过程中起到了重要作用。其中包括1923年建立于菩提迦耶的中华大觉寺及1931年于那烂陀建立的中华佛寺。在加尔各答,华人建立了中华佛寺和玄奘寺。尽管加尔各答的华人数量在过去40年内逐渐减少,佛教信仰及相关实践依然在他们的社会活动和文化生活中发挥着重要作用。张幸研讨的内容基于田野调查所获得的资料,从加尔各答华人历史回顾、加尔各答华人佛寺及佛教机构概况、加尔各答华人的佛教实践三个方面,概述加尔各答华人佛寺的筹建历史,介绍当地华人主要的佛事活动,并探讨近年来部分佛教团体通过公共仪式及慈善活动对弘扬佛法所起的作用。同时从文化认同的理论视角分析加尔各答华人如何通过佛教信仰与实践保持其文化认同及其与故乡的联系。曾琼的研讨题为"印度文学汉译研究史小议(1949—2009)",她对1949年到2009年印度文学的汉译进行了分阶段的概况和分析,指出1949年至2009年,我国对印度文学的译介有三次明显的高峰。第一个高峰是在20世纪50年代。在实际上只有7年左右的时间内,我国翻译出版了近60种印度文学作品。20世纪80年代是我国印度文学译介的第二次高峰。经过十多年的压抑之后,印度文学的汉译在 80 年代的前七八年出现了井喷式的增长,我国目前能阅读到的大部分印度文学作品在当时即已问世。这一时期对印度文学翻译深化的另一个重要标志,是出现了对印度文学理论和文学史的翻译,这说明学界已经有意识地在尝试勾勒印度文学的整体轮廓。进入 21 世纪之后,我国的印度文学研究出现了一个新的高峰。这个高峰不是指译本的数量,而是针对译本所取得的成就而言。21 世纪的印度译介高峰具有一些新的特点,其一高度追求从原语翻译。其二是梵语古典文学作品的翻译成就突出。其三是对当代作品关注度极大提升。这主要是体现在对当代印度英语文学的关注上。在概括每一阶段特点的同时,她也对每一段阶段译介状况的原因从文学与社会文化角度进行了分析。曾琼的讲座同时还关注了我国对印度文学的研究。她认为我国严格意义上的印度文学的研究,始于 20 世纪 70 年代末 80 年代初。在 30 年的时间里,我国印度文学研究经历了一个快速发展的过程。在研究方法上,初期对作品研究与评价以阶级论为主导,20 世纪 80 年代后期研究者开始有意识地矫正这种政治论的偏向,从 80 年代末 90 年代初开始,绝大部分的研究都已经摆脱了初期的阶级论影响,开始尝试从文学自身的角度、从文化研究的角度,借鉴新出现的理论工具对作品进行研究。总的来说,从 1949 年到 2009 年的 60 年中,印度文学的译介和发展已经取得了较大的成就。但认真思考,就会发现其中还存在一些不足。反观我国这 60 年来的印度文学译介,语种上的缺失、文学体裁上的缺乏,是目前译介比较突出的问题。从文学史的纵向上看,我国对印度文学作品的译介有严重的断裂。对当代印度文学译介与研究来说,可能更重要、也更需要解决的问题是如何获得一种独立的角度和立场。

印度等南亚诸国是我国的邻国,但同时对我国大部分民众,乃至部分学者来说,它们又是陌生的国度。南亚文明是一种迥异于中华文明的古老文明,对于南亚文明的理解是我国走向和谐共建社会的必然要求。本次围绕南亚文明展开的讲座与研讨,无疑在这一点上发挥了积极的作用。

第四次研讨会

【研讨会时间】 2012 年 12 月 15 日 8:00—15:00
【地点】 外文楼 206 会议室

【外请专家】　麦基迪·约瑟夫　开罗大学教授,国际跨文化研究协会(IAIS)会长

　　　　　　　王一丹　北京大学外国语学院教授,北京大学伊朗文化研究所所长

　　　　　　　赵白生　北京大学外国语学院世界文学研究所教授,世界传记研究中心主任

【主要参加人员】　项目组全体成员和相关学科部分师生

2012年12月15日,"东方学研究方法论"项目第四次研讨会在北京大学外文楼举行。本次研讨会主要围绕阿拉伯-伊斯兰世界的东方学研究这一主题进行,邀请了开罗大学麦基迪·约瑟夫教授、北京大学外国语学院王一丹教授和赵白生教授进行了专题讲座,项目组成员林丰民教授和博士研究生刘英军进行了研讨发言。其中麦基迪教授的讲座,由于教授本人行程安排的原因,于2012年11月8日15:00—17:00在北京大学民主楼208举行。赵白生教授讲座因故推迟到2013年3月。

麦基迪·约瑟夫教授是著名的跨文化研究学者,精通阿拉伯语、德语、英语和法语,掌握西班牙语、意大利语和葡萄牙语,先后在多个阿拉伯国家和德国从事过研究员、记者、翻译的工作,并且在德国和埃及的多所大学担任客座教授和访问学者,1993年创办国际跨文化研究协会(IAIS),并一直担任会长。他的讲座以"文学研究方法论"为题。在讲座中,教授首先和大家分享了他自己从事文学、文化研究工作的经历,以自己的研究实践来展现他对"文学研究方法"的理解。随后,在探讨已有文学研究方法的同时,麦基迪教授提出了东西文化冲突的问题,并向大家提出了一个问题:即在当今信仰多元、价值冲突的时代,传统的文化该如何生存和自处,而作为当代的学者,又该如何看待这种多元与冲突? 这是一个发人深思的问题,也正是项目组一直追问和探索的问题。

王一丹教授长期从事伊朗-波斯文学与文化的研究,她的讲座"探寻'照世杯'中的中国镜像——波斯历史文献整理的方法与实践"以她目前正在从事的波斯历史文献汉译与整理工作为基础,探讨了这项工作在方法上的特点,并分析了中国学者在从事波斯历史文献整理中所拥有的突出优势。"照世杯"是波斯传统文学中十分常见、但又具有重要意义的意象,王一丹教授以此来比喻数量浩繁、内容丰富的波斯文献,就如同照世杯一样包罗万象,涵括古今,从中可以找到各种各样有关世界各民族的人

情风貌及要闻大事的描述和记载。她的讲座主要包括三部分内容：中国学者从事波斯历史文献整理工作的意义、中国学者从事波斯历史文献整理的有利条件、波斯历史文献整理的方法与实践。波斯历史文献保存了大量有关中国的记载，其中包含的信息丰富多彩，有的甚至不见载于以史料丰富著称的汉语文献，因此它们可与汉语文献互为参照和补证，对于研究中伊关系史、中西交流史、中国民族史以及中国语言史都具有重要的史料价值。对于这一点，王一丹教授将波斯历史文献分为史诗/叙事诗、地理、星象、行纪、历史、农业/园艺、医药7类，并分别举例进行了说明。遗憾的是，虽然拥有非常丰富的史料文献，但一直以来伊朗学者由于缺乏中国文化背景，往往无法正确判断和释读波斯语文献中所记录的汉语专名（人名、地名、族名、称号等），也无法开展进一步的深入研究。而中国学者由于兼通波斯和中国两个民族的语言文化，能够同时利用两方面的材料开展工作，因此在这一点拥有最为突出也最有利的优越条件。中国学者该如何充分利用这一自身的有利条件，如何整理波斯历史文献？王一丹教授承担了2010年国家社科基金重大项目"波斯文《五族谱》整理与研究"工作，因此，她以自己的科研实践为基础，提出了将中国与波斯传统相结合这一总的指导方法。中国古籍整理的传统方法包括目录、版本、校勘、辑佚、辨伪等方面，需综合群书，比勘其文字、篇籍的异同，纠正讹误，力求接近原文真相；波斯古籍整理的传统方法特别强调抄本的鉴定、评价、底本的选择（根据年代、字迹、保存质量）。因此，将这两种传统方法结合起来，就可以相互取长补短，对两种文化所拥有的历史文献不断进行相互印证，去伪存真，以获得最可靠、最有价值的信息。王一丹教授还指出，现代文献的整理出现了跨学科和国际化两个新的特点，将中国与波斯传统方法结合起来，同时注重跨学科的合作，以国际化的标准来要求和检验所获得的成果，积极与国际同行进行对话和交流，将极大地推进已有科研工作的进程，也将获得更多、更新的成果。波斯历史文献在我国目前的研究尚不充分，其所拥有的文献价值和文化价值没有获得应有的重视。王一丹教授的讲座为项目组提供了一个新的视域，其中涉及的波斯关于中国的记载、关于南亚地区的记载引起了项目组成员的极大兴趣和广泛讨论。

林丰民教授是我国目前阿拉伯文学研究中的青年翘楚，他的此次研讨的题目为"阿拉伯文学的现代转型"。说到现代转型，自然离不开古代传统。因此林教授首先对古代阿拉伯文学传统进行了梳理和概述，指出古代阿拉伯文学主要是指阿拉伯诗歌。阿拉伯诗歌按题旨可以分为矜夸诗、赞颂诗、讽刺诗、爱情诗、悼亡诗、描状诗、哲理诗、咏酒诗八类,林教授逐类对其进行了举例说明,并总结了阿拉伯古代诗歌所表现的传统价值,即慷慨大方、勇敢杀敌、扶危济贫、诚信忠义等。此外,对于古代阿拉伯诗歌在形式和与韵律上的特点,林教授也进行了分析。在说明了古代诗歌各方面特点的基础上,林教授继而结合诗歌实例分析了阿拉伯近代诗歌的转变。新古典派(复兴派)在诗歌形式上严格遵循古诗的格律,在诗歌内容上要反映时代风云,贴近社会生活。创新派追求诗歌形式的变化,其中包括诗歌的韵律、语言意义单位的变化,诗歌语言的通俗化,诗歌音乐性从慷慨激昂向轻柔耳语的转变以及诗歌意象的丰富多样。在诗歌的思想内容上,新一代的浪漫主义诗人们注重感情的传达,也要表现欢乐与理想,抓住时代的脉搏,抓住大自然和生命的本质,颂扬真善美,贬斥假恶丑。20世纪50年代的自由体诗运动则帮助阿拉伯诗歌实现了诗歌形式和诗歌观念的重大突破,自此自由体诗由此基本上取代了格律诗的位置,成为阿拉伯诗坛的主流。阿拉伯文学现代转型的另一个重要方面,即文学体裁摆脱了单一的以诗歌为主的局面,小说、戏剧等形式逐渐取得发展。林教授指出,阿拉伯小说在现代逐步从边缘走向中心,其最有代表性的三类作品分别为浪漫主义的历史小说、现实主义(社会主义现实主义)小说和新现实主义(现代主义)小说。戏剧文学同时也获得了不断发展,其未来的走向是电影和电视文学。林教授的讲座既有宏观的观照,又有具体的文学实例,概要而全面地展现了阿拉伯文学从传统到现代发展和变化的过程,其中涉及到的许多问题,如什么是现代文学,触发现代文学转型的原因是什么等,在其他语种和地域文学的现代化过程中同样存在,因而引发了项目组成员之间的积极对话和热烈讨论。

刘英军提交的研讨"此味与彼味——中国古典诗学与达里波斯语古典诗歌味论例说",主要针对中国与波斯传统诗学理论中的"味"之异同进行了详细的比较分析。他首先分别梳理了中国古典诗学和波斯古诗中味论各自的特点及发展脉络,展现了中国古典诗学从"滋味说"到"神韵说"的发展过程,以及波斯古典诗学中最常用的几种"味",如甜味、盐味、香味等,并在此基础上分析了中国古典诗学和波斯古诗中味论之间的同异。他指出二者的相同之处在于:都把味道作为诗歌审美评判标准、审美过程中都以直觉为主、两者在"味道与说理"的关系上有相通之处,相异之处表现在:味论的体系化的不同、发展与演化过程的不同、常用味道的不同。

此外,刘英军还从诗歌内在本质、诗歌外在功能以及两种文明所处地理环境三个方面,对于形成这种异同的原因进行了分析,认为两国诗歌审美偏重的不同,即波斯偏向能指,表现为味在言内,中国更重所指,表现为味在言外,决定了两者味论的不同。但他的分析并未止于此,他还尝试从两国古典诗学中味论相关的一些物质文化因素的角度对二者的异同进行了初步的探讨。刘英军总结指出,中国和波斯两国都有以味论诗的传统但此味非彼味,二者之间差异明显。大体来说,波斯古典诗歌中以味论诗之味尚实;中国古代文论中的味论之味展示出一个由实渐虚的演化过程。刘英军的报告中所论述的中国、波斯诗学异同,尤其是"味论"之异同,是已有研究中非常薄弱的环节。而对诗学的研究是文学研究的一个较高阶段,诗学的异同能显著地代表文化之间的异同,因此,这种研究又是非常重要的一环。他的报告翔实生动,其中所论述的各种"味",引发了大家对于各自研究领域中"味"的讨论。

"东方学研究方法论"2013年项目研讨会简报

曾 琼

"东方学研究方法论"项目第二阶段,从2013年6月正式启动,到2014年1月,项目组已围绕着东方学研究的主要方法,举行了5次主题研讨会。这5次研讨会仍延续了上一阶段的形式,即每次研讨会包括外请专家讲座和项目内部研讨两部分,每次研讨会均围绕一种主要的东方学研究方法展开。项目组在总结第一阶段研究的基础上,提出第二阶段的研究对象主要是已有的东方学研究中运用的基本方法,并将这些基本方法概括为实证法、诠释法、比较法和跨文化法4大类。围绕着这4种研究方法,项目组内部成立了4个对应的专项研究小组,即实证组、诠释组、比较组和跨文化组,每位项目组成员根据自己的研究范围和兴趣,加入一至两个小组,每个小组设组长一名,负责组织本组组员的讨论和研究。

2013年6月到2014年1月的5次研讨会分别以上述4种研究方法为中心,其主要情况如下。

一、"东方学主要研究方法辨析"研讨会(2013年5月26日)

"东方学主要研究方法辨析"研讨会于2013年5月26日举行,是"东方学研究方法论"项目第二阶段正式启动之前的一次预备会议,与会人员以项目组成员为主。这次会议的目的是对实证法、诠释法、比较法和跨文化法这四种研究方法的内涵暧和外延进行辨析,为后续的研究廓清范围,奠定基础。

会议的发言主要有:"东方学方法论探寻:从潜意识走向自觉"(刘曙雄)、"东方学方法论之实证研究法"(何晋)、"东方学方法论之诠释研究法"(颜海英)、"东方学方法论之比较研究法"(翁家慧)、"东方学方法论之跨文化研究法"(曾琼)。

项目指导教授刘曙雄在"东方学方法论探寻：从潜意识走向自觉"中分别对"西方的东方学""中国的东方学""东方的东方学"的历史进程进行了简要回顾，并指出它们各自的特点在于西方的东方学渗透着西方的话语权，充满西方中心主义，中国的东方学起始于弘扬传统文化和文化交流，东方的东方学其萌芽伴随着民族的觉醒，在现代历史进程中得到推动。东方学的研究实践与它所应用的研究方法是不可分割的，如果说东方学的研究实践最开始是一种潜意识行为，那么对方法论的研究则从一开始就是一种科学的、理性的行为。这也体现了东方学，尤其是包括中国在内的、东方的东方学研究正在不断走向自觉。项目组目前对东方学方法论的研究就是一种高度自觉的行为，我们探寻东方学研究方法论的途径在于，通过对东西方的东方学学者、研究机构、相关论著、成果和学派的研究，探寻他们在实证、诠释、比较和跨文化4种研究方法方面的特点。

实证组组长何晋副教授指出实证研究（empirical research）作为一种研究方法或范式，来源于自然科学的研究。它倡导研究必须建立在实践的基础之上，以经验为依据，十八九世纪的西方哲学史上曾出现实证主义思潮。广义的实证研究方法泛指所有经验型的研究方法，与理论知识相对应，它强调依据资料、观察或直接的感性经验，因此实证主义也经常和经验主义（empiricism）放在一起讨论；狭义的实证研究方法则是指利用统计和计量分析方法对数据信息进行数量分析。实证研究重视研究中的第一手资料，认为实践是真理的唯一来源，它主要研究"是什么"或"怎么样"。人文学科学者在使用实证研究的方法时要警惕"通用规律"和"可量化性"这种自然科学色彩浓厚的工具特性，而充分认识到人文学科研究的非规律性和特殊性。项目组在研究中使用实证的研究方法，一方面是要扩展我们赖以研究的资料范围，尽量全面、系统地搜集某一研究课题的所有文献史料，并要对这些史料作严格的甄别和考证，另一方面还要扩展研究资料的种类，文献史料之外的考古遗址、图像资料等也要纳入其中。但材料的堆砌不是我们的目的，现象的揭示也不是研究的终点，依托这一方法最终探究材料和现象背后的东西（甚至包括规律性的东西）才是我们的追求。

项目指导教授、诠释组组长颜海英教授指出诠释学有悠久的历史，对我们的研究来说，当代诠释学的意义在于：它将我们的人文学科从科学的束缚中解放出来，对科学方法论概念所设置的界限进行挑战，探索在哲学、历史、艺术等人文领域千百年来积淀下来的人类精神财富。就项目组而言,诠释学根据研究对象和侧重点的不同,可分为经典诠释(或文本诠释)与历史诠释两部分,前者以经典文学作品的解读为主,后者则以更多样的材料(文本、图像、考古资料等)研究历史问题和文化现象。但就研究过程而言,在宏大的人类文化背景中,上述各种形式都处于一种"互文性"之中,都是可以互相比较和诠释的。项目组使用诠释学这一方法的目的,一是解读经典必须重新回答经典对我们提出的问题,其次是,充分展开灵活多元的、比较和跨学科的训诂,旨在寻求诠释的各种可能性,围绕着核心问题,把各种类型的资料不断聚集和扩大到最基本的"原型"上,使我们的追问成为一种"生产"的过程,而不是简单的还原。

比较组组长翁家慧副教授主要以比较文学这一学科为例,对比较研究法进行了论述,并指出比较文学对本项目组研究方法的体系化具有借鉴意义,她认为比较文学研究方法的发展过程也是其学科理论体系化的过程,尤其值得一提的是就在西方学者唱衰此学科,主张"比较文学学科死亡论"的时候,中国比较文学的燎原星火却将其推送至第三阶段。东方学研究也经历了西风东渐的过程,而本课题组正致力于方法论的探索和研究,因此,将目前已有的方法整合并体系化是构建方法论的必由之路。该学科对于本项目研究的应用价值则在于它提出了一种东方学的同源性研究、异质性与变异性研究的可能性。东方文明之间存在着很多值得做同源性研究的素材,这种"求同"意识往往使东方的学者产生思维惰性,降低了主动发现"存异"现象的敏感度。而中国学者正是在对日本、朝鲜、越南等"汉文学"系统的研究时,发现了文学的变异体,文学文本变异学研究和文化变异研究也应运而生。因此项目组在做东方文明或文学文本的比较研究时,这些方法都是可借用的好工具。

跨文化组组长曾琼副教授指出传统的跨文化比较往往具有一种"中西对比"或"东西对比"的二元思维模式,随着全球化的日益深入,为了防止不必要的"误读"与隔阂,就必需要有一种多元的文化对话理论。作为研究方法的"跨文化研究",首先应当跳出单边文化的立场,要以包容他者文化的心态来确立自我与参照系之间的精神逻辑关联,建立一种三维乃至多维的思维模式,从文化整体交流、变化、发展的层面来思考以往的"中西"、"东西"文化交流,以及当前的文化交往现象。本项目的跨文化研究方法可以从两个方面来着手。第一个方面是系统的文化比较研究层面,即将两种或两种以上的文化对象纳入自己的研究范畴,从它们之间多重的交互关系来考察各种文化在这种关系中的地位、变化和发展。这个层面更多地偏向某个时期内各种文化之间的关系,可以看作是一种横向研究;第二个方面是以某一种文化为立足点和出发点,考察这一种文化在不同时期与不同文化之间的交互关系。这个方面更侧重于在历史的不同阶段,以多元文化互动的视角来看待和研究某一文化自身的发展规律,可以看作是一种纵向的研究。本项目探索、应用跨文化研究这一方法的目的在于,一方面思考什么样的民族的,可以成为世界的;另一方面,更要超越民族、中西、东西的界限,从多元文化交互作用的角度,思考自我文化的立场和全球化问题。

二、"跨文化研究法"研讨会(2013年7月3日)

"跨文化研究法"研讨会于2013年7月3日举行,这是本项目4种研究法专题研讨会的第一次会议,会议的主题是对跨文化研究法进行方法论意义的辨析和探索,并应用这种方法进行研究。本次研讨会的外请专家是来自美国加州大学圣塔克鲁兹分校的琼·戈登教授,她于2013年6月11日为项目组进行了一场名为"批判族群学:以批判对话性研究奠定一种转型教学法的基础"的讲座。戈登教授长期从事多元文化教育研究,对跨文化研究法的运用深有体会。转型教学法是一个在与自我和他者对话中建构的过程,教学法的价值由每一方的需要和目标塑造。族群研究通过访谈和观察,进行集中的地方性调查,同时关注构成地方性事件的背景因素,它使受访者能够反思自己的论证过程,从而产生变革效果。批判性对话是戈登教授在族群学调查中最有效的方法。这一方法实际上表明了在跨文化语境下,对话,尤其是批判性对话是促进多元文化之间相互理解的重要手段。通过戈登教授的研究经历,我们发现,文化间的差异性实际上构成了一个充满张力的"场",跨文化的眼光和研究方法为我们深入认识、理解文化间的差异,并构建各文化独立的价值提供了最适宜的途径。

"跨文化研究法"研讨会项目组研讨部分的发言人是该小组成员刘曙雄、曾琼、张幸。刘曙雄的发言为"融合与相斥:南亚印度教文化与伊斯兰教文化"。该研究从各种文化相互尊重,相互依存的角度,借鉴"内核文化"、"外缘文化"的概念,以南亚印度教文化与伊斯兰教文化在历史和当今的相互关系为例,探讨文化的流动、融合与排斥。该研究的更深目的在于论述跨文化研究方法的目的是从文化对比的角度阐述文化现象,促进建立相互依存、共同发展的文化关系。曾琼的发言是"翻译与文化权力的博弈——泰戈尔孟加拉语《吉檀迦利》的英译策略",她在发言中指出英文版的《吉檀迦利》由泰戈尔自己从孟加拉语翻译而来。泰戈尔在翻译过程中采取了创作性的翻译策略,这主要体现在诗歌文化意象的置换、人称的变换以及部分或完全的重写三方面。英译本获得了译入语文学的审美特质,成为了翻译文学的经典。在文学翻译中,也存在着文化的博弈。英译《吉檀迦利》是印度文化在西方文化压迫下的变形表现,但它的成功和传播在某种程度上也是前者对后者的一种征服。张幸提交的发言提纲为"从跨文化的视角看印度加尔各答华人教育",这一研究主要总结印度加尔各答华人学校对于当地华人教育的作用和影响,综合归纳华人学校对于维系华人文化认同所起的重要作用,通过跨文化的视角,阐释和分析加尔各答华人如何通过教育维系他们特殊的文化认同,以及产生有限的当地文化同化的原因。

跨文化组组长曾琼在研讨会的最后一个部分,对作为研究方法的跨文化研究进行了学理思考,提出可以将批判性对话作为跨文化研究的一个具有方法论意义的重要手段。批判性对话必须在历史语境中展开,其基础是对"文化间性"和"主体间性"的尊重,其先决条件是自我教育,懂得和理解对方,并在此基础上对对话内容具有敏感性。对话的基础和目的都是尊重,而不是攻击或防御(defense)。通过批判性对话,实现多元主体的对话,进行跨文化研究。跨文化研究的目的是各文化之间形成对话、互证、互补、发展(共存)的关系。

三、"实证研究法与诠释研究法"研讨会
(2013 年 10 月 30 日)

项目组成员部分同时参与实证组与诠释组,且研究内容有交叉,因此实证研究法与诠释研究法安排在同一天举行。北京大学南亚学系陈明教授作为外请专家做了题为"物质、故事、图像——全球史视野下的东方学研究"的讲座(2013 年 11 月 22 日)。陈明教授在这场讲座中同时结合了实证与诠释两种方法,并尝试了这两种方法在跨学科研究中的应用。他首先提出了"全球史"这一概念对于东方学研究的意义,认为我们应该在更全面、更多维的全球史视野下来理解东方并开展研究。作为研究实践,他首先以一个古老东方药方在中国、印度等国的不同记载、流传、兴衰为

例说明了对物质文化的研究在东方学研究中的地位,接着选取了东方书籍中的插画作为研究对象,并以睒子故事作为切入点,比较了这个故事在东方不同民族、不同文化的不同书籍绘画中的表现,以此来思考东方不同文化的艺术观、审美观和价值观之异同。

实证组成员何晋在其发言"读北大简《老子》札记一则:关于文本相关性的考证"中,对北大所藏汉简《老子》的个别章节,结合目前《老子》马王堆帛书本、敦煌本等进行了细致的考证,并提出这样一种可能:"《老子》中一种重要观点的系统叙述,其所在之章一般在前,其他引用、简省、改变或作进一步说明的章往往在后。"他还指出,在进行实证的研究时,出土材料虽然重要,若仅根据一种出土文献的孤证材料,便对传世文本作修订是要冒险的,而两种或更多出土材料的利用则会大大降低这种风险。戴鑫的发言"托勒密埃及的族群划分考",主要根据公元前三世纪至一世纪的纸草文献,研究托勒密埃及时期官方档案中的族群名称及其含义的变迁,考察托勒密政府的族群政策以及这种政策对当时埃及社会的影响。曾庆盈既是实证组也是诠释组成员,她的发言主要关注中印石窟中"飞天"这一形象,包括"从印度到中国飞天形象的演变"和"北魏石窟与墓葬中的飞天解读"两部分,她认为我们所熟悉的北魏时期的飞天母题其实是随着佛教艺术从印度一直东进中国这一路上吸收了各个地区和文化的元素,最终形成现在当我们想到飞天脑海中所浮现的图像。从某方面来说成为一个概念上的母题,并不一定代表特定的某个天人,而是象征观者与天界的关系。颜海英也同时跨实证、诠释两组,她的发言主要关注的是埃及早期国家的起源及其解释问题,分为"埃及早期国家的起源"和"仪式与早期国家的起源"两部分,她在发言中展示了部分具有典型性的埃及文字考古发现的图片,针对如何解读这些文字列举了学界的一些说法和她自己的见解,并由此对如何甄别埃及早期的国王、如何解释埃及早期国家起源进行了阐释。最后,诠释组的刘英军在其发言"《库什王纪》里的中国——一部中古伊朗民族史诗一瞥"中,对一部大部分篇幅讲述了发生于中国或与中国密切相关的故事、其主角库什王是一位中国国王的伊朗史诗《库什王纪》进行了解读,并试图回答这部史诗中对中国的相关描述,在多大程度上与我们所认知的那个时代的中国相吻合,可能有哪些因素促成了中国在诗中被以其特有的描述所展现出来等问题。

四、"比较研究法"研讨会(2013年12月13日)

"比较研究法"的研讨会由专家讲座、项目组研讨和非洲文学专题三部分组成。此次专家讲座的外请专家为上海外国语大学蔡伟良教授。蔡教授长期从事阿拉伯文学和阿拉伯伊斯兰文化的研究,他的讲座题目是"阿拉伯伊斯兰与东方学"(2013年11月22日)。在讲座中,蔡教授回溯了西方的东方学研究,指出"东方学"一词最早就是西方学者用来专指阿拉伯伊斯兰研究,他还详细列举了东方学发展史上每个阶段的重要代表人物,并指出中国学者在看待阿拉伯伊斯兰世界、在看待东方学时,一定要注意有自己的立场,而不能盲从西方。

项目组研讨部分的发言主要包括翁家慧的"中日新感觉派比较研究"、刘舒的"伊本·鲁士德对亚里士多德《诗学》的注疏"和曾琼的"印度文艺理论汉译与研究(1949—2009)"。翁家慧在发言中以刘呐鸥为个案和切入点,指出中国新感觉派是在对日本新感觉派的模仿中形成的,刘呐鸥对日本20世纪20年代文学的译介直接影响了中国新感觉派的形成,但是他对日本新感觉派文学的肤浅理解和错误转述不仅造成了中日新感觉派在本质上的区别,而且还使得中国新感觉派对西方现代主义思潮的接受、理解和运用都停留在模仿的水平上。翁家慧提出,比较不是目的,在比较研究法的运用中,更重要的是注意比较的导向作用。刘舒发言的重点是伊本·鲁士德所撰亚里士多德《诗学》中的注疏。伊本·鲁士德时代亚里士多德《政治学》阿拉伯文译本的缺席,使得他用柏拉图的《理想国》来代替,作为政治实践理论的范本。而《理想国》中有相当篇幅(卷二、三、十)谈及诗之地位与功效,伊本·鲁士德在其注疏中也有涉及。所以刘舒的发言结合这两部注疏来探讨和理解这位阿拉伯哲学家对诗的理解。她关注的最主要的问题是诗在知识等级中的地位以及作用机制,并认为自己对这个问题还需要进一步研究。曾琼的发言主要对1949—2009年60年间印度文学理论著作的汉译和研究情况进行了梳理、归纳和总结,她认为印度文艺理论的翻译与研究虽然取得了一定发展,但仍十分薄弱,如何翻译、如何实现印度文论在汉语语境中的重生,都是需要继续思考的问题。

对非洲文学与文化进行研究是对项目组研究的一个有益补充。本次研讨会有4位来自天津外国语大学的硕士研究生分别就非洲的4位诺贝尔文学奖得主进行了发言。刘凌在"索因卡与西方戏剧的关系"中探讨了索因卡是如何学习并超越西方戏剧的这一问题,并指出索因卡在学习西方的过程中始终没有放弃他对非洲本土文化和文学的热爱;安宇的发言"从'开罗三部曲'看马哈福兹的阿拉伯身份认同"以马哈福兹的代表作"开罗三部曲"为切入点,探讨了这位诺奖得主在西方文化、现代文化的冲击下,对自身阿拉伯身份和文化的思考;刘骏在发言"库切的流散写作和他者化视角"中将库切的流散称为主动流散,并结合作品分析了库切了作品中冷峻的旁观者视角,即一种他者化视角;杜冰卉的发言"从《贝多芬是1/16的黑人》看后殖民时代的身份认同问题",在关注南非黑人文化的同时,也关注黑人执政后白人身份的认同问题。

总体而言,经过半年的分专题研讨,项目组各成员一方面在具体的研究实践方面均有新的进展,另一方面也对实证、诠释、比较和跨文化4种研究方法有了更明确的理解和认识。

"对话・视野・方法：
东方学研究方法论国际会议"实录

曾 琼

2014年5月15日—17日，"对话・视野・方法：东方学研究方法论国际会议"在北京大学隆重召开。在15日晚的开幕式上，中国科学院院士、北京大学副校长高松出席并致辞，他指出东方学研究在当代具有重要意义，祝愿本次国际会议取得丰硕成果。出席开幕式并致辞的还有台湾新竹清华大学前资深副校长、澳门大学全球事务总监兼校长特别顾问冯达旋，天津外国语大学校长修刚，美国"赠与亚洲"中国项目经理张文琦，北京大学东方文学研究中心主任、北京大学东方学研究院院长王邦维，北京大学外国语学院时任院长程朝翔。各位嘉宾分别就东方学研究的必要性、东方学方法论研究的重要性、东方学研究发展之可能性发表了精彩讲话，并一致认为在当前的时机召开一次关于东方学研究的国际会议在我国的东方学研究史上具有极强的深化意义。出席会议的嘉宾还有中国科学院院士、北京大学前校长周其凤，北京大学历史学系主任高毅，北京大学外国语学院现任院长宁琦，北京大学外国语学院时任副院长刘树森。

教育部高校外语专业教指委副主任委员兼非通用语专业分指委主任委员、北京大学东方学研究工作室指导教授刘曙雄主持了开幕式，来自中国台湾、香港和美国、日本、印度、巴基斯坦、尼日利亚的学者，与来自中国社会科学院、北京大学、北京师范大学、北京外国语大学、中央美术学院、四川大学、深圳大学、天津师范大学、天津外国语大学、河南大学、河北大学、洛阳外国语学院等14所中国大陆科研院所的70余名专家学者参加会议并提交了论文。与会专家学者围绕"东方学研究方法论范式""文学作品中的东方""东方的历史与遗产"与"跨学科研究中的东方"四个学术专题，在16—17日两天内分8场进行了主题发言和学术研讨。16日晚，中国琴会副会长、天津音乐学院教授、古琴演奏家李凤云带领其团队进行了"东之韵"古琴演奏会，使与会学者得以直接感受东方文化艺术。

"东方学研究方法论范式"专题的两场研讨分别于 16 日上午和 17 上午进行,发言专家依次为:台湾新竹清华大学资深副校长冯达旋教授,北京师范大学王向远教授,北京大学波斯语特聘顾问、美国学者阿姆鲁拉(Amrollah Hemmat)教授,香港城市大学前校长张信刚教授,深圳大学郁龙余教授,河北大学雷武铃教授,天津师范大学黎跃进教授。

冯达旋教授在他的讲话《新丝绸之路与新文艺复兴——21 世纪及之后的大学发展趋势》提出了在当代东方,作为人类思想的摇篮的大学应该如何应对 21 世纪人类思维变迁的问题。他指出由于交通的迅猛发展,欧洲、亚洲甚至欧亚在地域上都日趋一体,在"欧亚超级大洲"的框架之下,亚洲的当代高等教育应当注重从教学型向研究型转变,肩负起为全球克服困难的重担。冯教授以文艺复兴时期的社会文化状况以及当时的大学教育为例,提出亚洲大学教育的目的应当在于改变人的思维,促进东西方文化在新时代状况下的相互认识。他认为,只有在融合东方和西方千年文化的基础上,在东西方文化共同发展的条件下,当今的时代才可能创造出新的改变人类思维的大师。

王向远教授的发言是《"国学"与中国"东方学"》,他指出东方学是一个源远流长、成果丰硕的国际性学科,将赛义德的"Orientalism"翻译成"东方学"这种不妥的译法则对中国东方学的学术发展产生了消极的影响。尽管中国的东方学有着长远的历史,但其作为学科却长期"有实无名"。王向远认为中国的东方学主要有两个特点:第一,一开始就把"国学"包括在内,因为中国属于东方。这是与西方"他者"立场上的东方学的根本不同之处;第二,并非孤立地研究国别,而是立足中国,从"关系史"的角度进行研究,这就使得中国的东方学一开始就有了东方区域研究的性质。在研究方法上,中国东方学研究的基础和途径主要是文献学的文本翻译与研究,因此以东方文献与文学的翻译作为基础的中国东方学在方法论上与西方的东方学侧重考古学、文化人类学、比较语言学方法是并不相同的,中国东方学具有自己的学术特点。

阿姆鲁拉教授的发言《"噢,东就是东,西就是西":跨文化理解的挑战》着眼于在全球一体化冲击的背景下,重新审视研究"东方"和"西方"的方法论及两者的关系。他对普遍认可的东方与西方文化遗产及身份认同问题进行了批判性剖析,分析了"自我"与"他者"概念的想象与构建,及其在"东方"与"西方"认同上构成的作用;同时从当代诠释学角度、结合后殖民主义思潮、以文化研究方法分析虚构的东方与西方,以及两者概念上的分野问题。阿姆鲁拉教授期望通过这种对东西对立的批判以及对想象性身份的解构,探讨建立一种既不是东方也不是西方、本质上是双方的混合杂糅的身份的可能。

张信刚教授的论文《超越阙特勤碑与好太王碑》以著名的阙特勤碑与好太王碑的解读为例,指出这些与中国有着紧密联系的石碑的解读主要由非中国学者完成,而中国学者在此类研究中原本所具有的优势却无法得到体现。他认为,随着更多现代学术训练的完成,中国学者在将来的研究中应当超越欧洲19世纪和20世纪学者所做的工作,在21世纪的东方学研究中做出更重大和具有持续影响的成果。

郁龙余教授认为季羡林是中国东方学的奠基者,季羡林治学之道是中国乾嘉学派和德国梵学派相结合的产物,构成了中国东方学方法论的基石。研究季羡林治学之道,是学习、继承季羡林学术的重要内容,也是研究中国东方学方法论的基础性课题。他在发言《季羡林治学之道与中国东方学方法论》提出倡议,认为中国东方学方法论研究应该从研究季羡林治学之道开始。

雷武铃教授在《中国东方学研究中的主体性问题》的发言中认为,王向远教授将我国学术研究划分为国学、西学和东方学,很好地揭示了东方学在我国的学术研究中的位置。他同时提出了在跨文化的东方学研究中研究者主体性的重要性,认为开展自主和自觉的东方学研究,研究者应当确立自己的主体地位,应该遵从三个原则:第一,坚持自己的文化身份和国家利益立场;第二,在坚持自己文化身份的同时不能把自己的文化身份绝对化;第三,既要坚持自己的特色、特殊性,也要确信人类文明的普遍性。雷武铃还提出,中国的东方学研究,作为跨文化的研究,应该促进世界共同文明的形成。黎跃进教授的《"东方学"与"中国东方学学术史"研究的构想》简要梳理了"东方学"400余年的历史,划分了古典东方学、现代东方学和当代东方学几个发展阶段,指出东方学实际产生于西方。他区分了意识形态的东方学和科学的东方学这两种不同的东方学形态,对东方学中的意识形态成分进行了批判和审视,并认为中国的东方学相关研究虽然已经有悠久历史,但一直缺乏学科史的意识和建构。他进而提出了建构"中国东方学"学术史的构想,提出编纂一套六卷本《中国"东方学"学术史研究丛书》:(1)中国"东方学"综论研究卷;(2)东方哲学研究卷;(3)东方历史研究卷;(4)东方宗教研究卷;(5)东方文学研究卷;(6)东方美学与艺术研究卷。在编撰过程中,应注意材料丰富、视野宏阔,以"史学"的眼光把握学术与思想、学术史与思想史的关系,中国的东方学者应在人类、东方、中国的多元文化中,摆脱二元对立的本质主义,既有自我立场的取向,又以人类普遍价值为指向,在历史现场语境中阐释东方学的意义。

文学作品的研究一直是我国东方学研究中的重要领域。"文学作品中的东方"专题包含3场研讨会,分别在16日上午、17日上午和17日下午举行。16日上午发言嘉宾依次是印度尼赫鲁大学狄伯杰(B. R. Deepak)教授、北京大学姜景奎教授、德里大学桑杰(Sanjay Singh Baghel)助理教授、北京大学林丰民教授。

狄伯杰教授和姜景奎教授分别就中印文学的互译问题进行了发言。

狄伯杰教授的发言《中国诗歌在印度的翻译:不可译还是文化上的失衡?》(*Chinese Poetry in Indian Translations*:*Uuntranslatability or Cultural Disequilibrium*?)对中国文学在印度的译介情况进行了较为全面的概述,尤其重点介绍了20世纪80年来以来中国诗歌在印度各个语种中的翻译情况。狄伯杰教授身为"中印互译工程"印方的负责人之一,掌握了这一课题的最前沿资料,他同时分析指出中国诗歌所遭遇的在印度翻译出版的困境,其原因与东方国家所共有的欧美中心主义、中印双方文化传统迥异、中印两国1947年后两国关系的波折、汉语尤其是文言文的难以理解、印度市场的需求等多个因素相关。但狄伯杰教授同样乐观地指出,进入21世纪印度对中文的需求呈现明显增长趋势,印度对中国文学包括诗歌的翻译还有巨大的发展空间,我们有理由相信对于中国文学尤其是诗歌而言,印度的市场还在孕育,政府、私企及个人层面都正在培养这种接受能力,在未来的十年内,中国研究在印度将会蓬勃发展,而中国文学作品乃至同一部作品在印度也将会拥有很多不同的印度语言译本。

姜景奎教授在他的发言《试论印度经典的汉译》中,首先对"经典"一词的词义进行了界定,指出了"印度经典"一词中包含的佛教经典、印度教经典、印度文学经典等不同层次的含义。之后他简要而系统地梳理了从古代以来不同经典的汉译情况,并重点对印度文学经典在当代的汉译情况进行了分析。姜景奎教授是"中印互译项目"中方负责人之一,长期致力于印地语经典的汉译,他以自己翻译《苏尔诗海》的经历为例,直观、生动地向听众展示了中印文化差异下语言翻译的局限性、文化翻译和阐释的重要性,并创造性地提出了经典翻译中对译、释译和注释结合的翻译策略。他最后列出了"中印互译项目"拟翻译的25部印度经典作品,并对印度经典的当代汉译表示了充分的信心。

桑杰助理教授的发言题目为《印度语境下印地语文学的历程:印刷媒体与新媒体比较分析》(A Journey of Hindi Literature in the Indian Context: Comparative Analysis of Print and New Media),根据20世纪末以来新媒体的兴起和随之而来的写作方式的变化,他将印地语作家分为传统大师如历史上的格比尔达斯、苏尔达斯以及近代的普列姆昌德等,以及新时代的作家如蒂维亚·伯勒加西·杜贝(Divya Prakash Dubey)、纳维什·古马尔(Ravish Kumar)等人,他同时指出新媒体在写作中的应用,催生了印地语文学中许多新的文体,如出现在Facebook上的短诗、短篇爱情小说等,桑杰对新媒体文学寄予了信心和期望。

林丰民教授的发言《阿拉伯评论界对莫言获奖的反应》直指当下,通过评述阿拉伯文学评论家对莫言获诺贝尔文学奖的评论,对阿拉伯文学界的普遍心理进行了剖析。

17日上午的发言嘉宾依次是天津外国语大学张晓希教授、北京大学夏露副教授、北京大学吴杰伟副教授。

张晓希教授的发言《日本俳句的文学形态与文化传播——以与谢芜村为例》,选取了东方文化中一个非常小的点——俳句作为分析的切入点。俳句是中日文化交流与文化接受的产物,在其自身发展过程中,不断吸收中国文化因素,在彼此的融合中形成了新的文化艺术形态。与谢芜村的俳句虽然具有平淡幽远的禅道意境、"含蓄蕴藉""韵外之致"的中国古代诗学特征,并充满了文人画的"诗情画意",但却未失去日本民族的文化传统。19世纪末、20世纪初芜村等人的俳句以其独特的文学形态不仅影响到印度、中国等东方国家,还传到西方,对西方的"意象主义运动"和后来的英美等国的诗歌创作产生了重要影响。张晓希教授的研究从多角度来认识一种文学形态从异文化中受惠、创新后,向更广阔的空间迁移,并在异文化语境中重新融合,形成新的文学形态的特殊文化现象。夏露副教授在其发言《人性哀歌与写作转型——略论越南当代作家保宁的短篇小说〈背叛〉》中,对越南当代作家保宁的新作《背叛》进行了深入分析,她指出"背叛"原本是古今中外文学艺术作品中被反复书写的母题,而这部作品的新意在于背叛者既没有遭受西方式的复仇,也没有东方式的因果报应和仁恕赦免,小说于平静的叙述下暗流涌动,充满悲天悯人的情怀。生活在当下的作家采用高超的留白艺术,对主角们的背叛及自私行为没有任何直接的批判性语言和激烈的场面描写,一切都留给读者去想象和评判。吴杰伟副教授的发言是《菲律宾古代史诗中的神秘主义信仰研究》,他的研究着重观察了菲律宾史诗中的神灵崇拜和神秘主义元素,并通过对比神灵和神秘主义元素在史诗中的作用,分析了菲律宾早期社会中信仰体系和现实社会体系的联系,从而总结了菲律宾原始信仰的特点,并进而寻找神秘主义元素在现代社会中的表现。

17日下午的发言嘉宾有北京大学魏丽明教授、山东德州学院高文惠教授、北京外国语大学孙晓萌教授、伊巴丹大学费米(Osofisan Femi)教授。

魏丽明教授的发言题目为《当代视野下的东方文学研究:以文学史著述为个案的分析和考察》,她对当代东方文学史进行重新编排的可能进行了探讨,提出了将非洲文学作为一个重要部分纳入东方文学史书写的思考,并同时介绍了北京大学外国语学院非洲语言文学专业建设的相关情况。

高文惠教授的发言《黑非洲英语文学中的传统主义美学》指出,为了建构黑非洲独属的诗学,很多黑非洲英语作家自然转向传统文化寻求对抗的力量。黑非洲传统主义美学存在着不同的创作取向:有的努力使用英语对黑非洲传统进行转译,有的致力于再现部落生活,有的试图在英语中体现部族语言的节奏及其蕴含的文化性格,有的着力探讨现代黑非洲文学的本土源头。

传统主义创作的支持者认为传统主义创作是一种有效的文化反抗策略,且对于非洲人和欧洲人都具有教育意义。反对者的意见则主要集中在三个方面:取悦于欧洲读者的殖民心态、对现实的逃避主义和种族中心主义。

孙晓萌教授的发言《北尼日利亚殖民地文学局的流变》选取了文学局这一特殊的现象作为研究的对象。文学局是殖民宗主国对殖民地进行文化传输、实施文化霸权的主要途径之一,具有灵活性、响应性和创造性等特点,但同时兼具矛盾性。北尼日利亚殖民地文学局的流变由翻译局、文学局、真理公司和北方地区文学局构成。她指出,殖民地形成的"伊斯特语言""伊芒语言"和《真理报》语言"等本土语言风格构成了殖民地话语,体现出殖民地权力运行的变化路径及北尼日利亚社会文化秩序重建的过程。孙晓萌的研究试图通过文学局的嬗变过程、本土文学创作比赛和殖民地本土语言风格的蜕变,阐释殖民地"软权力"的建构过程及英国殖者文化霸权的实施。费米教授是来自尼日利亚的作家兼学者,他的发言《在尼日利亚的索因卡和阿契贝之后的非洲文学》(African Literature after the Soyinkas and Achebes in Nigeria)因此既有作为作家的敏锐,又有作为学者的智慧。他指出了索因卡和阿契贝之所以能成为非洲文学杰出代表的原因在于他们的天分和他们所使用的创作语言,他们作品的特殊之处在于他们使用的英语不再是殖民者使用的英语了,而是全新的英语,通过对语法和词汇智慧地处理,不仅捕捉到了黑人社会面对白人时的紧张状态,而且捕捉到了非洲这块冲突的大陆上独特的声音、语调和色彩,以及演说的韵律,推论式东拉西扯的模式,以及作品中非洲戏剧人物的哲学动机。而在他们之后的非洲作家的创作呈现出新的创作特点,比如综合性的特色,文学作品中涉及诗歌、小说、新闻、教育、文学评论等。

17日下午的发言也引起了与会者很大的兴趣,非洲文学在很长一段时间内被学界所忽视固然是一个原因,但与会学者同时对"非洲文学是否属于东方文学""非洲是否属于东方"等学理问题展开了激烈的论辩,这也充分显示出本次国际会议"对话"的精神。本次国际会议并未预设"非洲属于东方"这一学术命题,但是非洲文学和文化的特殊性是值得学界关注的,相信这样的对话与论辩也将对国内相关研究产生有益的帮助。

"东方的历史与遗产"学术专题的两场研讨会分别举行于16日、17日下午。发言嘉宾依次为国际日本文化研究中心刘建辉教授、北京大学拱玉书教授、巴基斯坦中国研究协会执行主任法塞尔·拉赫曼(Fazal Rahman)、中国社会科学院刘建研究员、中央美术学院郑岩教授、中国社会科学院穆宏燕研究员、北京大学副教授史阳、四川大学青年教师王欢。

刘建辉教授的发言《近代东亚文化史的重构》以近代中日文学与文化的交流为中心,通过对其相互影响,相互交错的种种历史事例的分析,对以往的国别史叙述进行了解构乃至超越,试尝性地提供一种方法或角度来重构这一区域的文学与文化的历史。他提出了近200年来东亚时空的"一体性",指出东亚有一个共同的他者即"西方",西方文化同时具有侵略性与启蒙性两面,而东亚内部根据自身文化的不同也分为"东方"与"西方",因此刘建辉提出在还原历史的基础上重构东亚文化史,并提出了从东亚研究的"小东方学"出发构筑"大东方学"的可能。

拱玉书教授的发言《文学中的真实——以苏美尔文学为例》,选取了苏美尔文学9部史诗中的3部加以细读和研究,对其中具有代表性的词汇、诗节进行了辨析,他提出:史诗中包含着重要的历史信息,尤其是史诗的前言,集中反映了苏美尔人的历史观和宇宙观。因此苏美尔文学不但具有文学价值,也有史料价值。

法塞尔·拉赫曼主任的发言《巴基斯坦和伊朗的关系:趋同与相异》从历史文化的角度解析了巴基斯坦与伊朗的关系,并对当下两国关系的走向和实际意义进行了阐述。

刘建研究员在他的发言《中国南亚史料辨识与东方学研究的科学性》中提出,如何处理史料,是东方学研究中的一个重要方法论问题。中国拥有丰富的南亚史料,是进行东方学研究的宝贵文献。他在发言中结合具体案例展开论述,指出由于历史上中国中心论的影响等原因,这些史料真伪并存,有或大或小的瑕疵,不可全然相信和照搬,需要进行严谨的梳理、分析和鉴别,从而使我们的立论和研究建立在科学的基础之上。

郑岩教授的演讲《关于中国古代墓葬美术研究的省思》对近年来由中国学者巫鸿提出来的"墓葬美术"概念进行了辨析,指出了"墓葬美术"这一概念对墓葬研究尤其是中国墓葬研究所具有的独特的价值。他指出对墓葬美术(tomb art)进行还原语境(context)的整体研究具有十分重要的意义,同时,他还审慎地提出有必要进一步反思墓葬美术概念,特别是要警惕它成为一个画地为牢的词语。这个词语的历史责任在于帮助我们打开思路,而不是建立一个"学派",拉一个山头。

穆宏燕研究员的发言《胡乐及当路 琴瑟殆绝音——波斯乐器琵琶、箜篌入华小考》独辟蹊径,选取了中华民乐中两件重要的传统乐器琵琶、箜篌,对其来源和发展展开了细致的考察,并对国内学界的某些固有说法提出了疑问并给出了自己的解释。她的研究以物质文化为切入点,从中以小见大地展现了东方各民族之间在历史的文化交往与交流融合。

史阳副教授的发言《巫术的宇宙观:菲律宾阿拉安人二元对立的精神世界》探讨了菲律宾民都洛岛山区中的原住民芒扬民族阿拉安部族的巫术仪式的原理和相应的神灵信仰。阿拉安人在日常生活中进行巫术仪式,人们呼唤神灵、向神灵宣誓,以便让危重病人得到善灵的救治,或者让善灵被除所遭遇的灾祸。史阳认为阿拉安人关于善灵、恶灵二元对立的神灵信仰很好地解释了这种巫术治疗的原理,即通过仪式来呼唤善灵、驱赶恶灵。通过对于仪式细节的深描和分析,可以看出阿拉安人的宇宙观、神灵信仰,以及如何采用具体的巫术仪式进行行为实践。

王欢的发言是《轴心时代与古代埃及的文化嬗变》,他简要分析了轴心时代特征,介绍了亚述学家和埃及学家对"轴心时代论"的回应,结合古埃及文化"互渗"的宇宙观对古代埃及文化的变化发展进行了分析,并提出和尝试回答了"埃及的轴心时代为何没有进一步发展"这个问题。本学术专题在17日下午的第二场发言其切入点均不约而同地选择了物质文化,这显示了国内学者研究的多元化与研究视角的开阔,研究者在各自研究中都各有创见,引发了与会者极大的兴趣。

"跨学科研究中的东方"学术专题研讨会在16日下午举行。发言嘉宾依次为北京大学罗新教授、北京大学陈明教授、美国米勒斯维尔大学哈拉瓦(Abdelhadi Halawa)副教授、洛阳外国语学院刘广铭副教授。

罗新教授在发言《书写语言与多语言社会》中指出,古代东亚的历史过程,就是汉语作为书写语言扩张其领地的过程。在汉语扩张的过程中,非汉语地区的人口普遍地、能动地作用于语言混合过程,使得土著语言及其人口参与甚至主导了当地混合语言的生成,其结果就是各地新型语言的形成。由于历史时期作为书面语言和官方语言的汉语持续作用(深度接触)的程度不等,其影响的结果有异,因而,这些各不相同的语言,其内在变化的程度也不同,有的发展为汉语的一个方言,有的作为一种深受汉语影响的土著语言而继续存在。他认为,观察多语言社会书写语言与口头语言、官方语言与大众语言的分离及互动,既是了解古代东亚历史的一个路径,也是研究古代中国族群历史的一个重要方法。从语言深度接触来理解族群接触和政治体接触,是一个新的观察角度,可以让研究者看到古代东亚世界的历史变迁,其实也是不同语言之间交互作用的过程,这可以让我们对东亚当今状况的形成有一个具有历史纵深感的理解。

陈明教授的发言《东方学研究的图像志:文本之外的思考》指出东方古代的图像内容几乎遍及各个学科,而东方学研究随着其自身的发展,其研究的对象、方法与问题等都发生了巨大的转折或改变,研究所利用史料的范畴也有剧烈的扩张。以往难入法眼的契约、日记、地方志、书信、地图等类型的文本,均成为了研究者可以开采的宝库,而文本之外的图像,在图像学和艺术史等旗号下,其作为史料的"正当性"也日增,是东方学研究的新宝库。哈拉瓦副教授的发言《伊斯兰:东方对于科学和医学全球化的贡献》较为系统地考察了公元7世纪以来穆斯林学者和科学家在医学和科学领域为东西方文明所作出的贡献,指出穆斯林学者、医生、哲学家和科学家的革新与发现,对西方文明产生了巨大冲击。正像早期穆斯林学者研究其他文明的发现,并将它们的手稿翻译成阿拉伯语和波斯语一样,伊斯兰黄金时期的学术著作大多数在12和13世纪被译成拉丁语,对14

到17世纪始于意大利、扩展至整个欧洲的文艺复兴产生了重要影响。伊斯兰对世界文明、尤其是西方所做出的贡献,发生和记载于医学、自然和物理科学、哲学、地理学、人类学、宗教学和思想探寻的其他领域。

刘广铭副教授的发言《价值、文献、视野及方法——以〈燕行录〉研究为个案》指出《燕行录》中的中国北方民族形象,实际上就是朝鲜人以域外视角对中国北方民族及其文化的观照结果,它反映的是双方复杂的民族文化心理。他的研究在文献方面关注了一般从比较文学形象学角度研究《燕行录》的人大多所不太关注的燕行录的考据、校雠问题,并在视野及方法方面有独到之处:从历史、语言、宗教等领域展开韩国学与满学、蒙古学的跨学科对话对于系统地梳理韩国学与满学、蒙古学等学科之间产生的互动、交叉的主要线索,描述在这些学科重叠的边缘地带所出现的新的研究视角的演变轨迹,他提出展望这些当代显学在知识全球化时代的科际整合与重构中的发展前景为我们研究《燕行录》提供了新的视野及方法。

5月17日下午,在所有学术专题研讨会结束之后,本次会议专门组织了"展望东方学"的会议总结环节。冯达旋、狄伯杰、黎跃进、穆宏燕等与会嘉宾学者与"东方学研究方法论"项目组成员、以及其他与会学者展开了热烈的讨论与对话,大家就东方学的内涵、东方学的研究范畴、新的可能的研究范式、中国的东方学等问题进行了富有成效的学术讨论。在会议的闭幕式暨答谢晚宴上,项目组指导教授刘曙雄和颜海英两位教授率领项目组全体成员向所有与会学者表示了谢意,而各位学者也将会议的浓厚学术氛围带入了晚宴之中,闭幕式在学者们的讨论和思考中落下帷幕。

后　记

　　2014年5月我们出版了《认识"东方学"》,《探索"东方学"》可以看作是这本书的延续,它体现了北京大学外国语学院东方学研究工作室全体成员对"东方学研究方法论"这一课题更深入和更多方面的思考。

　　"东方学研究方法论"这一课题成立的初衷,是为了对国内外学界当前的"东方学"研究进行思考,厘清"东方学"的真正含义,发现和总结中国学者进行"东方学"相关研究时在学术思想、研究方法上的特点,从"方法论"的角度来探讨中国的"东方学"研究,并希望能促进中国学者建立自己的"东方学"研究体系。怀抱这样一个目标,东方学研究工作室的成员们在2年多的时间中在各自的学科领域内进行了有目的的思考和探索。为了更好地借鉴国内外相关研究的最新成果,也为了和学界同道展开对话,工作室于2014年5月15—17日举办了"对话·视野·方法:东方学研究方法论国际学术会议"。这次会议的题目也显示了会议的目的:通过对话的方式,在开放的视野下,就学术研究的方法展开讨论。会议通知发出后,收到了来自国内外的许多高质量稿件摘要,会务组经过筛选后选定了其中最具有代表性的部分稿件,这些稿件现在绝大部分收集于本册之中。由于会议来宾众多,而会议时间有限,因此东方学研究工作室的成员在这次会议上尽管都提交了论文,但都只进行了书面发言,现在,这些书面发言也都经整理编入了本书。因此,这本书既是"对话·视野·方法:东方学研究方法论国际学术会议"研究成果的展现,也是这次会议在会后的延续,它也可以看作是与会学者们在本书中的继续对话。

　　本书的编排在大体上首先是按照本次会议所设立的议题进行,此外,因为有一部分提交的论文不约而同地关注了"文化身份认同"与"身份建构"问题,因此本书又增设了会议议题没有的"东方的文化建构与身份认同"部分。这样,本书就一共包括5个大的部分。这5个部分在整体上各有侧重。"东方学研究方法论探索"主要是从宏观的层面、从学理的角度对已有研究予以反思,对未来学术发展进行展望和构想。"东方的历史与遗产"关注的重点在于史料、史实,其中更有比较前沿的对物质文化的研究与探索。文学作品研究一直以来是东方学研究的一个重点,这部分文章集中在"文学作品中的东方"部分,其中既有对国内外已有成果的总结、思考和反思,对一些既定观点的重审,也有对新出现的材料的比较分析。"多维研究中的东方"包括了本次会议论文中跨学科研究的成果,其探讨涉及的范围有宗教、医学、天文、社会科学等。"东方的文化建构与身份认同"部分的文章关注的是近年来国内外学界讨论较多的文化身份问题,其中部分成果对现当代"东方人"身份的困惑与未来可能的发展所进行的思考颇有新意。在整体划分的基础上,每个部分之内的文章所依据的编排顺序,基本上是依据论题从宏观到微观、研究对象在地理上以中国为基点由近而远的原则,这种编排方法也是为了呼应东方学研究工作室以方法论为重点、以促进中国东方学发展为目的的宗旨。

　　本书所收成果,既有名家学者之作,也有青年学子之文。名家之作辉辉乎光照,学子之文灼灼乎亦有新见。对中国东方学研究青年学子的鼓励与辅助是东方学研究工作室创立之初即立定的要务之一,从《认识"东方学"》到《探索"东方学"》,这一点是一以贯之的。

　　"对话·视野·方法:东方学研究方法论国际学术会议"的顺利召开和圆满结束,有赖于国内外同道对东方学研究工作室的青睐。《探索"东方学"》一书的编定得益于工作室全体成员的信任。而本书能最终出版则要感谢北京大学教育基金会和"赠与亚洲"(Give2Asia)的帮助,更要感谢北京大学出版社张冰、朱丽娜两位女士的辛勤劳动。

　　本书最后的"附录"部分,是"东方学研究方法论"课题自2012年4月启动以来到国际会议所进行学术研讨会记录的汇编。近两年来,"中国的东方学研究"在国内学界渐有燎原之势,北京大学外国语学院东方学研究工作室愿与国内外学术同道一同在这片领域中共同探索,不懈前行!

编　者

2015年3月2日